国家创新调查制度系列报告
Guojia Chuangxin Diaocha Zhidu Xilie Baogao

中国区域科技创新评价报告2024

中国科学技术发展战略研究院　著

科学技术文献出版社
SCIENTIFIC AND TECHNICAL DOCUMENTATION PRESS
·北京·

图书在版编目（CIP）数据

中国区域科技创新评价报告. 2024 / 中国科学技术发展战略研究院著. -- 北京 : 科学技术文献出版社, 2024. 8. -- ISBN 978-7-5235-1751-2

Ⅰ. F124. 3

中国国家版本馆 CIP 数据核字第 2024UV4732 号

中国区域科技创新评价报告2024

策划编辑：李　蕊　刘文文　　责任编辑：张瑶瑶　　责任校对：张永霞　　责任出版：张志平

出 版 者　科学技术文献出版社
地　　址　北京市复兴路15号　邮编 100038
出 版 部　(010) 58882941，58882087（传真）
发 行 部　(010) 58882868，58882870（传真）
邮 购 部　(010) 58882873
官方网址　www.stdp.com.cn
发 行 者　科学技术文献出版社发行　全国各地新华书店经销
印 刷 者　北京时尚印佳彩色印刷有限公司
版　　次　2024 年 8 月第 1 版　2024 年 8 月第 1 次印刷
开　　本　889 × 1194　1/16
字　　数　322千
印　　张　16.25
书　　号　ISBN 978-7-5235-1751-2
定　　价　106.00元

《中国区域科技创新评价报告2024》编辑委员会

2024

G 国家创新调查制度系列报告
Guojia Chuangxin Diaocha Zhidu Xilie Baogao

中国区域科技创新评价报告

前 言

习近平总书记提出要牢牢把握高质量发展这个首要任务，因地制宜发展新质生产力。总书记强调，必须继续做好创新这篇大文章，将科技创新作为发展新质生产力的核心要素。科技是第一生产力，创新是引领发展的第一动力。科技创新，特别是原创性、颠覆性科技创新，能够催生新产业、新模式、新动能，推动新质生产力加快形成。

区域科技创新是完善国家科技创新体系的关键一环，是推进区域协调发展的内在要求，是推动形成新质生产力的重要载体。在党中央“统筹推进国际科技创新中心、区域科技创新中心建设”部署下，我国布局建设了北京、上海、粤港澳大湾区三大国际科技创新中心，成渝、武汉和西安3个全国科技创新中心，以及若干综合性国家科学中心。这些科技创新中心有力带动了区域创新发展，支撑了创新型国家和科技强国建设。

区域科技创新评价是国家创新调查制度的重要组成部分。科技部和国家统计局会同有关部门已连续多年开展系统的创新能力监测评价工作，并陆续发布了全国、区域、企业、高校、机构和国家重点园区等创新监测报告和创新评价报告。《中国区域科技创新评价报告》作为区域层面的评价报告，聚焦于“科技创新”、着眼于“区域协调发展”，通过对各地区科技创新发展特征、发展态势和影响因素进行分析研究，为区域创新政策制定、创新工作开展等提供重要参考和依据。

《中国区域科技创新评价报告》是迄今国内持续时间最长、评价体系较为稳定的评价报告之一。实践证明，报告的评价指标体系、评价方法和评价标准的运用十分适合我国地域辽阔、人口众多、区域发展存在明显差异的特点。由于采用了稳定的评价标准体系，各级指数值和位次均可做到不同年度、不同地区间的横纵向比较。在评价指标体系的设计上与区域科技管理、科技规划制订、科技发展目标密切联系，基本囊括了区域科技规划和发展目标的主要指标，这些指标的趋势和走向可以敏感地反映出各地区在科技创新主要方面的水平和不足。系统稳定和有所创新的完美结合是研究项目的生命力所在。今年的报告增加了“全要素生产率”指标。

《中国区域科技创新评价报告》包括四部分内容：一是全国科技创新基本状况评价和各区域综合科技创新水平比较，包括各科技创新中心的分析；二是区域科技创新各级指标评价，按一级、二级和三级指标逐级比较；三是各区域科技创新优势指标和劣势指标分析，以及科技创新与相关经济社会指标值和位次展示；四是与科技创新有关的专题分析附录，包括各区域“五年”科技规划指标实现程度和评价指标解释等。

为了与国家创新调查制度系列报告保持一致，今年报告标题中的“2024”指的是报告发布年份，报告所用数据标注为“当年”的为2022年数据；标注为“上年”的为2021年数据。

区域科技创新评价需要社会各界的广泛关注和共同努力，需要各地区及有关部门的大力支持和高度重视！希望社会各界在本报告基础上，进行更加深入而具体的分析研究，以科技创新引领区域协调发展，服务区域高质量发展和科技强国建设。

《中国区域科技创新评价报告2024》编辑委员会

2024年7月

目　录　CONTENTS

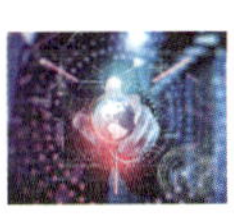

2024

G 国家创新调查制度系列报告
Guojia Chuangxin Diaocha Zhidu Xilie Baogao

中国区域科技创新评价报告

第一部分
全国及区域科技创新基本状况评价

一、全国科技创新基本状况评价

习近平总书记指出，实现高水平科技自立自强，是中国式现代化建设的关键。全国科技界深入实施创新驱动发展战略，自主创新能力进一步提升，发展新动能不断增强，高水平科技自立自强步履铿锵，新质生产力加快形成。

（一）研发投入继续保持较快增长

2022年，全国共投入研究与试验发展（R&D）经费30782.9亿元，比上年增加2826.6亿元，增长10.1%（图1-1）；研究与试验发展（R&D）经费投入强度（与国内生产总值之比）为2.56%，比上年提高0.13个百分点。按研究与试验发展（R&D）人员全时工作量计算的人均经费为48.4万元。

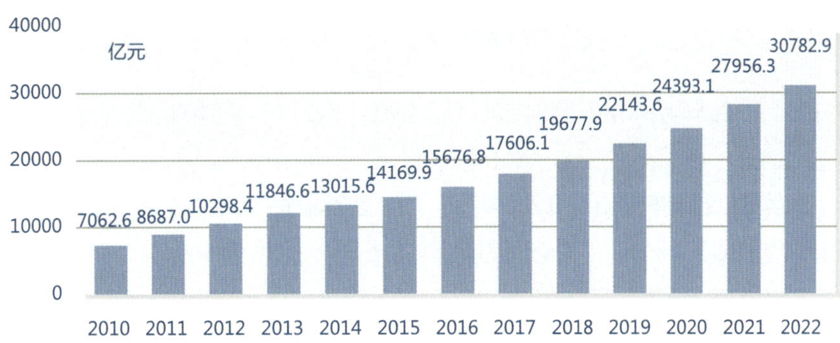

图1-1 全国研究与试验发展（R&D）经费内部支出

分活动类型看，全国基础研究经费2023.5亿元，比上年增长11.4%；应用研究经费3482.5亿元，比上年增长10.7%；试验发展经费25276.9亿元，比上年增长9.9%。基础研究经费所占比重为6.57%，比上年提升0.07个百分点；应用研究和试验发展经费所占比重分别为11.3%和82.1%（图1-2）。

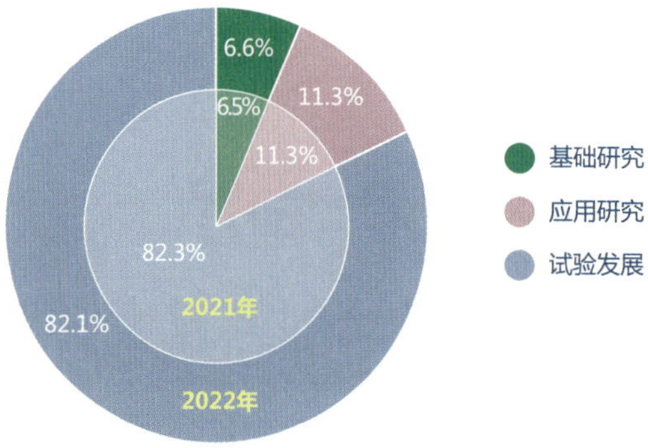

图1-2 2021年和2022年研究与试验发展（R&D）经费的活动类型分布

分活动主体看，各类企业研究与试验发展（R&D）经费23878.6亿元，比上年增长11.0%；政府属研究机构经费3814.4亿元，增长2.6%；高等学校经费2412.4亿元，增长10.6%；其他主体经费677.5亿元，增长22.3%。企业、政府属研究机构、高等学校经费所占比重分别为77.6%、12.4%和7.8%（图1-3）。

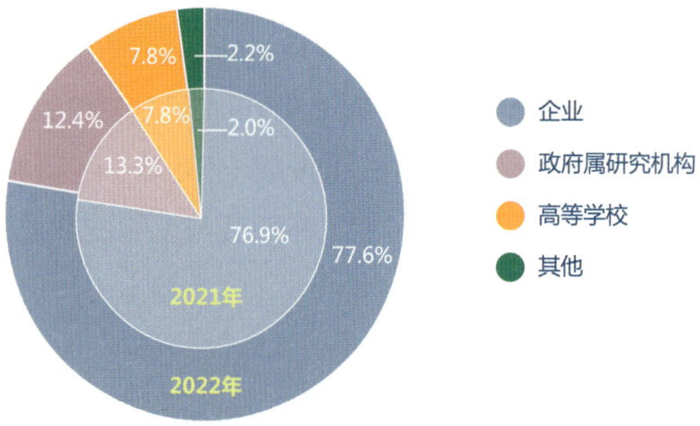

图1-3 2021年和2022年研究与试验发展（R&D）经费的活动主体分布

2022年，国家财政科技支出11128.4亿元，比上年增加361.7亿元，增长3.4%。其中，中央财政科技支出3803.4亿元，占全国财政科技支出的比重为34.2%；地方财政科技支出7325.0亿元，占比为65.8%。

在科技活动经费投入显著增长的同时，科技人力投入也保持着稳步增长。据统计，研究与试验发展（R&D）活动人员折合全时工作量达到635.4万人年，比上年增长11.1%（图1-4）。其中，研究人员263.7万人年，占41.5%。按活动类型分，基础研究人员全时当量50.9万人年，占8.0%；应用研究人员74.1万人年，占11.7%；试验发展人员510.3万人年，占80.3%。按活动主体分，各类企业研究人员占全社会研究与试验发展（R&D）研究人员比重为58.4%。

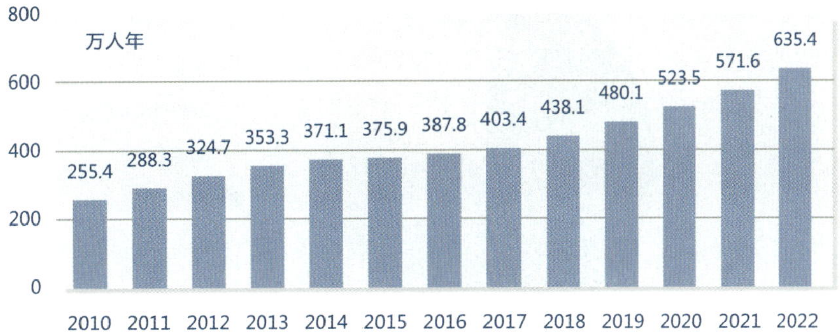

图1-4 全国研究与试验发展（R&D）人员全时当量

（二）各项创新产出成果明显提升

2022年，全国专利申请数达到536.5万件，比上年增长2.3%；专利授权数达到432.3万件；专利拥有量达到1787.9万件，比上年增长15.9%。其中，发明专利授权数79.8万件，比上年增长14.7%；发明专利拥有量421.2万件，比上年增长17.1%。

SCI收录全国科技论文73.6万篇，仍排在世界第1位，占世界科技论文总数的28.9%，比上年提高4.4个百分点（图1-5）；EI收录全国科技论文46.1万篇，比上年增长25.3%，占世界科技论文总数的39.7%，提高4.3个百分点，仍排在世界第1位；CPCI-S收录全国科技论文3.5万篇，占世界科技论文总数的13.1%，仍排在世界第2位。

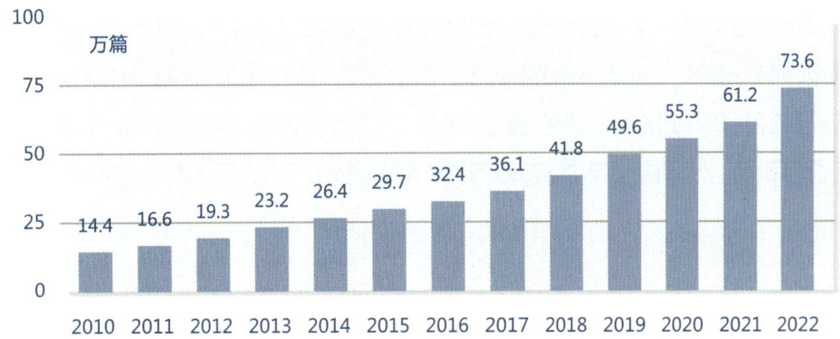

图1-5 国外主要检索工具SCI收录我国科技论文总数

全国共登记重大科技成果84324项，比上年增长7.2%。从完成单位的类型看，企业完成49779项，占59.0%，是主要的重大科技成果完成单位（图1-6）。从应用技术成果的行业看，制造业仍排在第1位，占36.2%；农林牧渔业仍排在第2位，占11.4%；其他行业占8.4%，排在第3位。

全国各省（自治区、直辖市）技术市场共签订技术合同77.3万项，比上年增长15.2%。合同成交金额47791.0亿元，比上年增长28.1%。平均每份技术合同的成交金额明显提升，达到618.6万元，比上年增长11.2%。

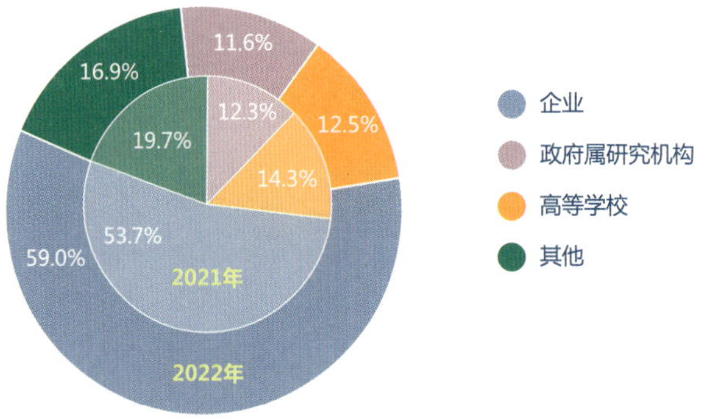

图1-6 2021年和2022年重大科技成果按完成单位类型分布

（三）创新环境持续优化

创新人力资源保持增长态势，万人高等学校在校学生数由上年的337.0人提高到356.3人，高等学校（机构）博士毕业生数达到8.2万人，比上年增长14.3%。全国科技企业孵化器数由上年的6227个增加到6659个，增长6.9%，科技企业孵化器累计毕业企业数23.8万个，比上年增长10.2%。科学研究和技术服务业平均工资已达到16.3万元，比上年增长7.7%。有R&D活动的企业数达到17.6万个，比上年增长3.8%。

（四）高新技术产业稳步发展

2022年，全国新产品销售收入达到32.8万亿元，比上年增长11.0%，占到营业收入的24.6%，比上年提高2.1个百分点；高技术产业营业收入达到22.3万亿元，比上年增长6.4%，占工业营业收入比重为16.8%，比上年提高0.8个百分点；高技术产业劳动生产率由上年的122.8万元/人提高到129.0万元/人（按不变价计算）；知识密集型服务业增加值增长7.9%，知识密集型服务业劳动生产率由上年的68.6万元/人提高到74.3万元/人（按不变价计算）。

（五）科技促进经济社会发展成效显著

劳动效率进一步提高。全社会劳动生产率达到13.8万元/人，比上年提高0.8万元/人（按不变价计算）。

绿色发展取得突破。综合能耗产出率为21.0元/千克标准煤，比上年提高2.2元/千克标准煤。

社会生活数字化水平不断提高。移动互联网用户数达到14.5亿户，万人移动互联网用户数比上年增加222户；电子商务销售额达到30.2万亿元，比上年增长32.8%，与GDP比值提高0.05亿元/亿元。

在取得以上进步的同时，科技创新评价也反映出一些值得重视的问题。

一是有12个地区的地方财政科技支出减少，占地方财政支出比重低于上年水平的地区有17个，包括天津、上海、广东、江苏等。

二是有19个地区的企业R&D研究人员占比重低于上年，包括浙江、上海、江苏、广东等。

三是有10个地区的仪器和设备支出低于上年，每名R&D人员仪器和设备支出低于上年的地区有18个，包括上海、北京、广东、天津等。

四是有13个地区有R&D活动的企业占比重低于上年，有15个地区的企业技术获取和技术改造经费支出下降，企业技术获取和技术改造经费支出占企业营业收入比重低于上年的地区有17个，包括北京、广东、天津等。

五是有21个地区的高技术产品出口额占商品出口额比重低于上年，包括北京、上海、天津、广东等。有19个地区的高技术产业利润总额下降，高技术产业利润率低于上年的地区有25个，包括北京、广东、浙江、天津等。

六是科学研究和技术服务业就业人员待遇在区域间差距明显。有19个地区科学研究和技术服务业平均工资比较系数出现下降，包括广东、江苏、浙江、北京等。

二、区域综合科技创新水平评价

在今年的评价中，全国综合科技创新水平指数进一步提升，比上年提高1.30个百分点，达到78.43%。从各地区科技创新水平看，可将全国31个地区划分为三类（图1-7、图1-8）：

第一类是综合科技创新水平指数值高于全国平均水平的地区，包括北京、上海、广东、江苏、天津和浙江，均属于我国沿海发达地区。

第二类是综合科技创新水平指数值低于全国平均水平，但高于50%的地区，包括重庆、湖北、安徽、陕西、四川、山东、湖南、福建、辽宁、江西、河南、吉林、河北、黑龙江、宁夏、广西、甘肃、贵州和海南。

第三类是综合科技创新水平指数值在50%以下的地区，包括山西、云南、内蒙古、青海、新疆和西藏。

与上年比较，有28个地区高于上年水平，其中，河南、江西、湖南、重庆等20个地区高于全国平均增幅（提高1.30个百分点），上海、吉林和天津低于上年水平（图1-9）。

从位次变化看，河北比上年上升2位；北京、江苏、重庆、四川和云南均比上年上升1位。宁夏比上年下降2位；天津、内蒙古、上海、山东和湖北均比上年下降1位。

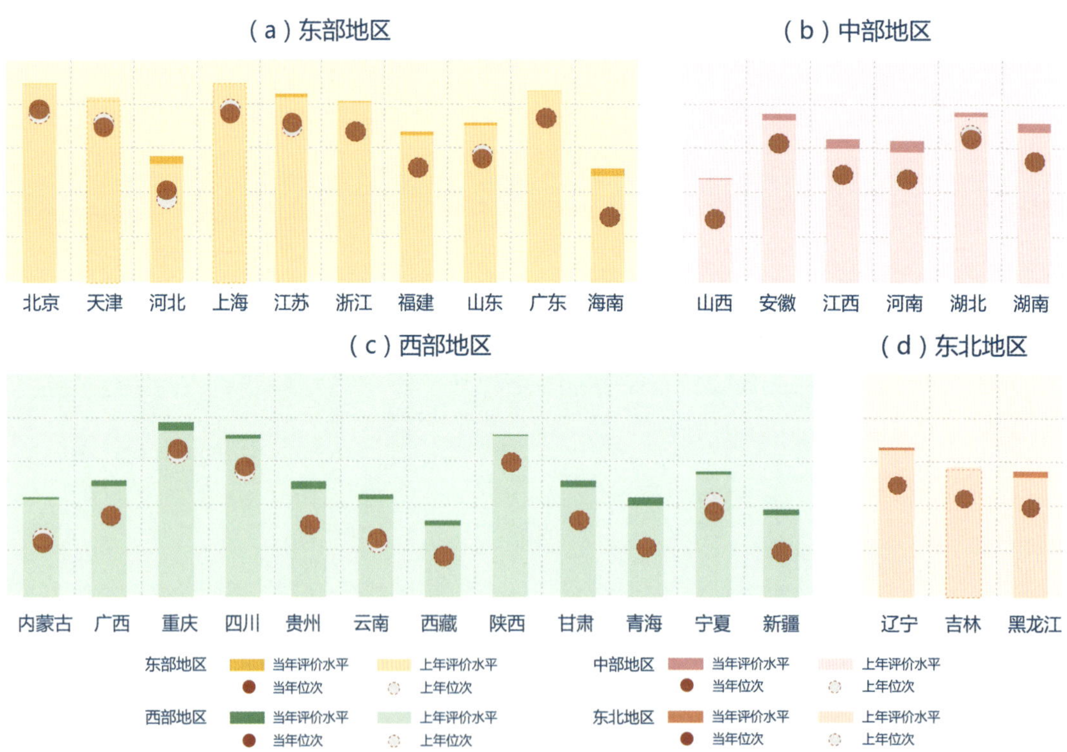

图1-7 综合科技创新水平区域分类

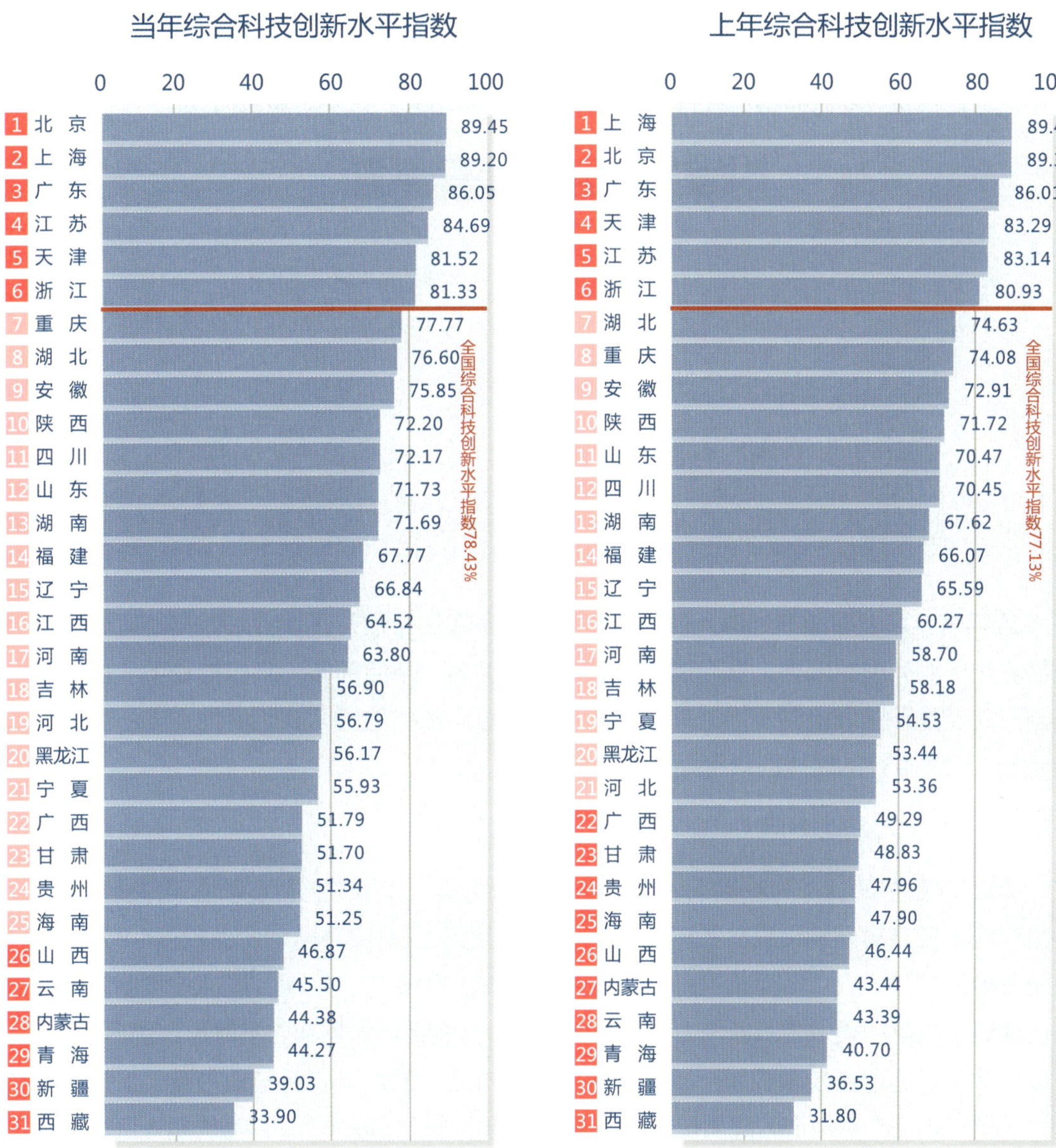

图1-8 区域综合科技创新水平指数排序

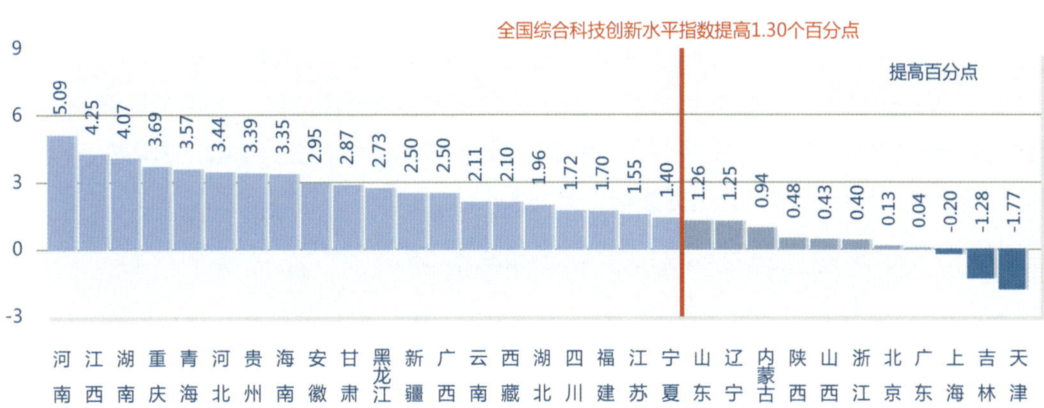

图1-9 区域综合科技创新水平指数提高百分点排序

从区域综合科技创新水平的发展变化看，各地区之间的差距较上年有所缩小。经测算，各地区之间的差异系数为27.05%，较上年下降1.57个百分点。东、西、东北地区内部差异均有不同程度的缩小，只有中部地区内部差异略有扩大（附表1）。

附表1 区域差异系数

地区	差异系数（%）	
	当年	上年
各地区间	27.05	28.63
东部内	16.95	18.89
中部内	15.19	15.15
西部内	24.98	26.33
东北内	8.12	8.46
区域间	11.73	13.02

近年来，习近平总书记深入各地考察调研，多次主持召开座谈会，就推动区域协调发展做出一系列重要部署。在习近平总书记亲自谋划、亲自部署、亲自推动下，各地区各部门扎实推动区域协调发展战略、区域重大战略、主体功能区战略落地实施，主体功能明显、优势互补的区域创新格局持续完善。

（一）京津冀协同创新不断向纵深推进

2024年是京津冀协同发展战略实施第十年。十年来，京津冀协同创新驱动持续发力。中关村企业在津冀两地设立分支机构超1万家，北京企业对津冀两地企业投资4.9万次，投资总额2.3万亿元，“北京研发、津冀制造”模式加速形成。京津冀国家技术创新中心协同建设，共建怀柔中心、通州中心、燕郊中心，整合天津海河实验室等8个创新平台形成联合体，加速原创技术成果产业化。紧紧围绕打造“国家发展新的动力源”，扎实推进大兴国际机场临空经济区高质量发展，累计注册企业近万家，近200家优质外资企业注册落地，大兴国际机场综合保税区成为全国首个跨省市综合保税区。曹妃甸协同发展示范区实施亿元以上京津项目270个，总投资2037亿元。张家口27个数据中心、153万台服务器投入运营。河北承接京津转入基本单位4.3万家，带动产业转型升级。

在今年的评价中，北京的综合科技创新水平提高至全国第1位；天津排在第5位；河北上升至第19位，比上年上升2位，其中，河北的科技活动投入指数上升2位，科技创新环境指数和高新技术产业化指数均上升1位。

（二）长三角科技创新共同体建设再提速

2023年11月30日，习近平总书记在上海主持召开深入推进长三角一体化发展座谈会并发表重要讲话。他强调，深入推进长三角一体化发展，进一步提升创新能力、产业竞争力、发展能级，率先形成更高层次改革开放新格局，对于我国构建新发展格局、推动高质量发展，以中国式现代化全面推进强国建设、民族复兴伟业，意义重大。

作为我国创新能力最强的区域之一，长三角今年的综合科技创新水平依然保持亮眼的成绩。上海的综合科技创新水平排在全国第2位；江苏上升至全国第4位；浙江和安徽保持在全国第6位和第9位。

从研发经费投入看，2022年，长三角R&D经费投入达到9386.3亿元，占到全国三成以上（30.5%）（图1-10），投入强度达到3.23%，明显高出全国平均水平（2.56%）。

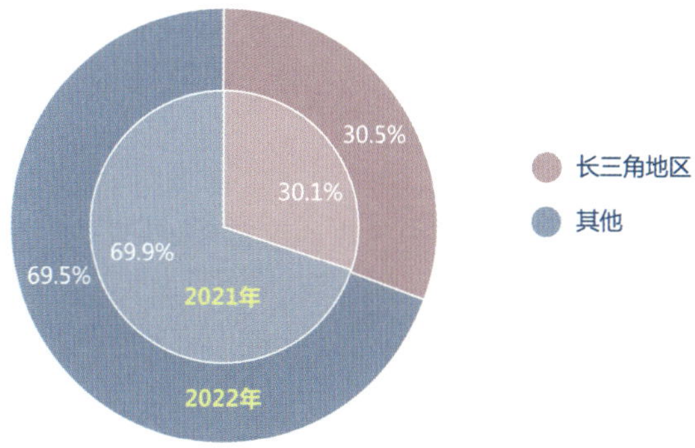

图1-10 2021年和2022年长三角地区R&D经费内部支出占全国比重

从创新人才资源看，长三角R&D人员达到198.3万人年，占到全国近1/3（31.2%），其中，研究人员达到73.6万人年，占到全国的27.9%（图1-11）。每万人R&D研究人员达到32人年，高于珠三角（27人年）。

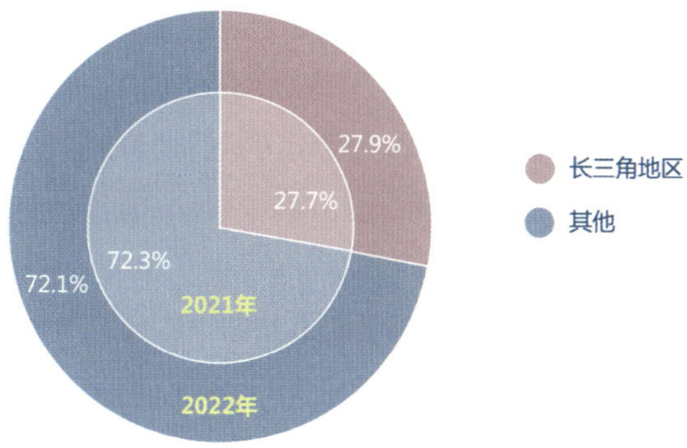

图1-11 2021年和2022年长三角地区R&D研究人员占全国比重

从企业创新看，长三角有R&D活动的企业数占到全国的39.0%（图1-12），占长三角企业的46.1%，比全国平均水平（37.2%）高出8.9个百分点。企业R&D经费内部支出达到6348.4亿元，占到全国近1/3（32.8%），投入强度（占企业营业收入比重）达到1.73%，明显高出全国平均水平（1.45%）。企业技术引进经费支出、消化吸收经费支出、技术改造经费支出、购买国内技术经费支出合计达到1755.5亿元，超过全国的1/3（35.0%）。

从创新产出看，长三角发明专利拥有量达到108.1万件，占全国的32.2%，每万人发明专利拥有量达到47件，约是全国平均水平（24件）的2倍。

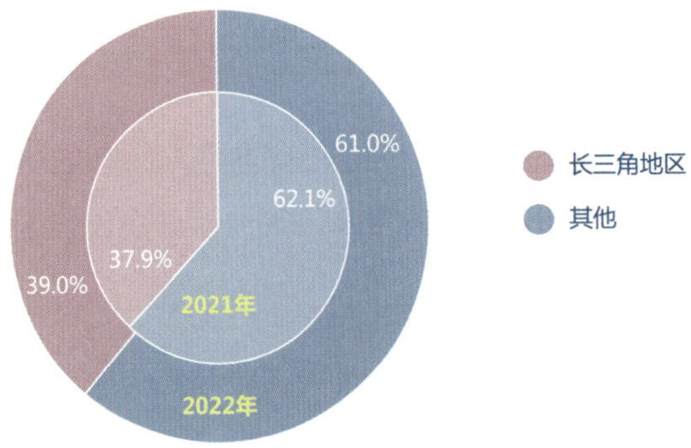

图1-12 2021年和2022年长三角地区有R&D活动的企业占全国比重

随着长三角一体化战略的不断深化，技术国际竞争力进一步增强。长三角技术国际收入达到423.5亿美元，接近全国的一半（45.3%），万元GDP技术国际收入达到14.6美元，约是全国平均水平（7.7美元）的2倍。高技术产品出口额达到3475.5亿美元，超过全国的1/3（36.7%）。

（三）粤港澳大湾区建设成效明显

《粤港澳大湾区发展规划纲要》发布以来，广东坚持以粤港澳大湾区为“纲”，携手港澳积极推进粤港澳大湾区建设，取得明显成效。粤港澳大湾区国际科技创新中心、综合性国家科学中心、高水平人才高地等建设全面推进，鹏城实验室、广州实验室等“国之重器”相继布局。目前已经拥有7.5万家国家级高新技术企业，涌现出华为、腾讯、比亚迪、美的、格力等一批科技领军企业。在今年的区域科技创新评价中，广东综合科技创新水平指数达到86.05%，保持全国第3位。其中，科技活动投入指数和科技促进经济社会发展指数保持全国首位。

广东是国内研发经费规模最大的省份。2022年，R&D经费内部支出达到4411.9亿元，占到全国的1/7（14.3%）。R&D经费支出与GDP比值达到3.42%，高出全国平均水平（2.56%）0.86个百分点。

广东企业创新显示出超强的实力。有近1/3(32.2%)的企业有R&D活动，企业R&D经费支出占到全国的16.6%，企业R&D经费支出占营业收入比重达到1.76%，比全国平均水平高出0.31个百分点。

广东是创新人才集聚最多的省份。广东的R&D人员达到97.2万人年，排全国第1位，占到全国的15.3%，万人研究与试验发展（R&D）人员数达到81人年，约是全国平均水平（46人年）的1.8倍。企业R&D研究人员占全国比重高达17.7%。

从技术国际竞争力看，广东技术国际收入达到206.9亿美元，占到全国的22.1%，万元GDP技术国际收入达到16.0美元，比全国平均水平（7.7美元）高出1倍多。

（四）长江经济带创新效能不断增强

在2023年10月召开的进一步推动长江经济带高质量发展座谈会上，习近平总书记做出了“长江流域生态环境保护和高质量发展正处于由量变到质变的关键时期”的战略判断，强调“要坚持把强化区域协同融通作为着力点”，促进区域协调发展。目前，共建成国家自主创新示范区10个，沿线11个省市的科研物质条件不断改善，技术成果市场转化进一步提升，产业结构明显优化。

技术成果转移转化水平提升。湖南万人吸纳技术成交额比上年上升8位，江苏和江西均上升4位。湖南和重庆的万人输出技术成交额均比上年上升6位，云南上升5位，安徽上升3位，江西上升2位。湖南的万元GDP技术国际收入比上年上升3位，湖北上升2位。

科研物质条件明显改善。云南每名R&D人员仪器和设备支出比上年上升12位，江西和重庆均上升8位，湖南上升7位，安徽上升6位，江苏上升5位，四川上升3位。重庆的科学研究和技术服务业固定资产占比重比上年上升6位，四川上升3位。

高新技术产业化水平进一步提高。贵州高技术产业营业收入占工业营业收入比重比上年上升5位。安徽的知识密集型服务业增加值占GDP比重比上年上升7位，江西上升4位，湖南上升3位。江苏和云南的高技术产品出口额占商品出口额比重均比上年上升3位，安徽上升2位。江西新产品销售收入占营业收入比重比上年上升4位，贵州上升3位，湖北和四川均上升2位。

高新技术产业化效益不断提升。贵州高技术产业劳动生产率比上年上升10位，湖北上升3位，云南上升2位。江西的高技术产业利润率比上年上升7位，上海上升5位，四川上升3位，江苏和重庆均上升2位。安徽知识密集型服务业劳动生产率比上年上升11位，湖南上升5位，湖北上升3位，江西上升2位。

（五）黄河流域省区科技创新发展条件持续改善

黄河流域生态保护和高质量发展，是习近平总书记亲自谋划、亲自部署、亲自推动的重大国家战略，是党中央从中华民族和中华文明永续发展的高度做出的重大战略决策。党的十八大以来，习近平总书记两次主持召开黄河流域生态保护和高质量发展座谈会，多次发表重要讲话、做出重要指示批示，为推动黄河流域生态保护和高质量发展提供了根本遵循。黄河流域9省区不断加大科技创新投入力度，加快新旧动能转换，推动制造业高质量发展和资源型产业转型。

陕西全省上下把黄河流域生态保护作为高质量发展的基准线，落实分区管控措施，加强源头保护治理，推动黄河流域生态环境持续好转。狠抓高质量项目和现代化产业体系建设，推动区域间相互赋能，坚定走好绿色低碳发展之路。在今年的评价中，陕西综合科技创新水平排在全国第10位，科技人力资源指数比上年上升3位，高新技术产业化效益指数和环境改善指数均比上年上升2位。

四川是黄河上游重要的水源补给区，黄河流域四川段全面贯彻落实习近平总书记重要论述精神，坚持生态优先、绿色发展，立足区域定位，有力推动流域经济社会高质量发展。在今年的评价中，四川综合科技创新水平排在全国第11位，科技创新环境指数和科技促进经济社会发展指数均比上年上升2位。

2024年7月1日，山东首部黄河保护地方性法规正式施行。落实推动黄河流域高质量发展目标任务，条例多措并举推动黄河流域高质量发展。山东还将推动沿黄九市一体化发展，打造黄河流域科创大走廊。在今年的评价中，山东综合科技创新水平排在全国第12位，R&D经费支出规模居全国第5位，科技创新环境指数比上年上升2位。

河南全方位加强生态环境保护治理，高质量发展走深走实。在今年的评价中，河南综合科技创新水平排在全国第17位，科技活动投入指数和科技活动产出指数均比上年上升3位，高新技术产业化指数和科技促进经济社会发展指数均比上年上升1位。

习近平总书记在2024年6月宁夏考察时强调，宁夏要深入贯彻新发展理念，坚持稳中求进工作总基调，以铸牢中华民族共同体意识为主线，以黄河流域生态保护和高质量发展先行区建设为牵引，统筹推进高质量发展和高水平保护、全面深化改革和扩大开放等工作。在今年的评价中，宁夏综合科技创新水平排在全国第21位，高新技术产业化水平指数比上年上升4位，经济发展方式转变指数和环境改善指数均比上年上升2位。

甘肃全省上下深入学习贯彻习近平总书记重要讲话精神，强化高位推动、规划引领、区域协作和资金保障，推动水源涵养能力、生态环境质量、综合治理水平、人民生活品质和绿色发展质效明显提升。甘肃综合科技创新水平排在全国第23位，科研物质条件指数和高新技术产业化水平指数均比上年上升5位。

山西作为黄河中游省份，肩负着黄河流域生态保护和高质量发展的艰巨使命。山西不仅是全国“三屏四区”生态安全格局中的重要组成部分，还是京津冀地区的生态屏障，对维护黄河流域乃至更大范围的生态安全意义重大。近年来，省委、省政府深入贯彻习近平总书记关于黄河流域生态保护和高质量发展的重要指示精神，以前所未有的决心和力度，全面推动黄河流域的生态保护与高质量发展。在今年的评价中，山西综合科技创新水平排在第26位，高新技术产业化水平指数和社会生活信息化指数均比上年上升2位。

内蒙古在2021—2023年累计统筹中央和自治区各类财政资金551.21亿元，推动自治区7个沿黄盟市加强生态环境保护，支持黄河流域生态保护和高质量发展。在今年的评价中，内蒙古综合科技创新水平排在全国第28位，科技活动人力投入指数比上年上升3位，环境质量指数上升6位。

青海坚持“四水四定”原则，强化生态修复，推进环保制度建设，用生态潜能激发经济动能。坚持分类施策、转型升级，结合实际优化资源配置，把实体经济做实做强；紧盯新兴产业，大力发展以绿色算力为代表的新质生产力。在今年的评价中，青海综合科技创新水平排在全国第29位，高新技术产业化水平指数比上年上升9位，高新技术产业化效益指数上升11位，经济发展方式转变指数上升6位，环境改善指数上升1位。

（六）成渝加快建设具有全国影响力的科创中心

自2021年12月国家发改委、科技部批复《成渝地区建设具有全国影响力的科技创新中心总体方案》以来，重庆、四川“一盘棋”“一张网”，携手提升区域创新策源力。

重庆抢抓成渝地区双城经济圈建设战略机遇，深入推进以大数据智能化为引领的科技创新，推动科创中心建设取得积极进展，从“夯基垒台”迈向“提质升级”的新阶段。其中，西部（重庆）科学城、两江协同创新区等核心承载区加快建设，集聚各类研发平台964家，成为重庆科技创新主引擎。国家生猪技术创新中心、国家应用数学中心等国家科创平台加快落地，超瞬态实验装置、中国复眼等重大科技基础设施提速建设，两院院士、国家“杰青”、国家“优青”等高层次人才不断集聚，为科创中心建设积蓄了发展潜力。在今年的评价中，重庆综合科技创新水平指数排在全国第7位，比上年上升1位，尤其是科技活动投入指数和科技活动产出指数，分别比上年上升2位和3位。

成都依托天府实验室、成渝（兴隆湖）综合性科学中心、西部（成都）科学城等平台，加快构建具有全国影响力的科创中心。在西部（成都）科学城，目前已建设中国移动（成都）产业研究院等产业创新平台80余家，建成国家级创新平台103个，打造校地协同创新平台65个，创新资源加速聚集，创新策源能力不断增强。在世界知识产权组织发布的《2024年全球创新指数报告》科技集群排名中，成都排名由上年第24位上升至第23位。

（七）武汉科创中心打造前沿科技重要策源地

2022年4月，武汉获批建设具有全国影响力的科技创新中心。两年来，湖北省委、省政府将武汉科创中心作为湖北建设科技强省、打造中部创新支点、支撑国家高水平科技自立自强的总开关、总引擎，建立多项保障机制，全力推进以东湖科学城、光谷科技创新大走廊、武汉都市圈为主体的武汉科创中心建设，强核引领、壮圈带群，推动武汉科创中心建设取得积极成效。

集聚国家级创新平台。新获批建设8家全国重点实验室，全省通过优化重组的全国重点实验室总数达18家。湖北时珍实验室正式挂牌，10家湖北实验室加快独立运行。脉冲强磁场优化提升等8个重大设施列入国家建设和规划，国家信息光电子创新中心、国家数字化设计与制造创新中心建设通过国家验收。

布局发展战略性新兴产业和未来产业。规划光谷科技创新大走廊创新联动轴和产业功能区，两年实施总投资2306亿元、239个重大科创项目，“一核一轴三带多组团”廊区建设布局初具雏形。持续发力“集光、强芯、展屏、拓端、织网”，推动“中国光谷”加快进阶“世界光谷”。围绕特色产业实施“五个一”工程，加快建设激光、创新药等五大特色产业基地。获批创建国家区块链发展先导区、人工智能创新应用先导区、国家级车联网先导区、光电与医疗装备未来产业科技园，武汉超算中心项目建成投运，武汉人工智能计算中心获批“国家新一代人工智能公共算力开放创新平台”，医工融合标志性项目光谷国际医学创新中心启动建设。

2024年2月，《2024年加快推进武汉具有全国影响力的科技创新中心建设工作要点》发布，列出5个方面、21项重点建设任务。围绕构建多层次高水平开放合作网络，工作要点明确提出，强化都市圈创新协同，构建长江中游城市群协同创新共同体，推进科技支撑长江大保护，深化国际科技交流合作。同时，提出加强与北京、上海、粤港澳大湾区国际科创中心和成渝、西安区域科创中心创新网络对接融合，推动形成承东启西、双向互济的创新合作格局。在世界知识产权组织发布的《2024年全球创新指数报告》科技集群排名中，武汉列全球第13位。

（八）西安“双中心”建设动能澎湃

西安自获批建设综合性国家科学中心和科技创新中心以来，按照陕西建好用好秦创原平台的部署，以8个方面重点工作为抓手，紧抓“双中心”建设机遇，建平台、育主体、强转化，激发了科技创新活力。

在“双中心”的综合性国家科学中心核心区建设中，西安科学园不仅是“主引擎”，更是整个科学圈层的“心脏”。按照“中国科学院牵引、地方支持、高校合作、社会参与”的模式，西安科学园谋划建设空间集聚、学科方向关联、功能相互支撑的重大科技基础设施集群和一流科研机构，加强基础研究投入、重大项目布局和科技要素聚集，加快形成新质生产力。

2024年初，中国科学院地环所及1603工程已完成竣工验收，预计年内正式入驻；时间基准及应用实验室正在逐步推进实体化建设；空间时频技术研发应用平台计划年内完成设备安装调试。另外，还有部分拟新增项目，目前正在推进中。

在世界知识产权组织发布的《2024年全球创新指数报告》科技集群排名中，西安排名由2021年第33位上升至2024年第18位，连续跨越3个台阶，成功实现“三级跳”。

（九）国家自主创新示范区在区域创新发展中发挥着重要作用

国家自主创新示范区是由国务院批准，在推进自主创新和高技术产业发展方面先行先试、探索经验、做出示范的区域。

自2009年3月北京中关村国家自主创新示范区成为第一个国家自主创新示范区，至2022年5月9日国务院发文同意哈尔滨、大庆、齐齐哈尔3个高新技术产业开发区建设国家自主创新示范区，全国已建成23个国家自主创新示范区。

建设国家自主创新示范区对于进一步完善科技创新的体制机制，加快发展战略性新兴产业，推进创新驱动发展，加快转变经济发展方式将发挥重要的引领、辐射、带动作用。

国家自主创新示范区已成为我国创新发展、转型升级的重要引擎。形成了系统布局、多点辐射、全面带动、引领发展的良好态势，已经成为支撑引领区域发展的创新高地、培育壮大新产业新动能的重要引擎、汇聚高端创新资源和要素的重要载体、开展国际科技竞争与创新合作的前沿阵地（附表2）。

附表2 国家自主创新示范区名单

序号	批复时间	国家自主创新示范区名称	涉及的国家高新区	涉及高新区个数/个	区域
1	2009年3月13日	中关村国家自主创新示范区	中关村科技园区	1	北京
2	2009年12月8日	武汉东湖国家自主创新示范区	武汉东湖高新区	1	湖北
3	2014年1月19日	上海张江国家自主创新示范区	上海张江高新区	1	上海
4	2014年5月13日	深圳国家自主创新示范区	首个以城市为基本单元的，涵盖了全市10个行政区和新区的产业用地	1	广东
5	2015年9月29日	珠三角国家自主创新示范区	广州、中山、东莞松山湖、佛山、惠州、珠海、肇庆、江门高新区	8	
6	2014年10月20日	江苏苏南国家自主创新示范区	南京、苏州、无锡、常州、昆山、江阴、武进、镇江高新区和苏州工业园区	9	江苏
7	2014年12月11日	天津国家自主创新示范区	天津滨海高新区	1	天津
8	2014年12月11日	湖南长株潭国家自主创新示范区	长沙、株洲、湘潭高新区	3	湖南
9	2015年6月11日	成都国家自主创新示范区	成都高新区	1	四川
10	2015年8月25日	西安国家自主创新示范区	西安高新区	1	陕西
11	2015年8月25日	杭州国家自主创新高新区	杭州高新区、萧山临江高新区	2	浙江
12	2018年2月1日	宁波、温州国家自主创新示范区	宁波、温州高新区	2	
13	2016年4月5日	山东半岛国家自主创新示范区	济南、青岛、淄博、潍坊、烟台、威海高新区	6	山东
14	2016年4月5日	沈大国家自主创新示范区	沈阳、大连高新区	2	辽宁
15	2016年4月5日	郑洛新国家自主创新示范区	郑州、洛阳、新乡高新区	3	河南
16	2016年6月16日	福厦泉国家自主创新示范区	福州、厦门、泉州高新区	3	福建
17	2016年6月16日	合芜蚌国家自主创新示范区	合肥、芜湖、蚌埠高新区	3	安徽
18	2016年7月19日	重庆国家自主创新示范区	重庆高新区	1	重庆
19	2018年2月11日	兰白国家自主创新示范区	兰州、白银高新区	2	甘肃
20	2018年11月28日	乌昌石国家自主创新示范区	乌鲁木齐、昌吉市、石河子高新区	3	新疆
21	2019年8月29日	鄱阳湖国家自主创新示范区	南昌、新余、景德镇、鹰潭、抚州、吉安、赣州高新区	7	江西
22	2022年4月7日	长春国家自主创新示范区	长春、长春净月高新区	2	吉林
23	2022年5月9日	哈大齐国家自主创新示范区	哈尔滨、大庆、齐齐哈尔高新区	3	黑龙江

注：资料截至2024年4月。

第二部分
区域科技创新各级指标评价

一、区域科技创新一级指标评价

（一）科技创新环境评价

从科技创新环境指数看，北京、天津、上海、江苏和浙江排在前5位，同时也是高于全国平均水平（全国科技创新环境指数为79.75%）的地区（图2-1、图2-2）。

与上年比较，全国科技创新环境指数提高了1.76个百分点，安徽、海南、湖南、新疆和河北等16个地区高于这一增幅。天津、湖北、广东和吉林等6个地区低于上年水平（图2-3）。

位次上升较快的地区是安徽、山东、湖南、海南、四川、甘肃和新疆，均比上年上升2位，河北和江西均比上年上升1位。河南比上年下降3位，主要因为科研物质条件下降较快，内蒙古、吉林、重庆、贵州和陕西均比上年下降2位，湖北、广东和宁夏均比上年下降1位。

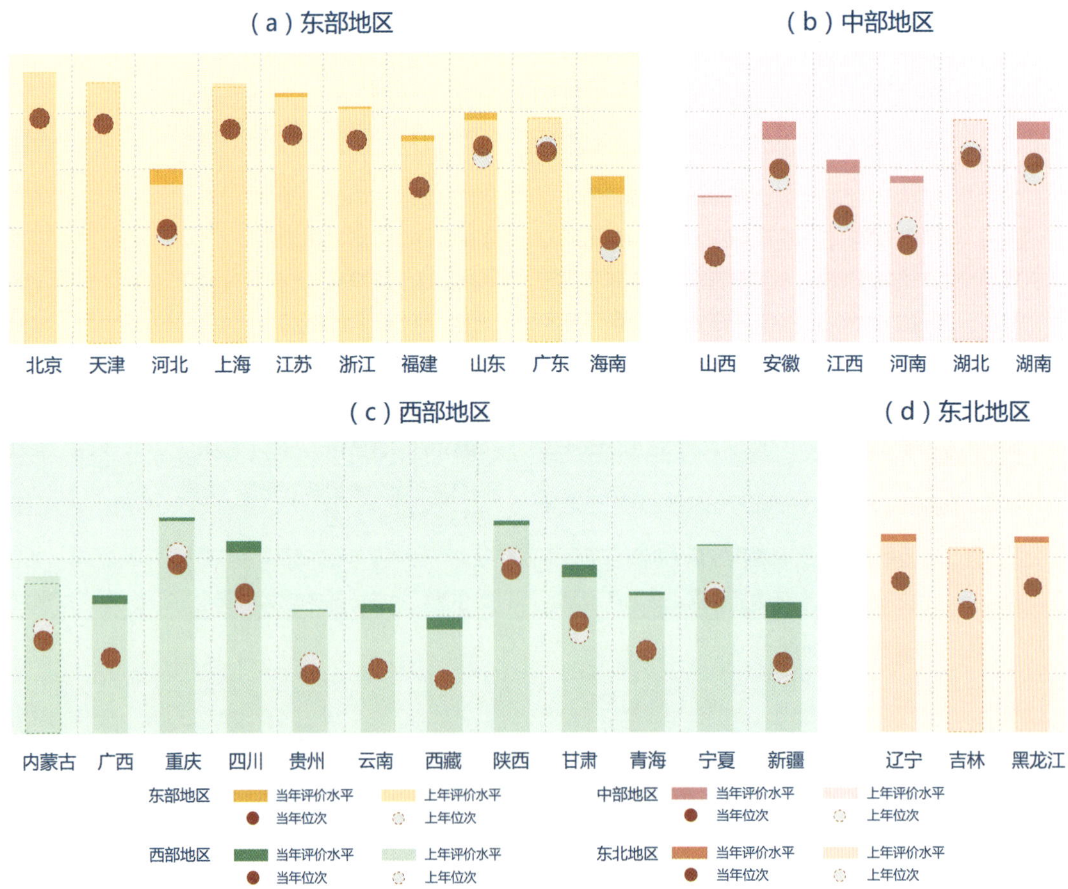

图2-1 科技创新环境区域分类

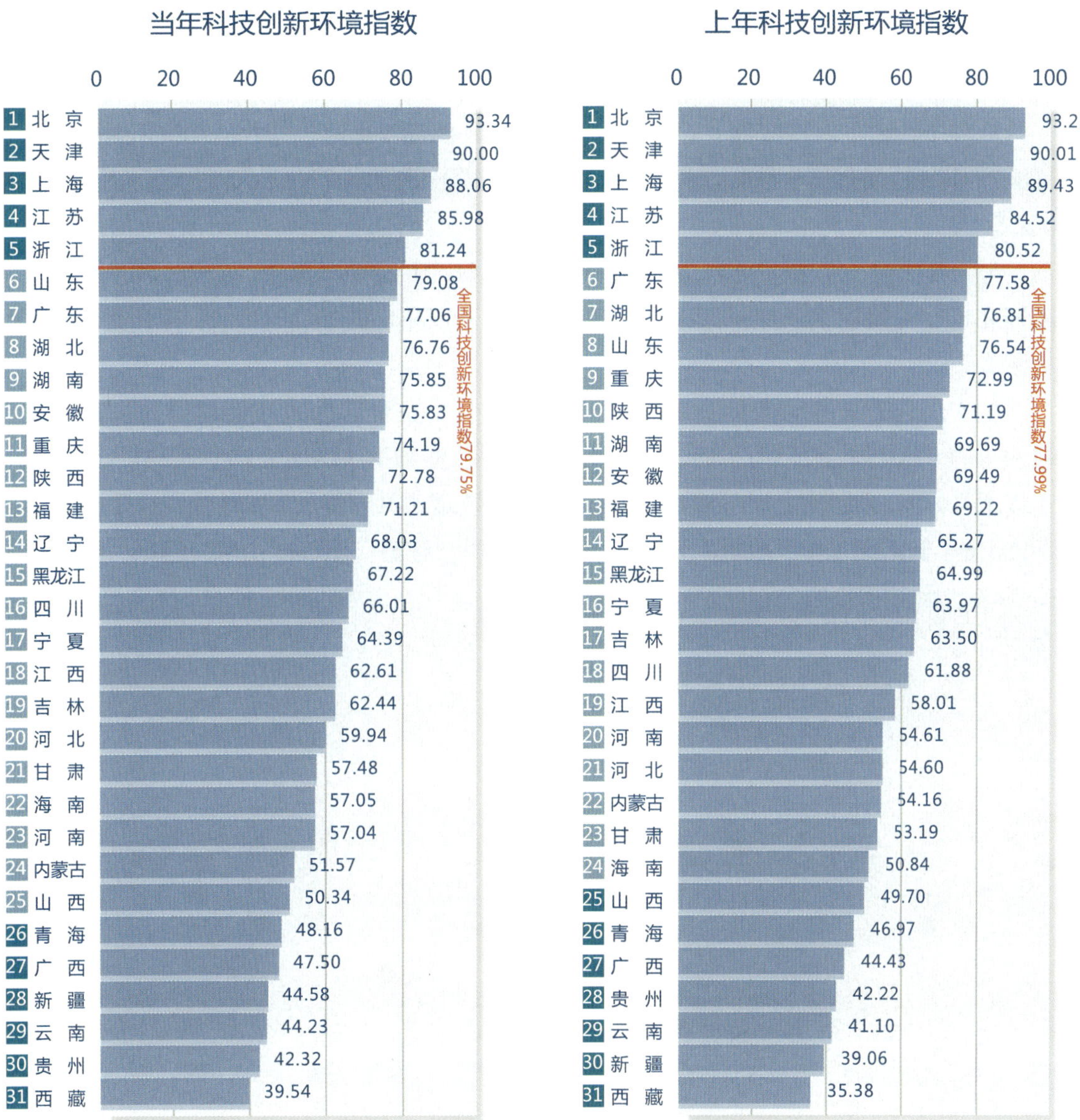

图2-2 区域科技创新环境指数排序

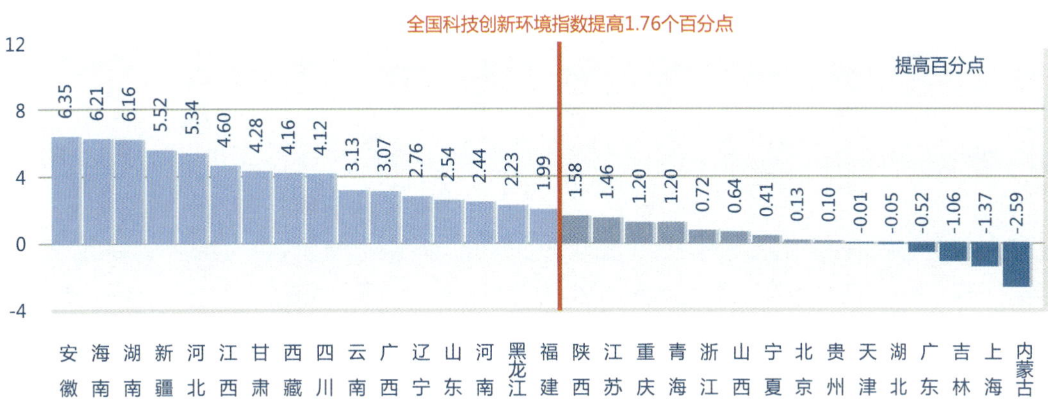

图2-3 区域科技创新环境指数提高百分点排序

（二）科技活动投入评价

从科技活动投入指数看，广东、安徽、江苏、浙江、上海、湖北、北京和湖南排在前8位，同时也是高于全国平均水平（全国科技活动投入指数为78.82%）的地区（图2-4、图2-5）。

与上年比较，全国科技活动投入指数提高了1.68个百分点，海南、广西、河南、湖南和河北等14个地区高于这一增幅。山东、上海、西藏和辽宁等10个地区低于上年水平（图2-6）。

位次上升最快的地区是海南，比上年上升4位，主要因为科技活动财力投入提升较快，河南比上年上升3位，河北、安徽、湖南、广西和重庆均比上年上升2位，湖北比上年上升1位。山西比上年下降4位，主要因为科技活动财力投入下降较快，天津比上年下降3位，云南比上年下降2位，北京、辽宁、吉林、江苏、浙江、山东、四川、陕西和宁夏均比上年下降1位。

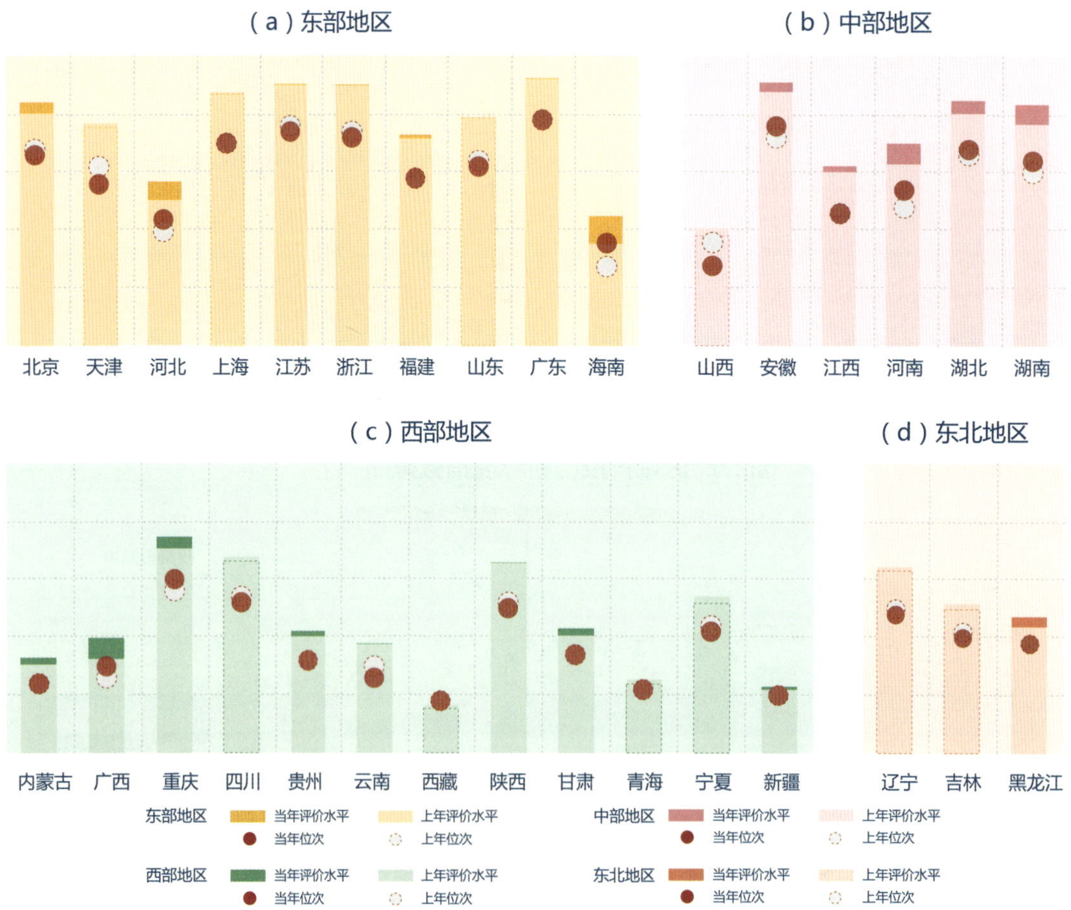

图2-4 科技活动投入区域分类

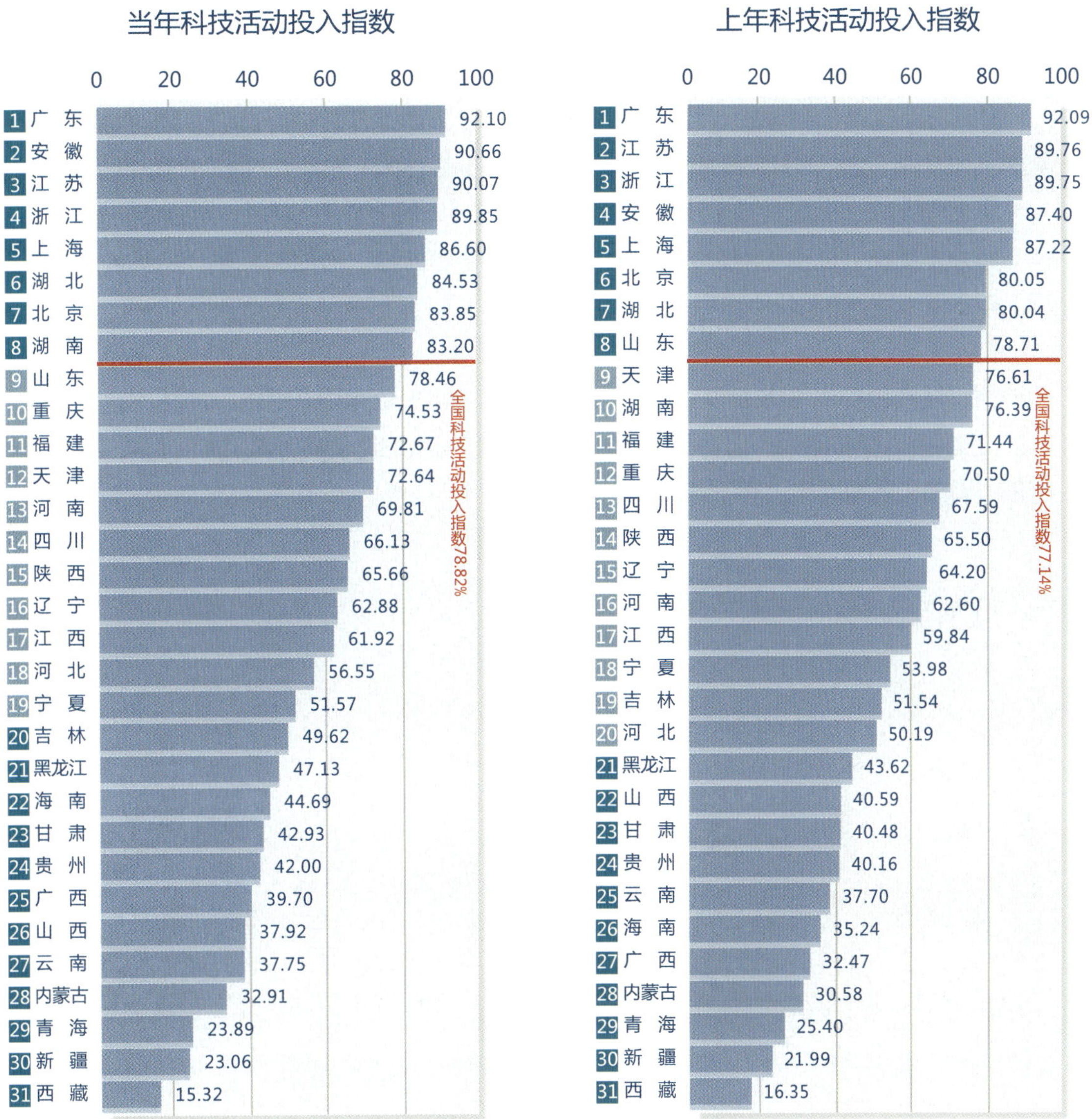

图2-5 区域科技活动投入指数排序

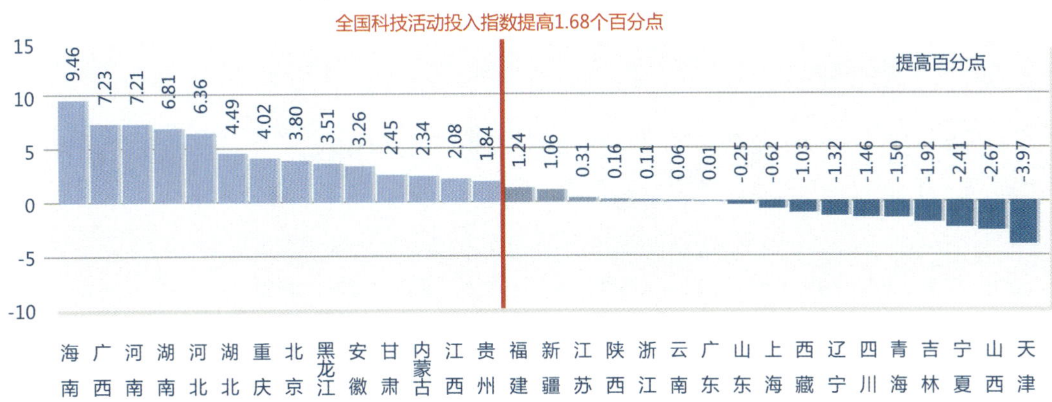

图2-6 区域科技活动投入指数提高百分点排序

（三）科技活动产出评价

从科技活动产出指数看，北京、上海、天津、广东和江苏排在前5位，同时也是高于全国平均水平（全国科技活动产出指数为82.12%）的地区（图2-7、图2-8）。

与上年比较，全国科技活动产出指数提高了1.49个百分点，有21个地区高于这一增幅，其中，重庆、江西和河南的增幅均超过了10个百分点。浙江、广东、吉林和天津低于上年水平（图2-9）。

位次上升较快的地区是河南和重庆，均比上年上升3位，主要因为技术成果市场化提升较快，江西和贵州均比上年上升2位，四川和云南均比上年上升1位。吉林比上年下降3位，主要因为科技活动产出水平下降较快，广西和海南均比上年下降2位，辽宁、安徽、山东、湖南和青海均比上年下降1位。

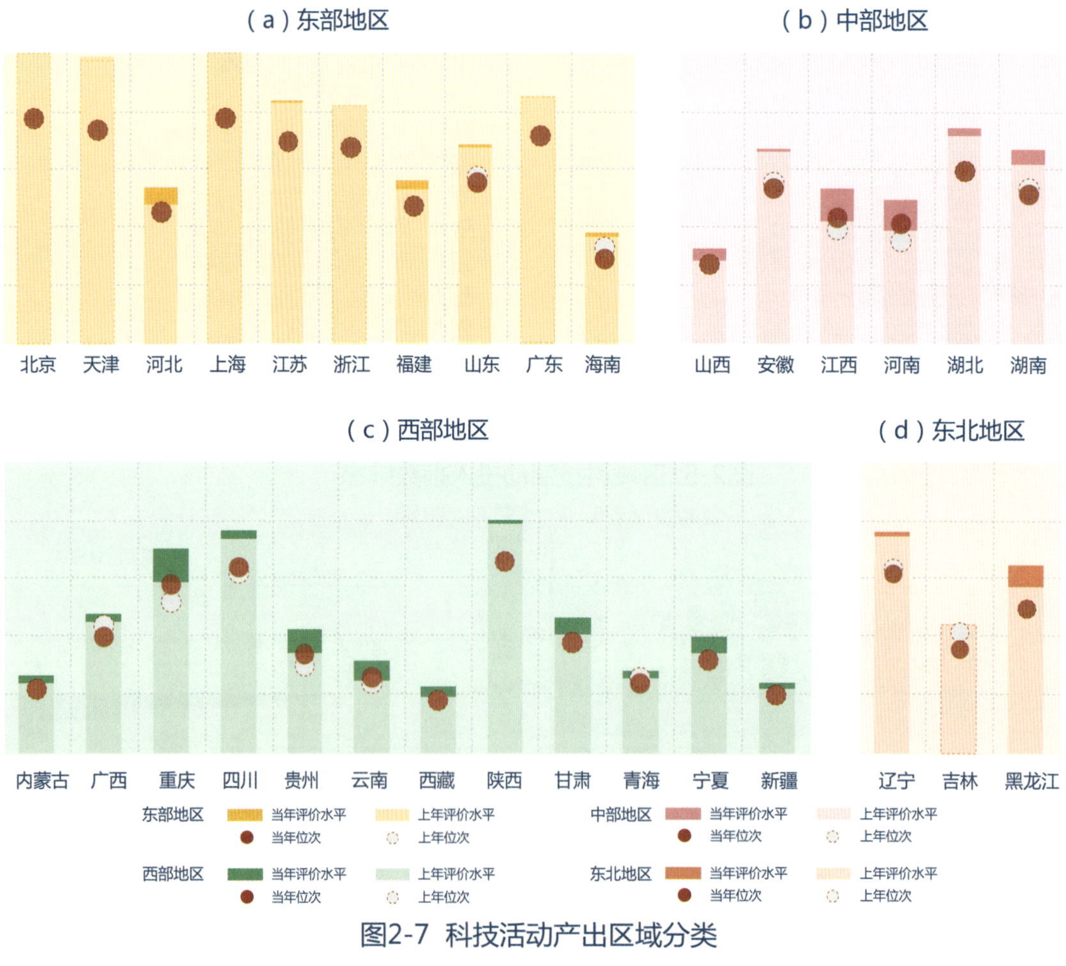

图2-7 科技活动产出区域分类

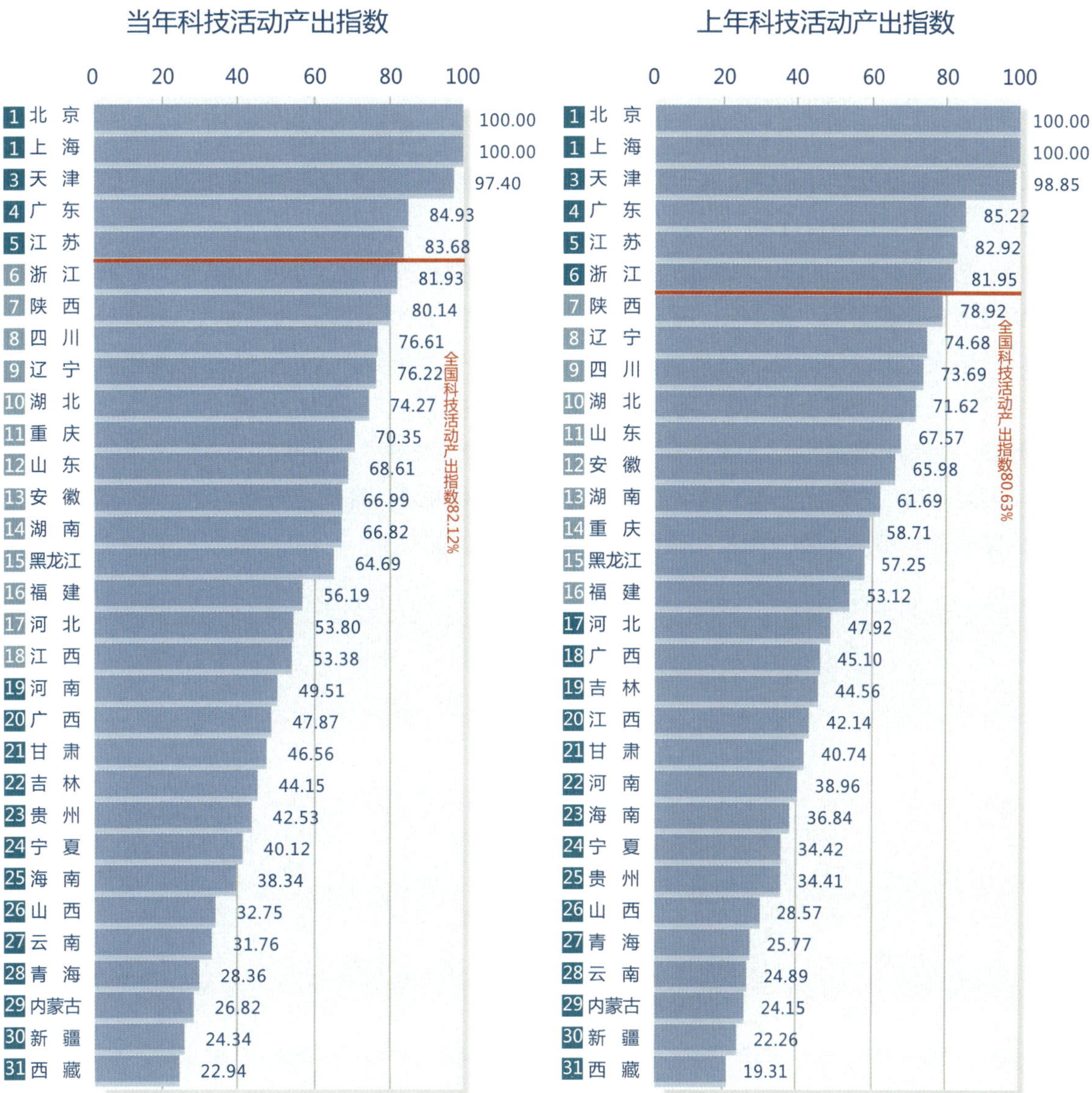

图2-8 区域科技活动产出指数排序

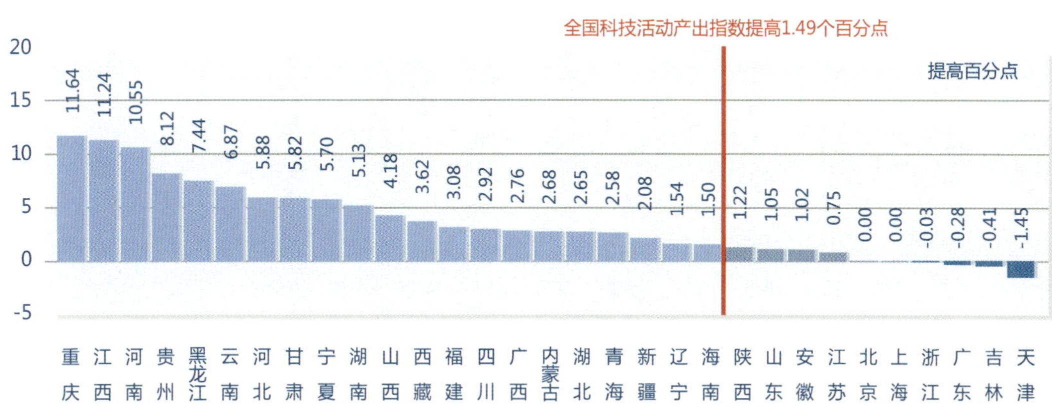

图2-9 区域科技活动产出指数提高百分点排序

（四）高新技术产业化评价

从高新技术产业化指数看，北京、重庆、广东、上海、江苏、四川、河南、陕西和江西排在前9位，同时也是高于全国平均水平（全国高新技术产业化指数为74.97%）的地区（图2-10、图2-11）。

与上年比较，有19个地区的高新技术产业化指数高于上年水平，其中，青海的增幅超过了10个百分点。黑龙江、福建、吉林和湖北等12个地区低于上年水平（图2-12）。

位次上升最快的地区是青海，比上年上升12位，主要因为高新技术产业化水平大幅提升，贵州比上年上升3位，浙江、安徽和宁夏均比上年上升2位，河北、河南、广东、西藏、甘肃和新疆均比上年上升1位。广西比上年下降8位，主要因为高新技术产业化水平下降较快，湖南比上年下降4位，天津、山西、黑龙江、福建和云南均比上年下降2位，内蒙古、吉林、上海、山东和陕西均比上年下降1位。

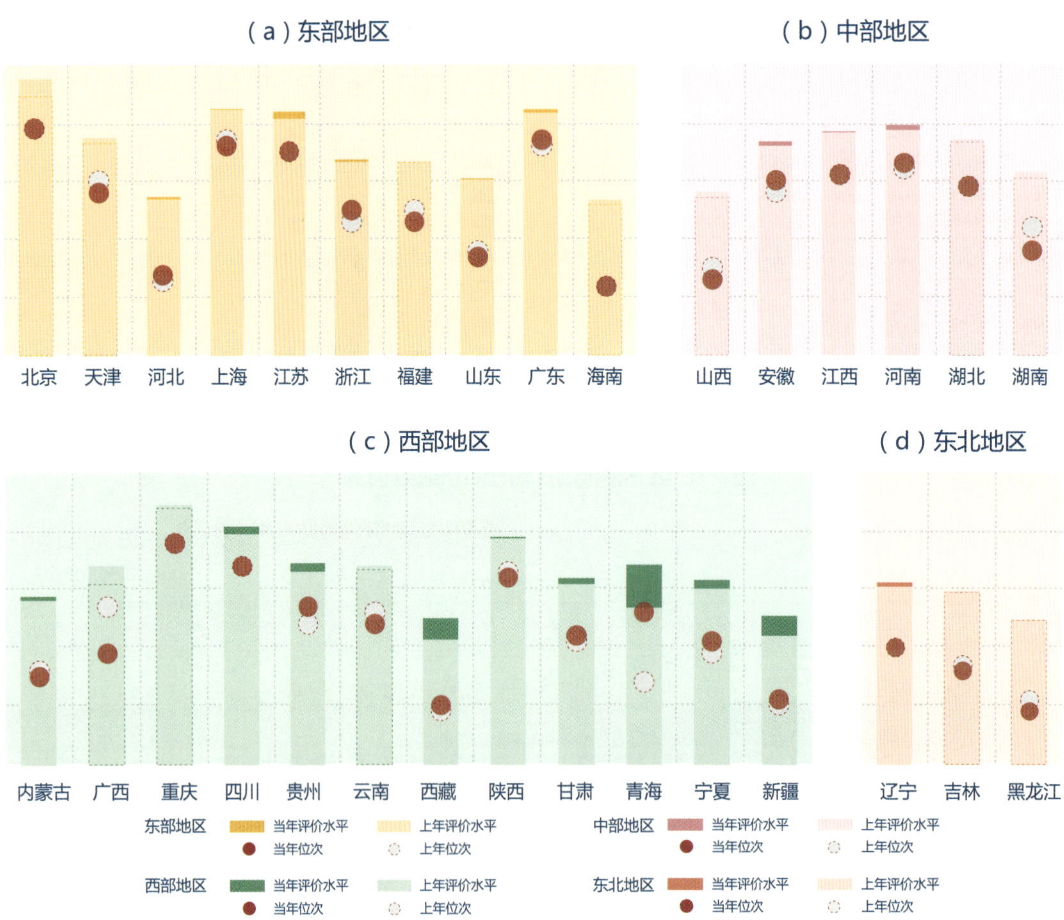

图2-10 高新技术产业化区域分类

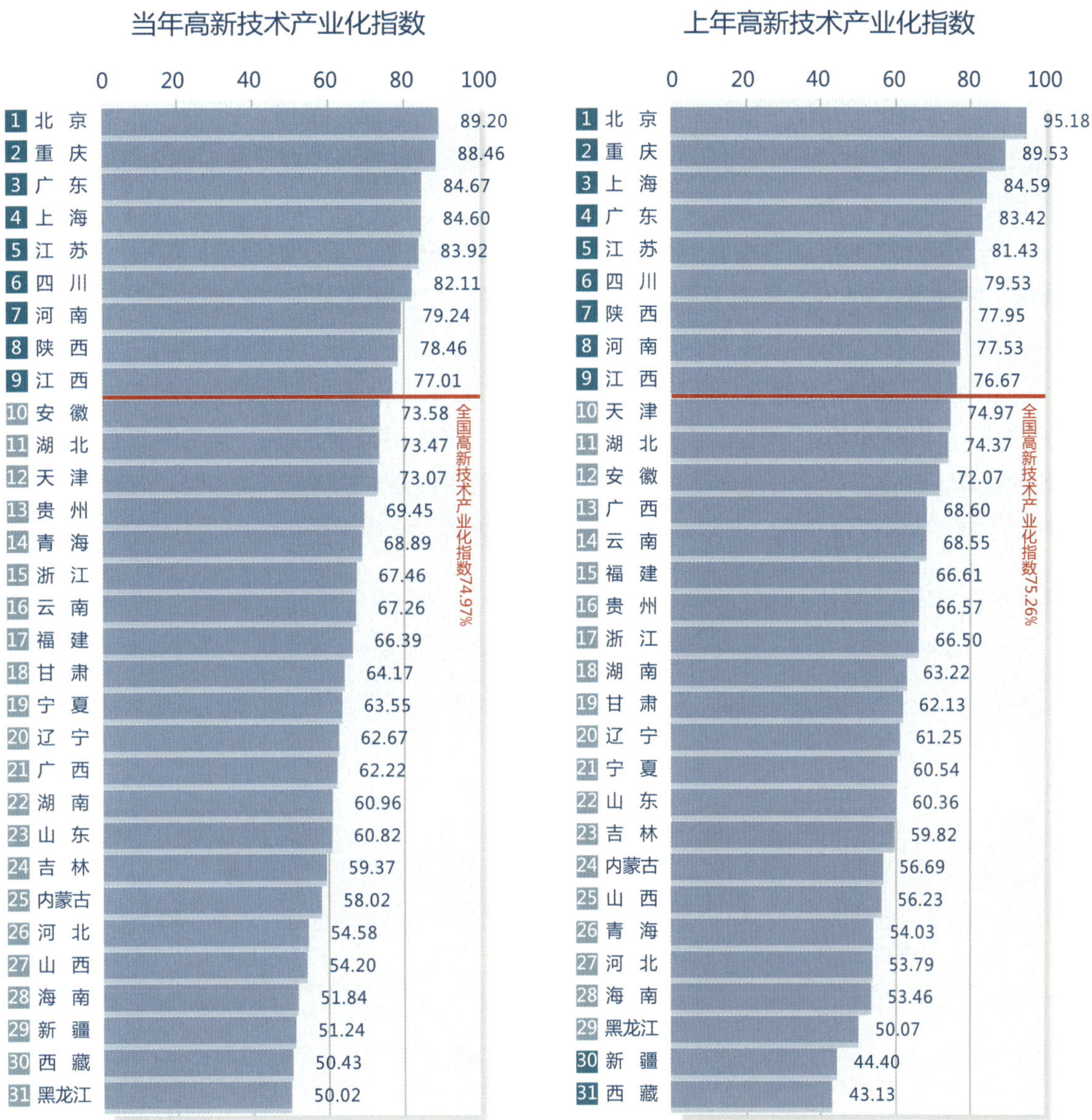

图2-11 区域高新技术产业化指数排序

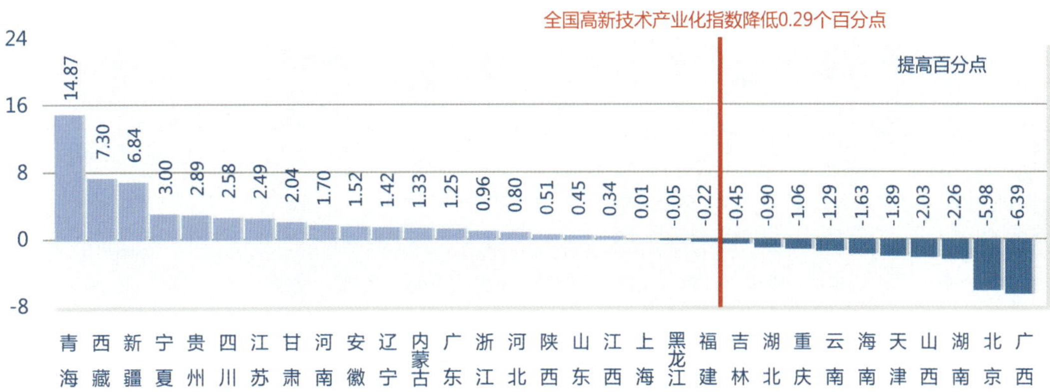

图2-12 区域高新技术产业化指数提高百分点排序

（五）科技促进经济社会发展评价

从科技促进经济社会发展指数看，广东、上海、北京、重庆、浙江、江苏和天津排在前7位，同时也是高于全国平均水平（全国科技促进经济社会发展指数为76.35%）的地区（图2-13、图2-14）。

与上年比较，全国科技促进经济社会发展指数提高了1.42个百分点，青海、贵州、湖南和安徽等15个地区高于这一增幅。广东、新疆、西藏和陕西等7个地区低于上年水平（图2-15）。

位次上升较快的地区是江西和青海，均比上年上升3位，主要因为经济发展方式转变提升较快，四川比上年上升2位，山西、辽宁、江苏、安徽、福建、山东、河南、广西和贵州均比上年上升1位。吉林比上年下降5位，主要因为经济发展方式转变下降较快，河北和陕西均比上年下降3位，宁夏比上年下降2位，天津、内蒙古、海南和新疆均比上年下降1位。

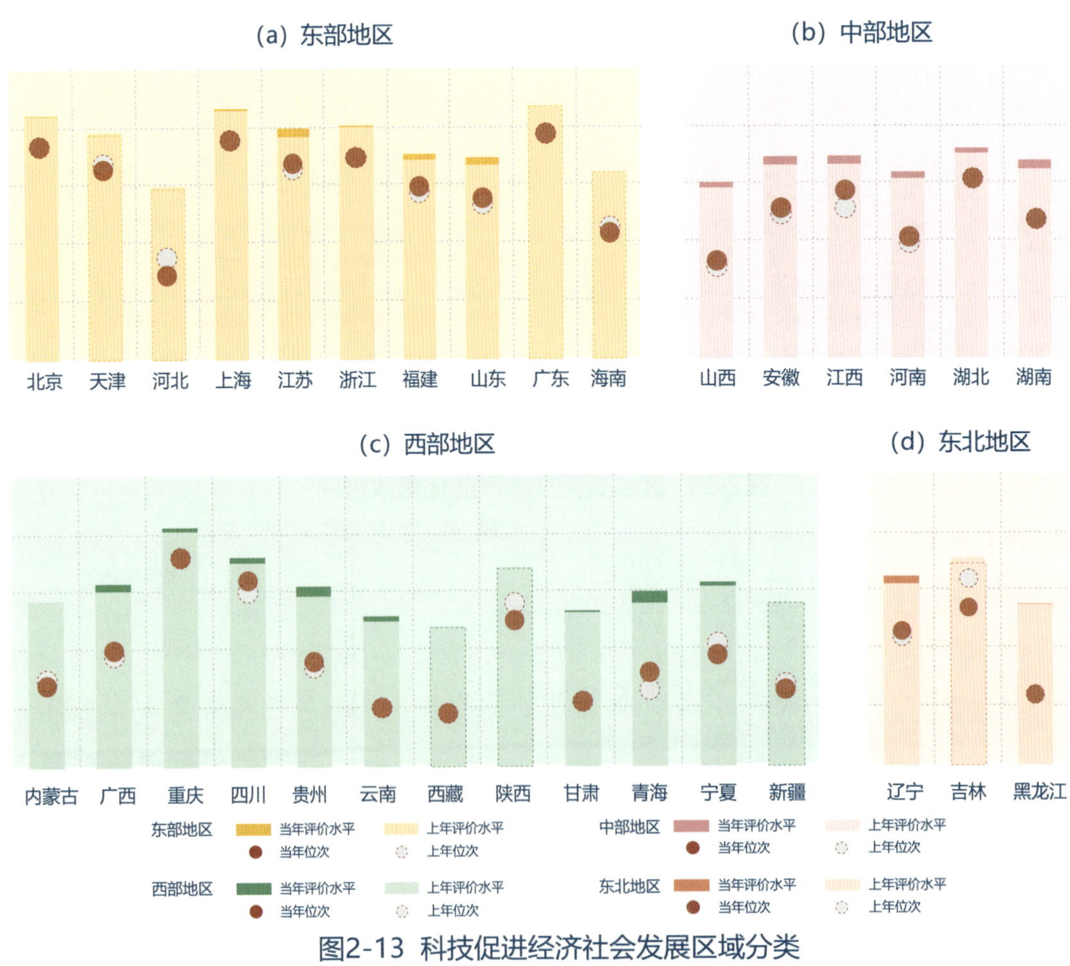

图2-13 科技促进经济社会发展区域分类

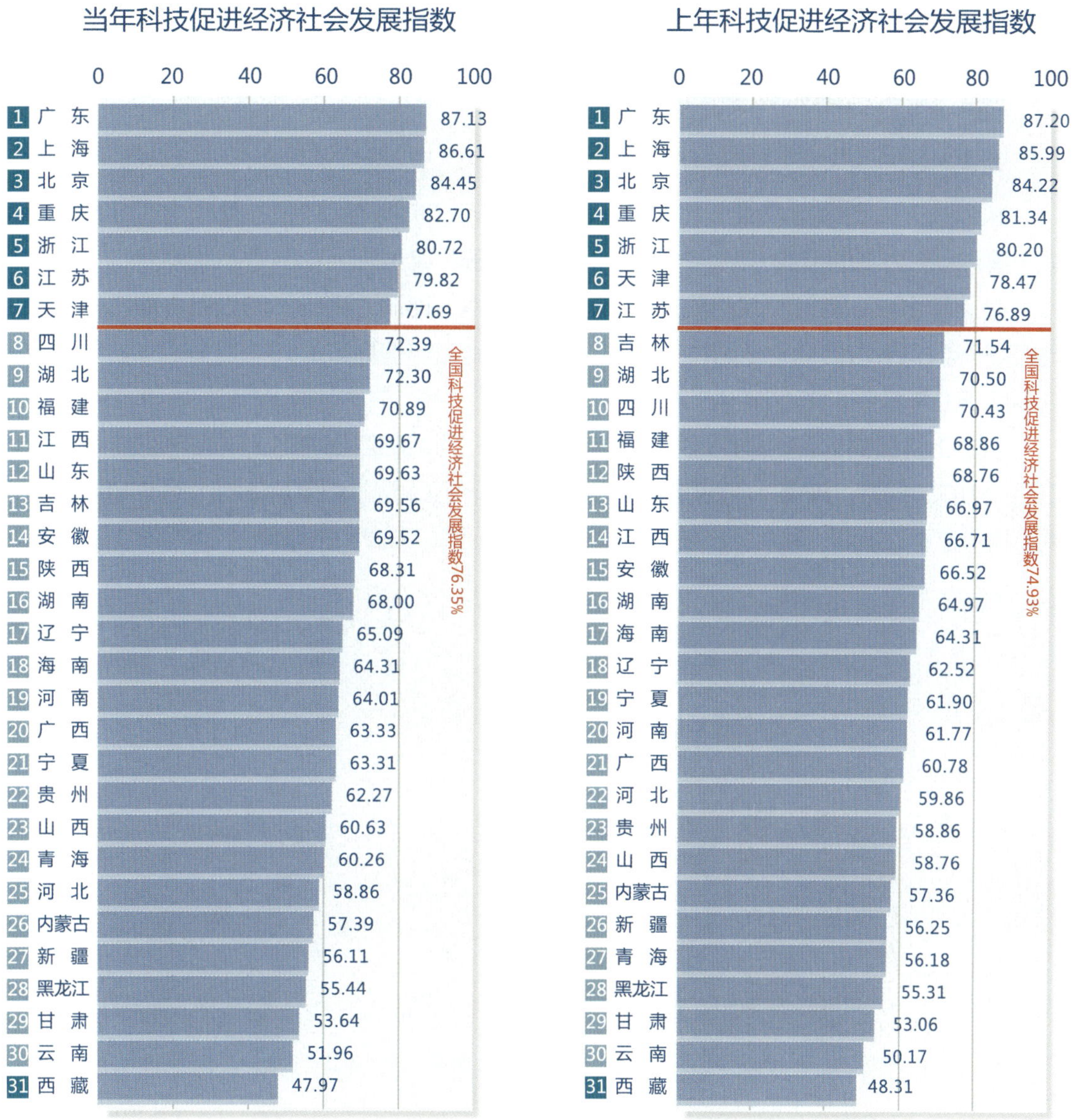

图2-14 区域科技促进经济社会发展指数排序

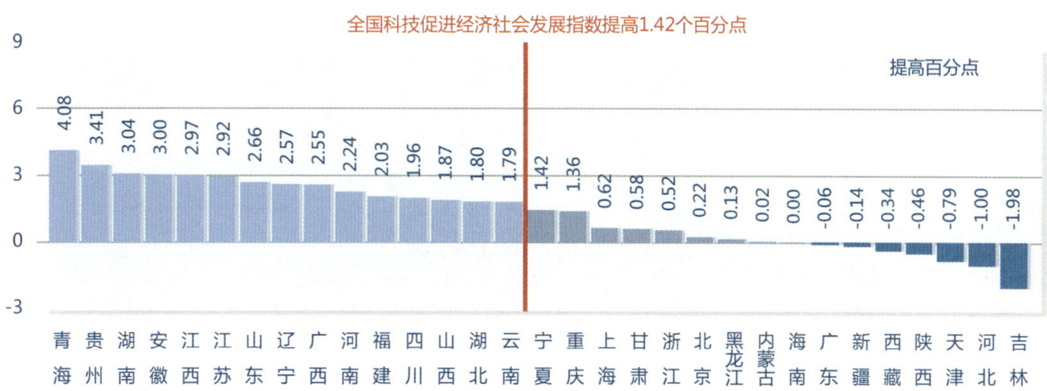

图2-15 区域科技促进经济社会发展指数提高百分点排序

二、区域科技创新二级指标评价

（一）科技人力资源评价

从科技人力资源指数看，北京、天津、上海和江苏排在前4位，高于全国平均水平（全国科技人力资源指数为99.21%）（图2-16、图2-17）。

与上年比较，有25个地区高于上年水平，其中，河北、湖南、四川和内蒙古等23个地区高于全国平均增幅（全国科技人力资源指数比上年提高了1.59个百分点）。湖北和吉林低于上年水平（图2-18）。

位次上升最快的地区是陕西，比上年上升3位，河北和四川均比上年上升2位，安徽、江西、山东、河南、湖南、广西和青海均比上年上升1位。辽宁和黑龙江均比上年下降2位，内蒙古、吉林、浙江、湖北、广东、海南、贵州、云南、甘肃和宁夏均比上年下降1位。

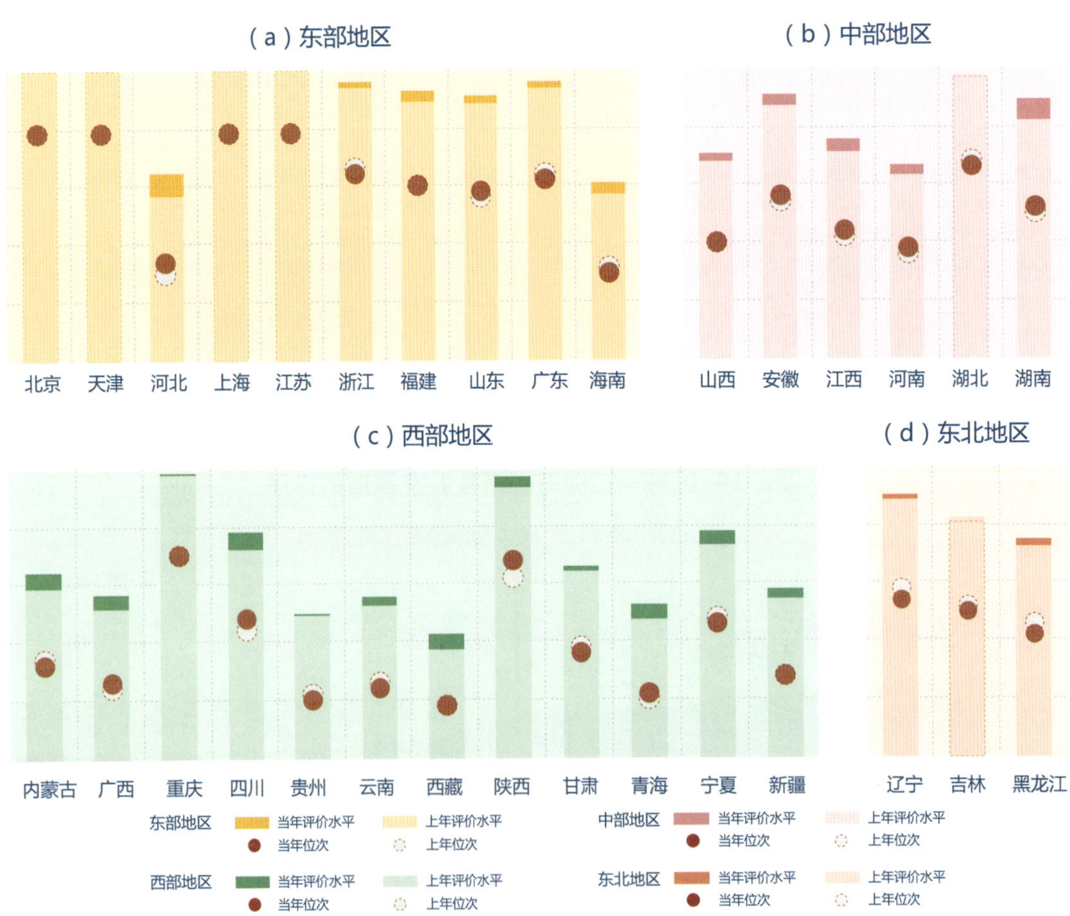

图2-16 科技人力资源区域分类

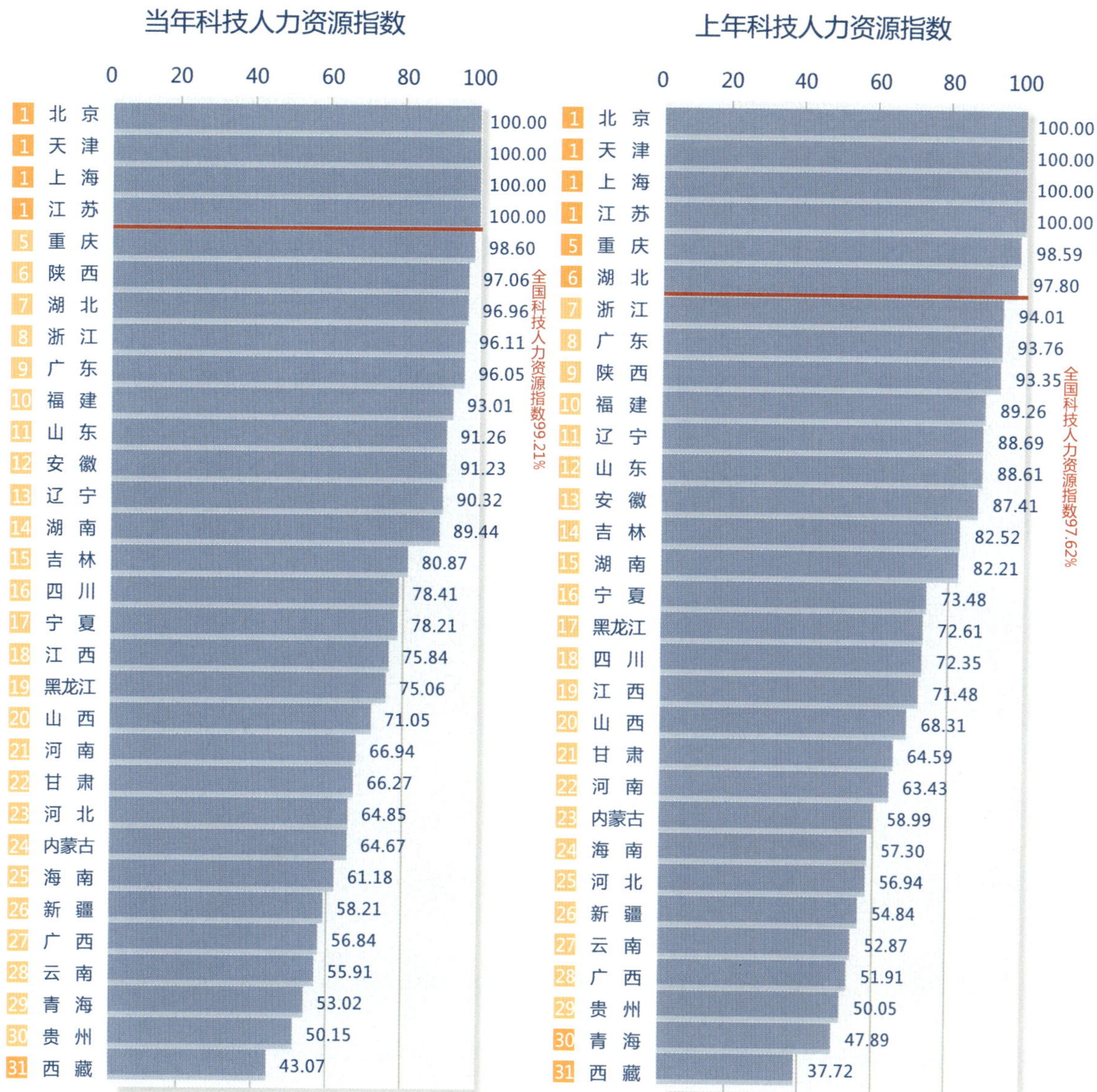

图2-17 区域科技人力资源指数排序

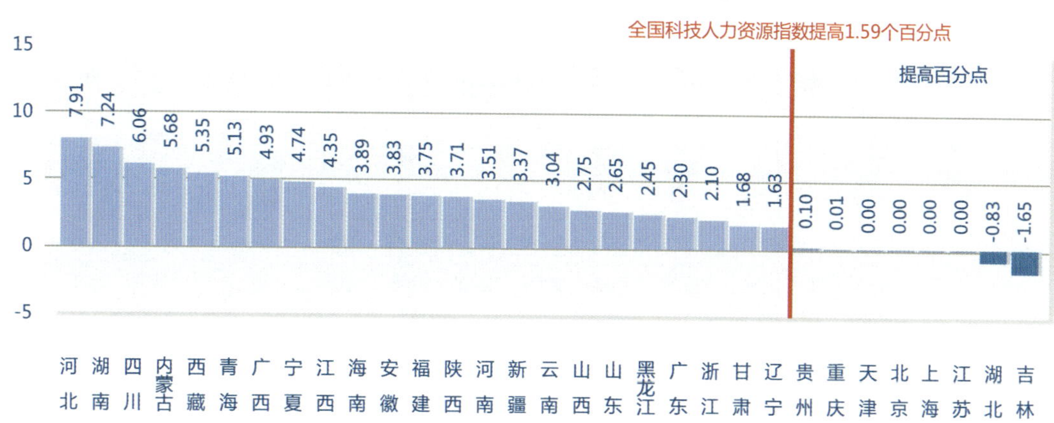

图2-18 区域科技人力资源指数提高百分点排序

（二）科研物质条件评价

从科研物质条件指数看，北京、天津、黑龙江、上海、湖南、江苏、山东、安徽和吉林等9个地区高于全国平均水平（全国科研物质条件指数为67.81%）（图2-19、图2-20）。

与上年比较，有17个地区高于上年水平，其中，有13个地区高于全国平均增幅（全国科研物质条件指数比上年提高了3.39个百分点），海南和安徽的增幅均超过了10个百分点。有13个地区低于上年水平，内蒙古的降幅最大，超过了10个百分点（图2-21）。

位次上升最快的地区是海南，比上年上升11位，主要因为每名R&D人员仪器和设备支出提升较快，安徽比上年上升9位，江西、四川和甘肃均比上年上升5位，河北比上年上升4位，江苏、湖南、广西、重庆、云南、西藏和新疆均比上年上升1位。位次下降最快的地区是内蒙古，比上年下降14位，主要因为每名R&D人员仪器和设备支出下降较快，宁夏比上年下降7位，陕西和青海均比上年下降4位，河南、湖北和贵州均比上年下降3位，辽宁、山东和广东均比上年下降2位，山西和吉林均比上年下降1位。

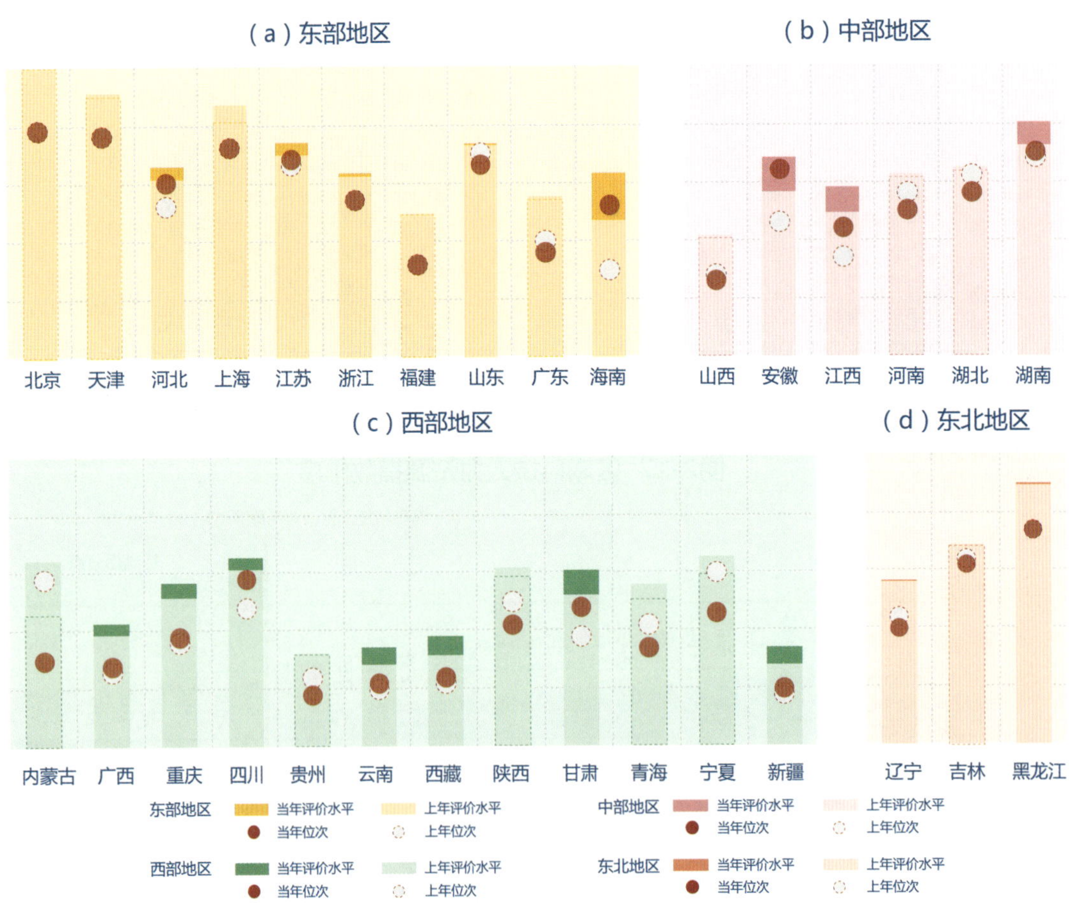

图2-19 科研物质条件区域分类

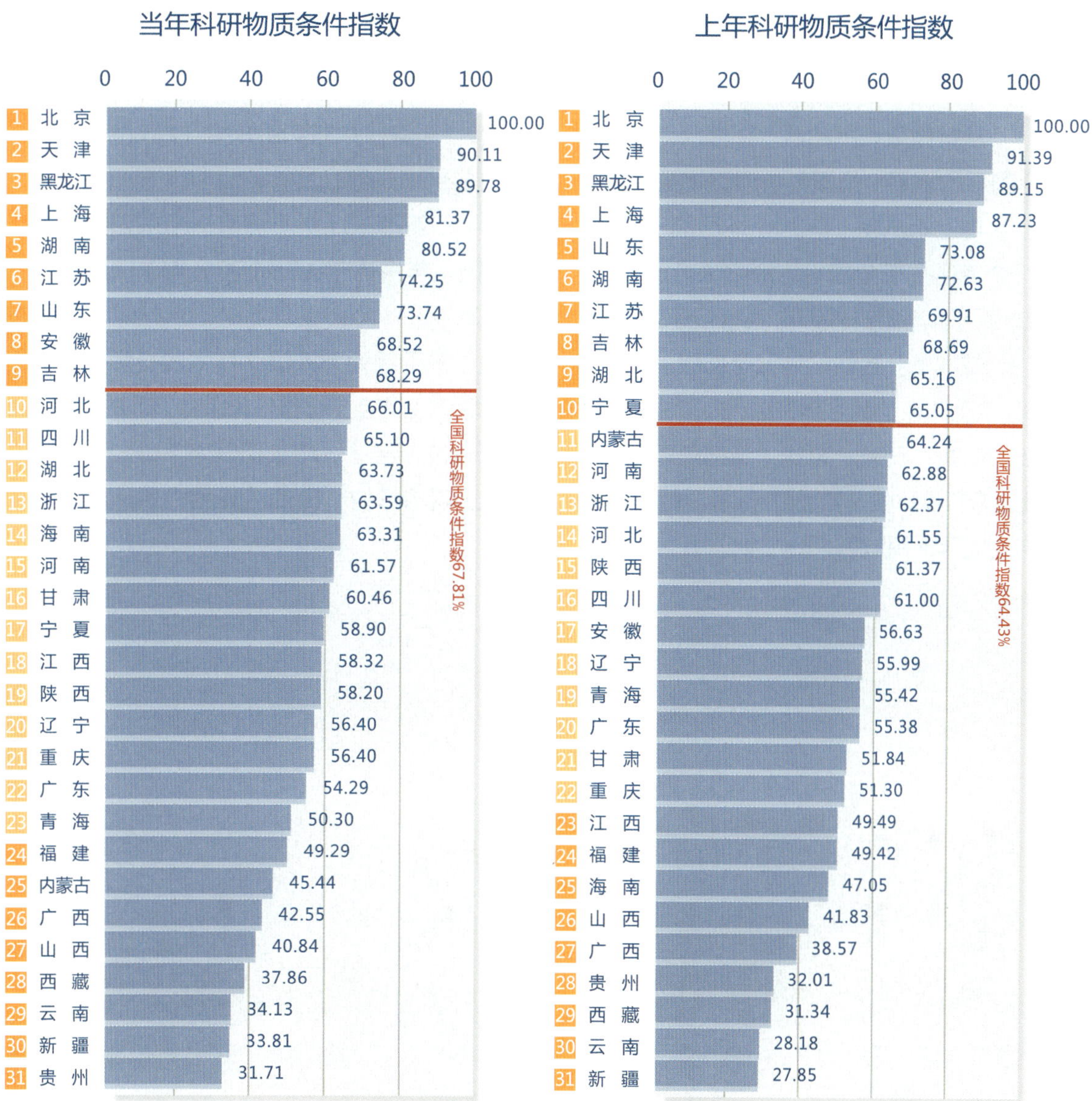

图2-20 区域科研物质条件指数排序

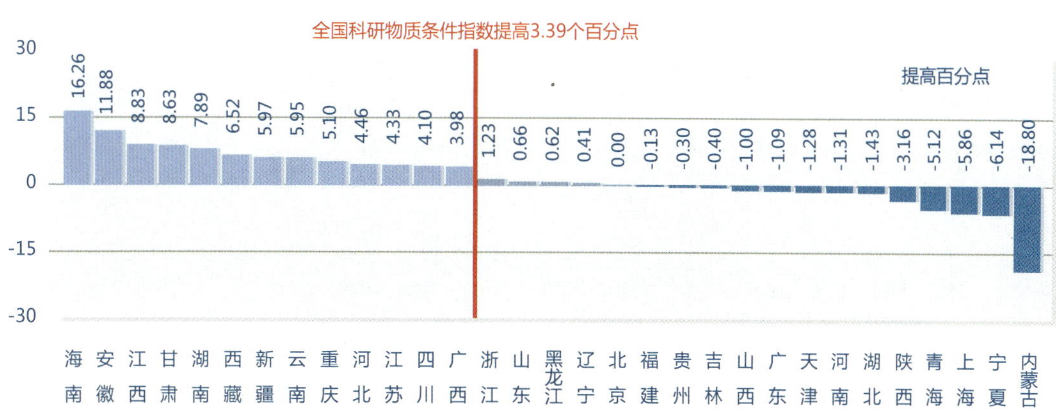

图2-21 区域科研物质条件指数提高百分点排序

（三）科技意识评价

从科技意识指数看，浙江、江苏、上海、北京、天津、广东和山东排在前7位，高于全国平均水平（全国科技意识指数为65.76%）（图2-22、图2-23）。

与上年比较，有24个地区高于上年水平，其中，新疆、辽宁、河南、山东和安徽等23个地区高于全国平均增幅（全国科技意识指数比上年提高了0.38个百分点）。广西、山西、海南和吉林等7个地区低于上年水平（图2-24）。

位次上升最快的地区是新疆，比上年上升4位，主要因为万人吸纳技术成交额提升较快，辽宁比上年上升3位，内蒙古、河南和甘肃均比上年上升2位，北京、天津、黑龙江、上海、安徽、湖北、湖南和青海均比上年上升1位。吉林、广东和云南下降较快，均比上年下降3位，广西、海南、重庆和西藏均比上年下降2位，山西、江西、贵州和宁夏均比上年下降1位。

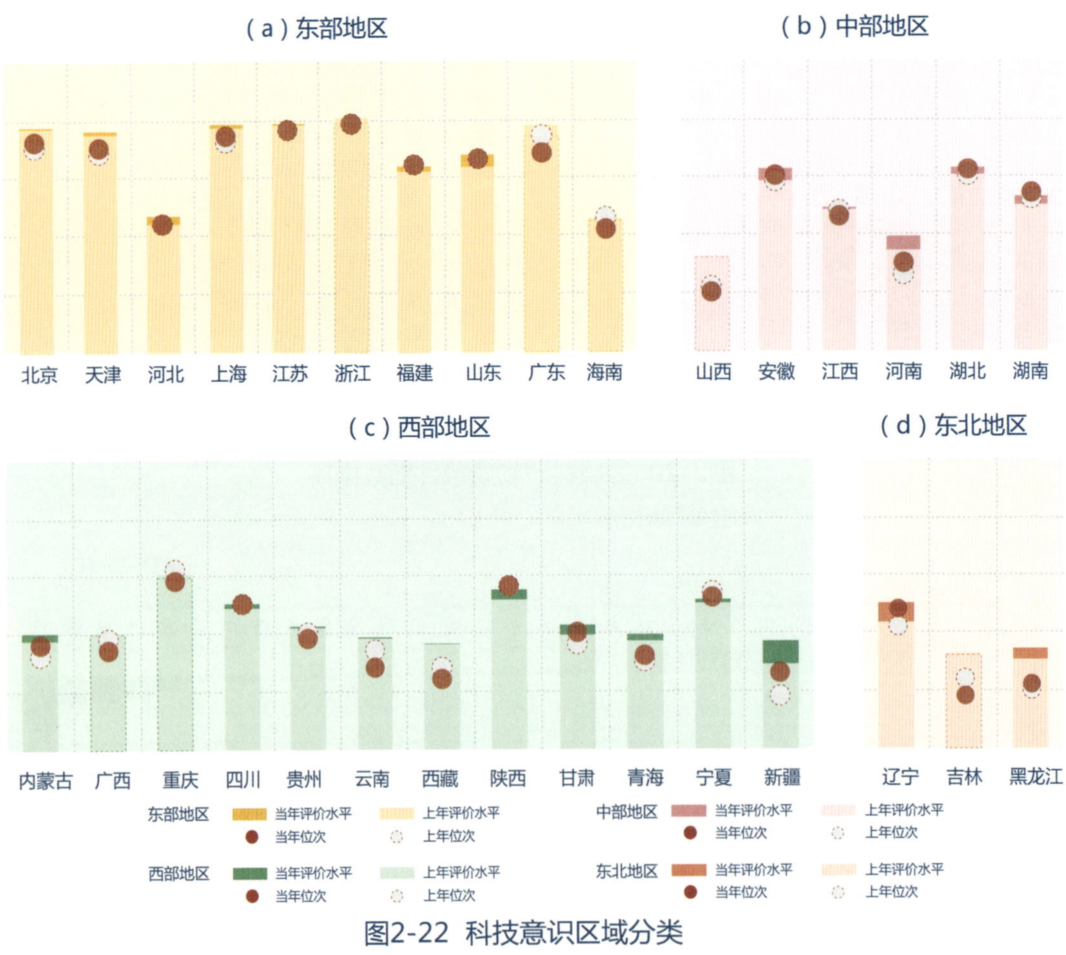

图2-22 科技意识区域分类

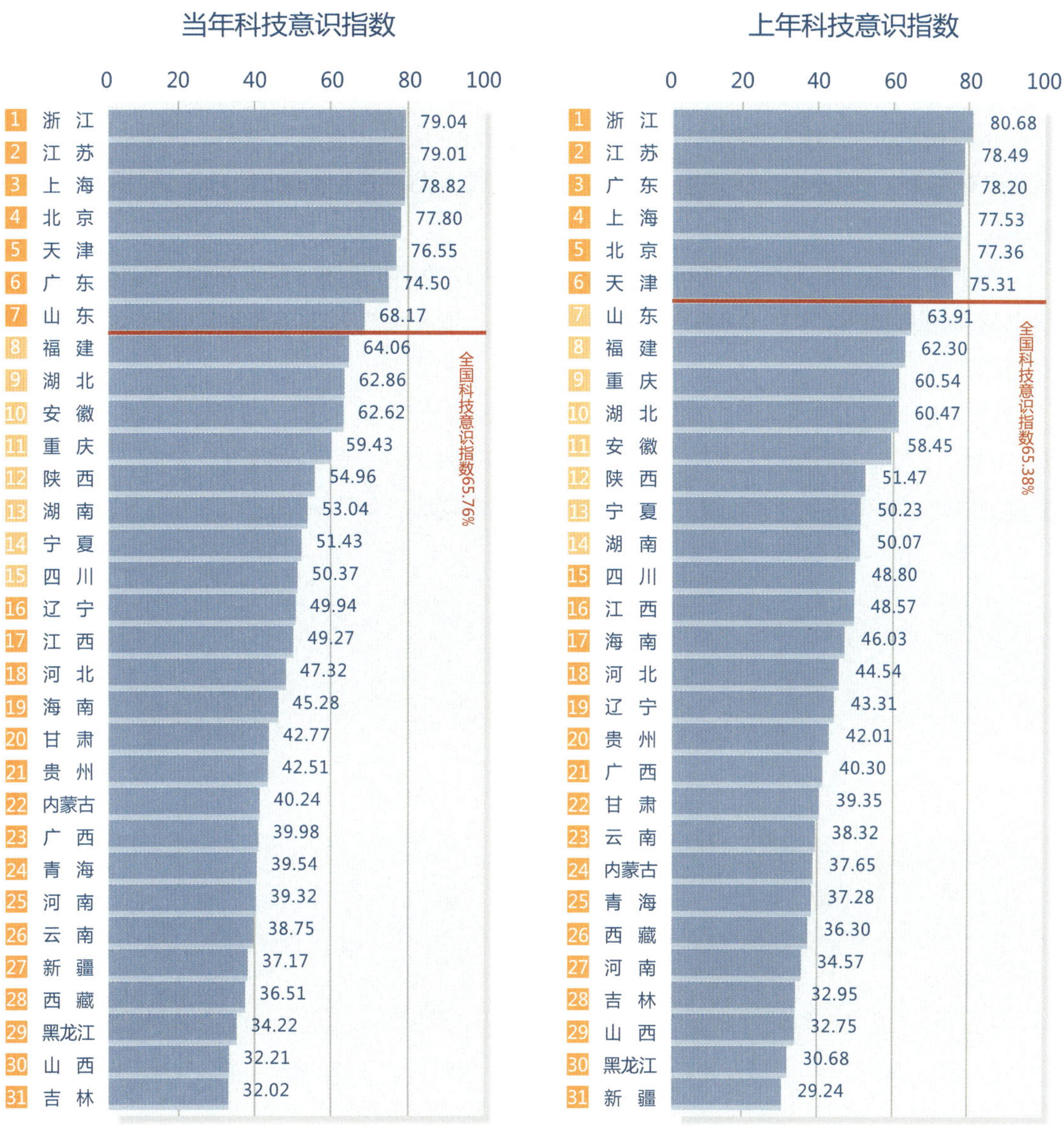

图2-23 区域科技意识指数排序

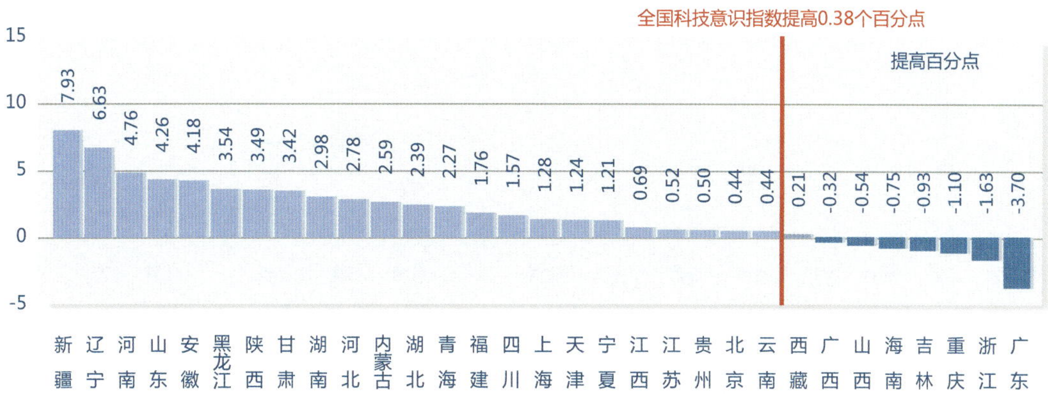

图2-24 区域科技意识指数提高百分点排序

（四）科技活动人力投入评价

从科技活动人力投入指数看，广东、江苏、浙江、山东、福建、湖南、安徽、重庆和湖北排在前9位，高于全国平均水平（全国科技活动人力投入指数为92.43%）（图2-25、图2-26）。

与上年比较，有20个地区的科技活动人力投入指数高于上年水平，其中，河北、北京和黑龙江的增幅超过了10个百分点。青海、湖南、重庆和江苏等11个地区低于上年水平（图2-27）。

位次上升较快的地区是内蒙古和黑龙江，均比上年上升3位，上海和四川均比上年上升2位，广西和新疆均比上年上升1位。位次下降较快的地区是贵州、云南、陕西和宁夏，均比上年下降2位，天津、吉林、江西和青海均比上年下降1位。

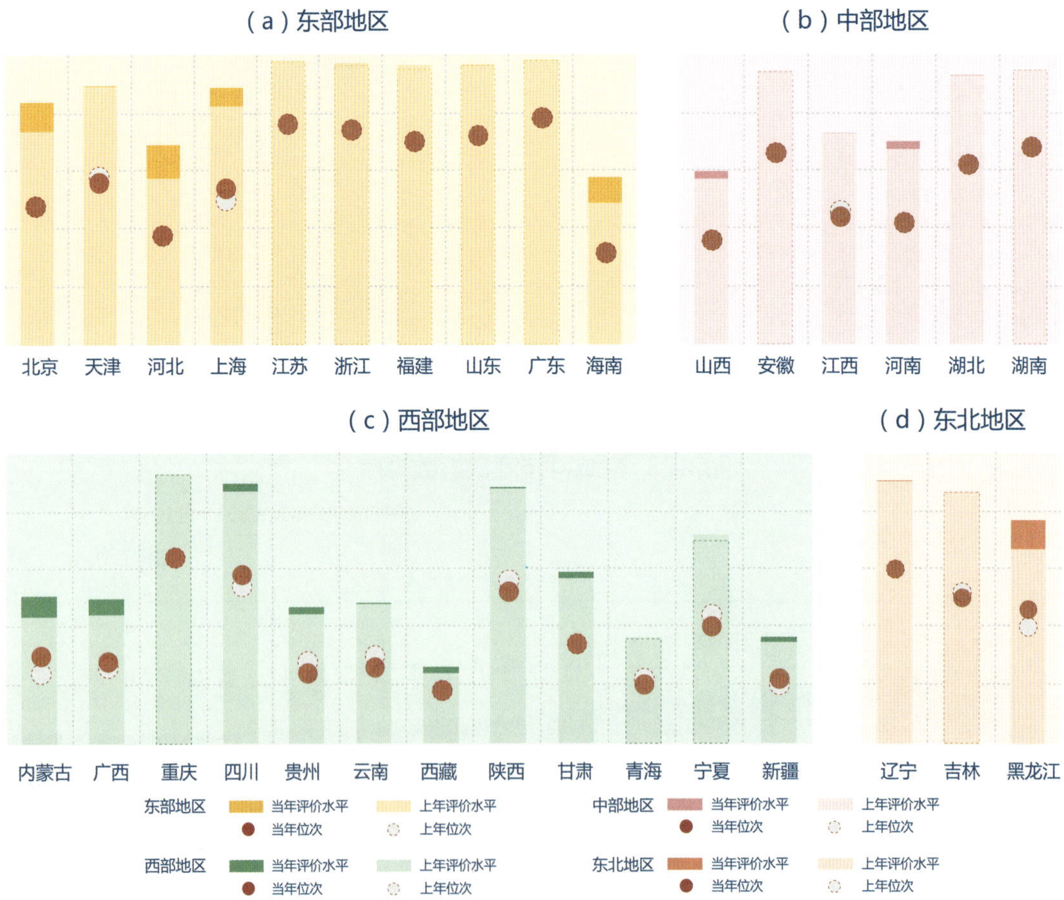

图2-25 科技活动人力投入区域分类

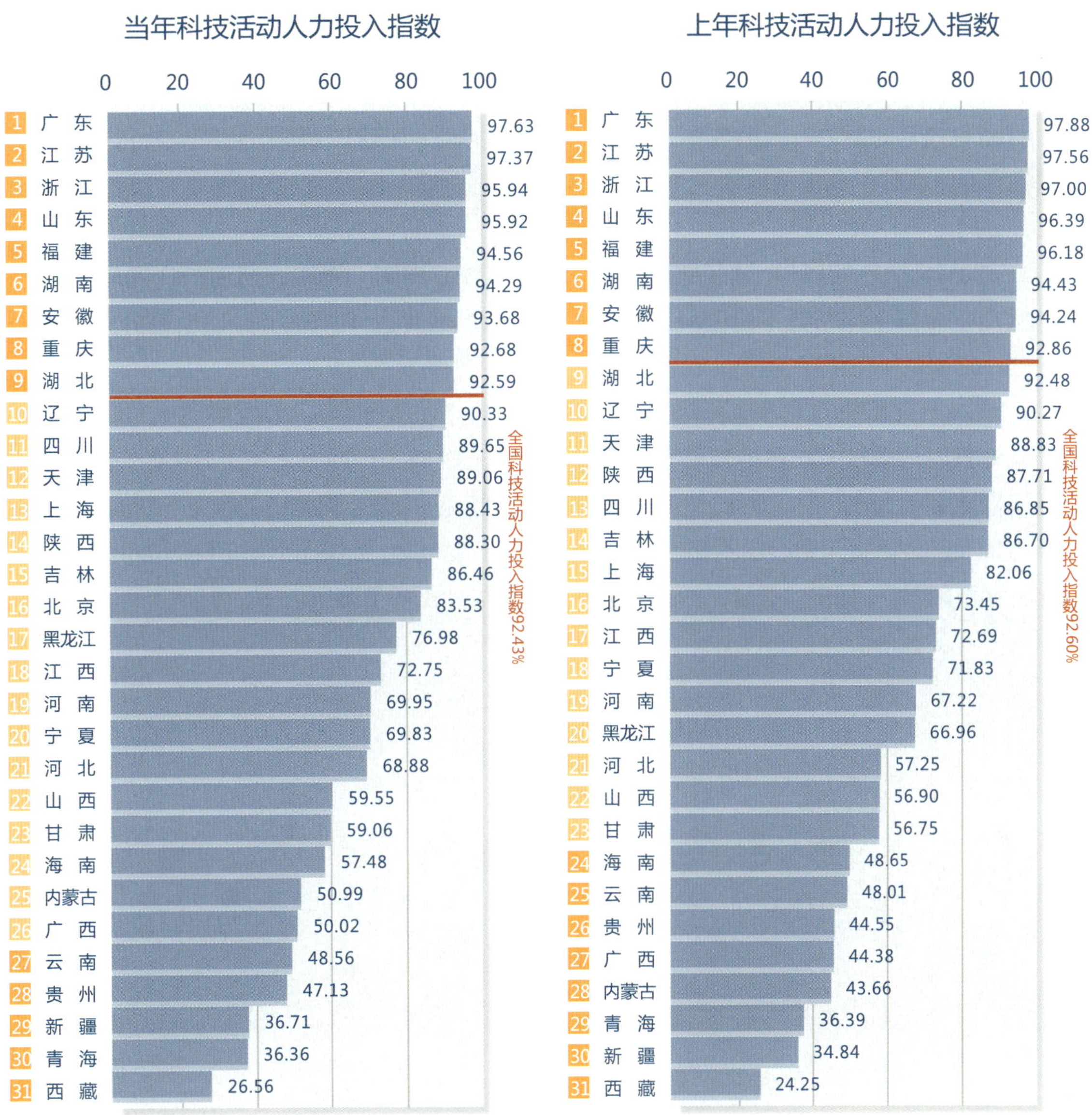

图2-26 区域科技活动人力投入指数排序

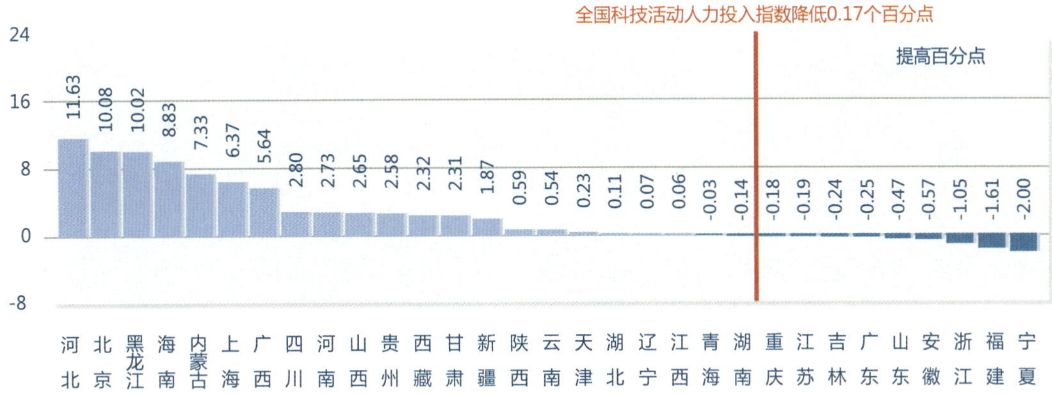

图2-27 区域科技活动人力投入指数提高百分点排序

（五）科技活动财力投入评价

从科技活动财力投入指数看，广东、安徽、浙江、江苏、上海、北京、湖北和湖南排在前8位，高于全国平均水平（全国科技活动财力投入指数为72.99%）（图2-28、图2-29）。

与上年比较，有19个地区高于上年水平，其中，湖南、海南、河南和广西等10个地区高于全国平均增幅（全国科技活动财力投入指数比上年提高了2.48个百分点）。陕西、云南、山东和辽宁等12个地区低于上年水平（图2-30）。

位次上升最快的地区是海南，比上年上升5位，主要因为R&D经费支出与GDP比值、地方财政科技支出占地方财政支出比重等提升较快，广西比上年上升4位，安徽和河南均比上年上升3位，江西、湖南和甘肃均比上年上升2位，河北比上年上升1位。位次下降较快的地区是天津、山西和吉林，均比上年下降4位，上海比上年下降3位，黑龙江比上年下降2位，辽宁、福建、四川、云南和陕西均比上年下降1位。

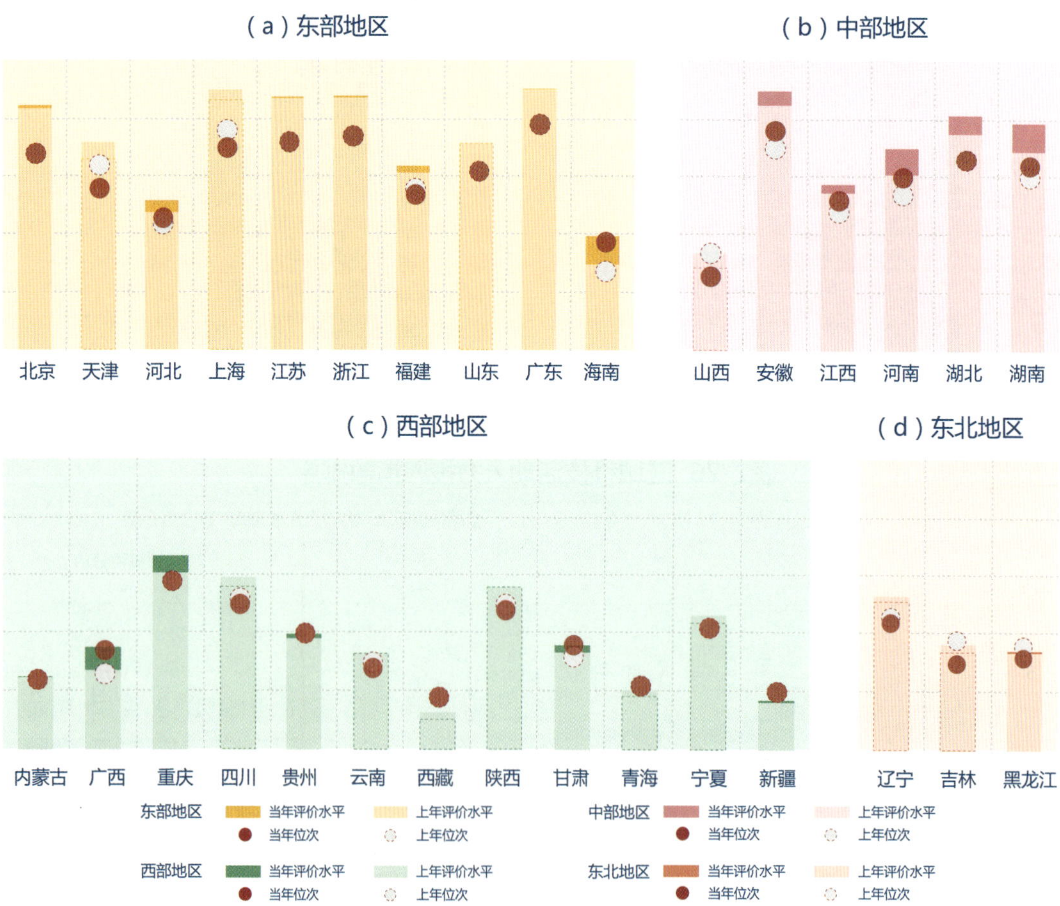

图2-28 科技活动财力投入区域分类

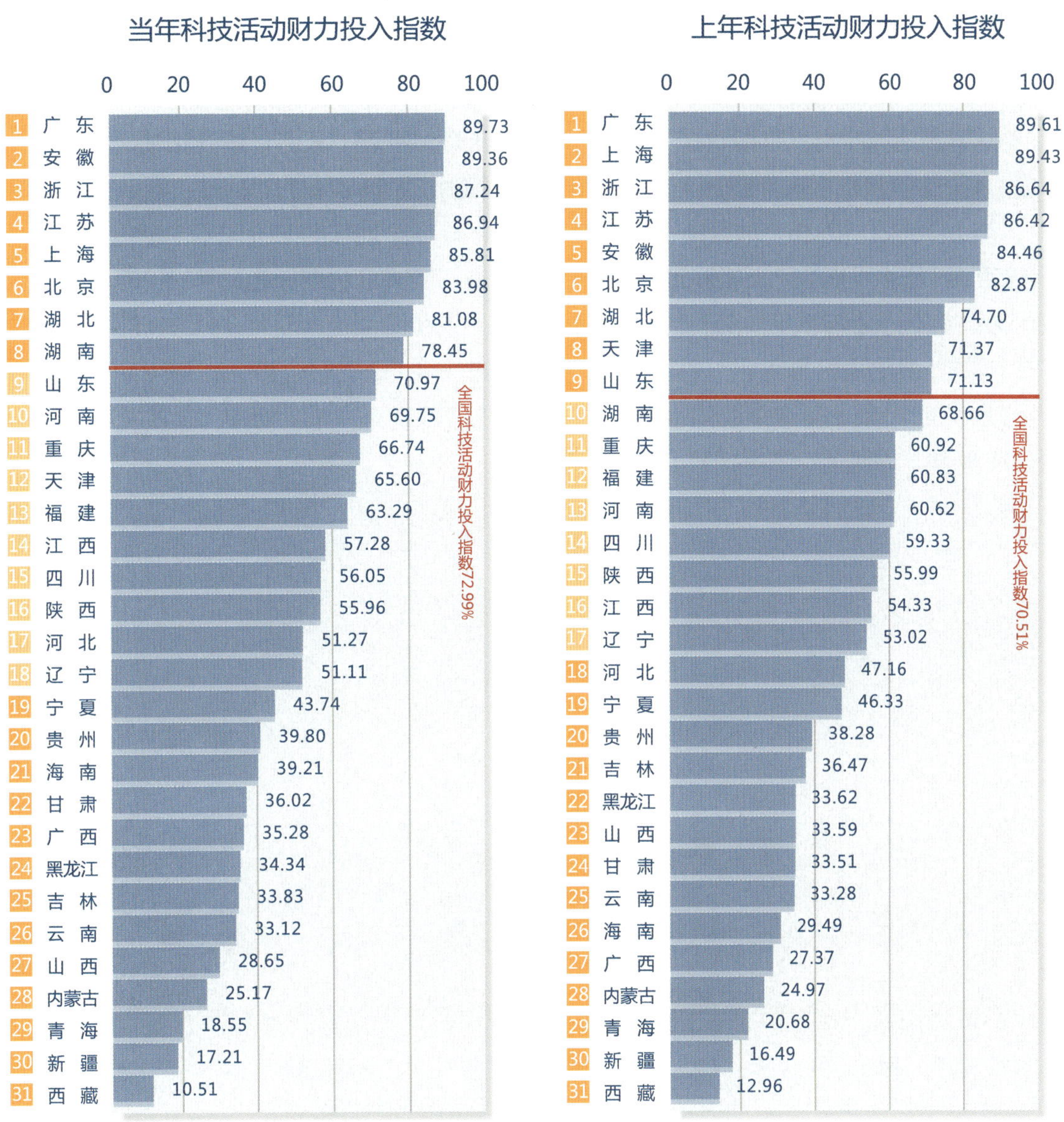

图2-29 区域科技活动财力投入指数排序

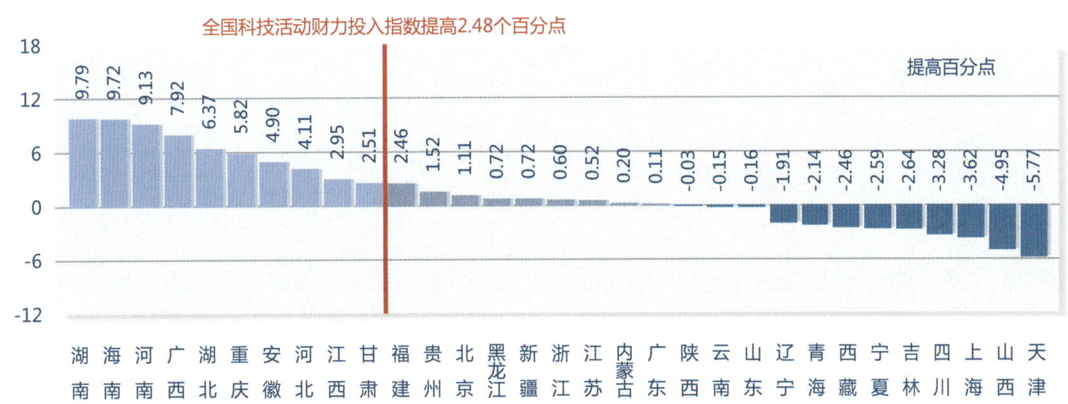

图2-30 区域科技活动财力投入指数提高百分点排序

（六）科技活动产出水平评价

从科技活动产出水平指数看，北京、上海、天津、陕西、江苏、浙江和湖北排在前7位，高于全国平均水平（全国科技活动产出水平指数为76.28%）（图2-31、图2-32）。

与上年比较，有26个地区高于上年水平，其中有22个地区高于全国平均增幅（全国科技活动产出水平指数比上年提高了1.53个百分点），黑龙江的增幅超过了10个百分点。浙江和广东低于上年水平（图2-33）。

位次上升的地区是河北、内蒙古、辽宁、福建、湖北、广西、四川、贵州和宁夏，均比上年上升1位；位次下降的地区是安徽、山东、河南、广东、海南、重庆、甘肃、青海和新疆，均比上年下降1位。

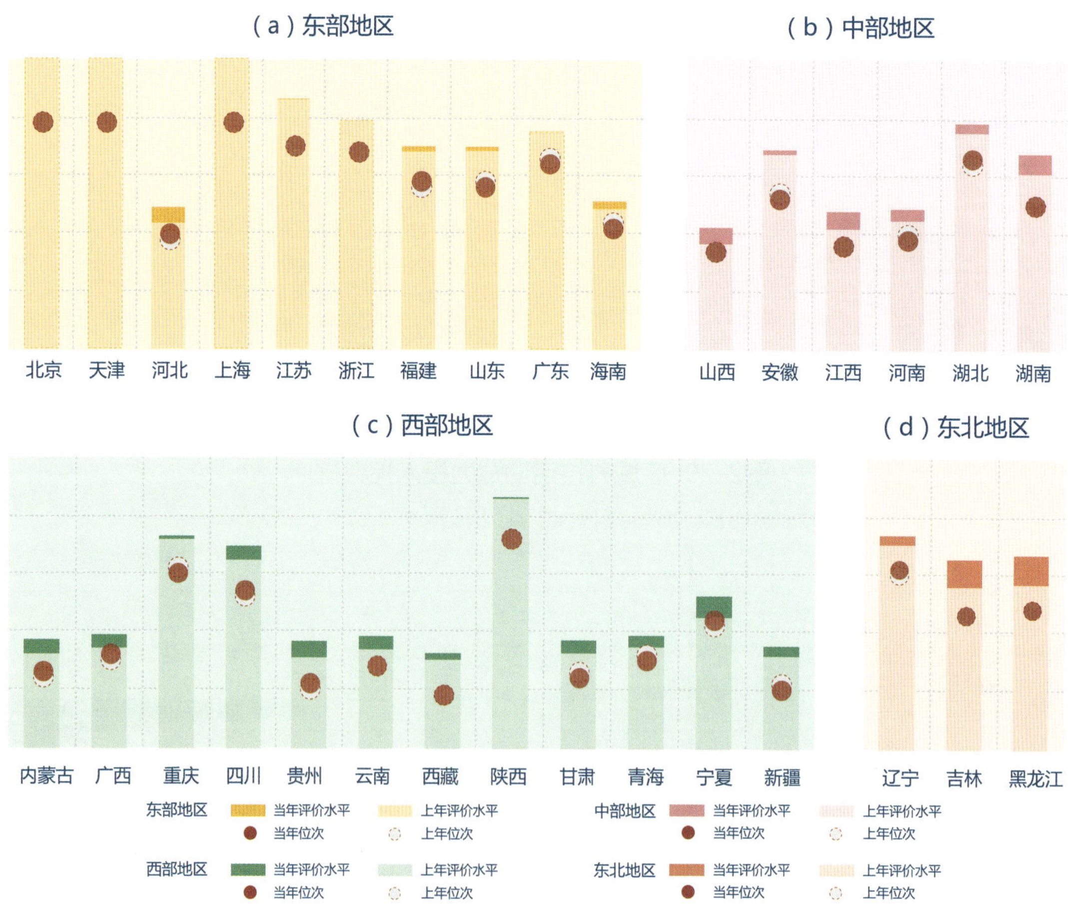

图2-31 科技活动产出水平区域分类

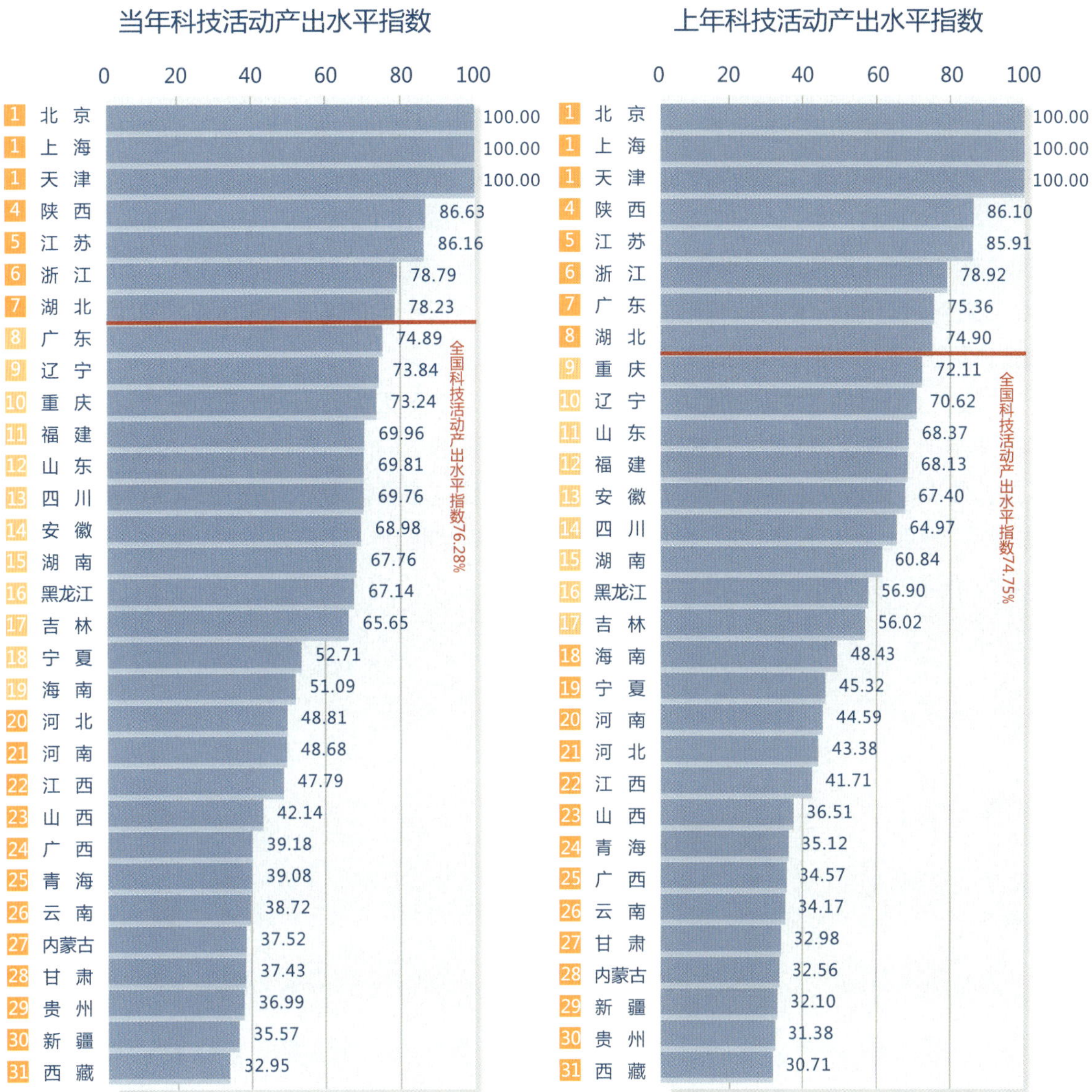

图2-32 区域科技活动产出水平指数排序

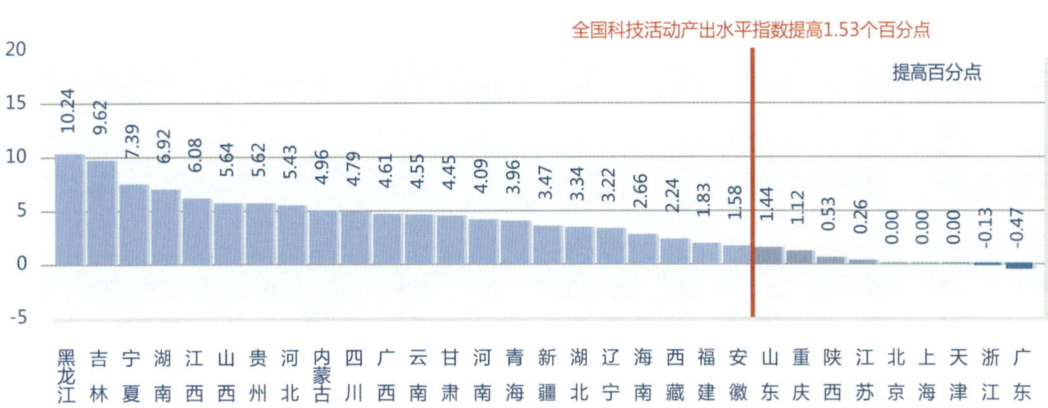

图2-33 区域科技活动产出水平指数提高百分点排序

（七）技术成果市场化评价

从技术成果市场化指数看，北京、上海、广东和天津排在前4位，高于全国平均水平（全国技术成果市场化指数为90.88%）（图2-34、图2-35）。

与上年比较，有21个地区高于上年水平，其中，有16个地区高于全国平均增幅（全国技术成果市场化指数比上年提高了1.43个百分点），重庆和河南的增幅超过了20个百分点，江西、贵州和云南的增幅超过了10个百分点。有7个地区低于上年水平，其中，吉林的降幅超过了10个百分点（图2-36）。

位次上升最快的地区是重庆，比上年上升8位，主要因为万人输出技术成交额提升较快，云南比上年上升6位，江西比上年上升3位，江苏、河南、西藏和宁夏均比上年上升1位。位次下降最快的地区是吉林，比上年下降5位，主要因为万人输出技术成交额下降较快，广西比上年下降4位，黑龙江、安徽和甘肃均比上年下降2位，内蒙古、辽宁、福建、海南、贵州和新疆均比上年下降1位。

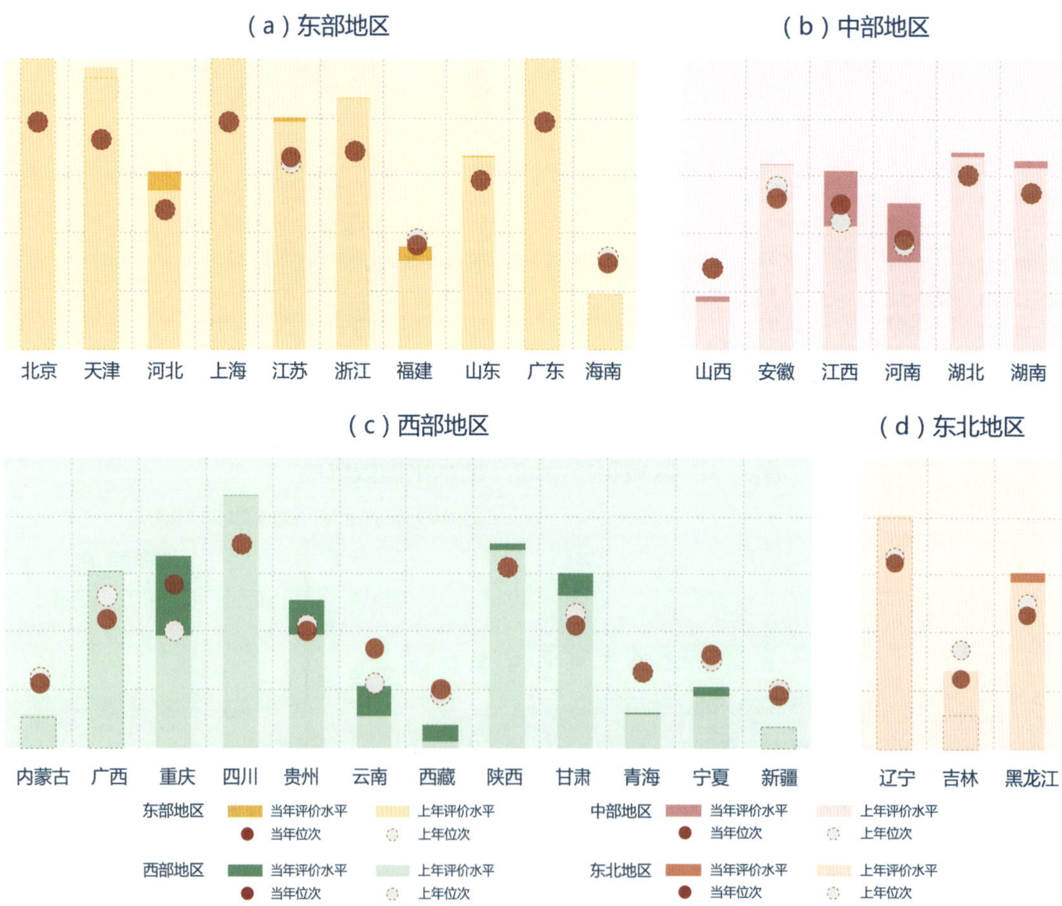

图2-34 技术成果市场化区域分类

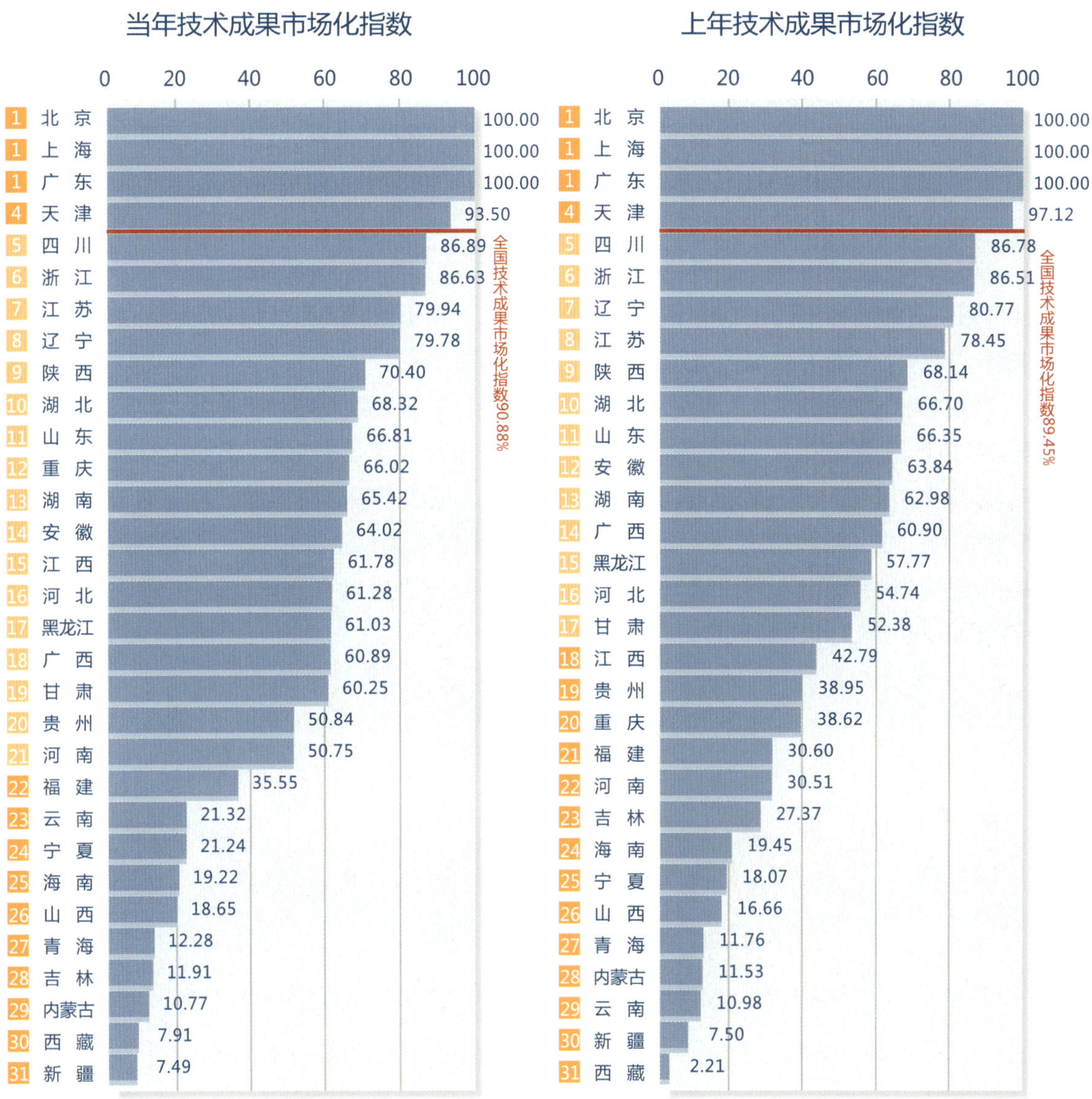

图2-35 区域技术成果市场化指数排序

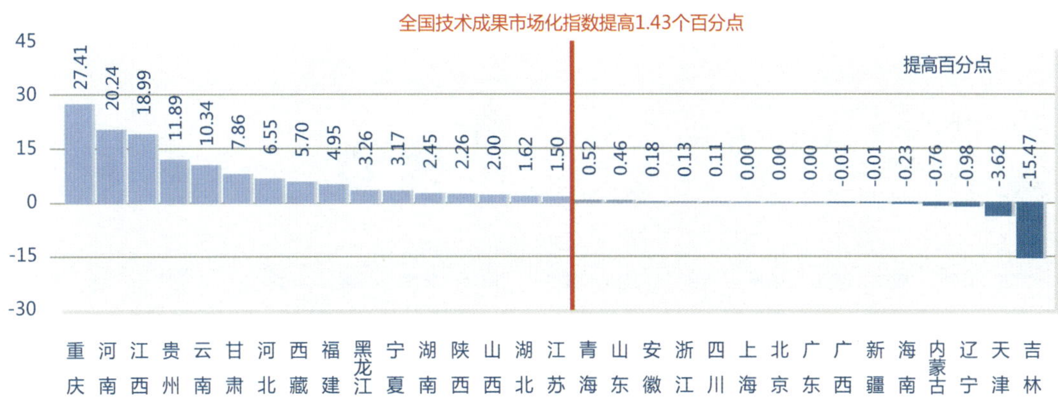

图2-36 区域技术成果市场化指数提高百分点排序

（八）高新技术产业化水平评价

从高新技术产业化水平指数看，重庆、北京、广东、上海、四川、江苏、河南、陕西、江西、安徽和湖北排在前11位，高于全国平均水平（全国高新技术产业化水平指数为60.95%）（图2-37、图2-38）。

与上年比较，有19个地区高于上年水平，其中，青海的增幅超过了20个百分点，甘肃和宁夏的增幅超过了10个百分点。上海、江西、山西和湖北等12个地区低于上年水平，其中，广西的降幅超过了10个百分点（图2-39）。

位次上升最快的地区是青海，比上年上升9位，主要因为高技术产业营业收入占工业营业收入比重提升较快，甘肃比上年上升5位，宁夏比上年上升4位，山西和安徽均比上年上升2位，浙江、重庆和西藏均比上年上升1位。位次下降最快的地区是黑龙江，比上年下降5位，主要因为高技术产品出口额占商品出口额比重下降较快，广西比上年下降4位，辽宁和湖南均比上年下降3位，河北、海南和云南均比上年下降2位，北京、天津、吉林和湖北均比上年下降1位。

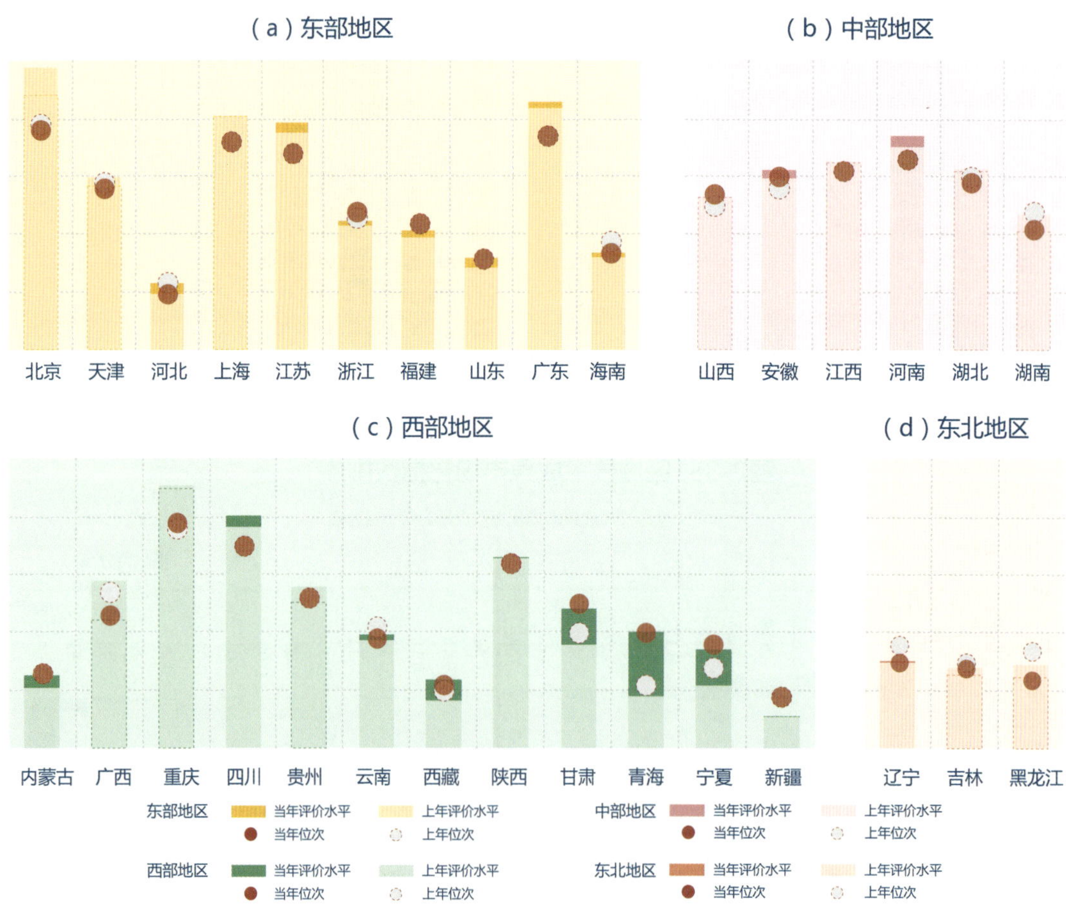

图2-37 高新技术产业化水平区域分类

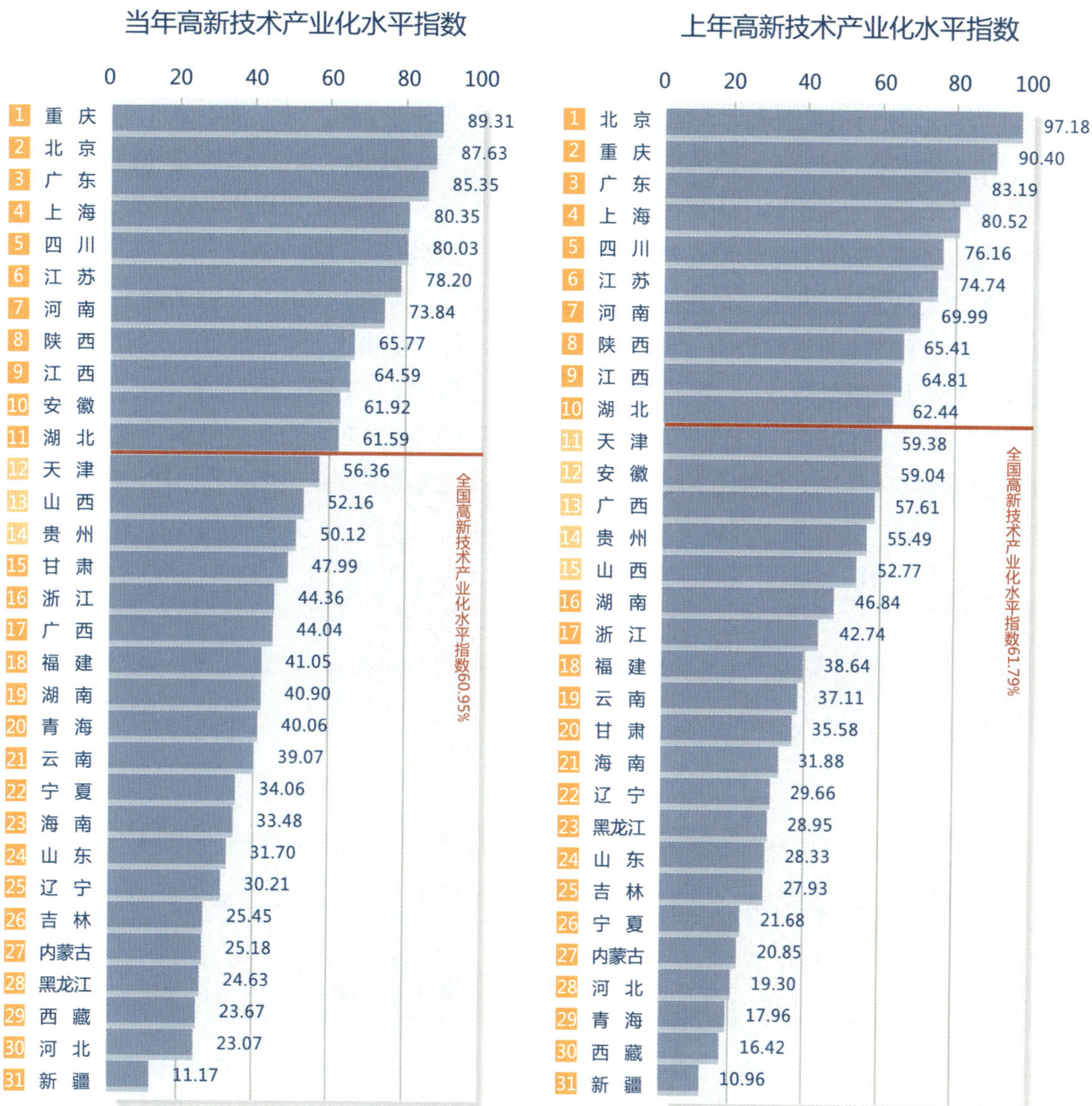

图2-38 区域高新技术产业化水平指数排序

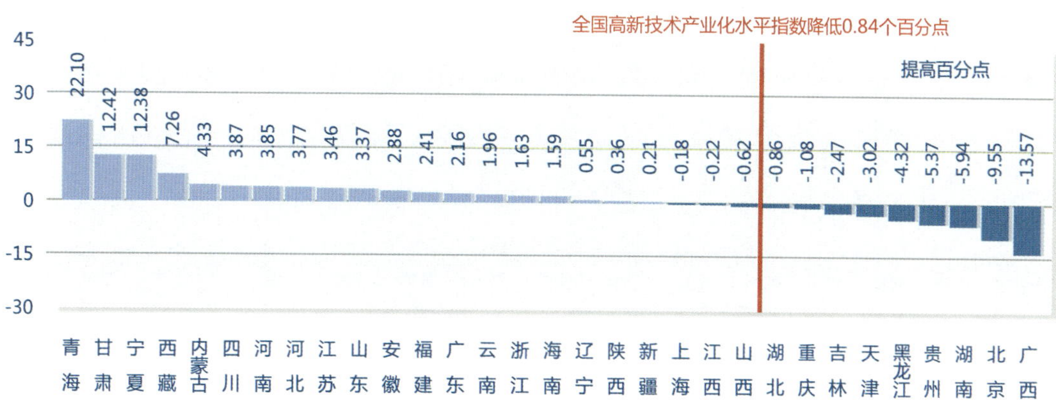

图2-39 区域高新技术产业化水平指数提高百分点排序

（九）高新技术产业化效益评价

从高新技术产业化效益指数看，青海、云南、辽宁、吉林和宁夏等15个地区高于全国平均水平（全国高新技术产业化效益指数为88.99%）（图2-40、图2-41）。

与上年比较，有17个地区高于上年水平，其中，有15个地区高于全国平均增幅（全国高新技术产业化效益指数比上年提高了0.26个百分点），新疆和贵州的增幅超过了10个百分点。河南、天津、湖北和重庆等14个地区低于上年水平（图2-42）。

位次上升最快的地区是新疆，比上年上升19位，主要因为高技术产业劳动生产率、高技术产业利润率等提升较快，青海比上年上升11位，贵州比上年上升10位，吉林和江苏均比上年上升4位，辽宁、西藏和陕西均比上年上升2位，江西比上年上升1位。位次下降最快的地区是甘肃，比上年下降14位，主要因为高技术产业劳动生产率、高技术产业利润率等下降较快，北京比上年下降6位，山东比上年下降5位，天津比上年下降4位，内蒙古、福建、重庆和宁夏均比上年下降3位，河北、上海、广东和海南均比上年下降2位，安徽、河南、湖北、湖南、广西和云南均比上年下降1位。

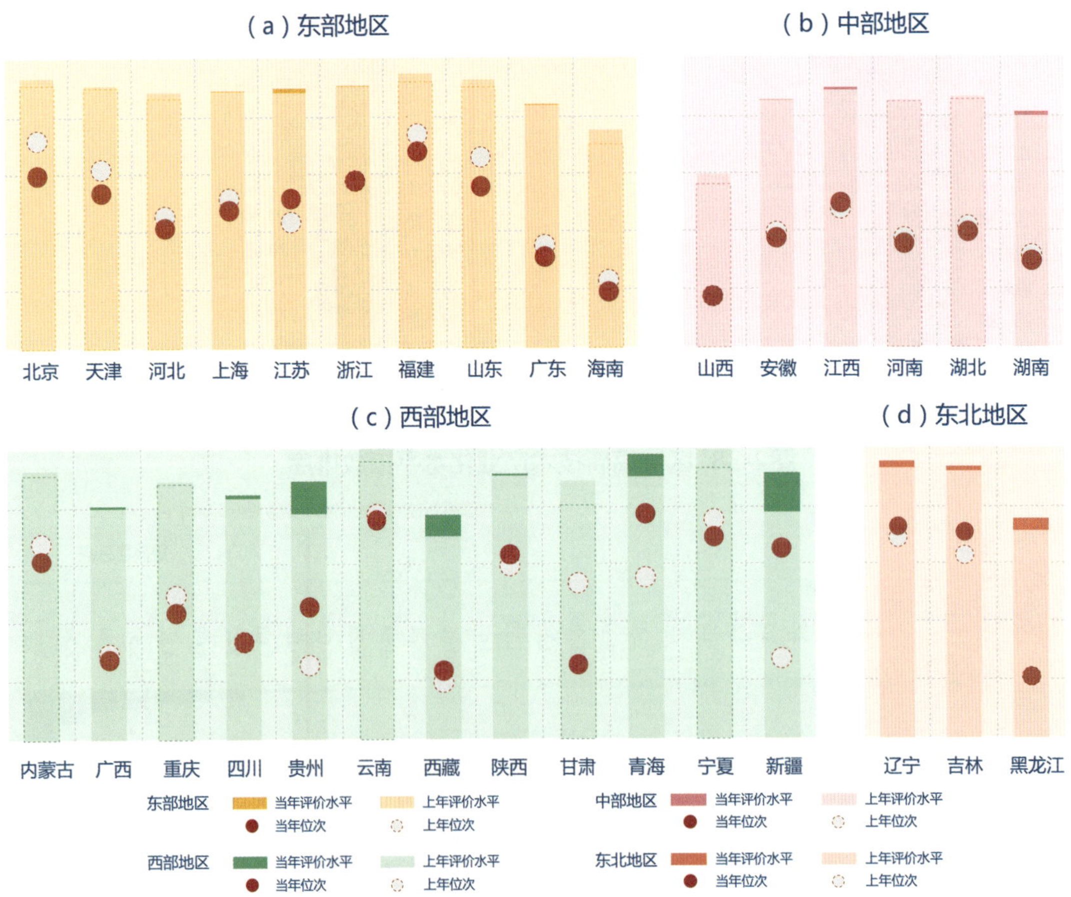

图2-40 高新技术产业化效益区域分类

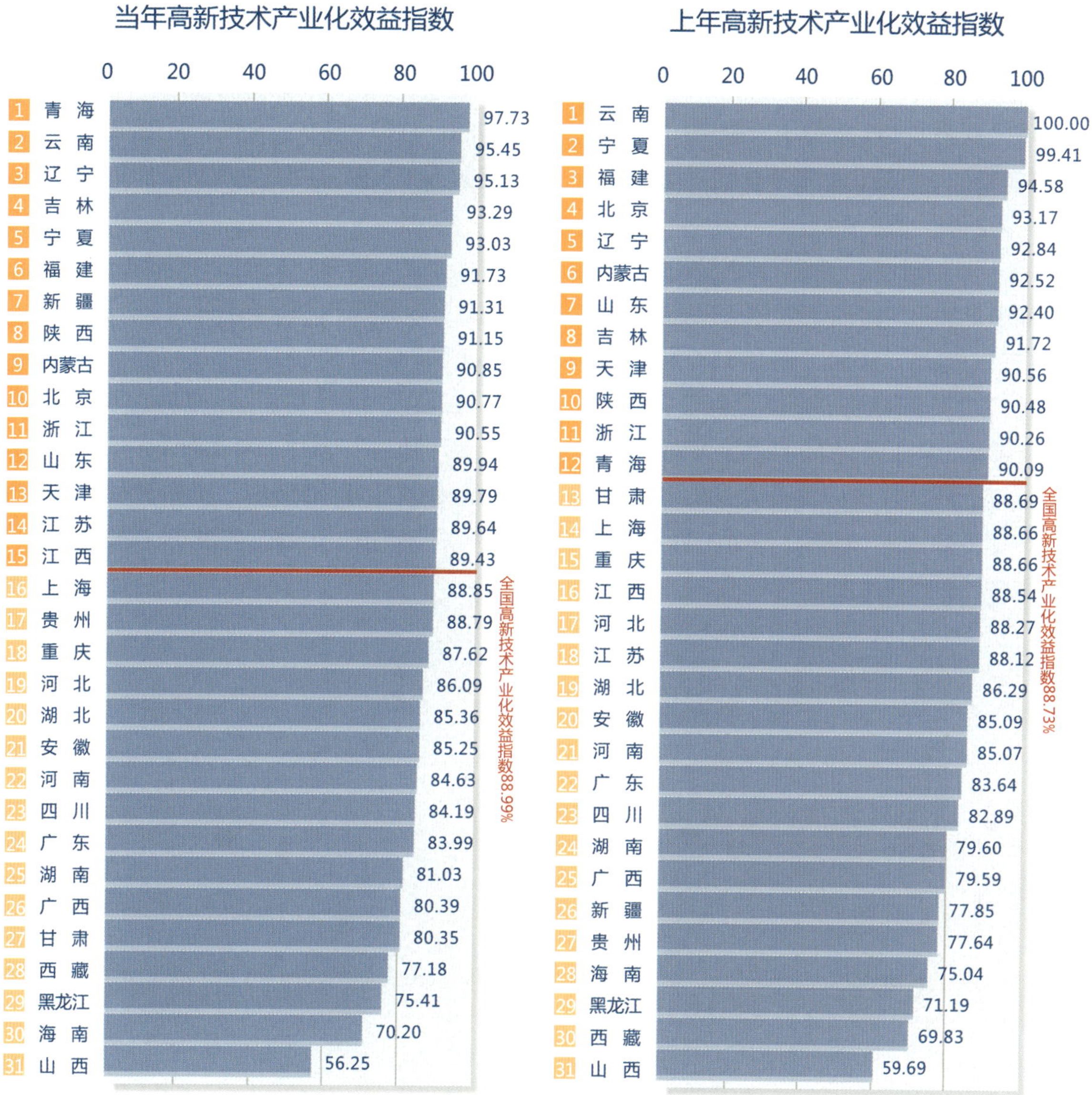

图2-41 区域高新技术产业化效益指数排序

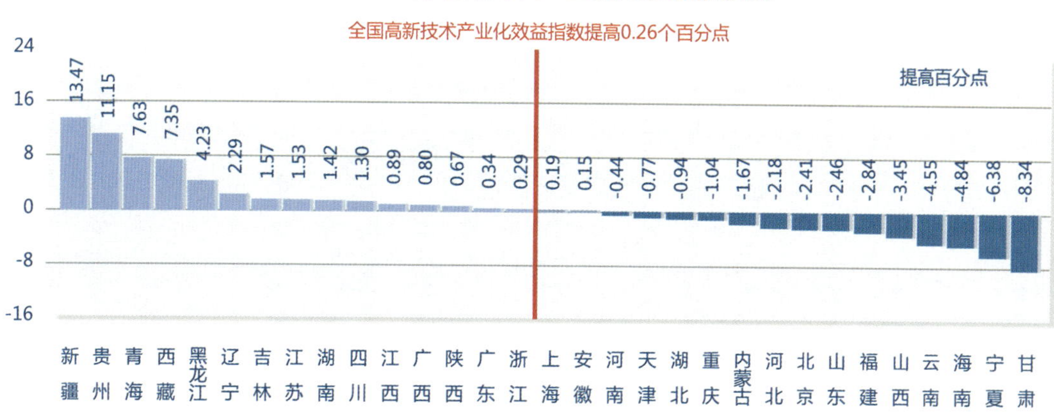

图2-42 区域高新技术产业化效益指数提高百分点排序

（十）经济发展方式转变评价

从经济发展方式转变指数看，广东、上海、北京、江苏、重庆、浙江、江西和天津排在前8位，同时也是高于全国平均水平（全国经济发展方式转变指数为59.50%）的地区（图2-43、图2-44）。

与上年比较，有20个地区高于上年水平，其中，江西、青海、安徽和湖南等16个地区高于全国平均增幅（全国经济发展方式转变指数比上年提高了0.56个百分点）。辽宁、广东、河北、山东和浙江等11个地区低于上年水平（图2-45）。

位次上升最快的地区是青海，比上年上升6位，主要因为装备制造业区位熵提升较快，安徽比上年上升5位，江西、湖南和广西均比上年上升3位，宁夏比上年上升2位，江苏比上年上升1位。位次下降最快的地区是吉林和海南，均比上年下降5位，主要因为劳动生产率下降较快，福建、湖北、四川和新疆均比上年下降2位，山西、内蒙古、黑龙江、重庆和贵州均比上年下降1位。

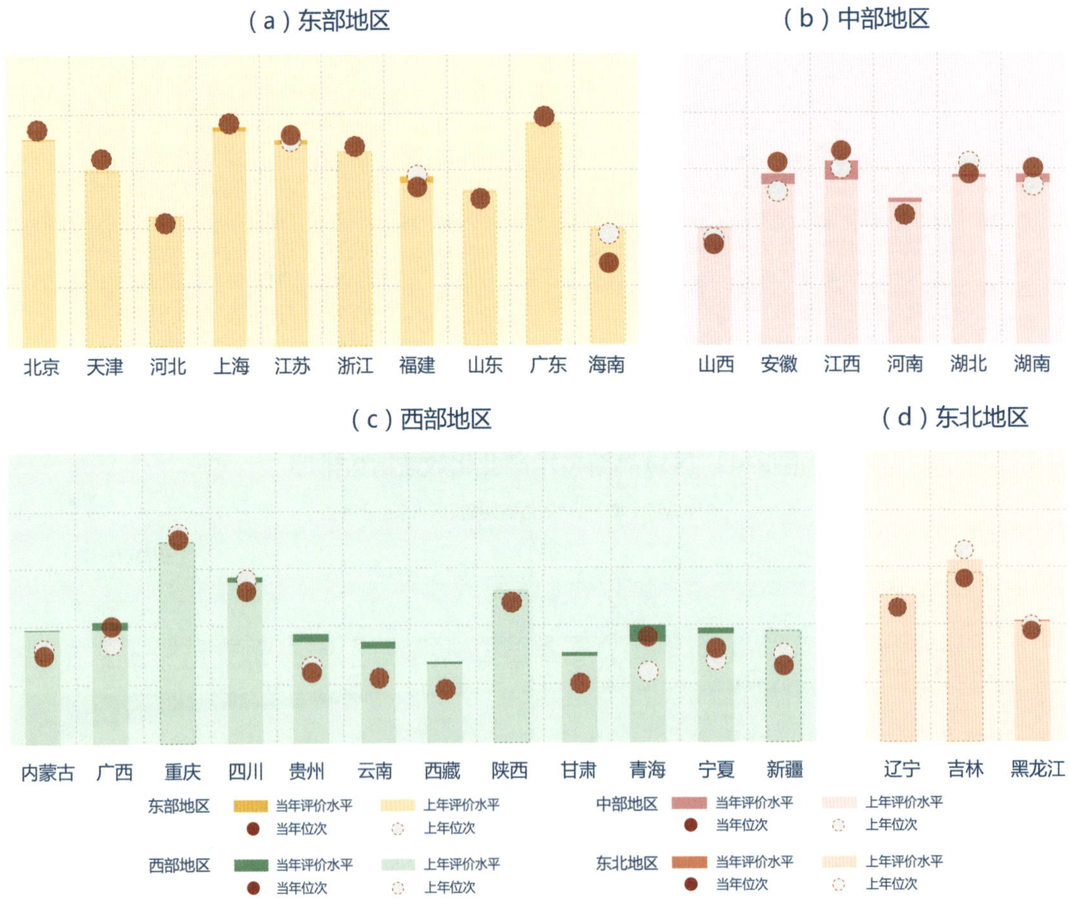

图2-43 经济发展方式转变区域分类

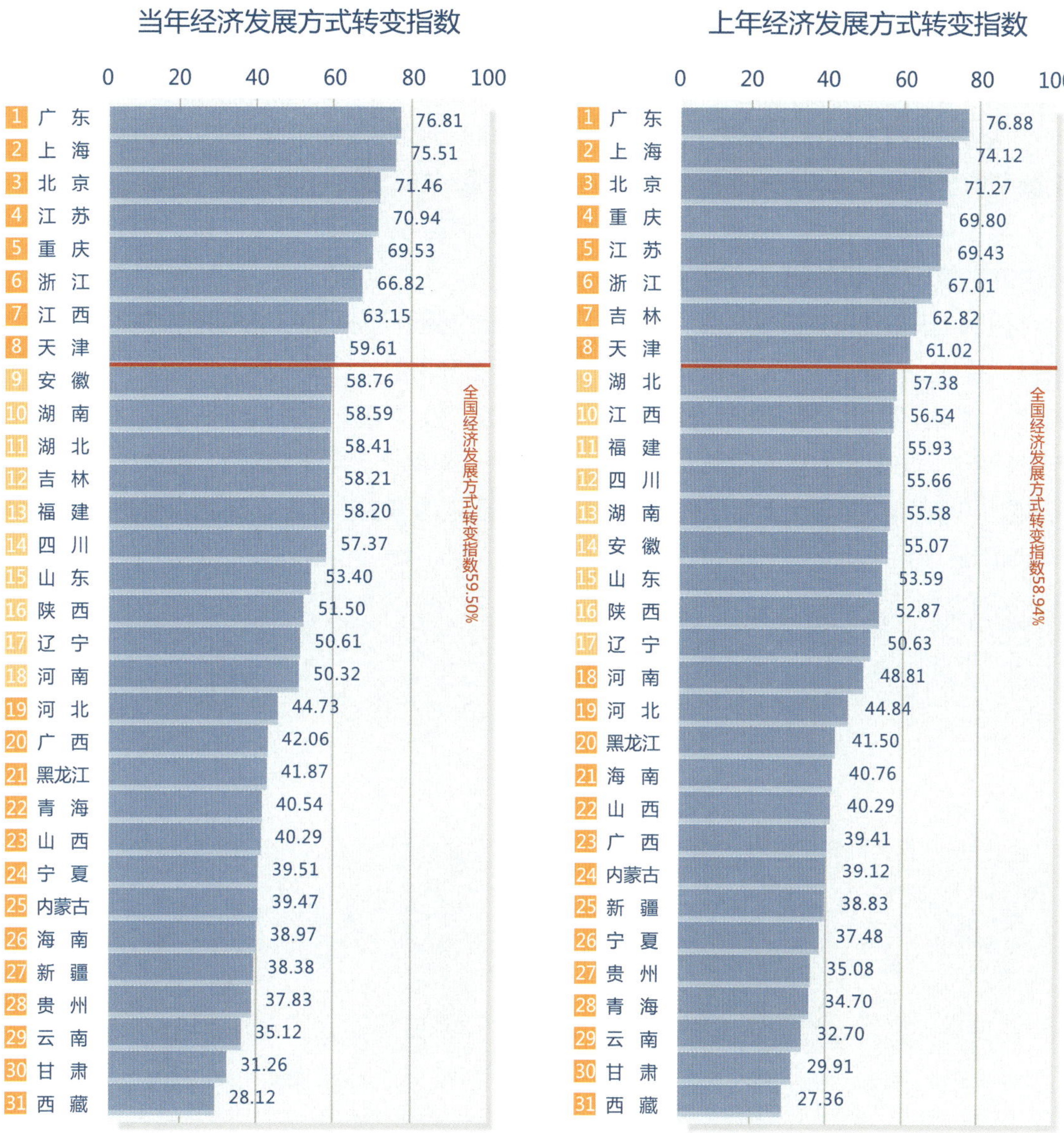

图2-44 区域经济发展方式转变指数排序

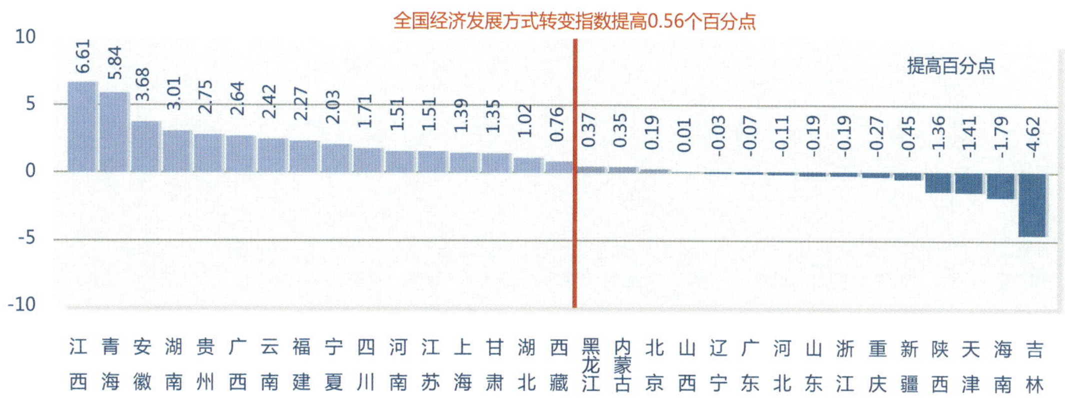

图2-45 区域经济发展方式转变指数提高百分点排序

（十一）环境改善评价

从环境改善指数看，浙江、上海、福建、广东、北京、海南和重庆等18个地区高于全国平均水平（全国环境改善指数为85.19%）（图2-46、图2-47）。

与上年比较，广西、青海、吉林和湖北等16个地区高于上年水平。广东、江西、福建和内蒙古等15个地区低于上年水平（图2-48）。

位次上升最快的地区是北京，比上年上升4位，主要因为环境污染治理指数提升较快，吉林、福建、广东、广西、陕西和宁夏均比上年上升2位，上海、浙江、山东、河南、湖北、湖南、四川、甘肃和青海均比上年上升1位。位次下降最快的地区是河北，比上年下降7位，主要因为环境污染治理指数下降较快，海南比上年下降5位，重庆比上年下降3位，江苏和安徽均比上年下降2位，天津、山西、内蒙古、辽宁、江西和贵州均比上年下降1位。

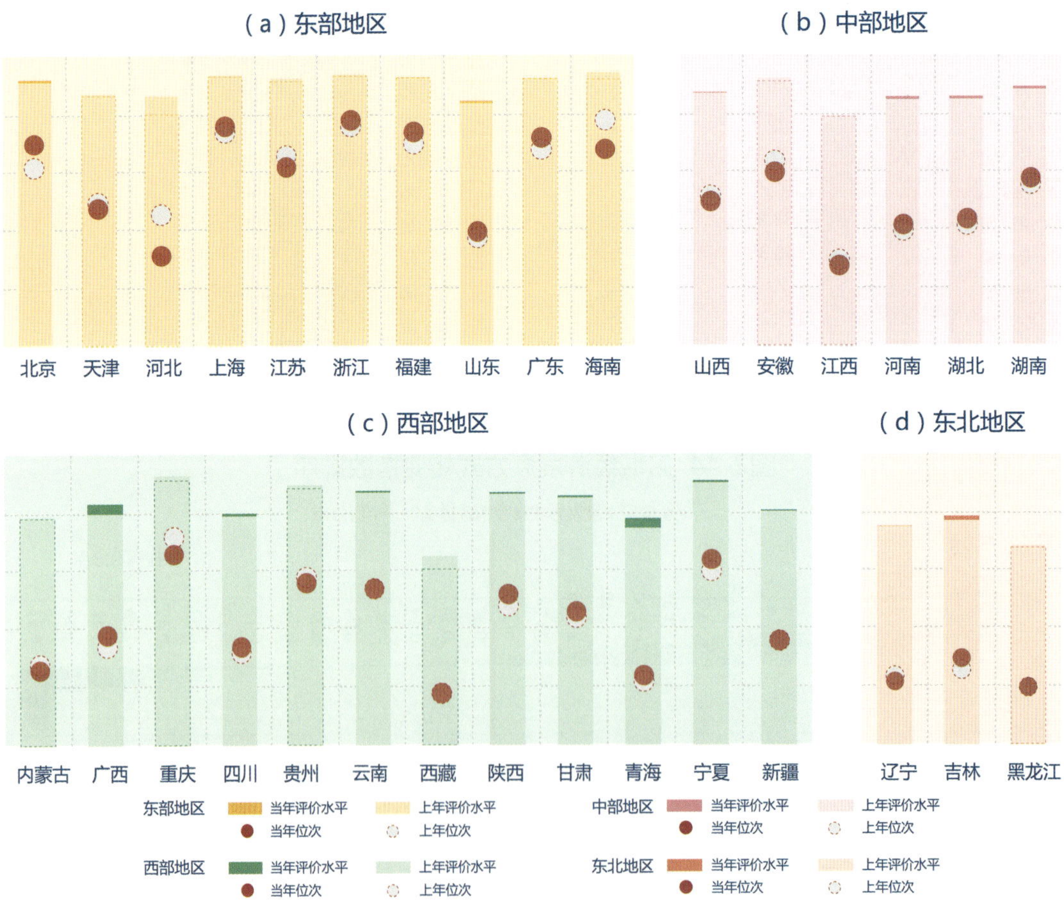

图2-46 环境改善区域分类

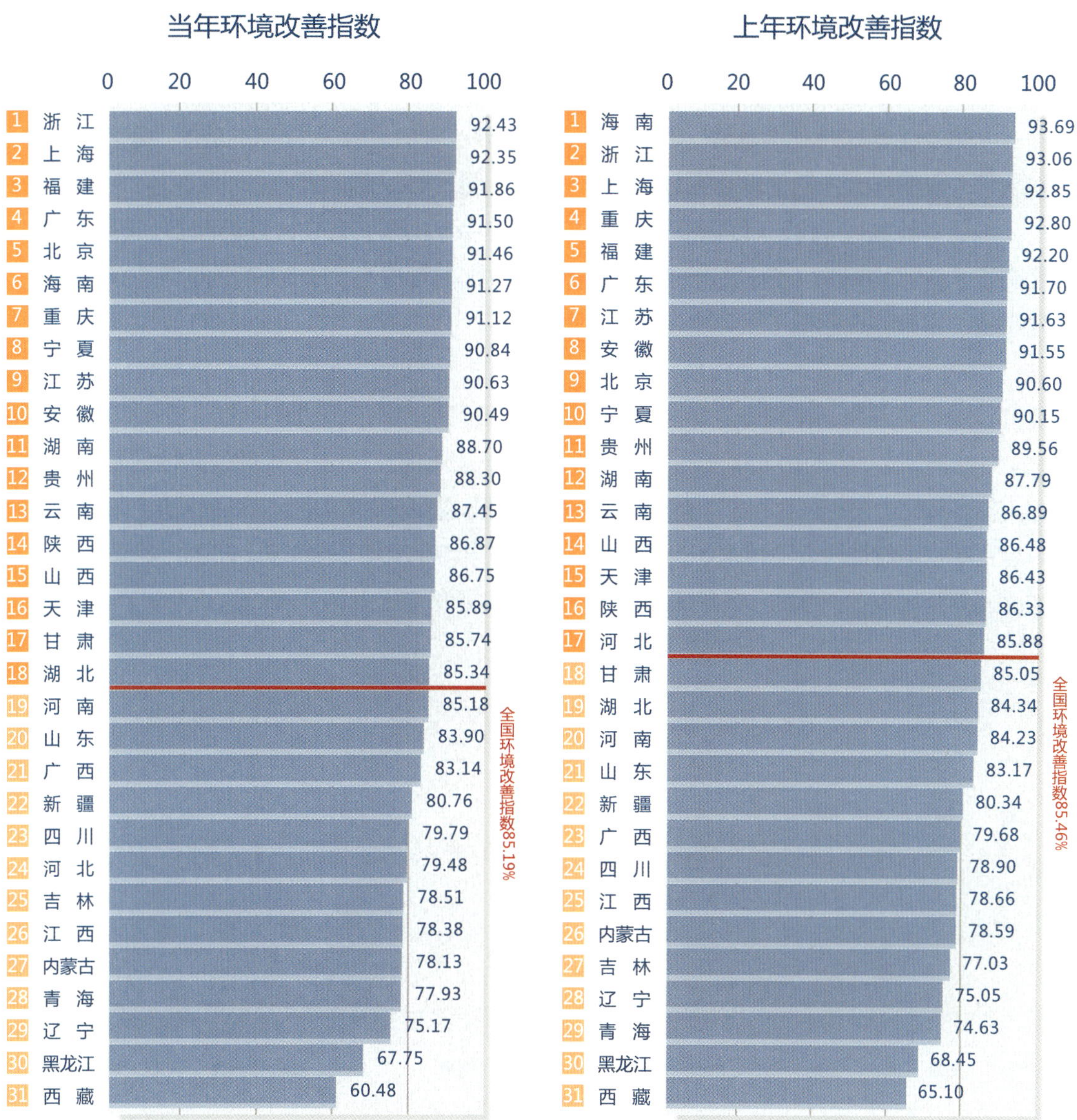

图2-47 区域环境改善指数排序

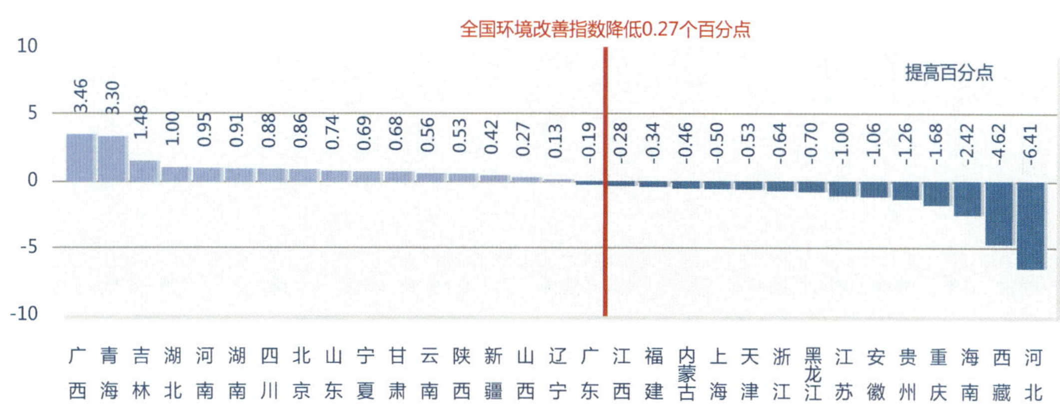

图2-48 区域环境改善指数提高百分点排序

（十二）社会生活信息化评价

从社会生活信息化指数看，北京、上海、天津、广东和重庆排在前5位，高于全国平均水平（全国社会生活信息化指数为96.65%）（图2-49、图2-50）。

与上年比较，有23个地区高于上年水平，其中，山东、辽宁、江苏和贵州等10个地区高于全国平均增幅（全国社会生活信息化指数比上年提高了3.38个百分点）。西藏、内蒙古、甘肃和江西低于上年水平（图2-51）。

位次上升最快的地区是山东，比上年上升6位，主要因为电子商务销售额与GDP比值提升较快，江苏和湖南均比上年上升5位，辽宁和河南均比上年上升4位，安徽和贵州均比上年上升3位，山西比上年上升2位，重庆比上年上升1位。位次下降最快的地区是陕西，比上年下降5位，主要因为信息传输、软件和信息技术服务业增加值占GDP比重下降较快，内蒙古和宁夏均比上年下降4位，吉林、江西和甘肃均比上年下降3位，广西、西藏和新疆均比上年下降2位，河北、黑龙江、浙江、福建和青海均比上年下降1位。

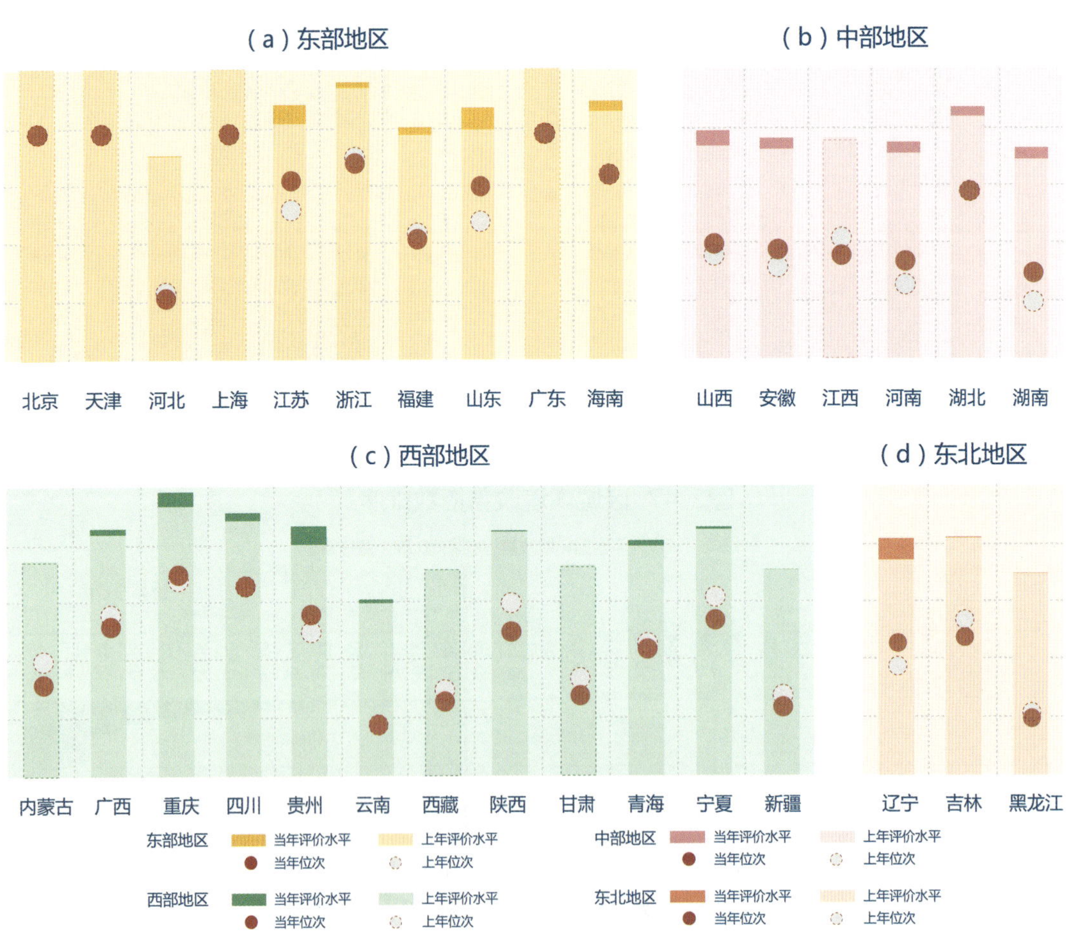

图2-49 社会生活信息化区域分类

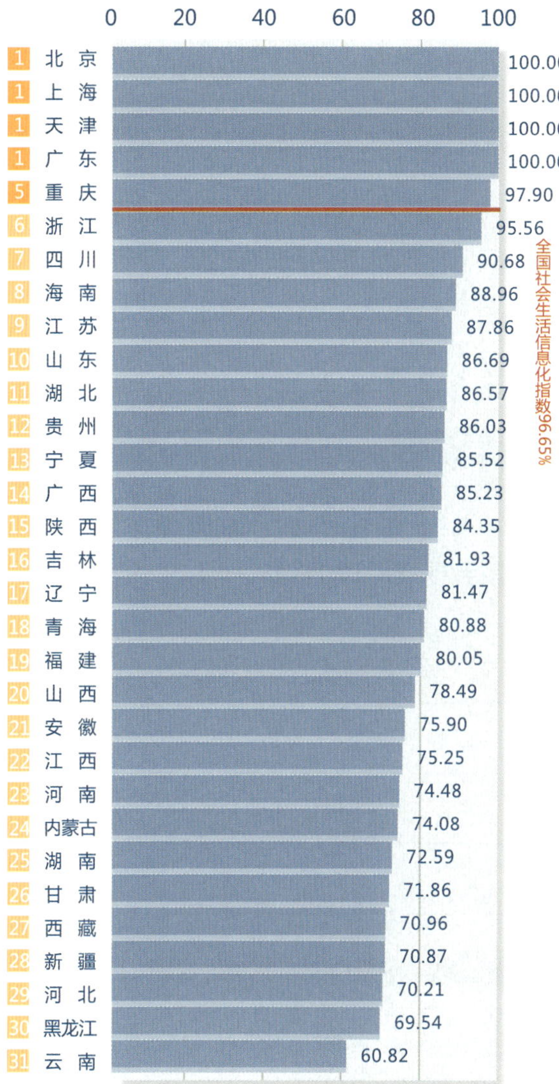

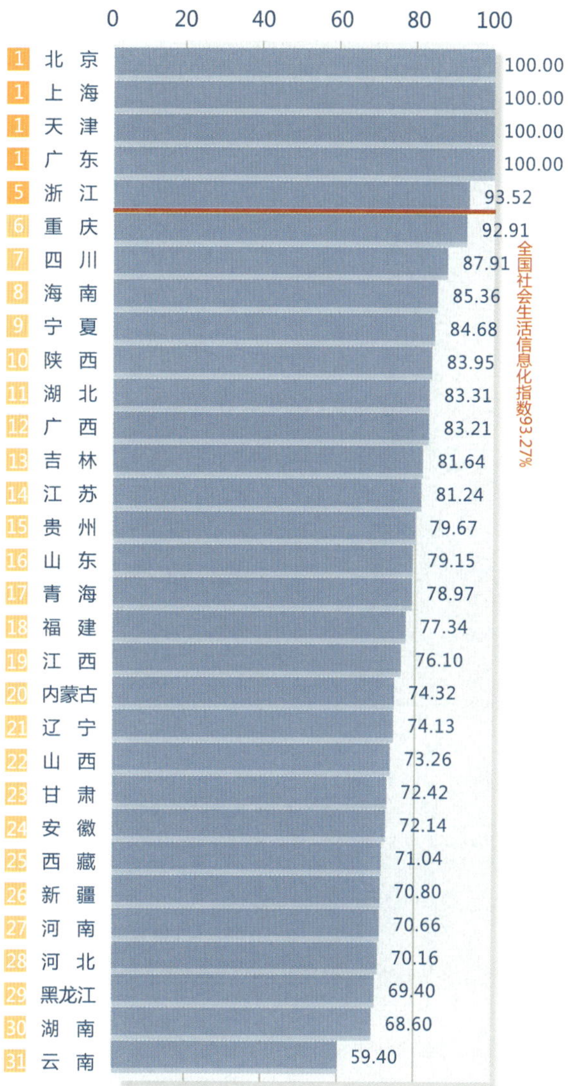

图2-50 区域社会生活信息化指数排序

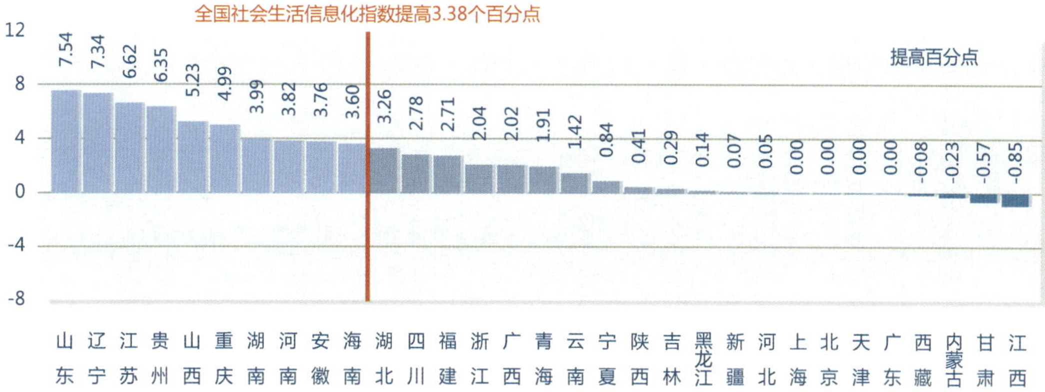

图2-51 区域社会生活信息化指数提高百分点排序

三、区域科技创新三级指标评价

（一）万人研究与试验发展（R&D）人员数

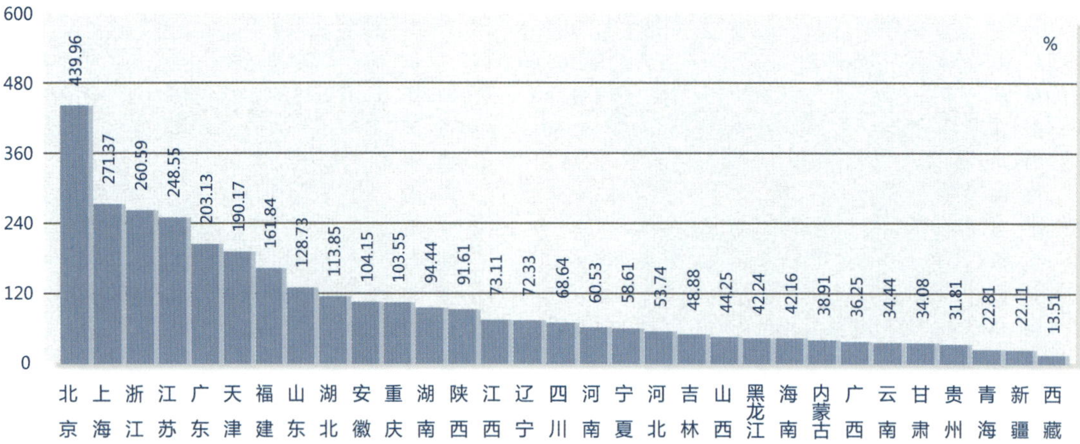

图2-52 当年评价值（三级指标/标准× 100%）

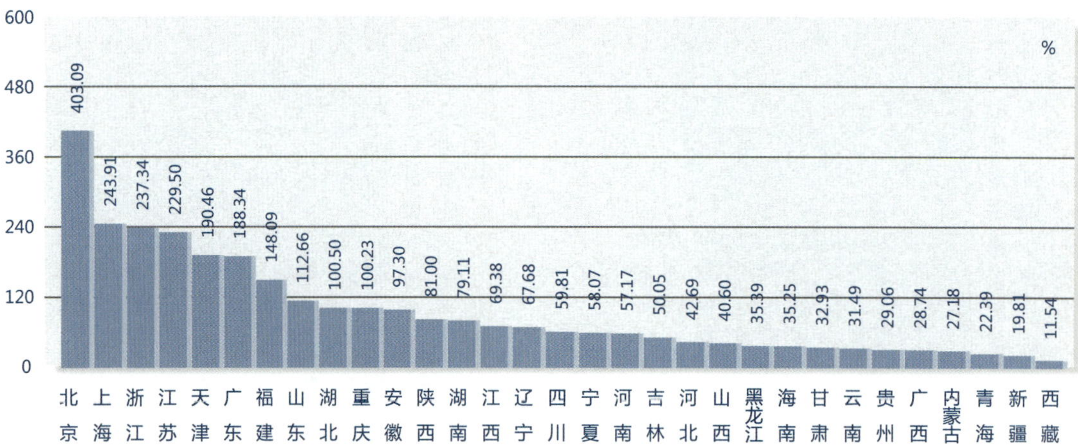

图2-53 上年评价值（三级指标/标准× 100%）

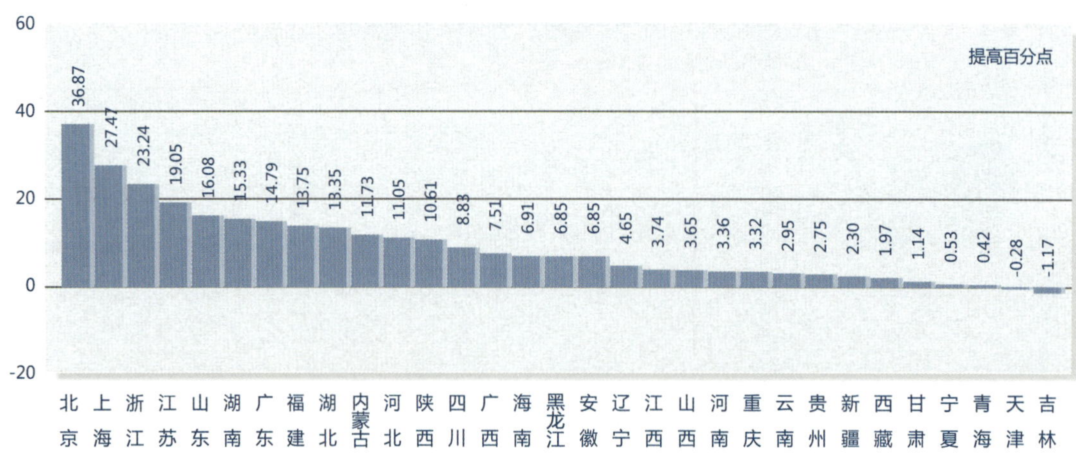

图2-54 当年评价值比上年评价值提高百分点

（二）十万人博士毕业生数

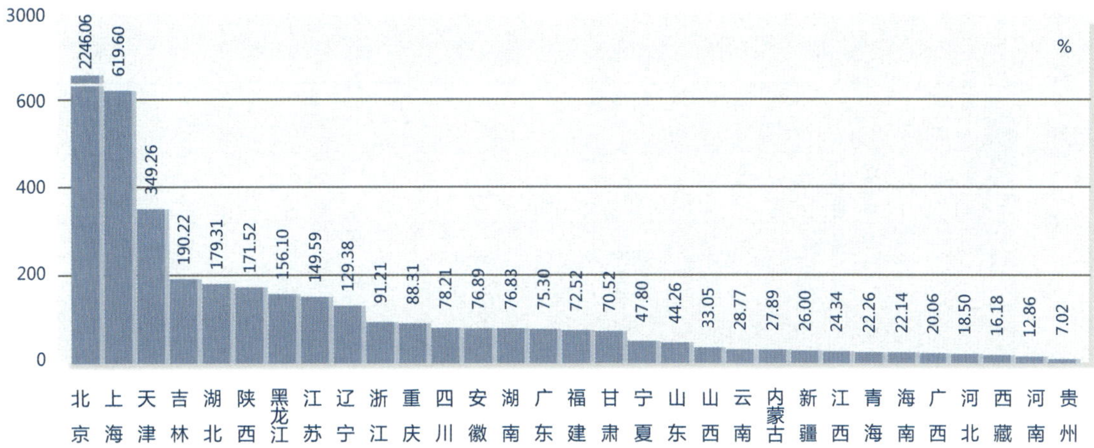

图2-55 当年评价值（三级指标/标准× 100%）

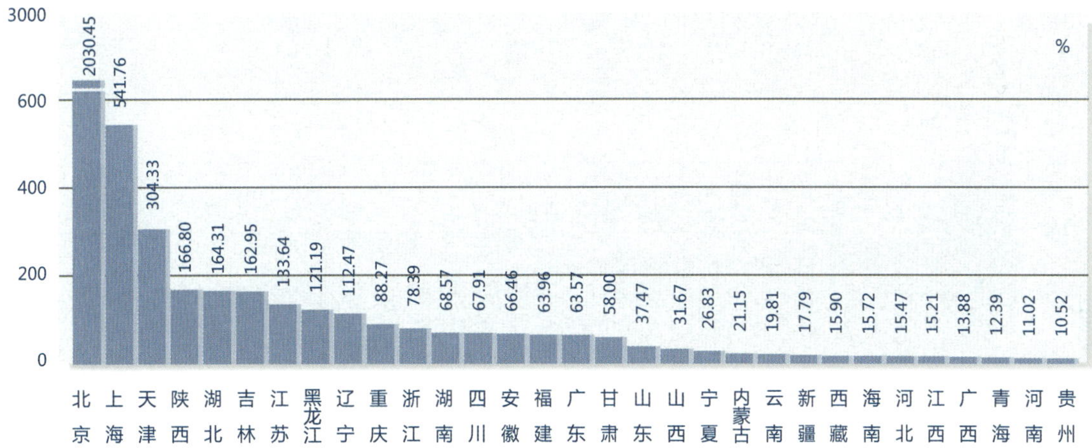

图2-56 上年评价值（三级指标/标准× 100%）

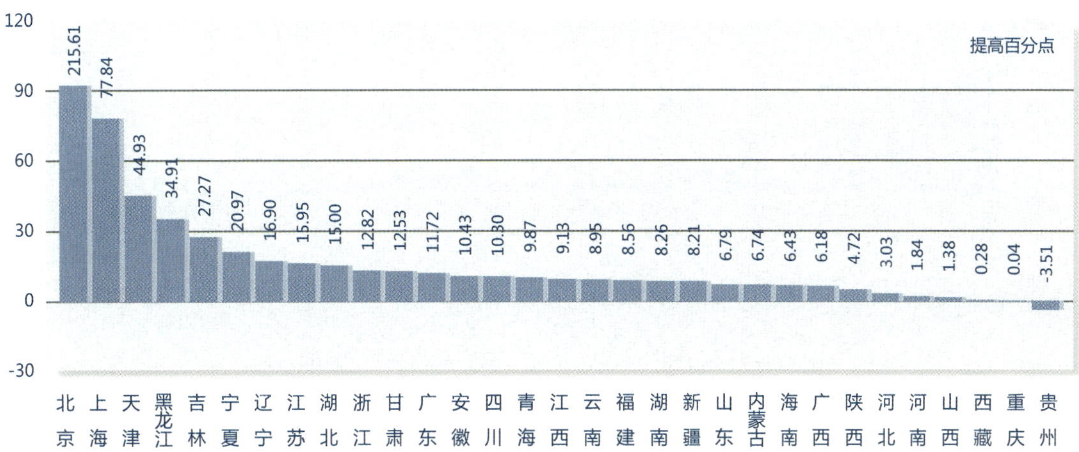

图2-57 当年评价值比上年评价值提高百分点

（三）万人大专以上学历人数

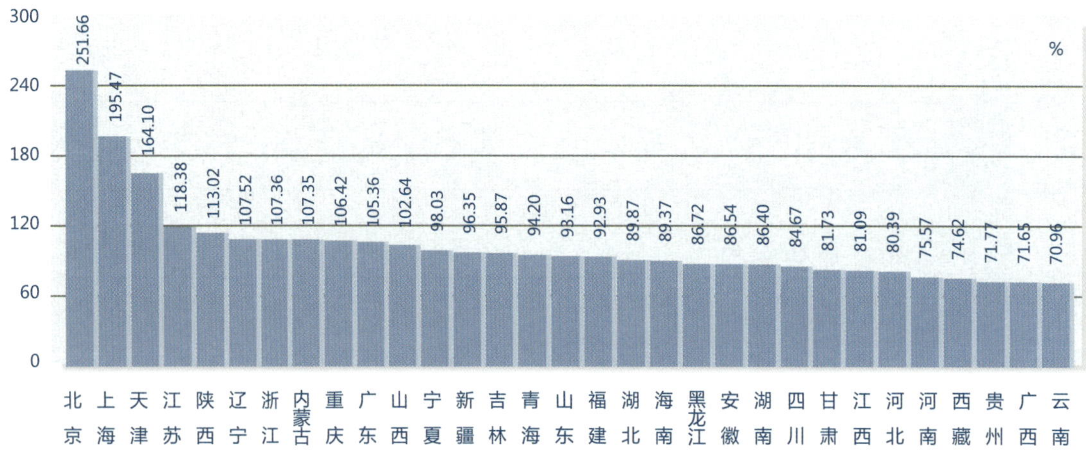

图2-58 当年评价值（三级指标/标准× 100%）

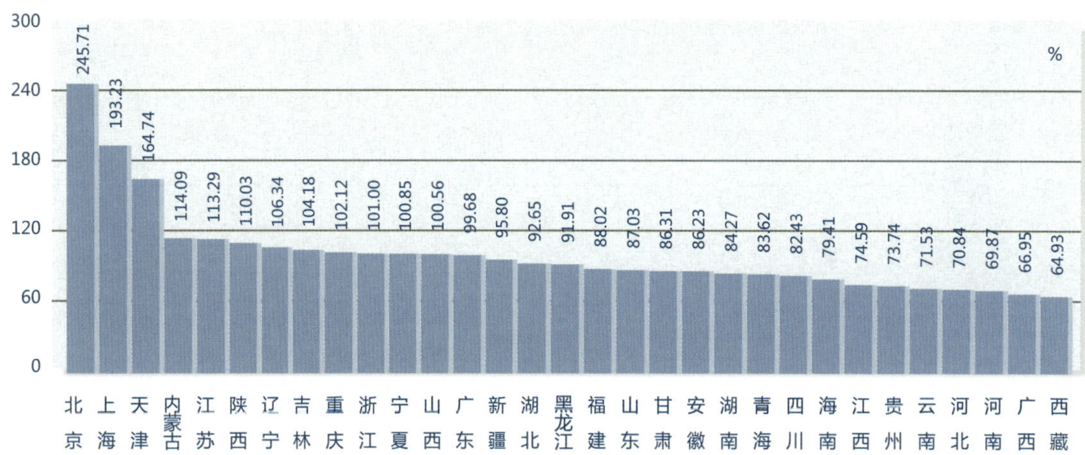

图2-59 上年评价值（三级指标/标准× 100%）

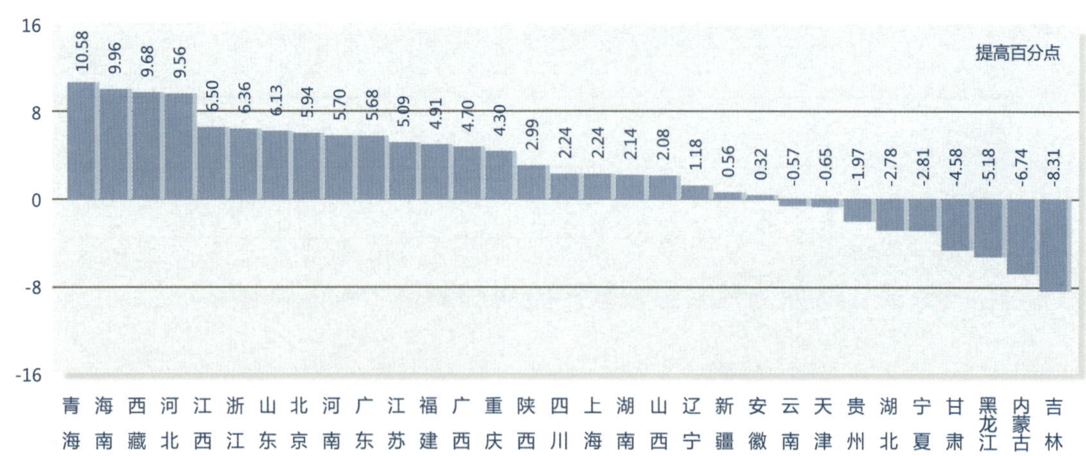

图2-60 当年评价值比上年评价值提高百分点

（四）万人高等学校在校学生数

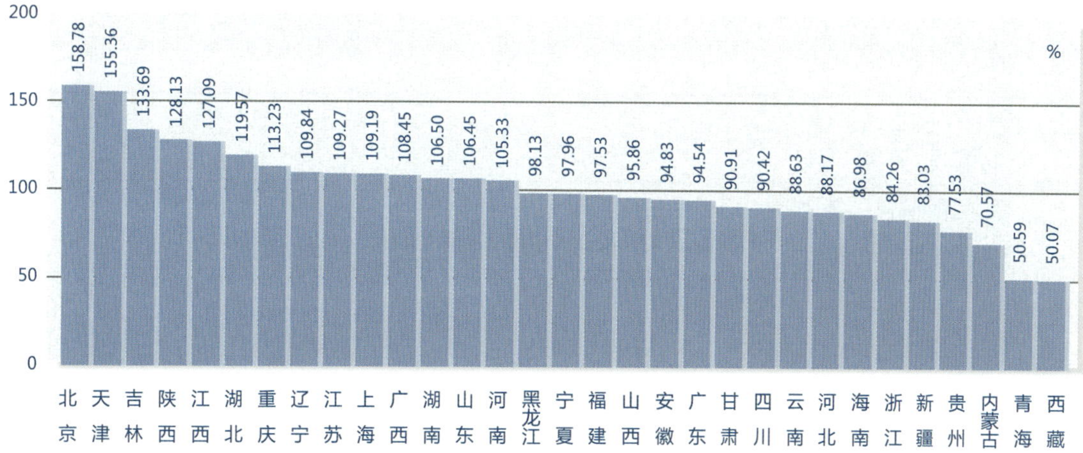

图2-61 当年评价值（三级指标/标准× 100%）

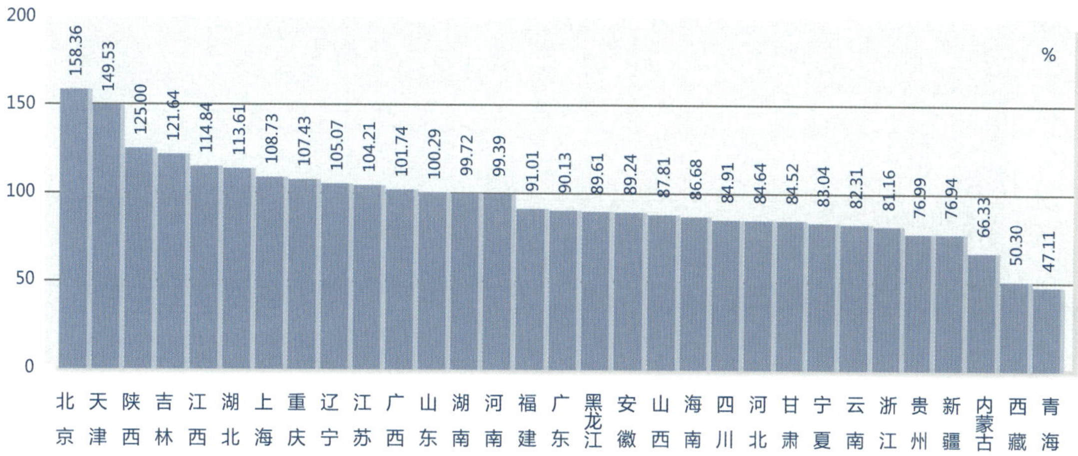

图2-62 上年评价值（三级指标/标准× 100%）

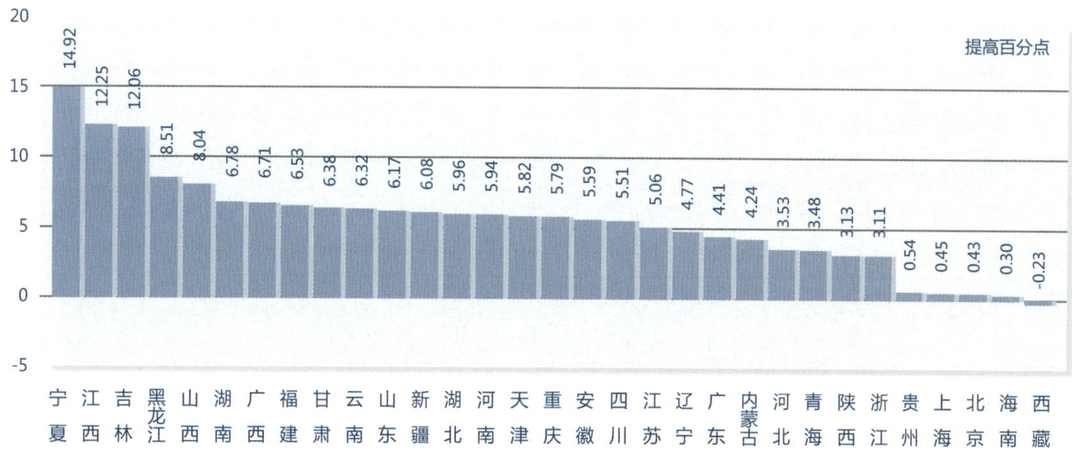

图2-63 当年评价值比上年评价值提高百分点

（五）十万人创新中介从业人员数

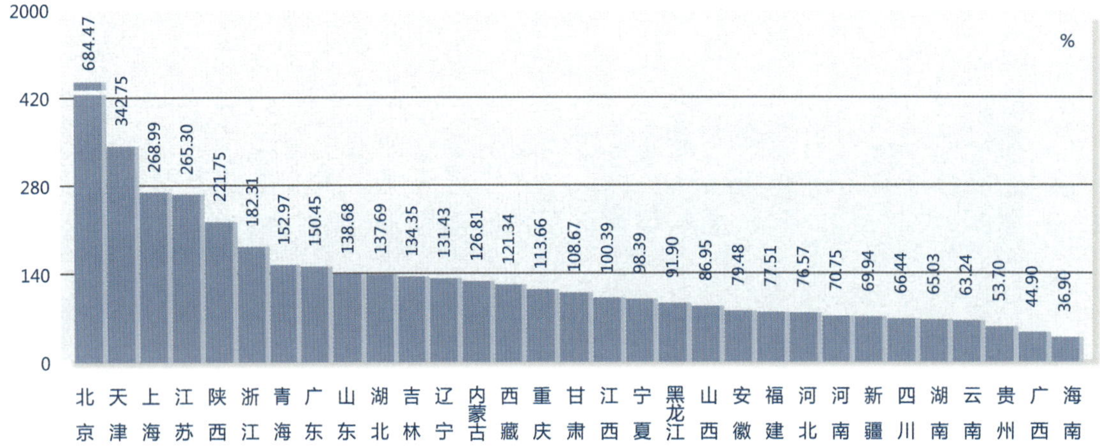

图2-64 当年评价值（三级指标/标准× 100%）

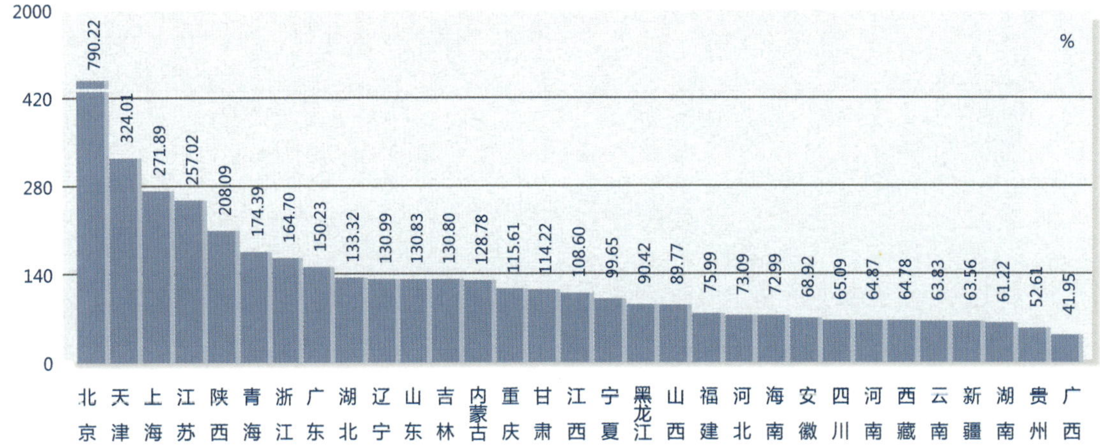

图2-65 上年评价值（三级指标/标准× 100%）

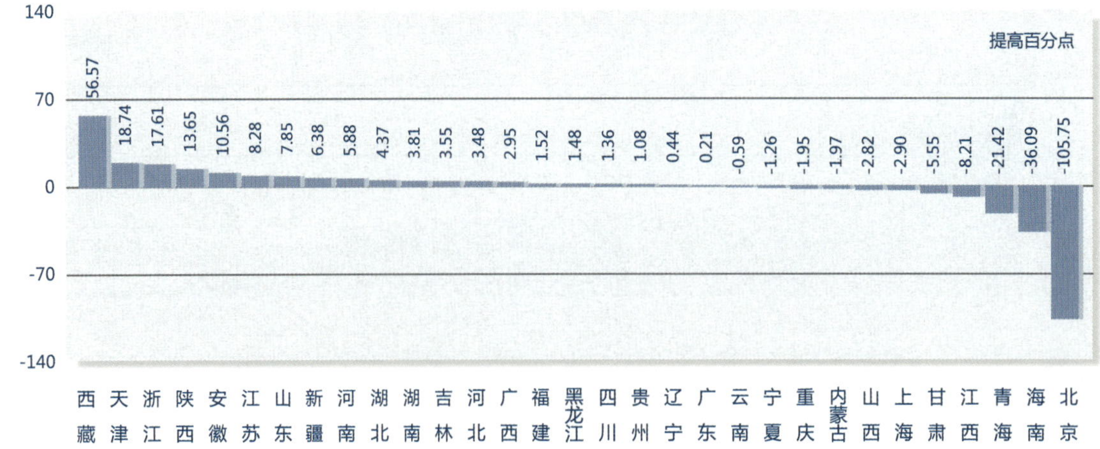

图2-66 当年评价值比上年评价值提高百分点

（六）每名R&D人员仪器和设备支出

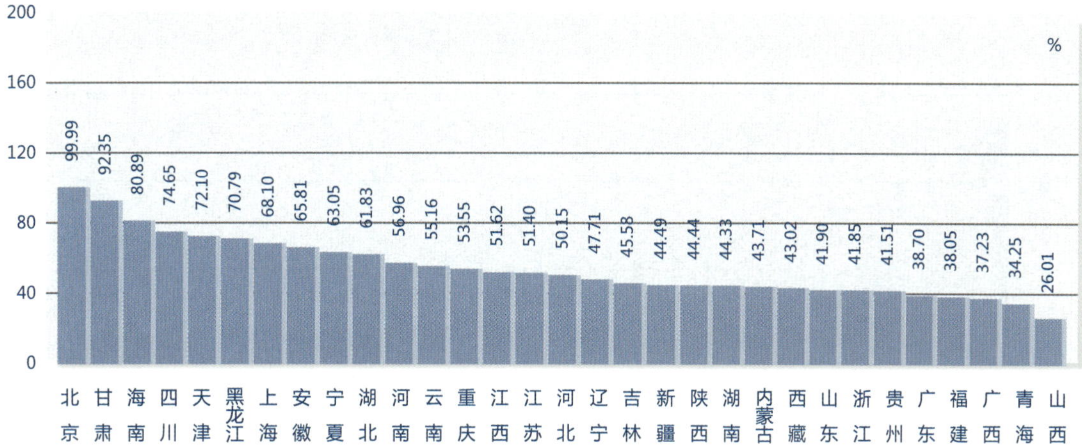

图2-67 当年评价值（三级指标/标准× 100%）

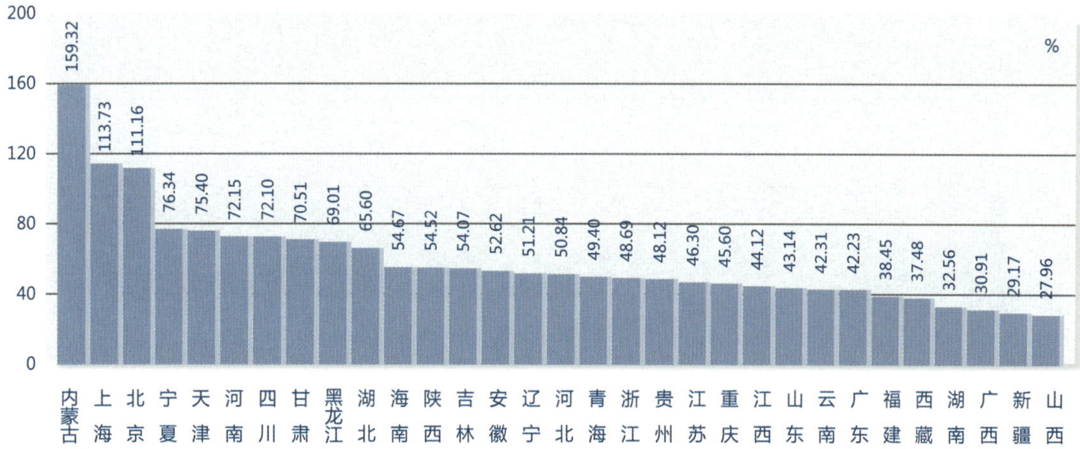

图2-68 上年评价值（三级指标/标准× 100%）

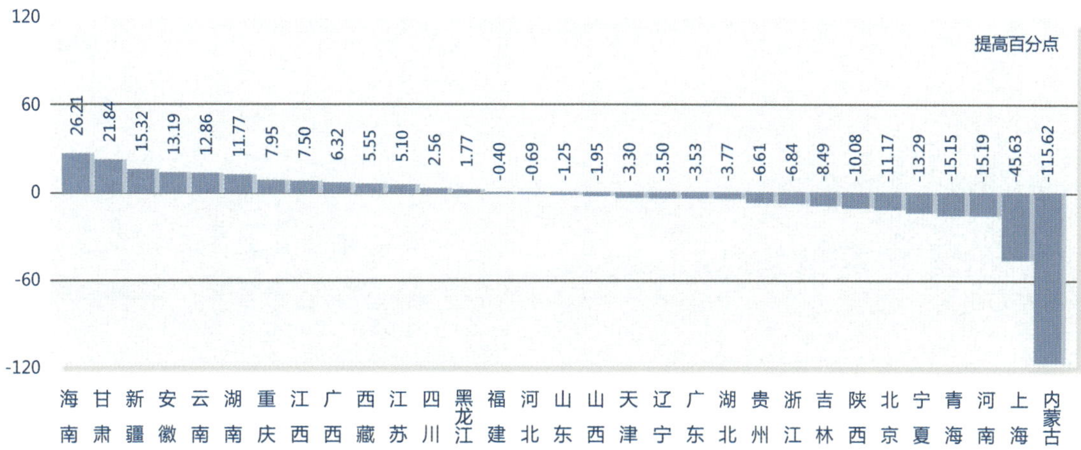

图2-69 当年评价值比上年评价值提高百分点

（七）科学研究和技术服务业固定资产占比重

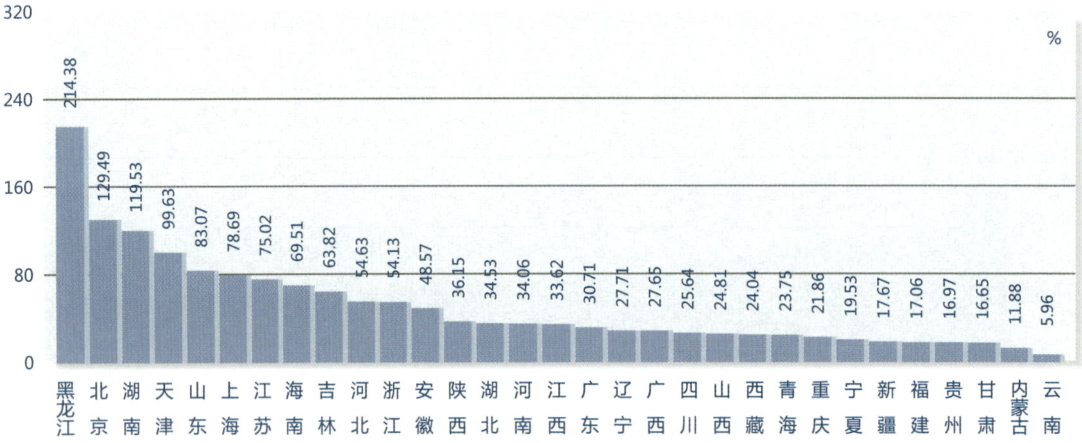

图2-70 当年评价值（三级指标/标准× 100%）

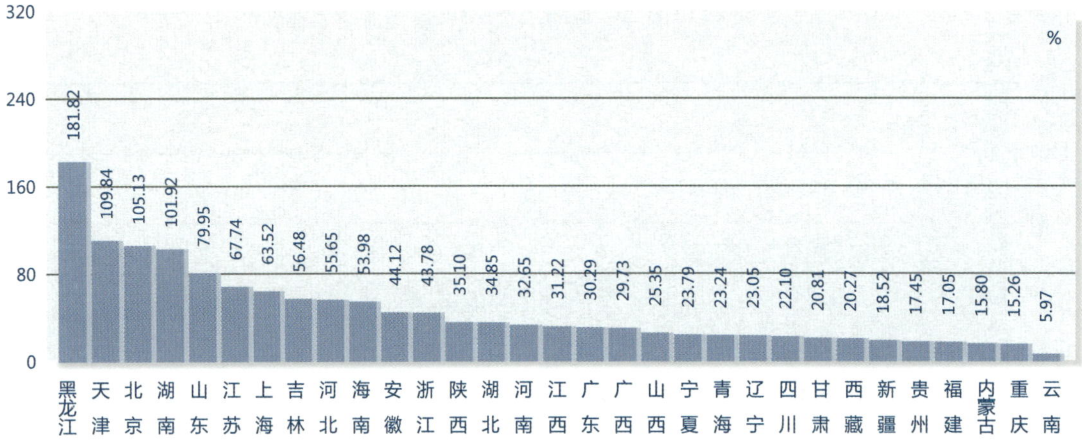

图2-71 上年评价值（三级指标/标准× 100%）

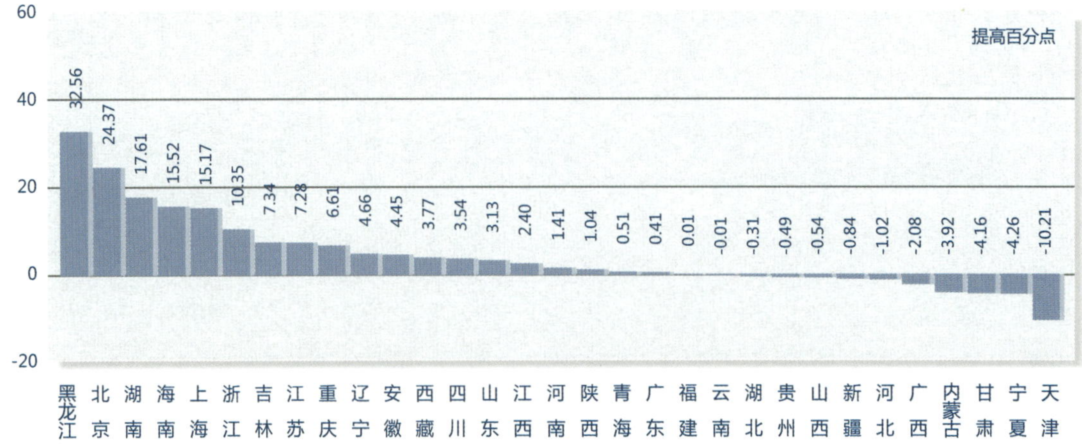

图2-72 当年评价值比上年评价值提高百分点

（八）十万人累计孵化企业数

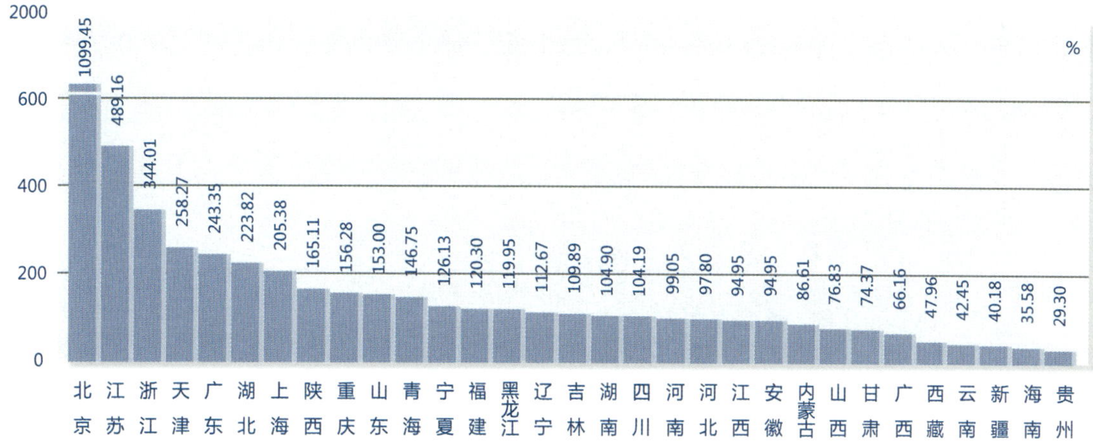

图2-73 当年评价值（三级指标/标准× 100%）

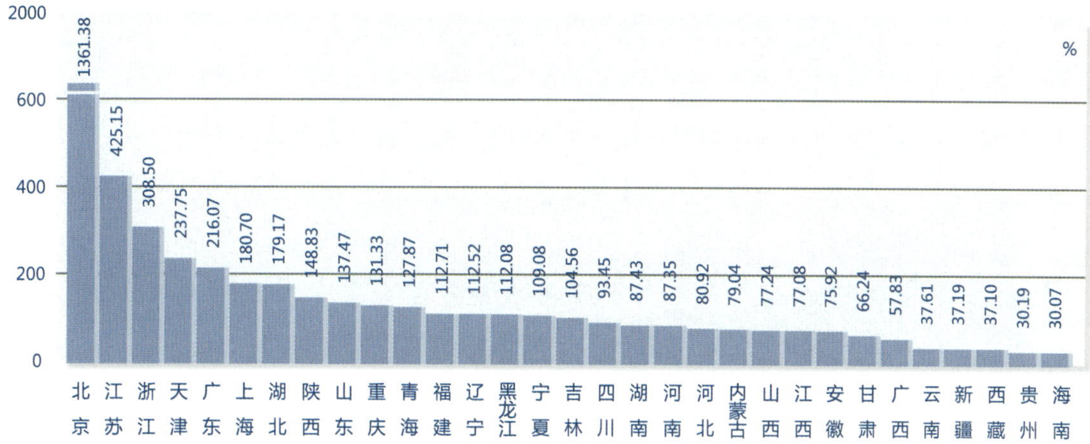

图2-74 上年评价值（三级指标/标准× 100%）

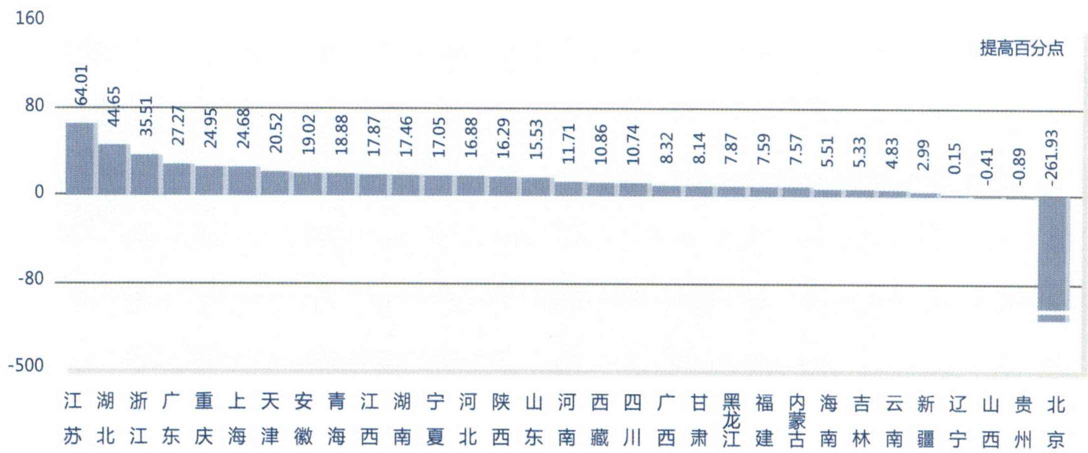

图2-75 当年评价值比上年评价值提高百分点

（九）万名就业人员专利申请数

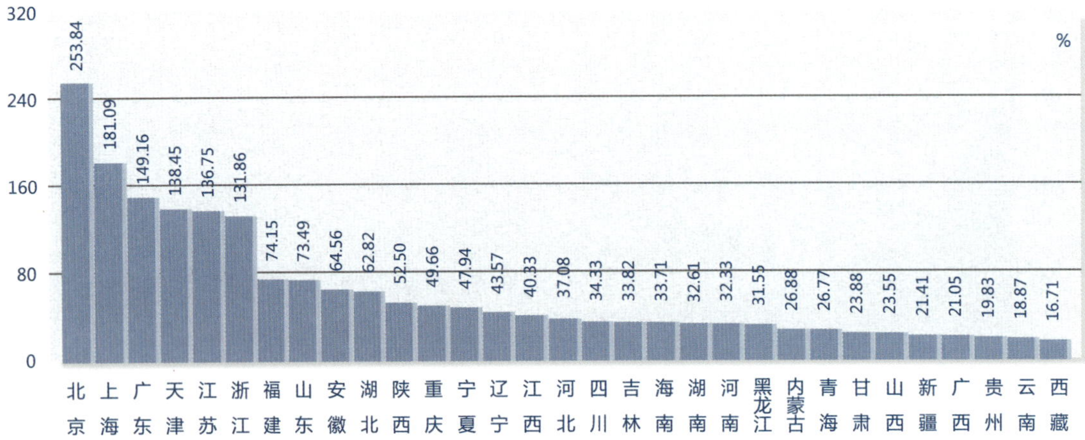

图2-76 当年评价值（三级指标/标准× 100%）

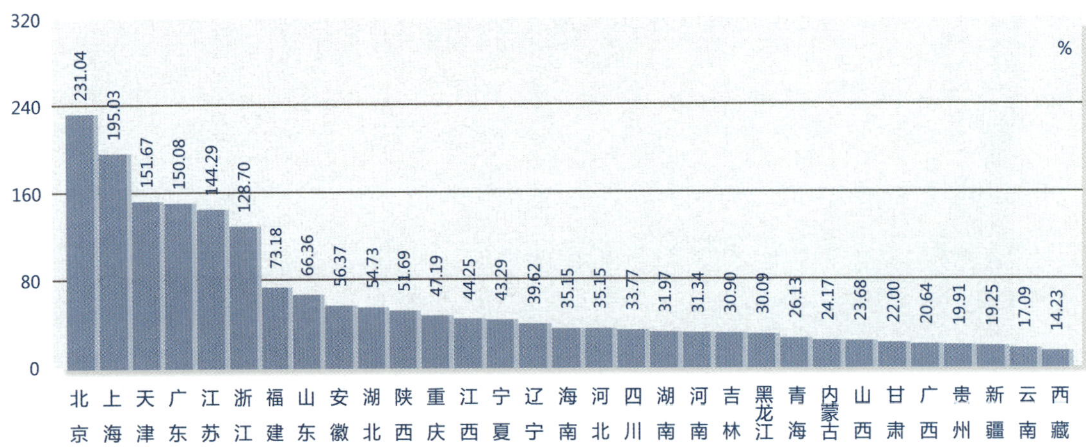

图2-77 上年评价值（三级指标/标准× 100%）

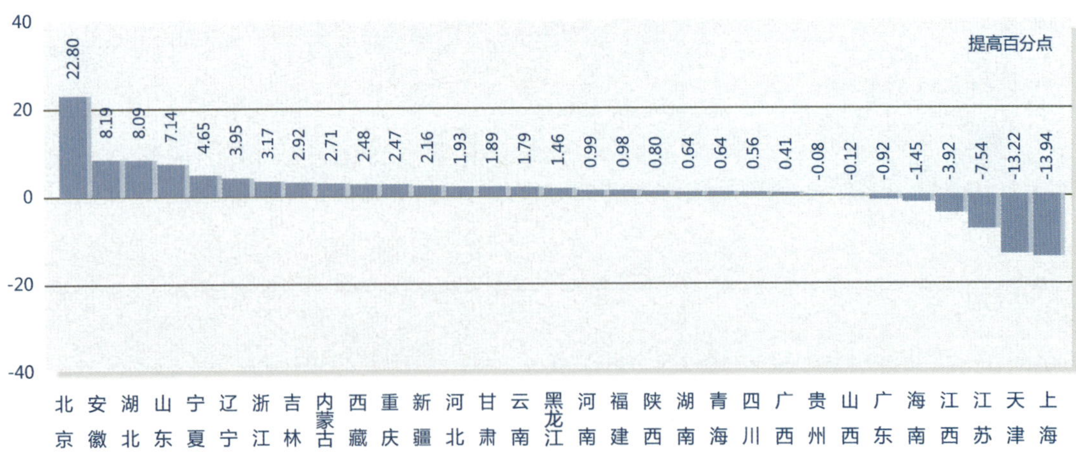

图2-78 当年评价值比上年评价值提高百分点

（十）科学研究和技术服务业平均工资比较系数

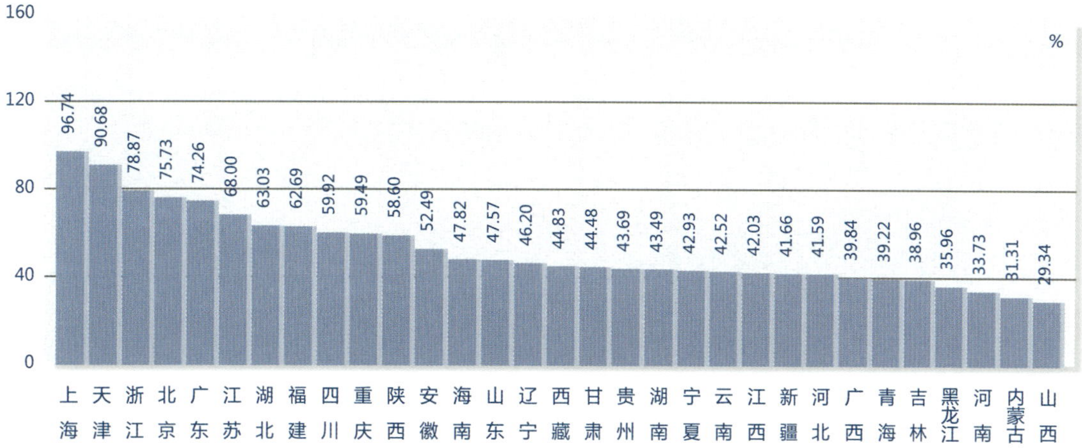

图2-79 当年评价值（三级指标/标准× 100%）

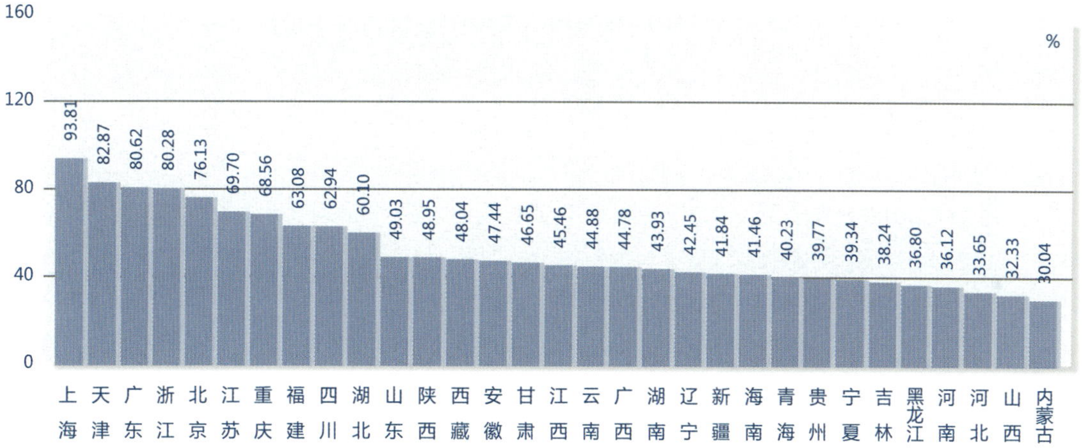

图2-80 上年评价值（三级指标/标准× 100%）

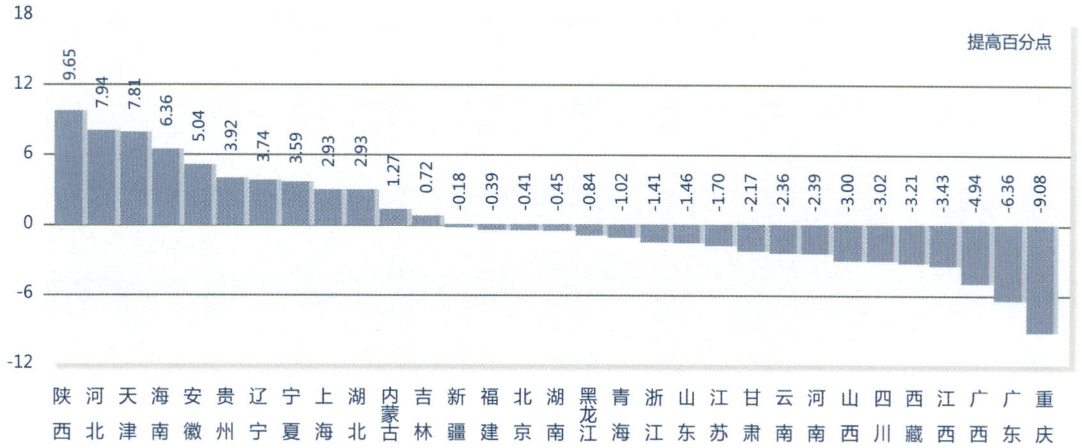

图2-81 当年评价值比上年评价值提高百分点

（十一）万人吸纳技术成交额

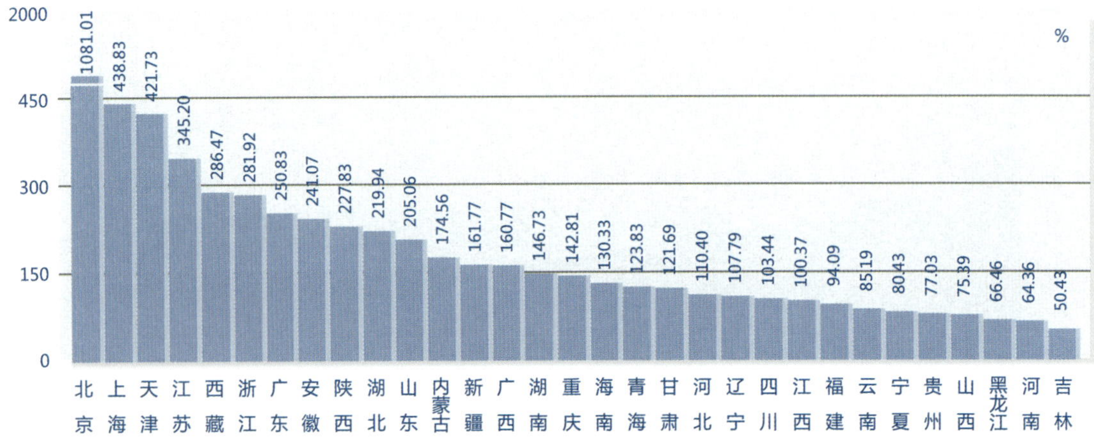

图2-82 当年评价值（三级指标/标准× 100%）

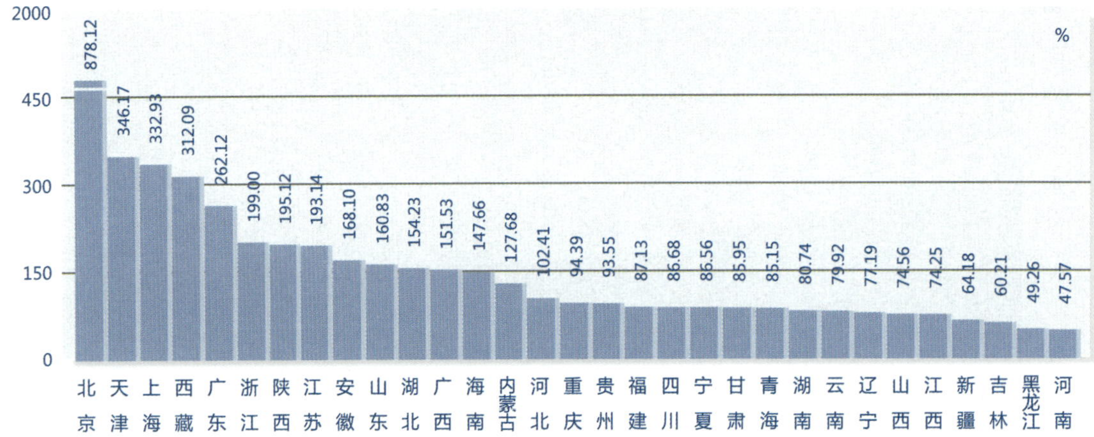

图2-83 上年评价值（三级指标/标准× 100%）

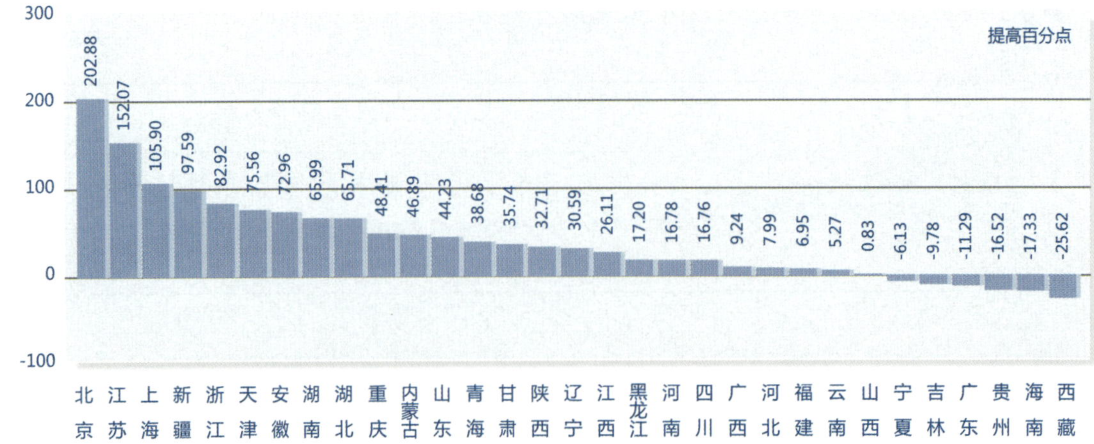

图2-84 当年评价值比上年评价值提高百分点

（十二）有R&D活动的企业占比重

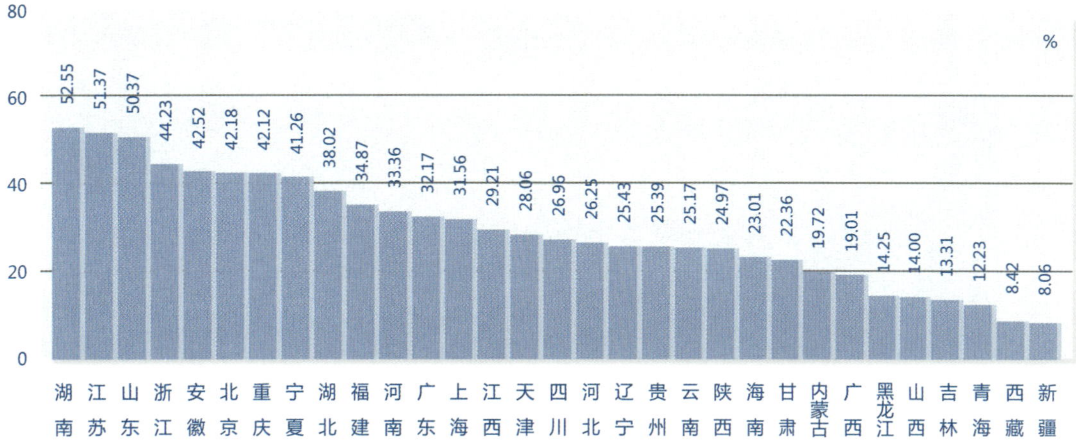

图2-85 当年评价值（三级指标/标准× 100%）

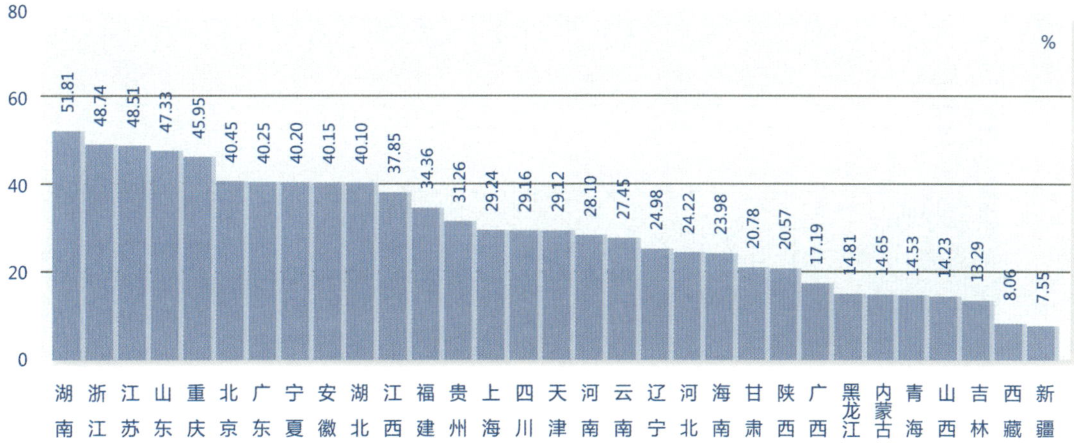

图2-86 上年评价值（三级指标/标准× 100%）

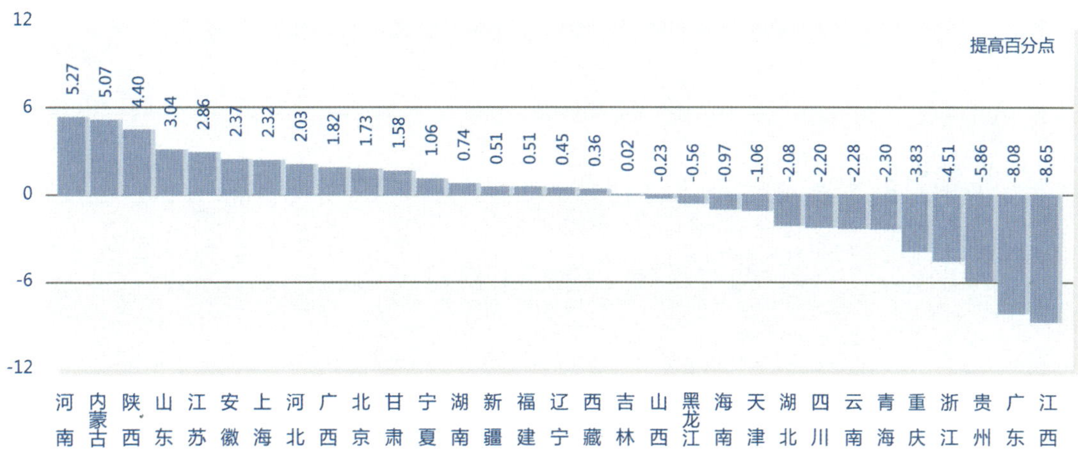

图2-87 当年评价值比上年评价值提高百分点

（十三）万人R&D研究人员数

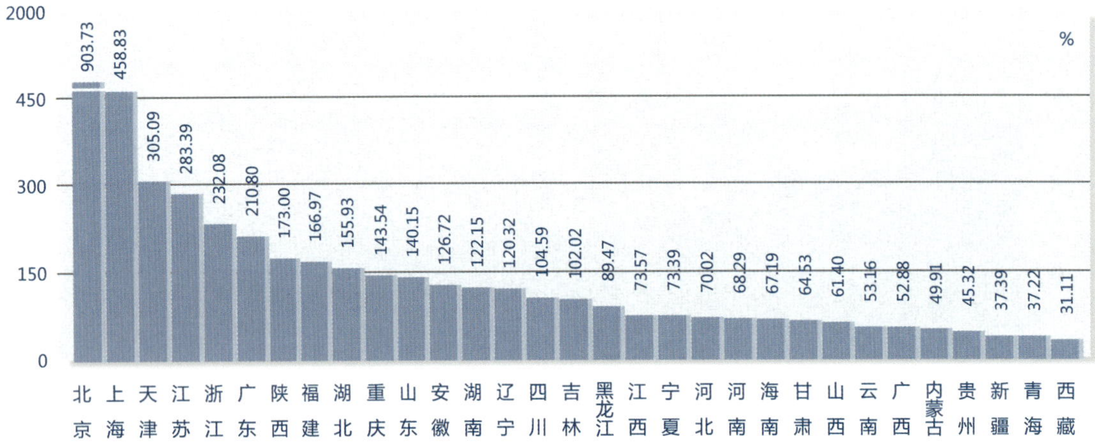

图2-88 当年评价值（三级指标/标准× 100%）

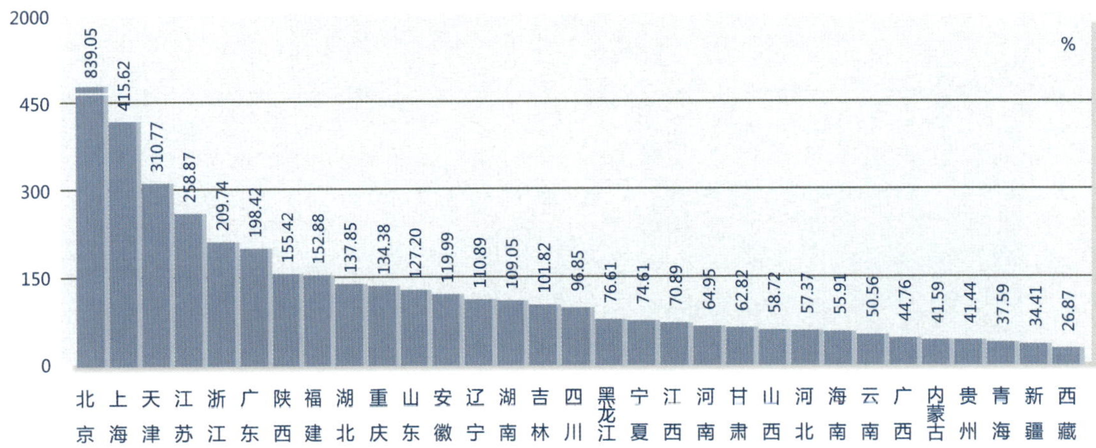

图2-89 上年评价值（三级指标/标准× 100%）

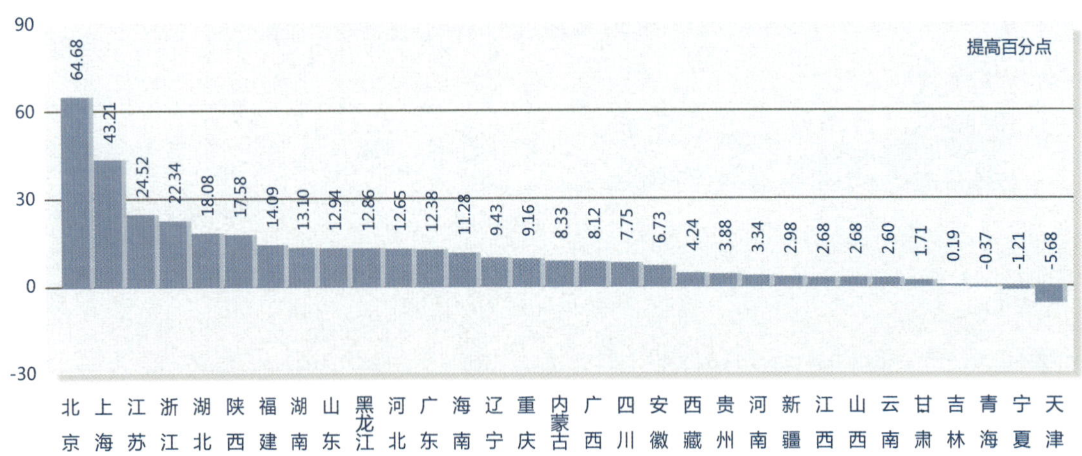

图2-90 当年评价值比上年评价值提高百分点

（十四）基础研究人员投入强度指数

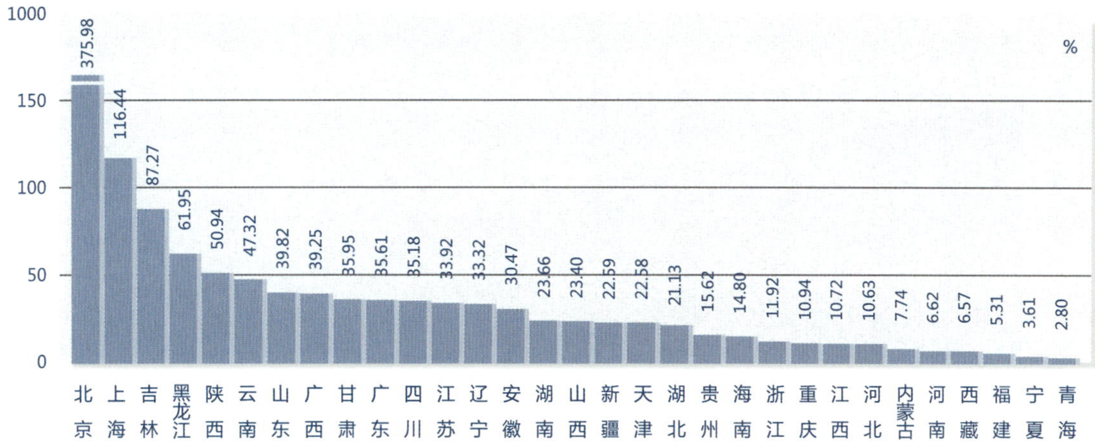

图2-91 当年评价值（三级指标/标准× 100%）

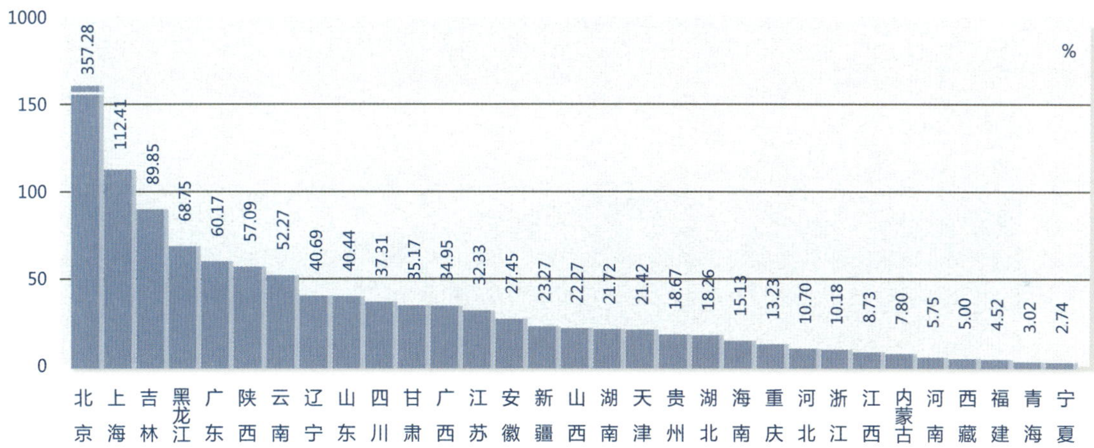

图2-92 上年评价值（三级指标/标准× 100%）

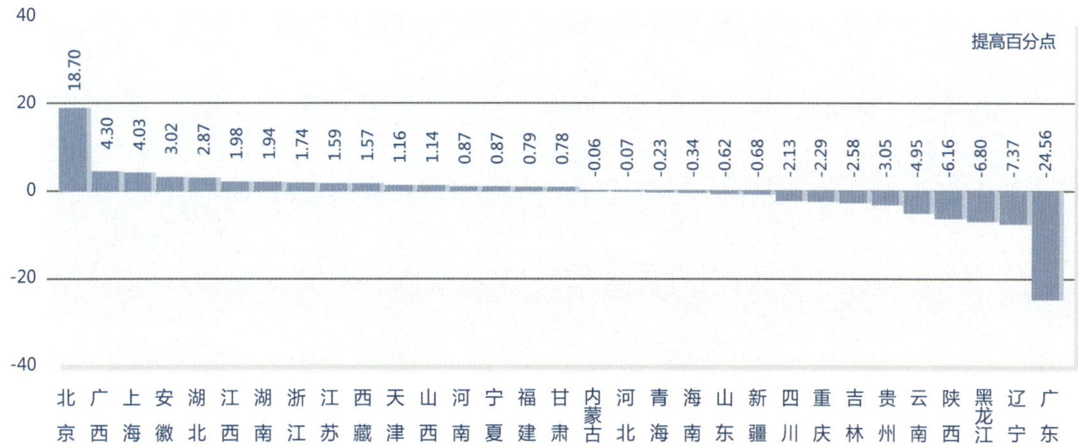

图2-93 当年评价值比上年评价值提高百分点

（十五）企业R&D研究人员占比重

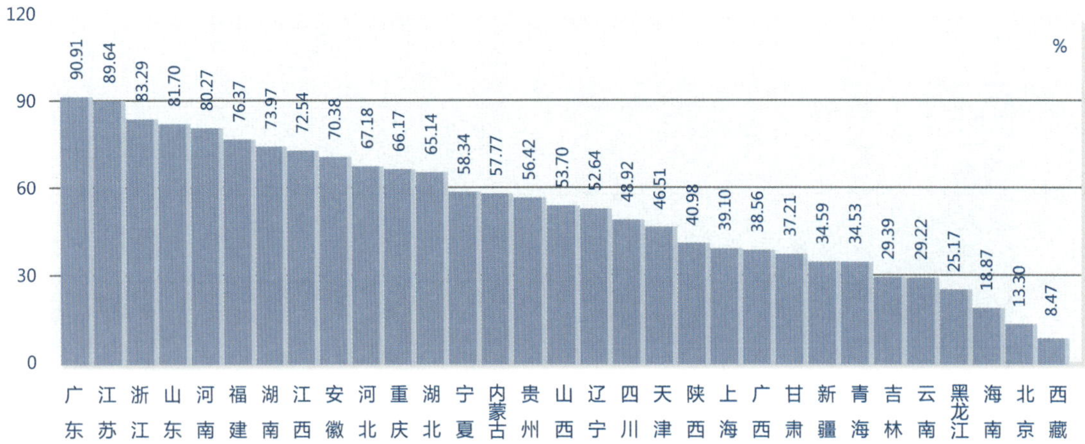

图2-94 当年评价值（三级指标/标准× 100%）

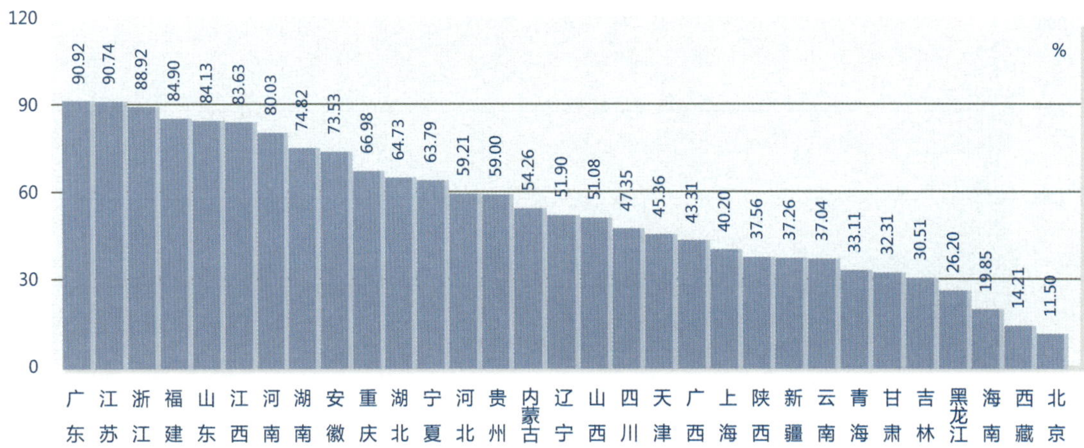

图2-95 上年评价值（三级指标/标准× 100%）

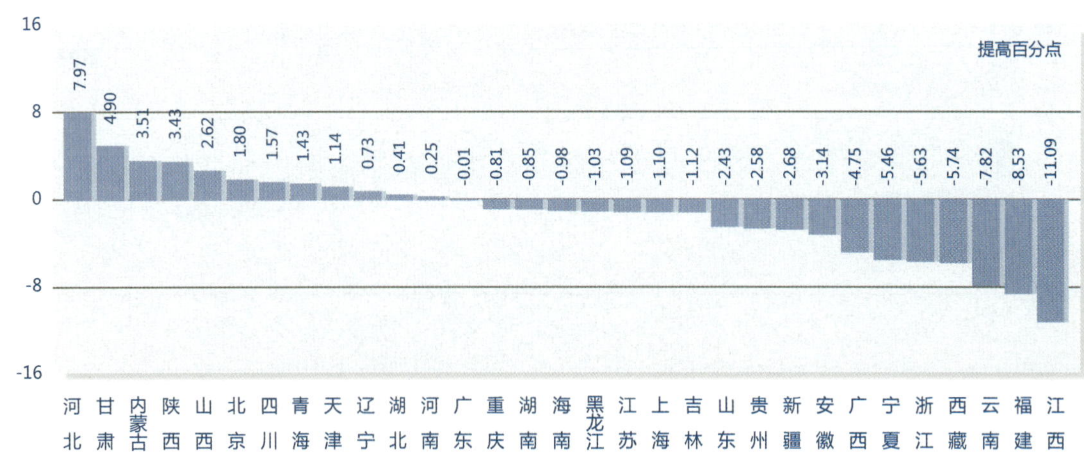

图2-96 当年评价值比上年评价值提高百分点

（十六）R&D经费支出与GDP比值

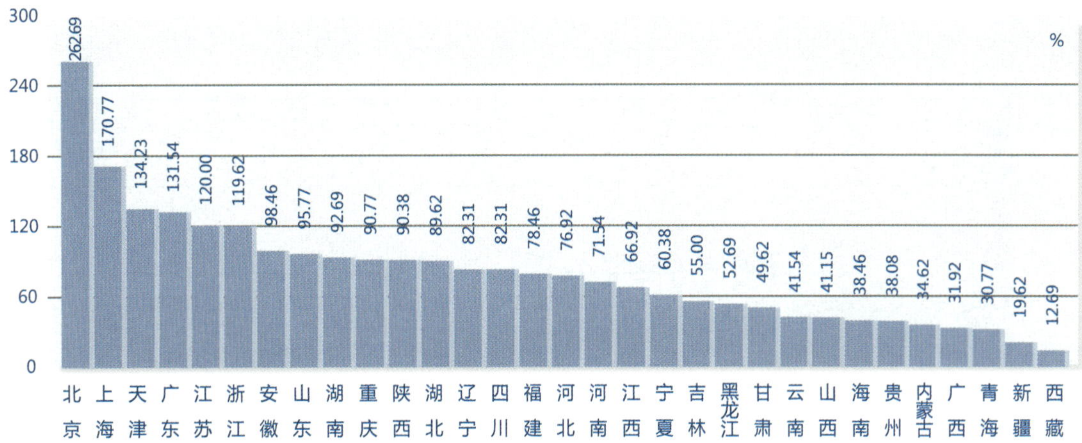

图2-97 当年评价值（三级指标/标准× 100%）

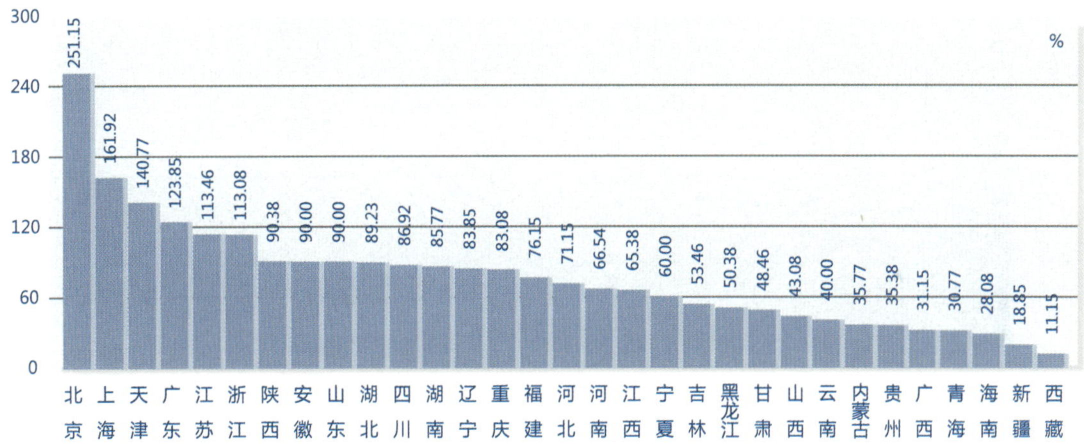

图2-98 上年评价值（三级指标/标准× 100%）

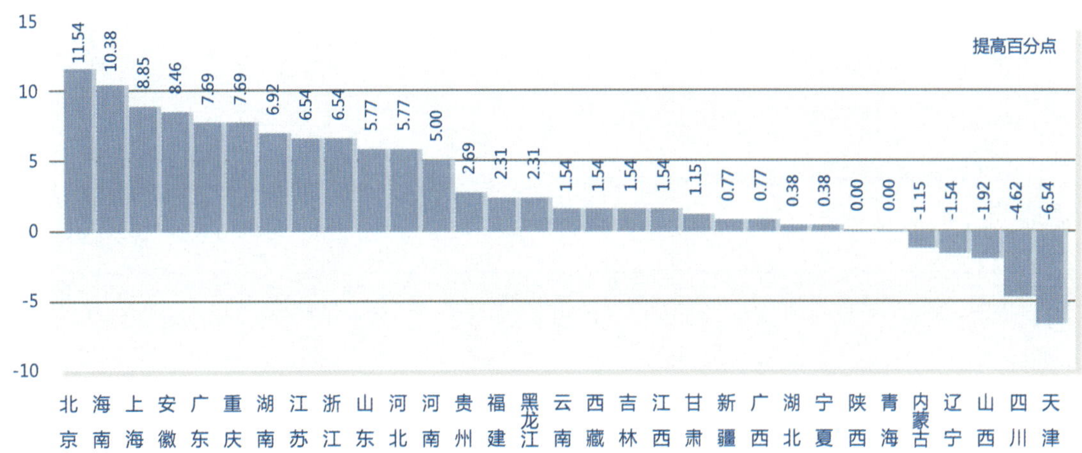

图2-99 当年评价值比上年评价值提高百分点

（十七）基础研究经费投入强度指数

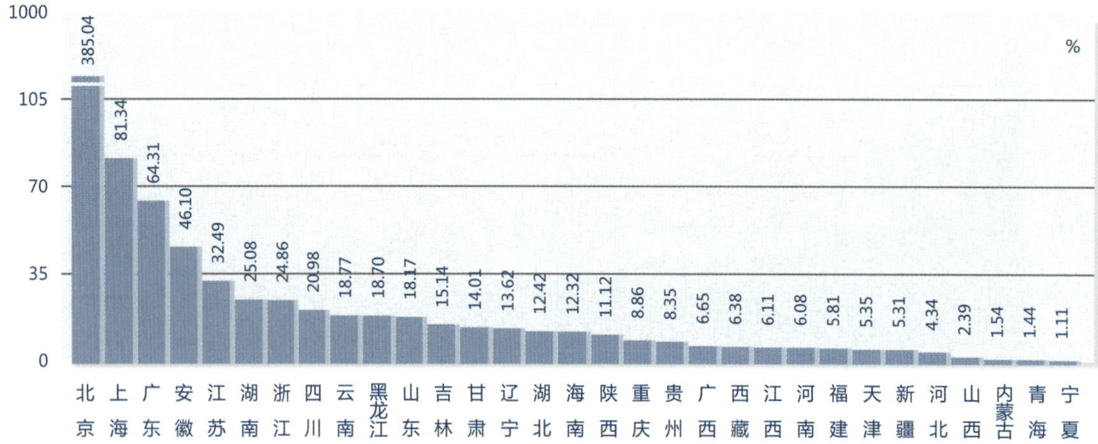

图2-100 当年评价值（三级指标/标准× 100%）

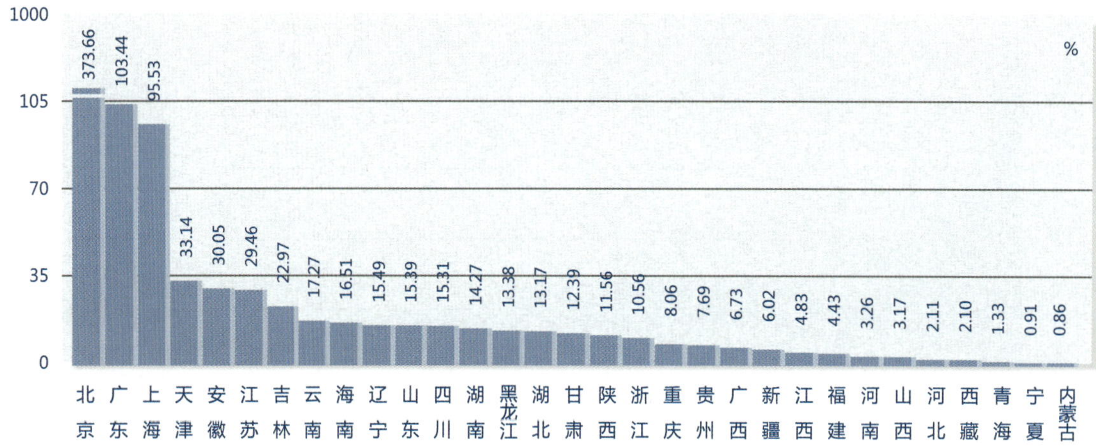

图2-101 上年评价值（三级指标/标准× 100%）

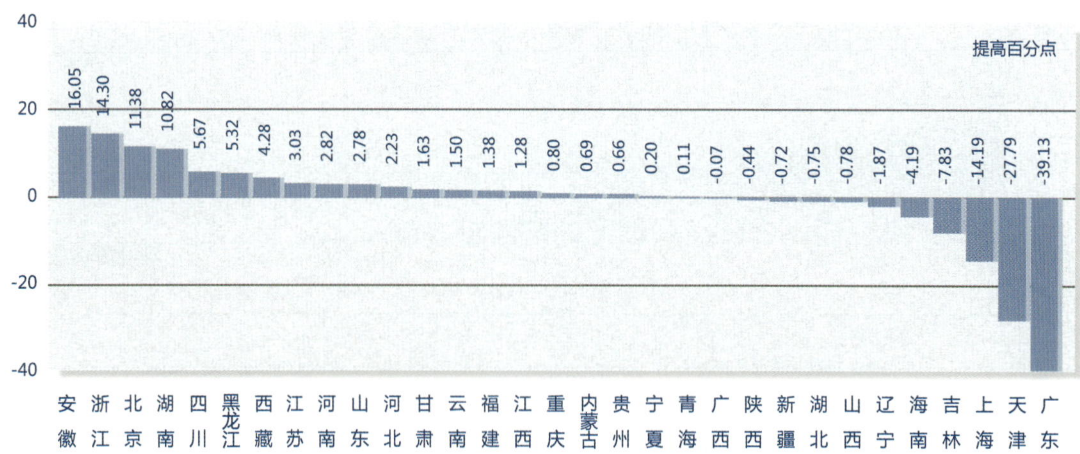

图2-102 当年评价值比上年评价值提高百分点

（十八）地方财政科技支出占地方财政支出比重

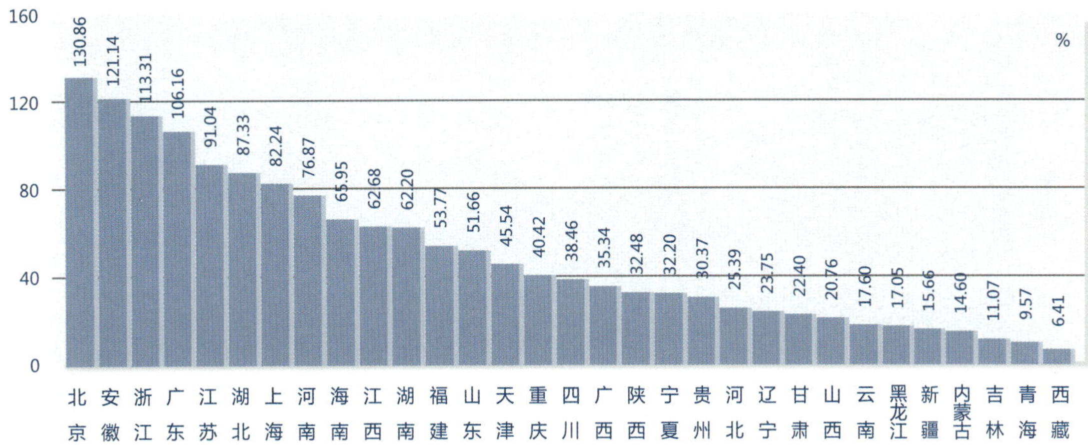

图2-103 当年评价值（三级指标/标准× 100%）

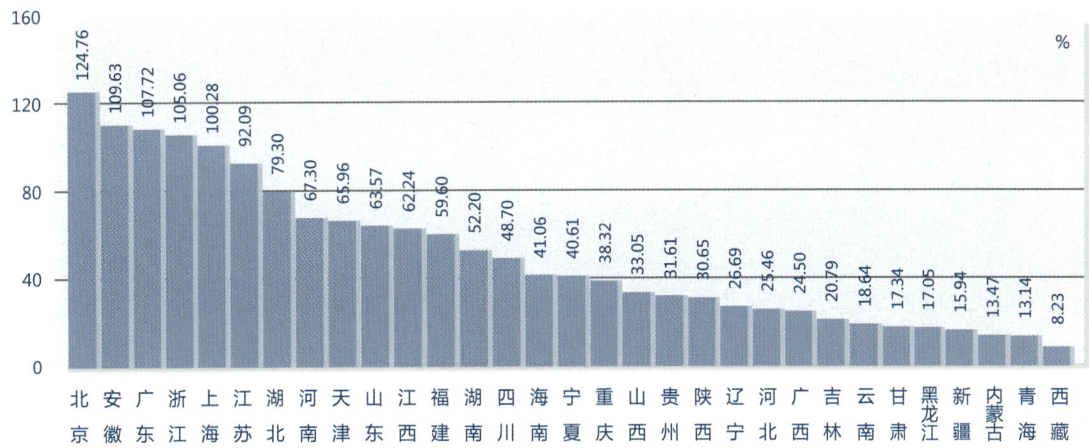

图2-104 上年评价值（三级指标/标准× 100%）

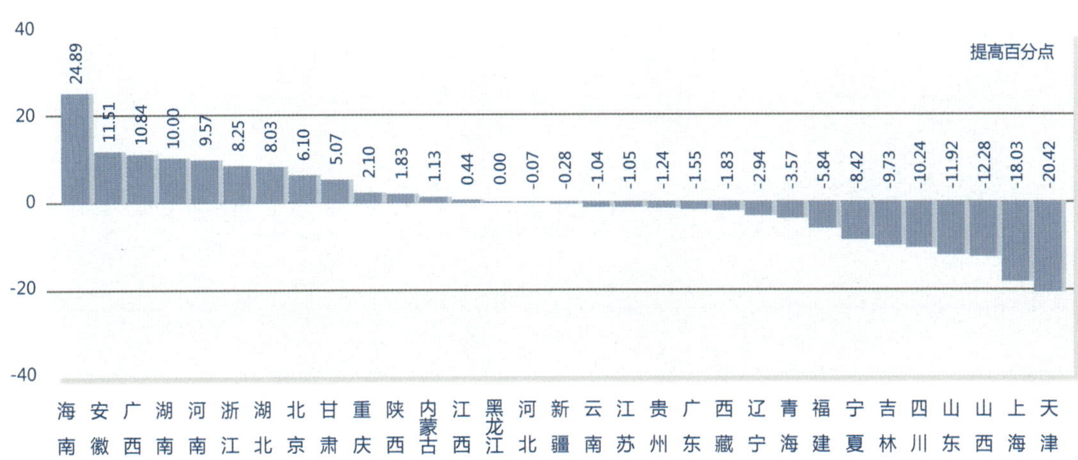

图2-105 当年评价值比上年评价值提高百分点

（十九）企业R&D经费支出占营业收入比重

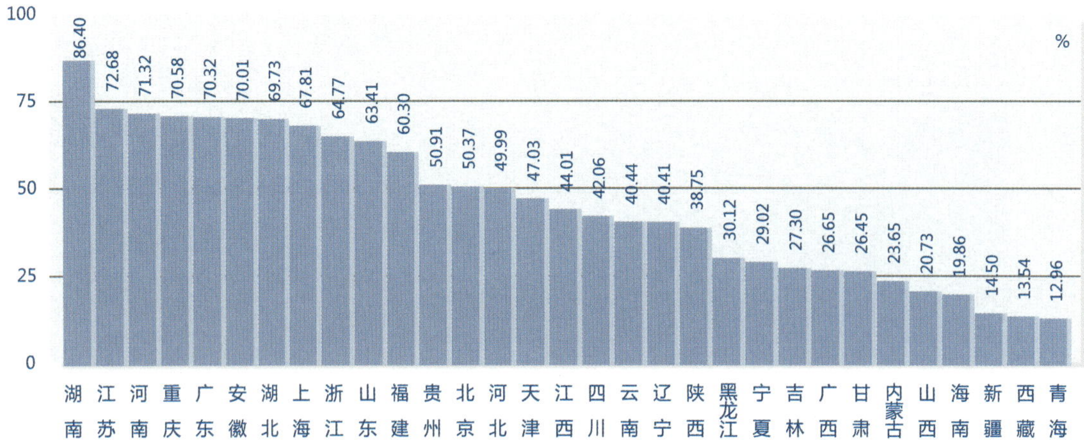

图2-106 当年评价值（三级指标/标准× 100%）

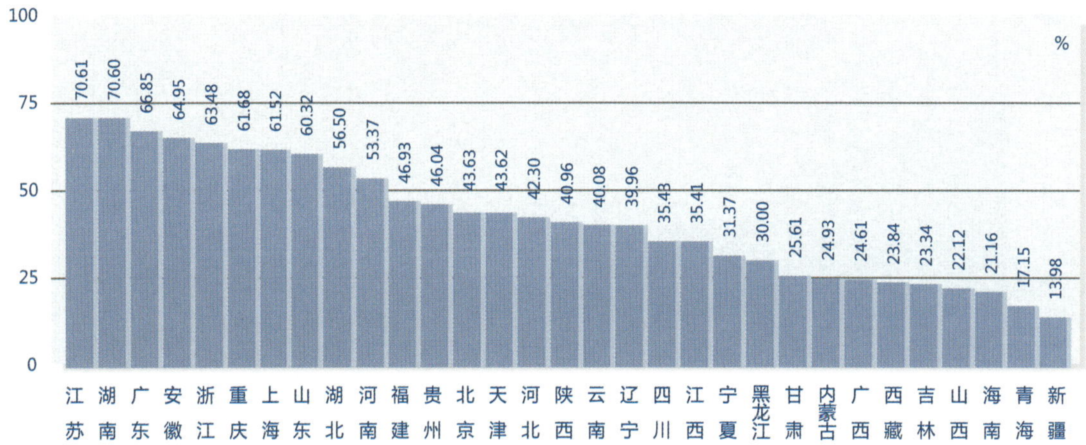

图2-107 上年评价值（三级指标/标准× 100%）

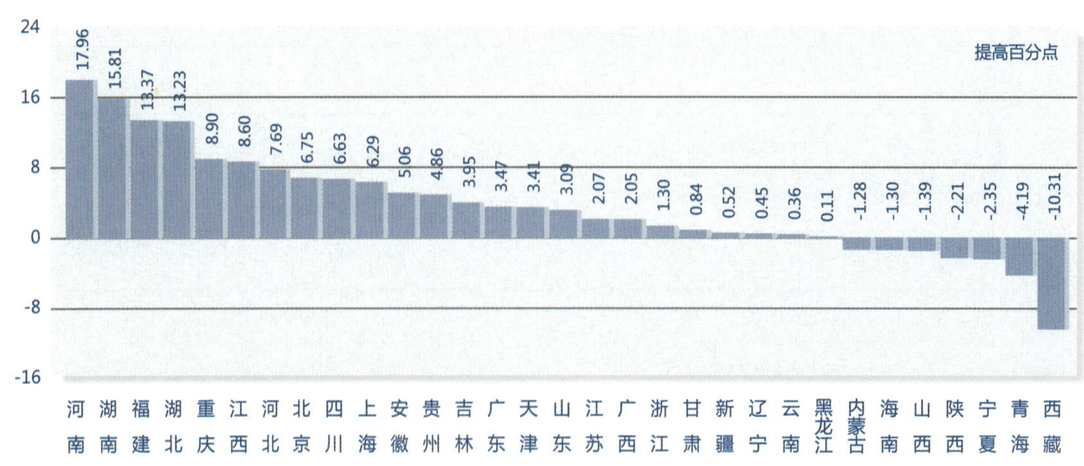

图2-108 当年评价值比上年评价值提高百分点

（二十）企业技术获取和技术改造经费支出占企业营业收入比重

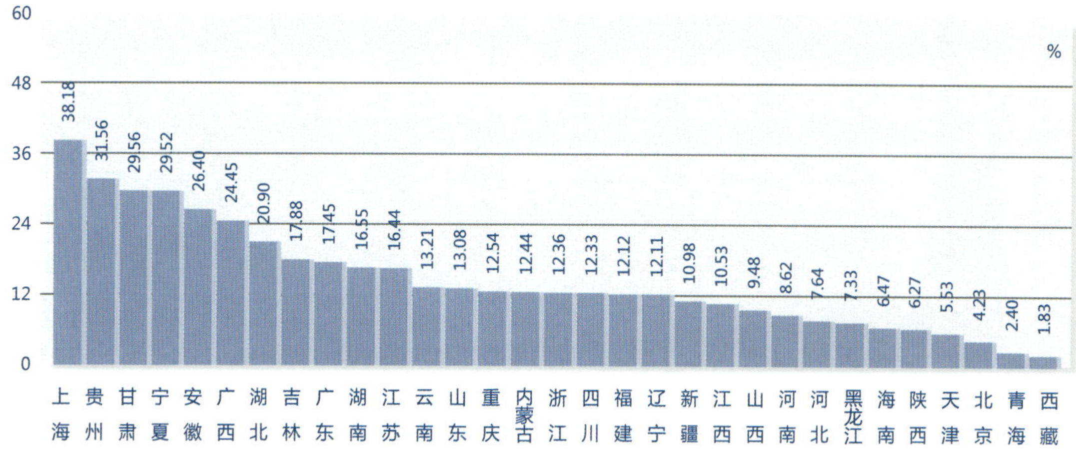

图2-109 当年评价值（三级指标/标准× 100%）

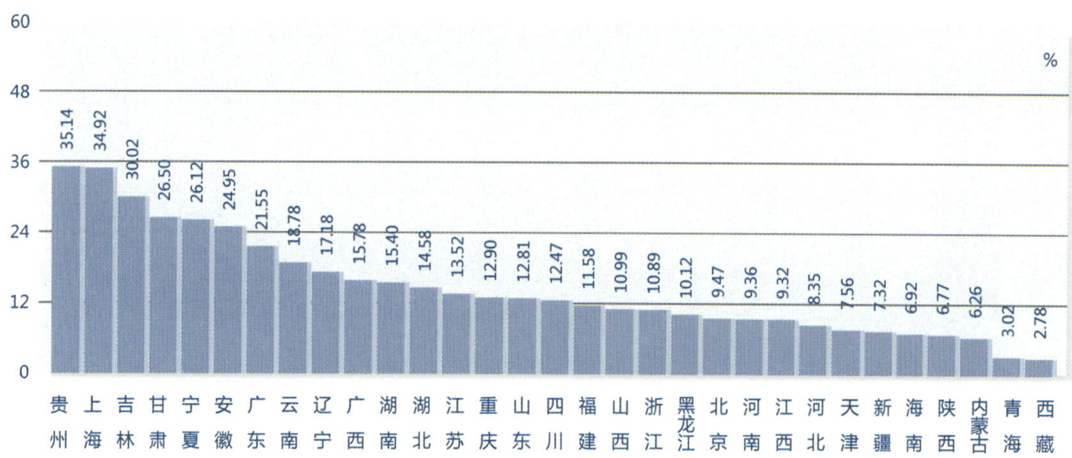

图2-110 上年评价值（三级指标/标准× 100%）

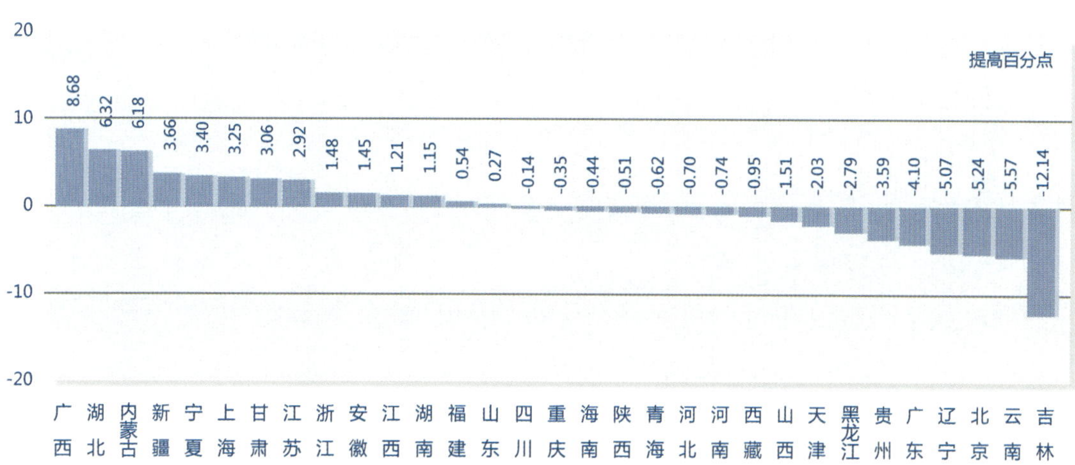

图2-111 当年评价值比上年评价值提高百分点

（二十一）上市公司R&D经费投入强度指数

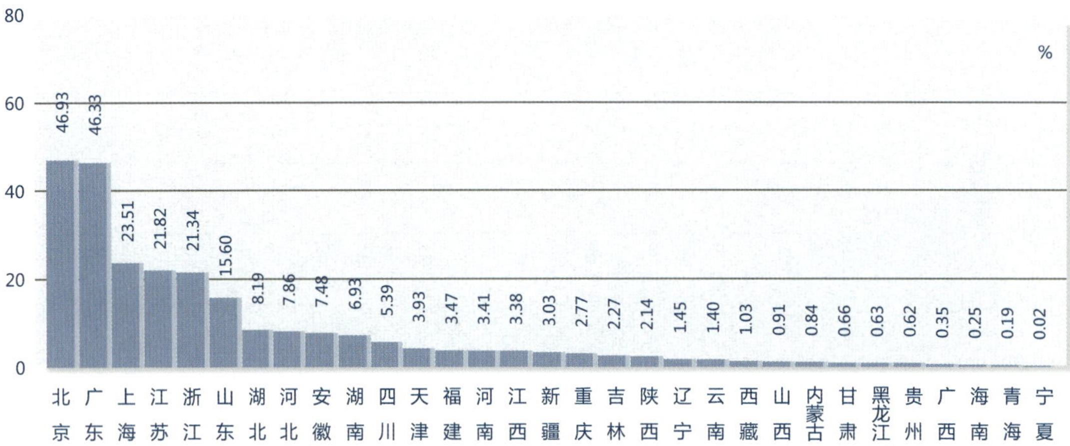

图2-112 当年评价值（三级指标/标准× 100%）

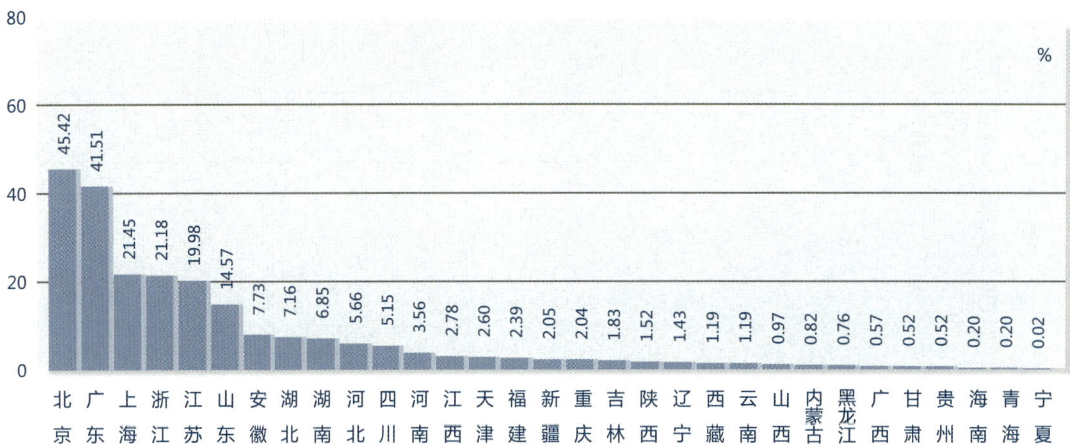

图2-113 上年评价值（三级指标/标准× 100%）

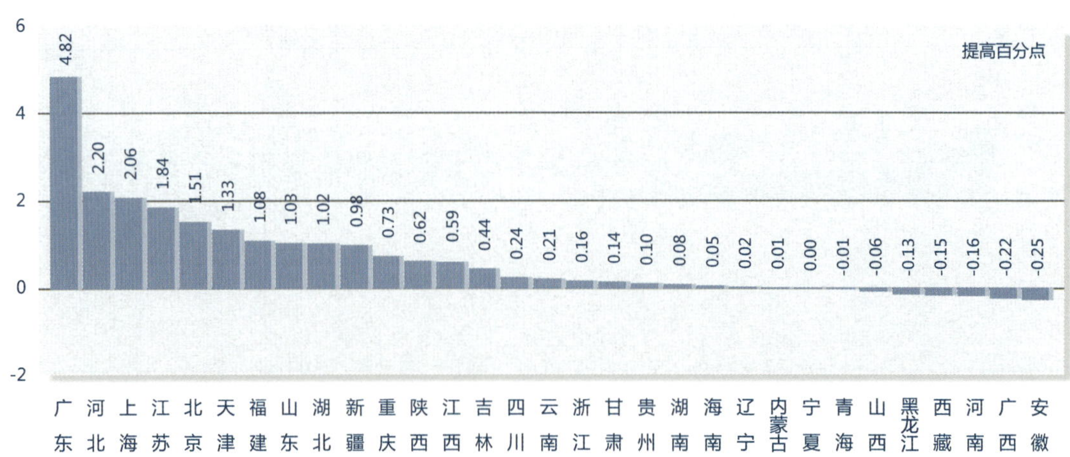

图2-114 当年评价值比上年评价值提高百分点

（二十二）万人科技论文数

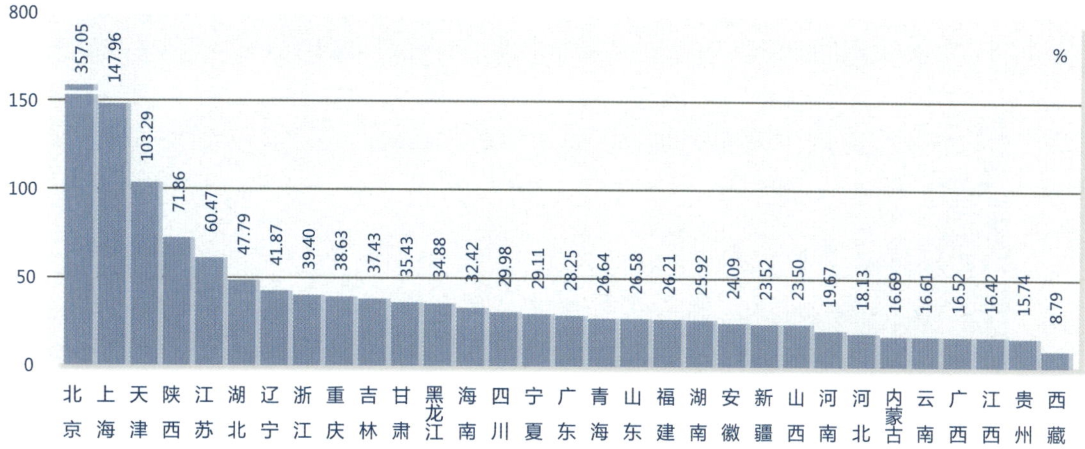

图2-115 当年评价值（三级指标/标准× 100%）

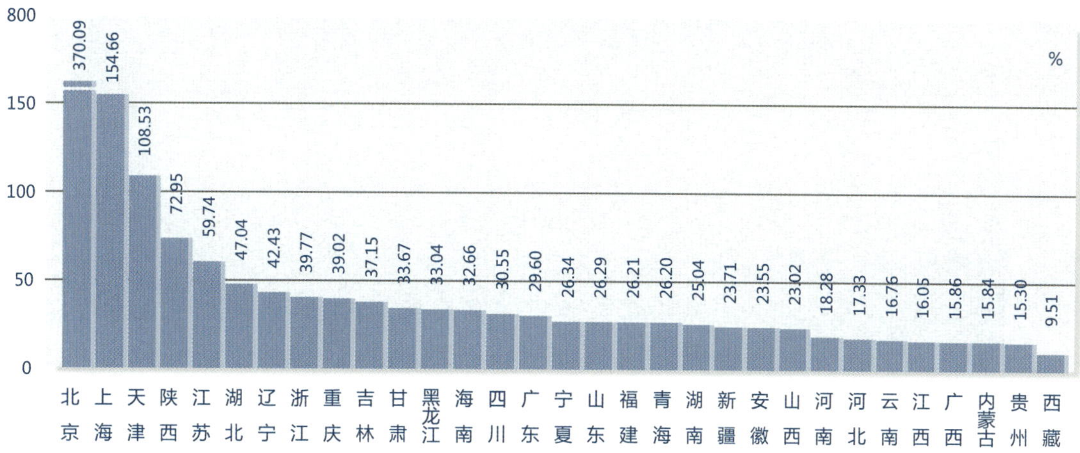

图2-116 上年评价值（三级指标/标准× 100%）

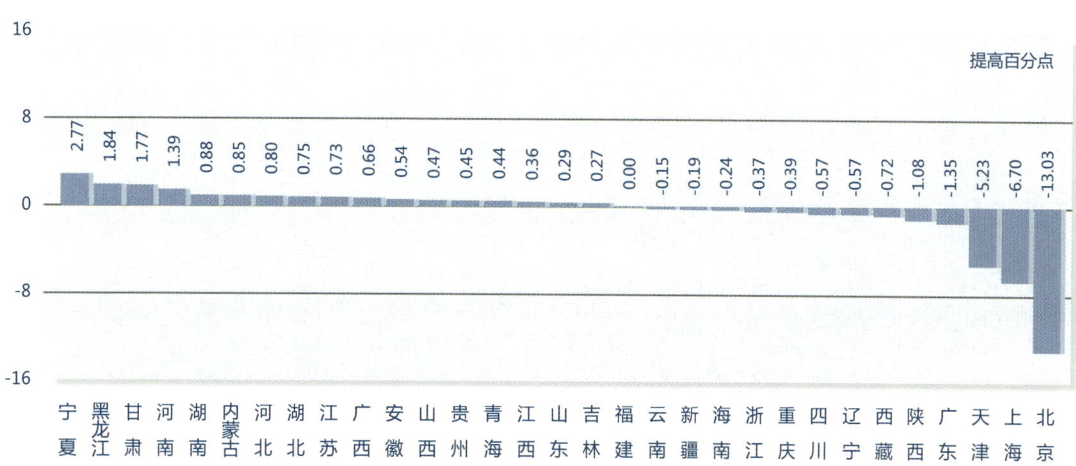

图2-117 当年评价值比上年评价值提高百分点

（二十三）万人有效注册商标数

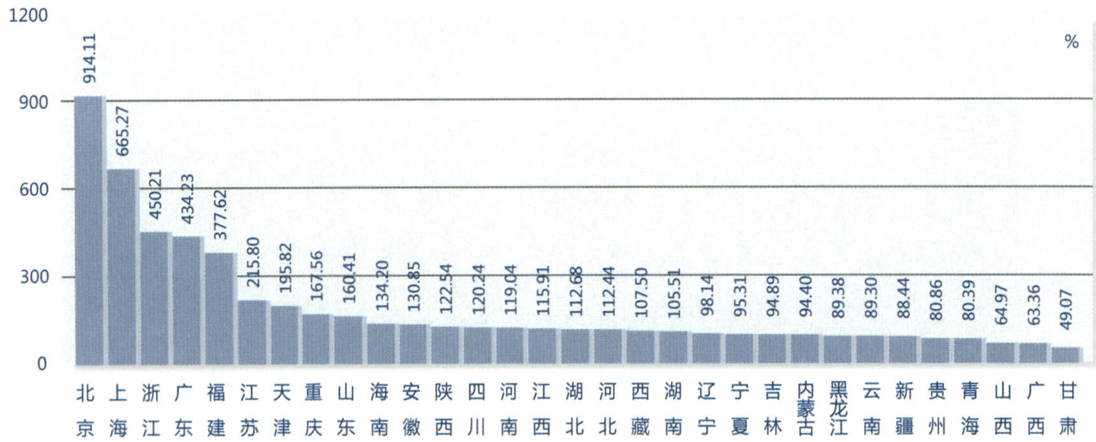

图2-118 当年评价值（三级指标/标准× 100%）

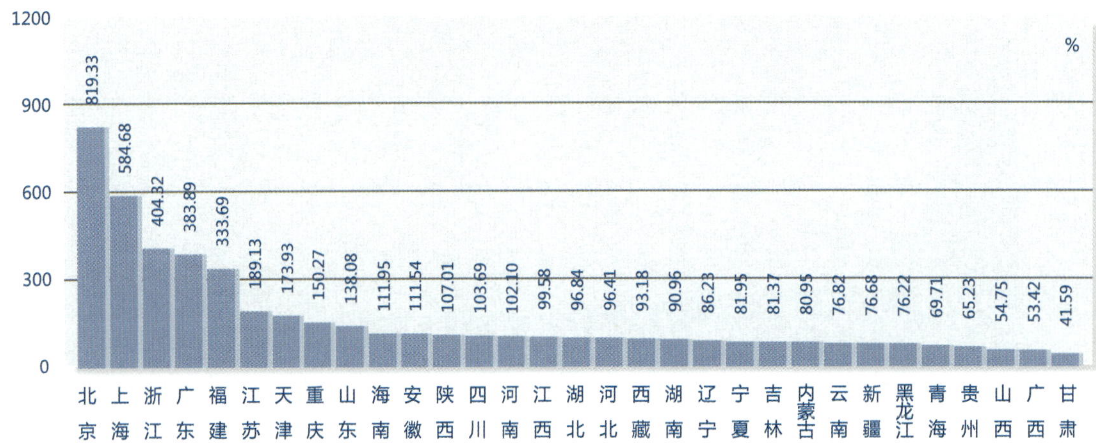

图2-119 上年评价值（三级指标/标准× 100%）

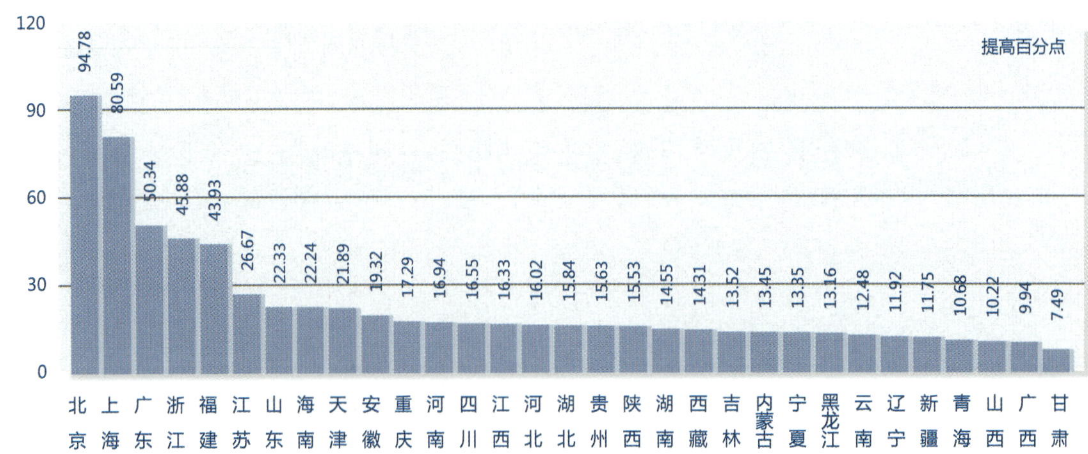

图2-120 当年评价值比上年评价值提高百分点

（二十四）万人发明专利拥有量

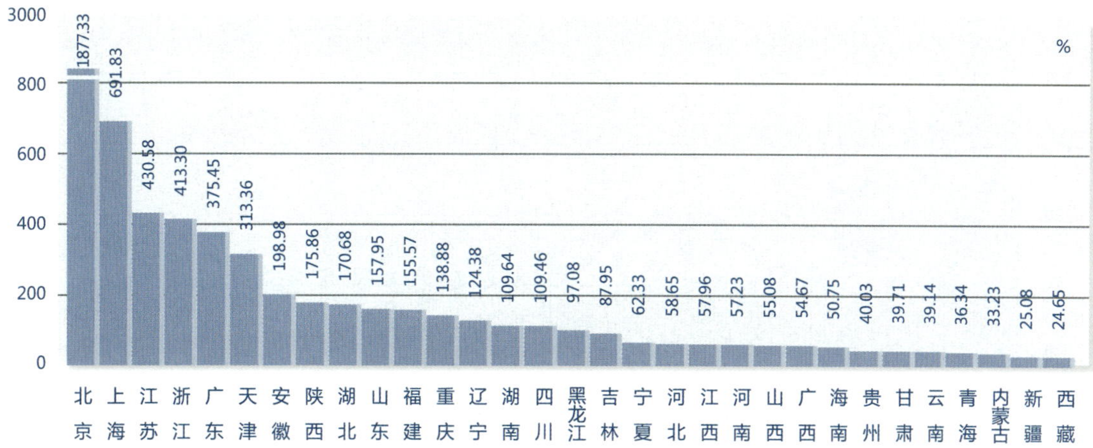

图2-121 当年评价值（三级指标/标准× 100%）

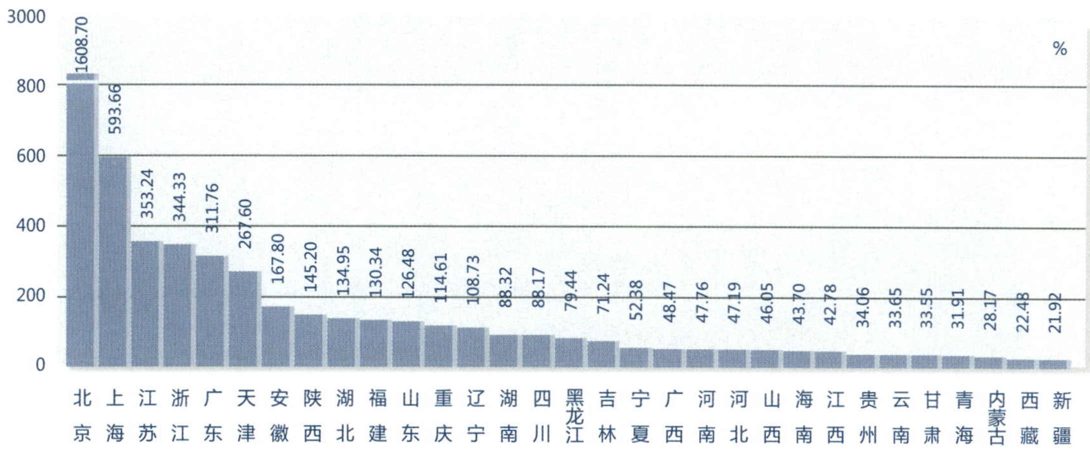

图2-122 上年评价值（三级指标/标准× 100%）

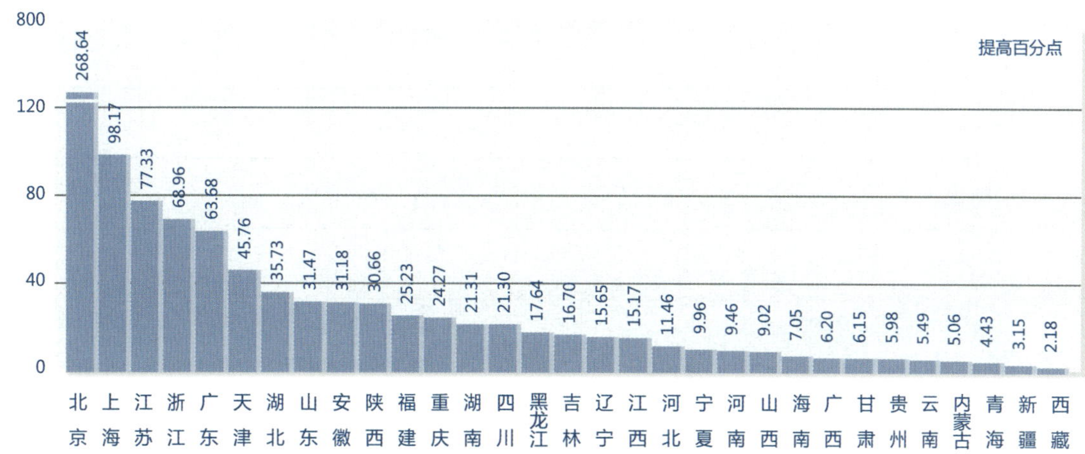

图2-123 当年评价值比上年评价值提高百分点

（二十五）每万人口高价值发明专利拥有量

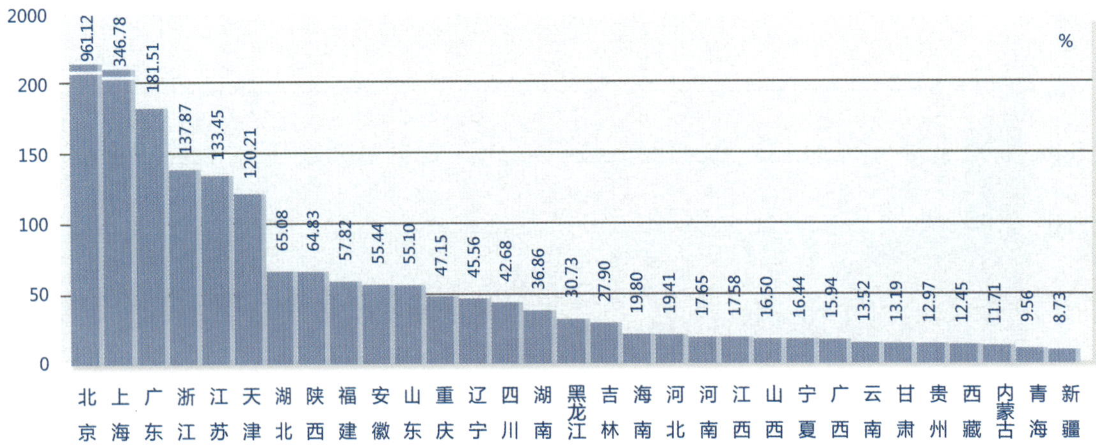

图2-124 当年评价值（三级指标/标准× 100%）

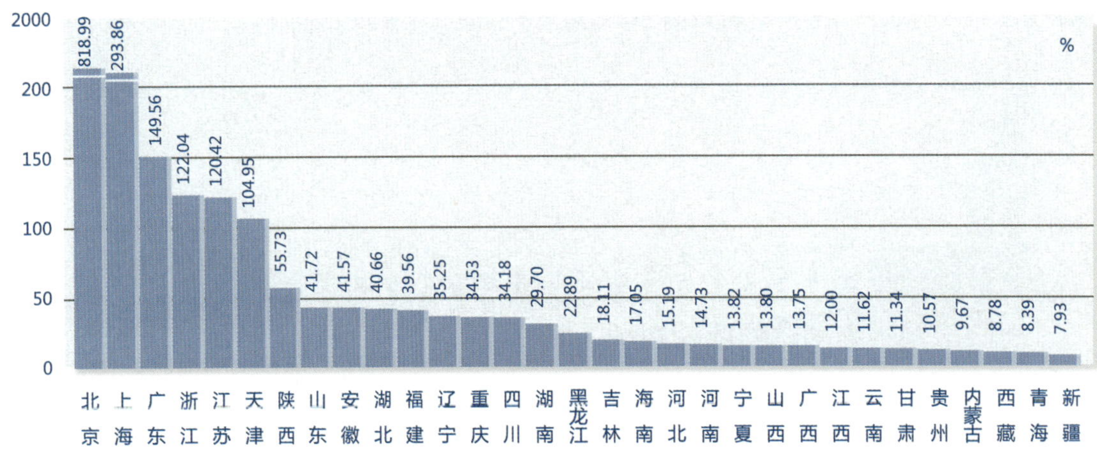

图2-125 上年评价值（三级指标/标准× 100%）

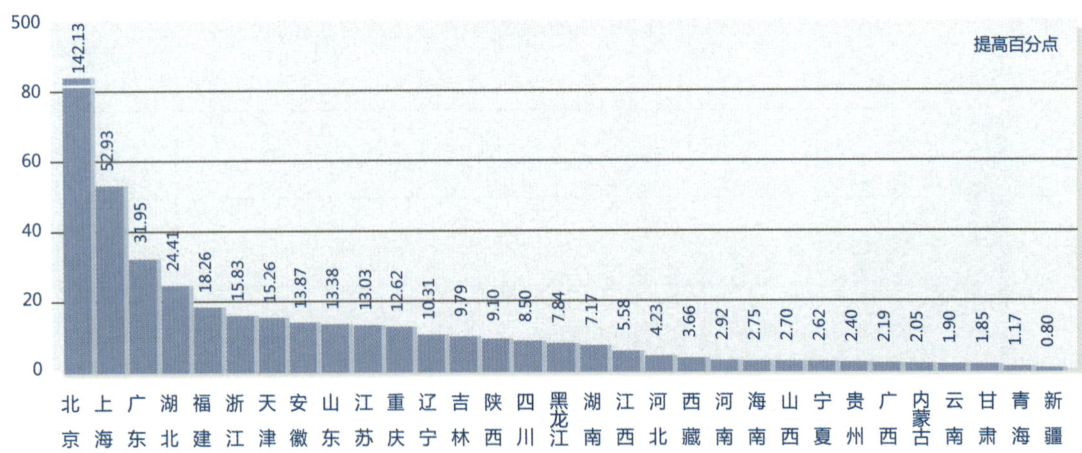

图2-126 当年评价值比上年评价值提高百分点

（二十六）万人输出技术成交额

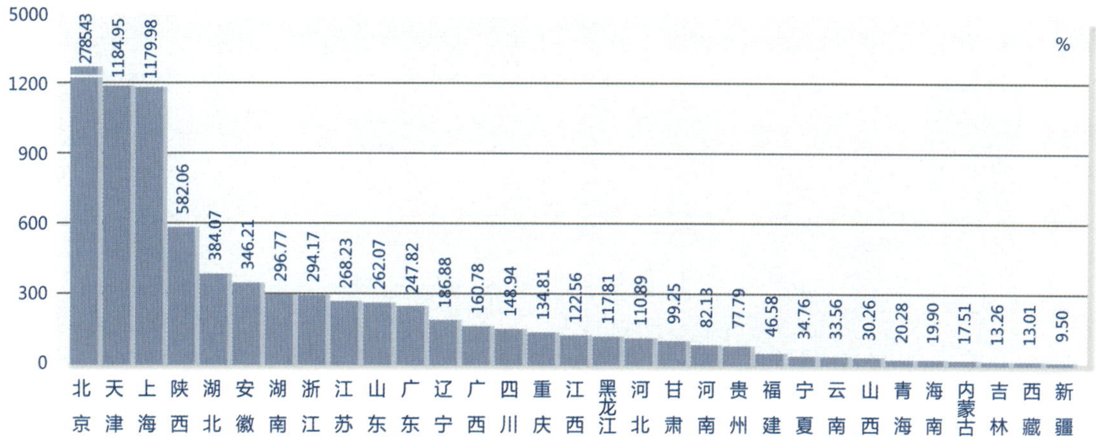

图2-127 当年评价值（三级指标/标准×100%）

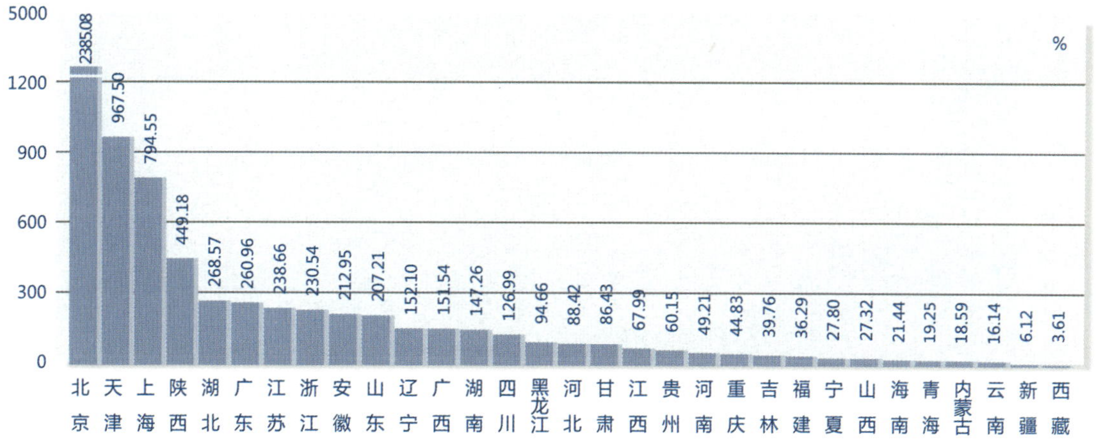

图2-128 上年评价值（三级指标/标准×100%）

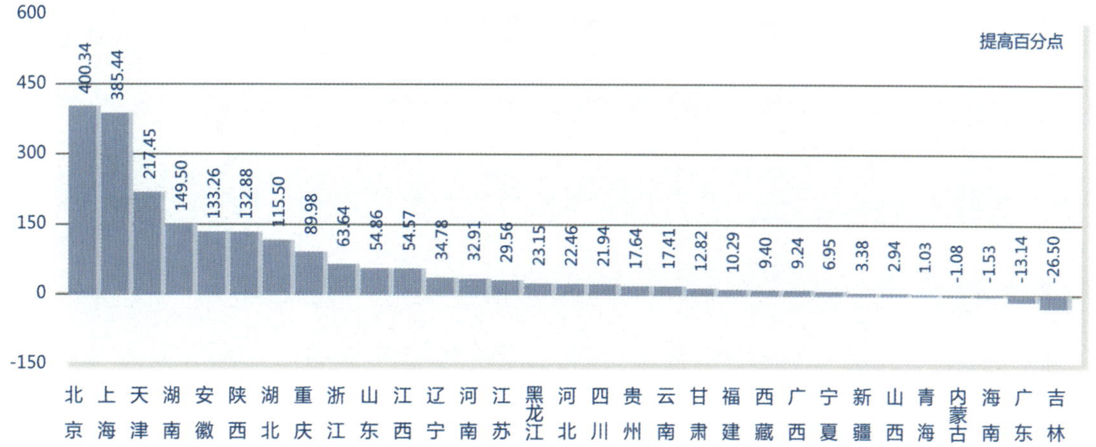

图2-129 当年评价值比上年评价值提高百分点

（二十七）万元GDP技术国际收入

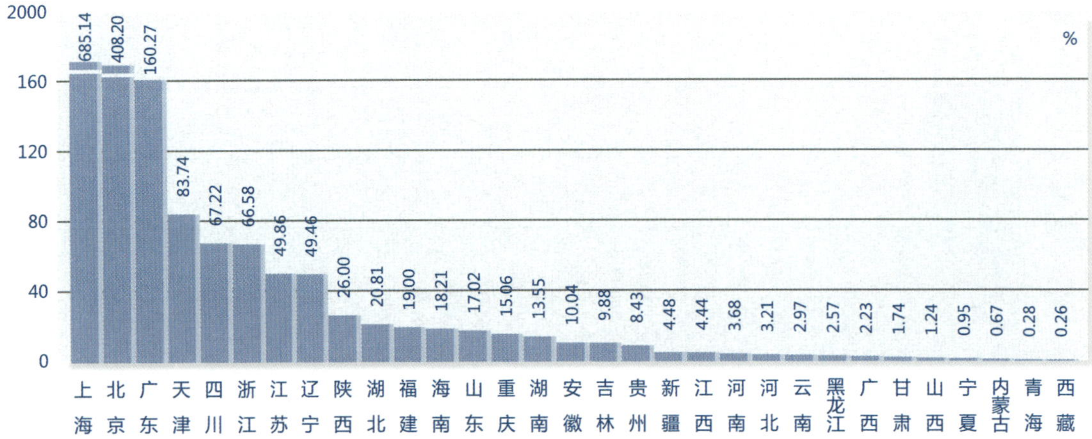

图2-130 当年评价值（三级指标/标准× 100%）

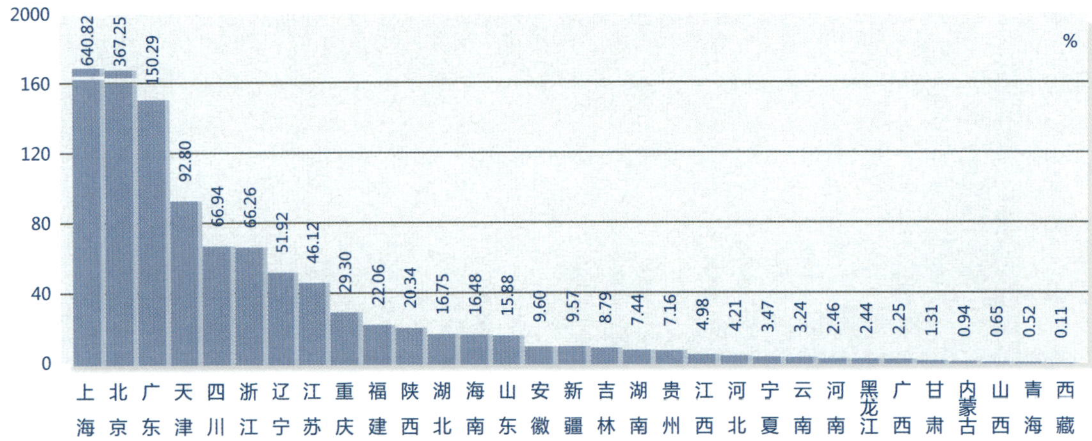

图2-131 上年评价值（三级指标/标准× 100%）

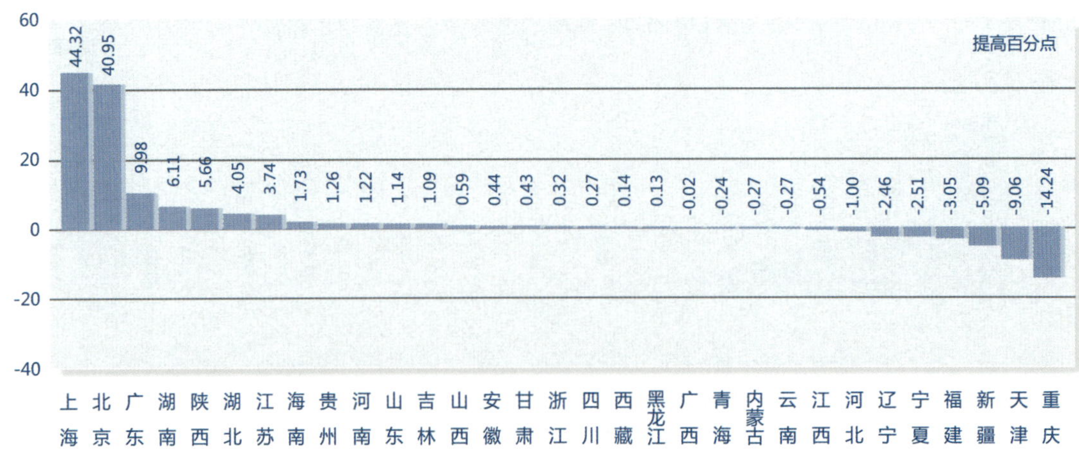

图2-132 当年评价值比上年评价值提高百分点

（二十八）高技术产业营业收入占工业营业收入比重

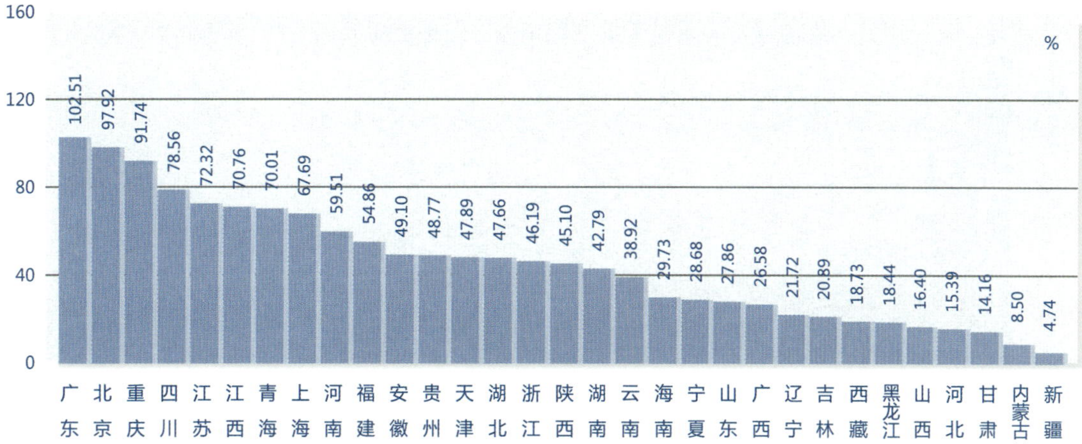

图2-133 当年评价值（三级指标/标准× 100%）

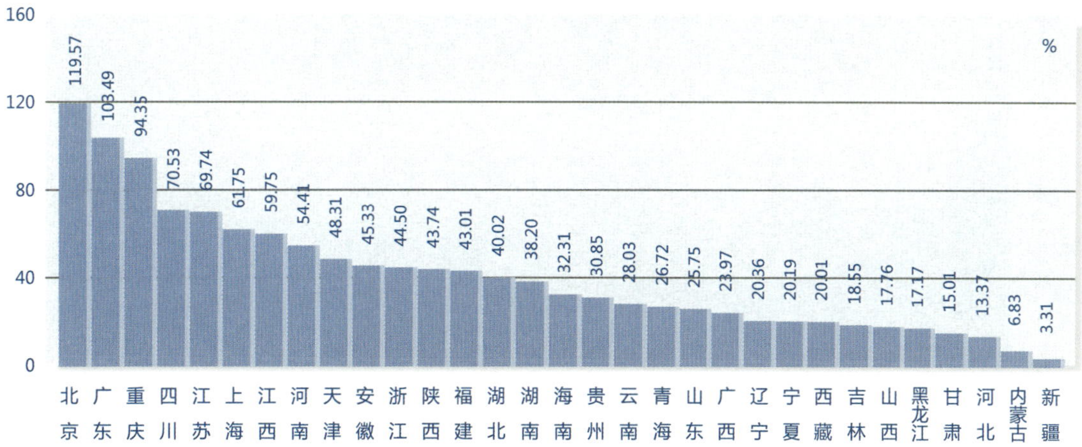

图2-134 上年评价值（三级指标/标准× 100%）

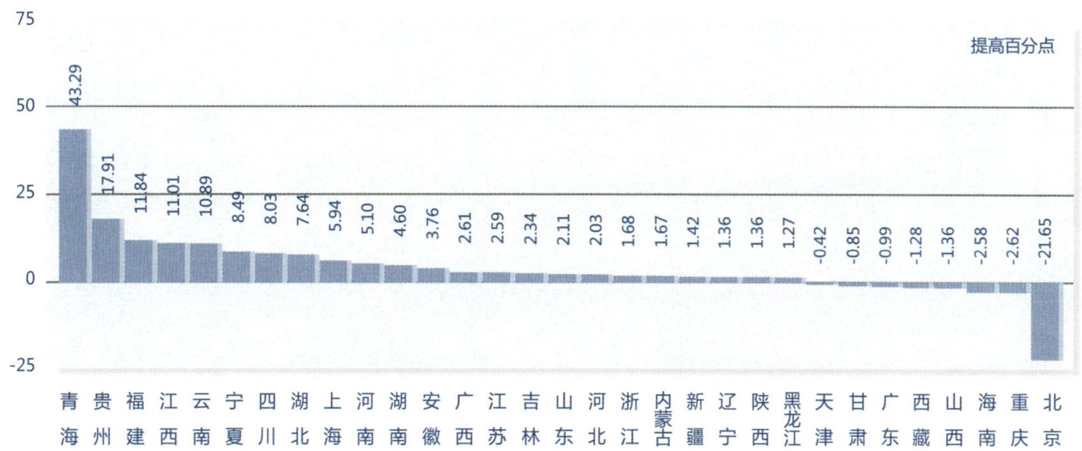

图2-135 当年评价值比上年评价值提高百分点

（二十九）知识密集型服务业增加值占GDP比重

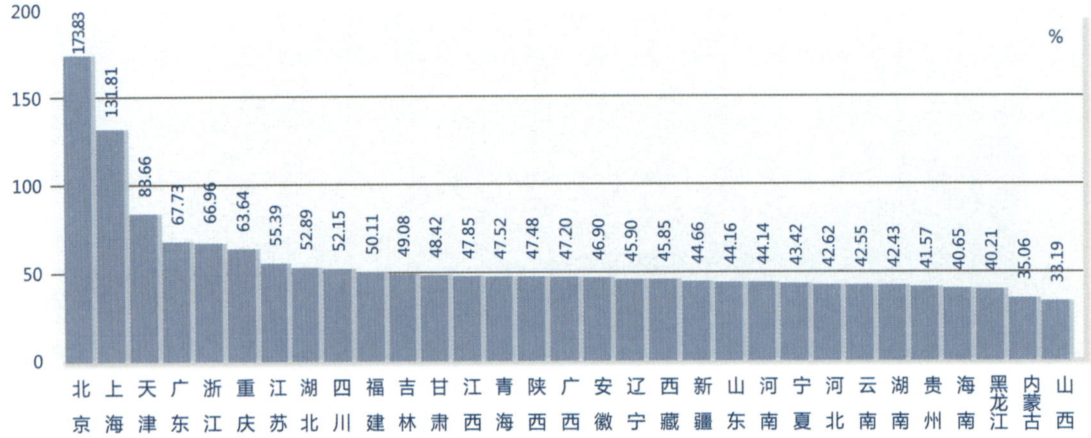

图2-136 当年评价值（三级指标/标准× 100%）

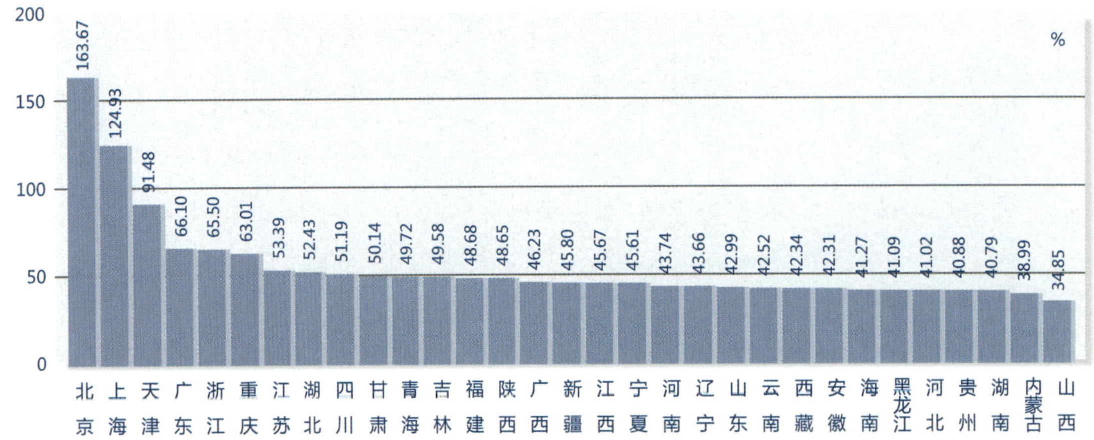

图2-137 上年评价值（三级指标/标准× 100%）

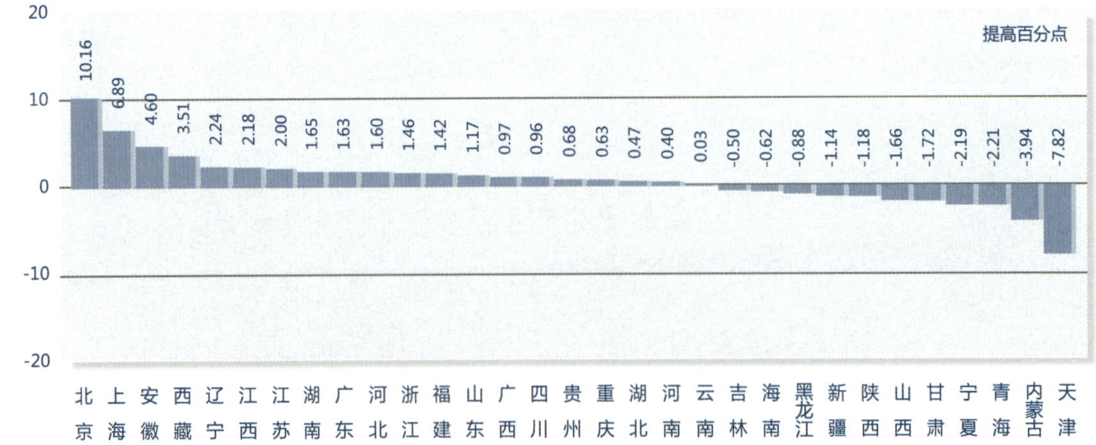

图2-138 当年评价值比上年评价值提高百分点

（三十）高技术产品出口额占商品出口额比重

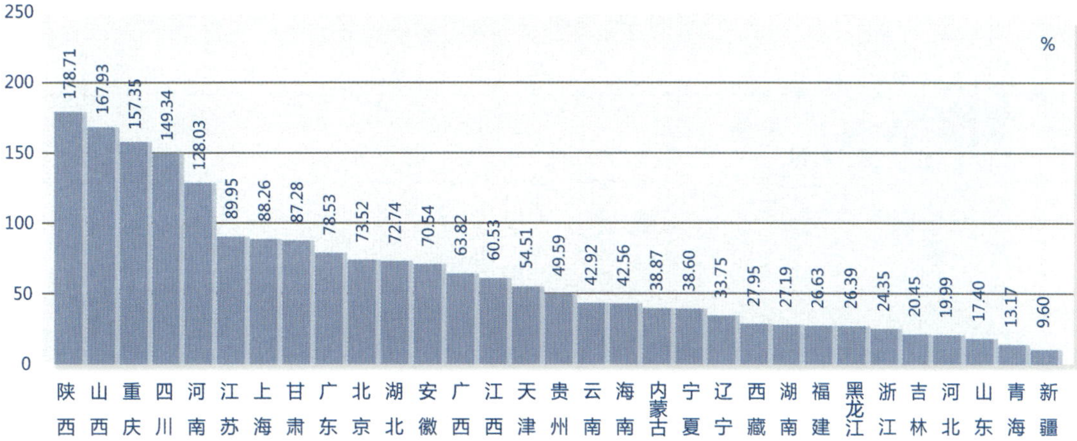

图2-139 当年评价值（三级指标/标准× 100%）

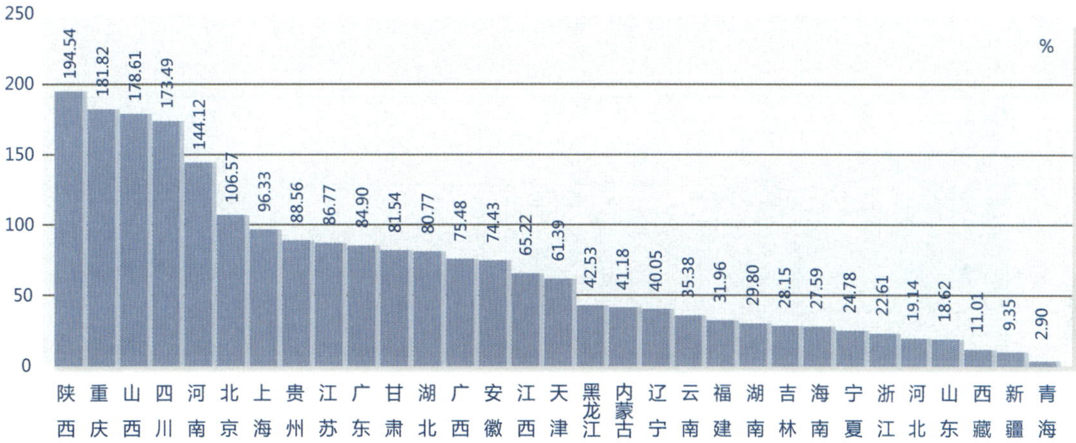

图2-140 上年评价值（三级指标/标准× 100%）

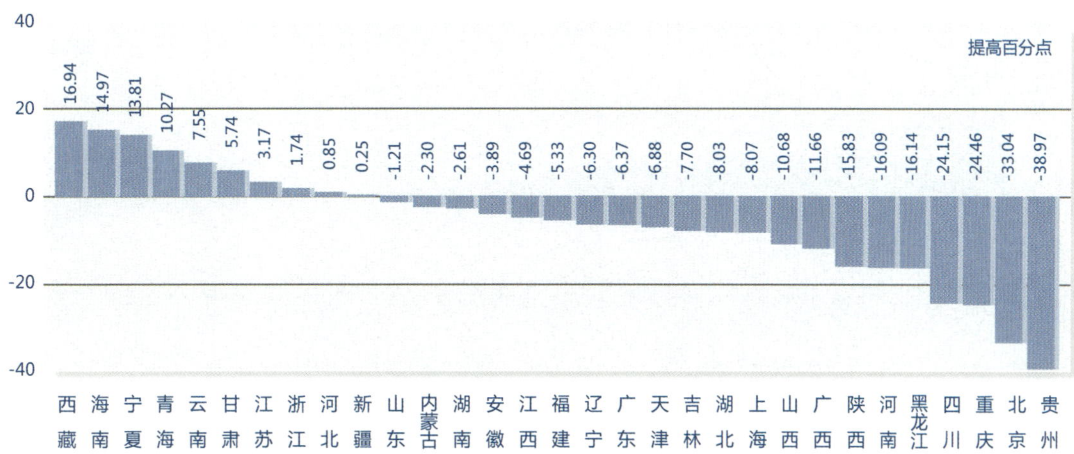

图2-141 当年评价值比上年评价值提高百分点

（三十一）新产品销售收入占营业收入比重

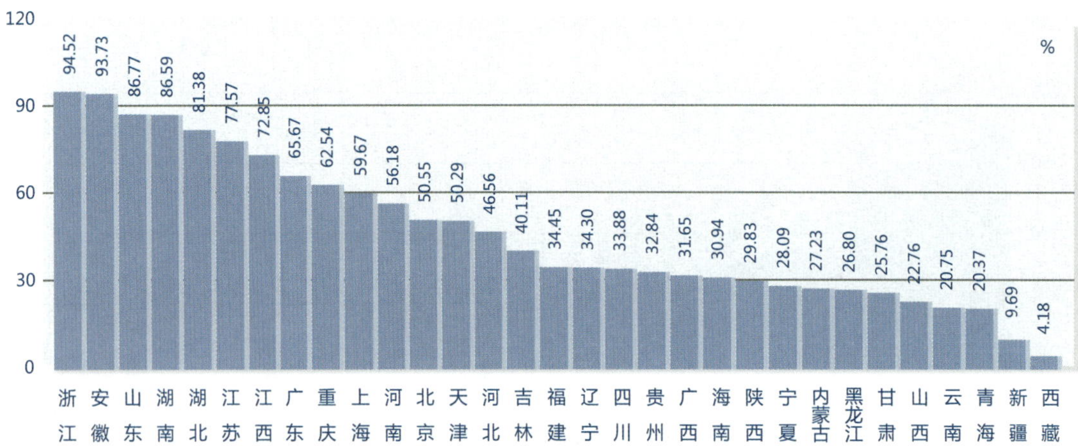

图2-142 当年评价值（三级指标/标准× 100%）

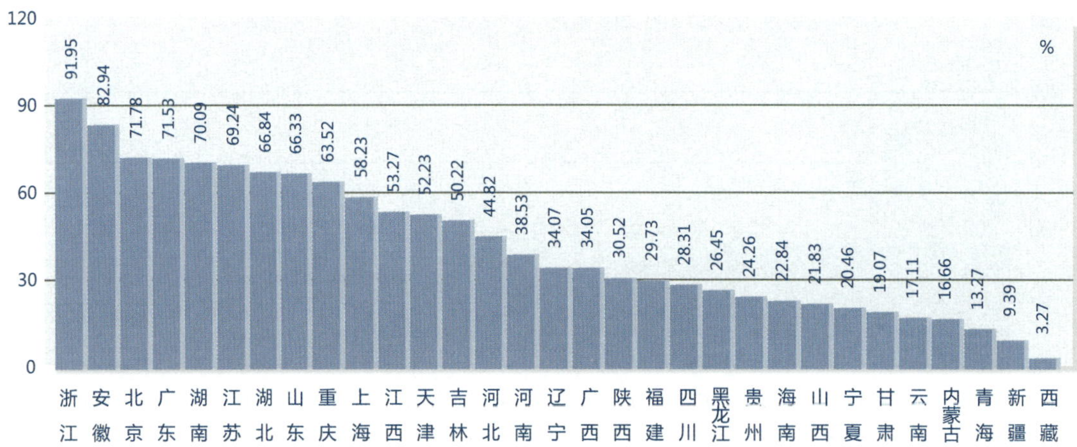

图2-143 上年评价值（三级指标/标准× 100%）

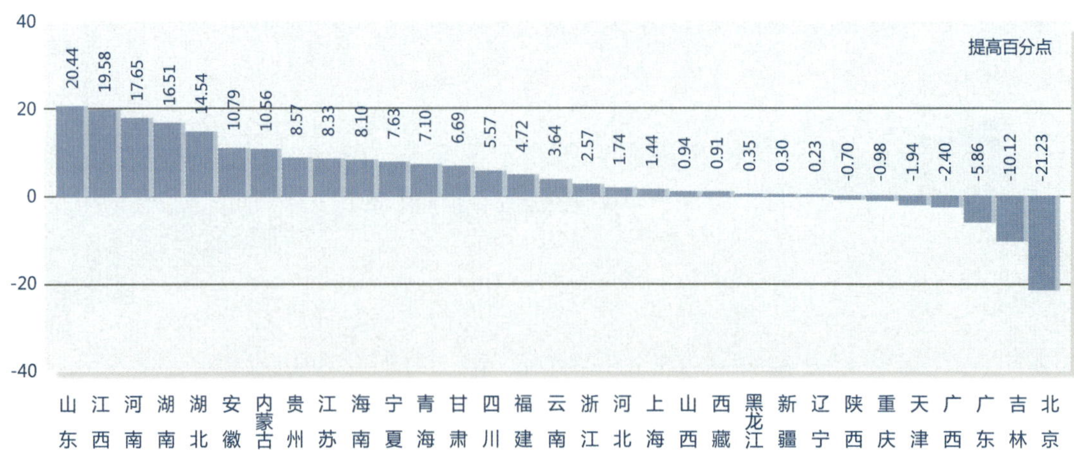

图2-144 当年评价值比上年评价值提高百分点

（三十二）高技术产业劳动生产率

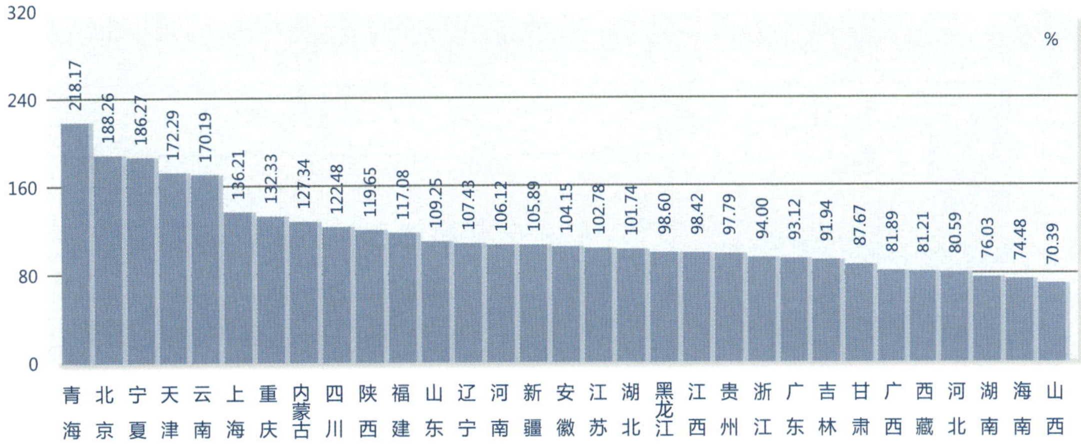

图2-145 当年评价值（三级指标/标准× 100%）

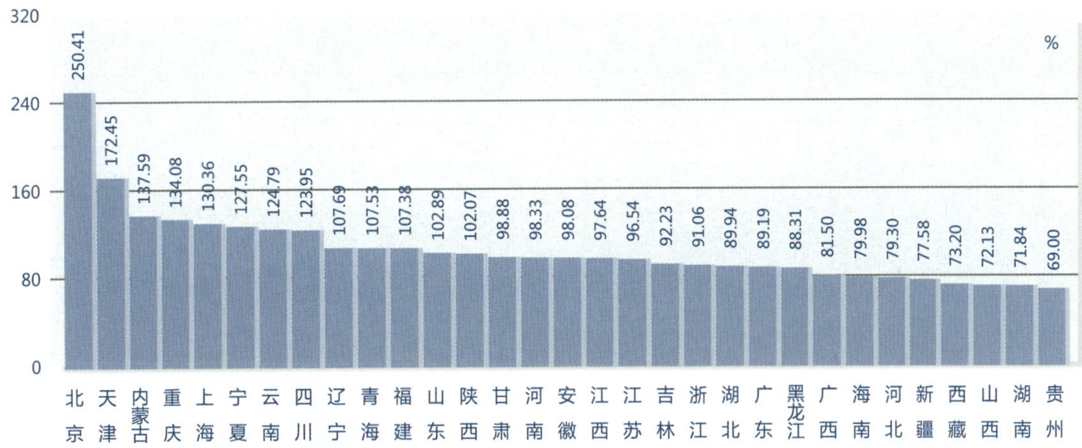

图2-146 上年评价值（三级指标/标准× 100%）

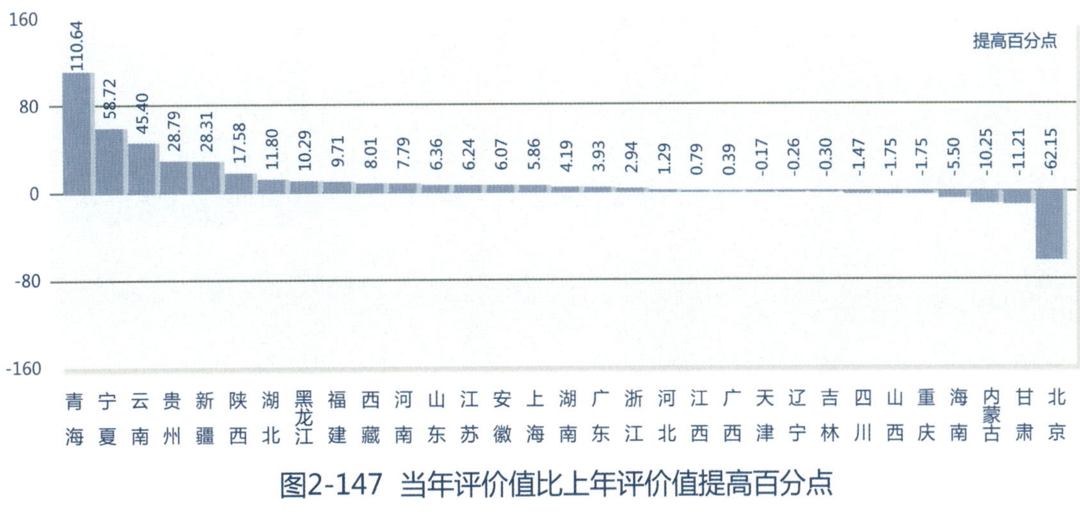

图2-147 当年评价值比上年评价值提高百分点

（三十三）高技术产业利润率

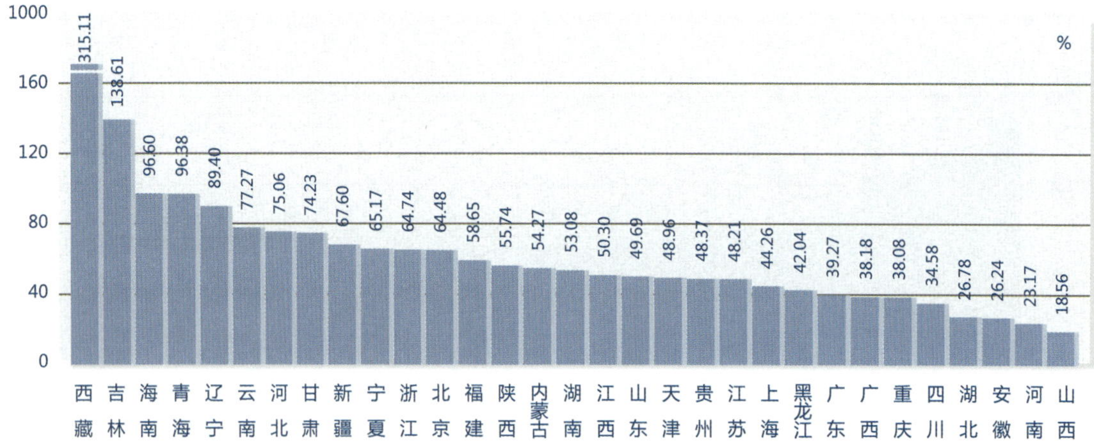

图2-148 当年评价值（三级指标/标准× 100%）

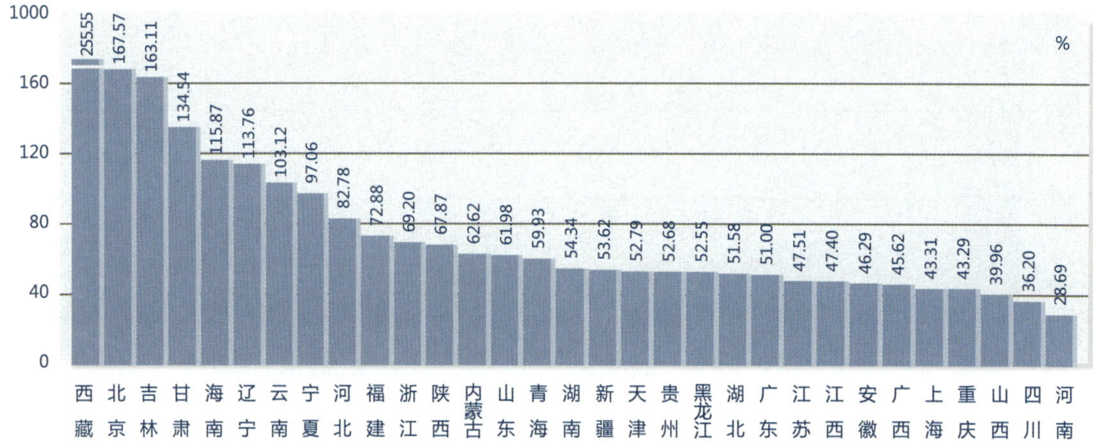

图2-149 上年评价值（三级指标/标准× 100%）

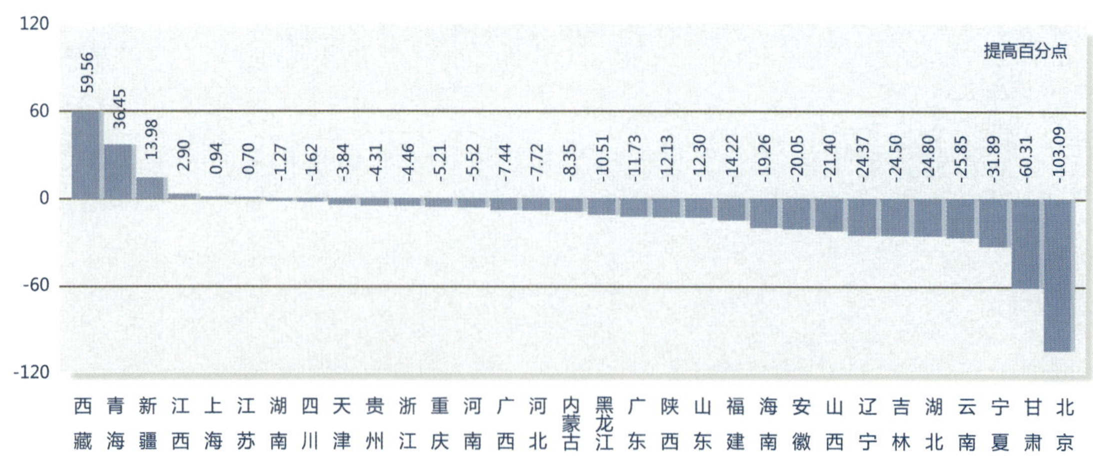

图2-150 当年评价值比上年评价值提高百分点

（三十四）知识密集型服务业劳动生产率

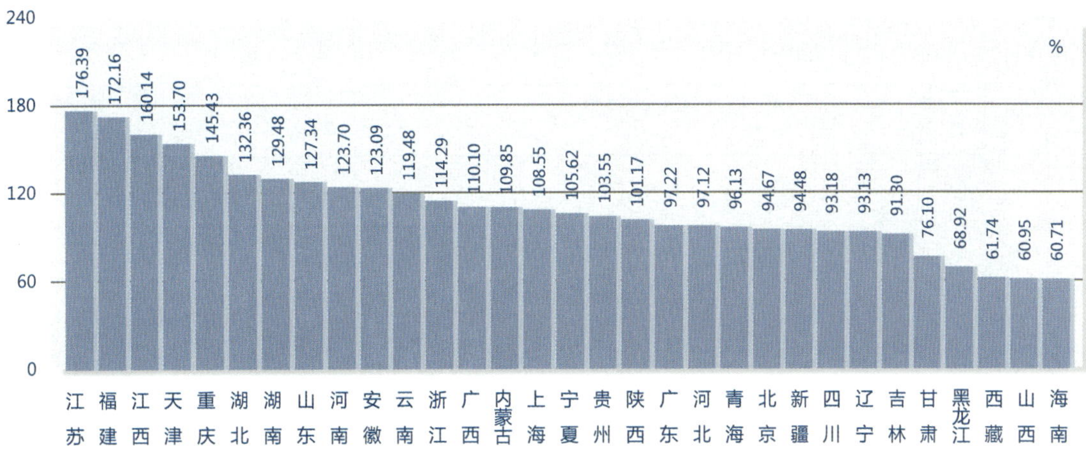

图2-151 当年评价值（三级指标/标准× 100%）

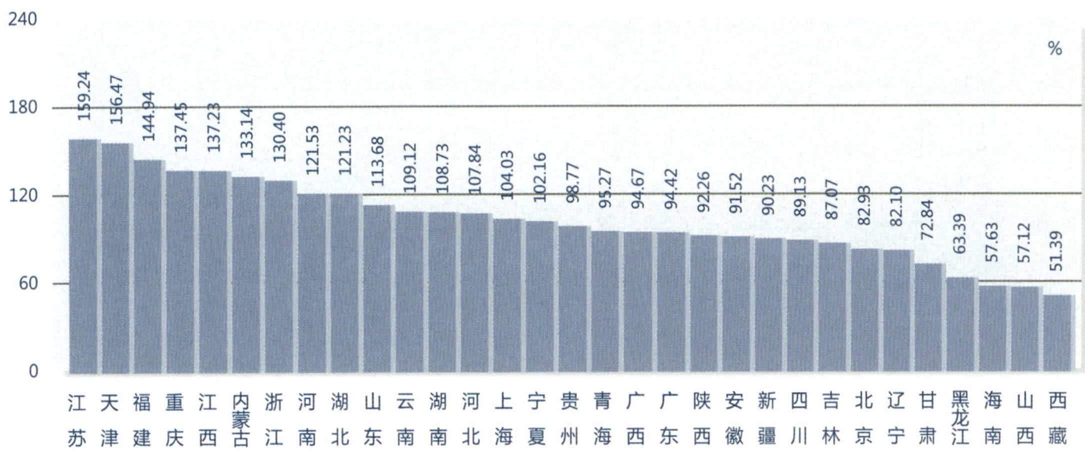

图2-152 上年评价值（三级指标/标准× 100%）

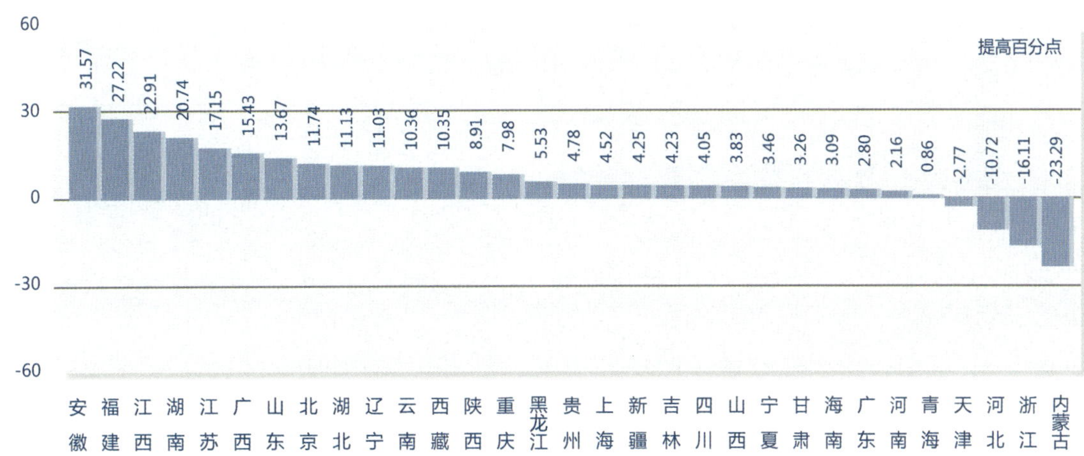

图2-153 当年评价值比上年评价值提高百分点

（三十五）劳动生产率

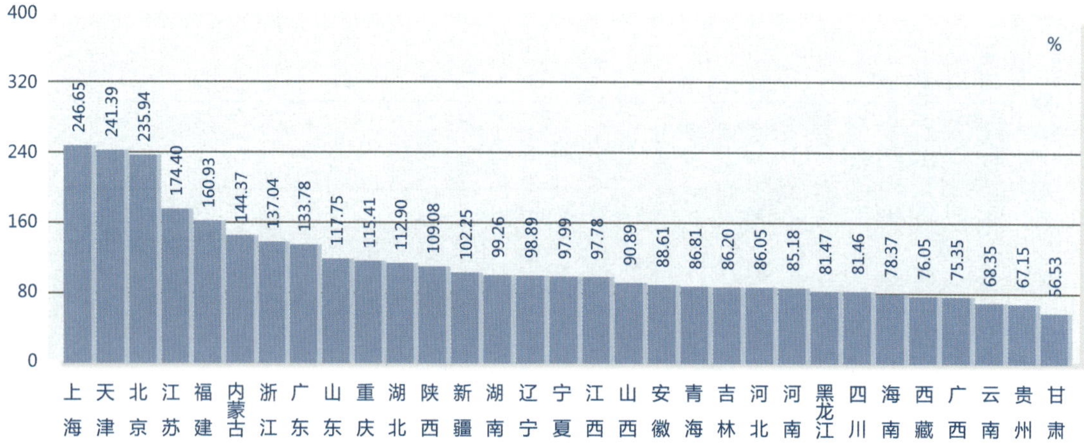

图2-154 当年评价值（三级指标/标准× 100%）

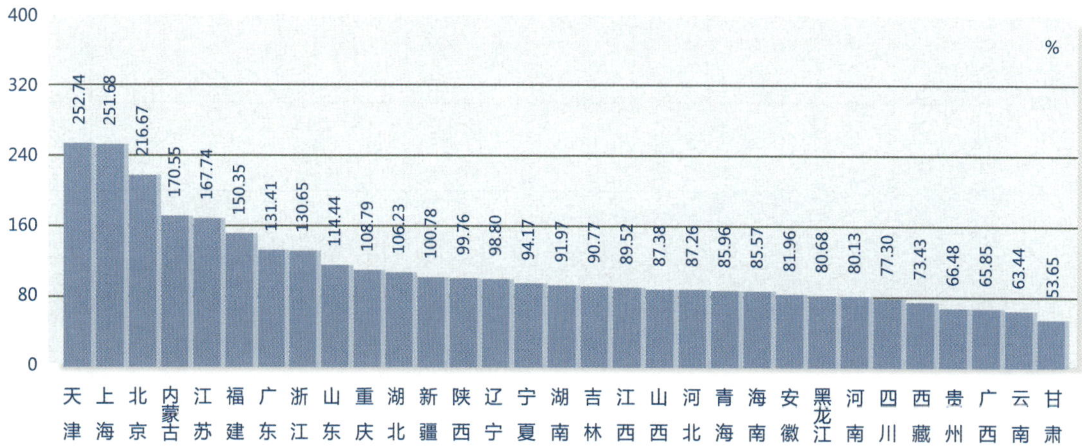

图2-155 上年评价值（三级指标/标准× 100%）

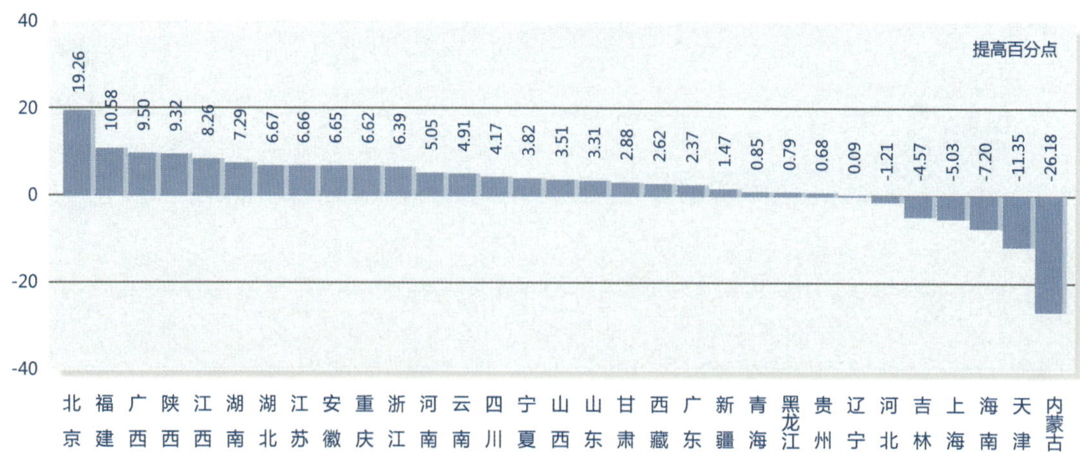

图2-156 当年评价值比上年评价值提高百分点

（三十六）资本生产率

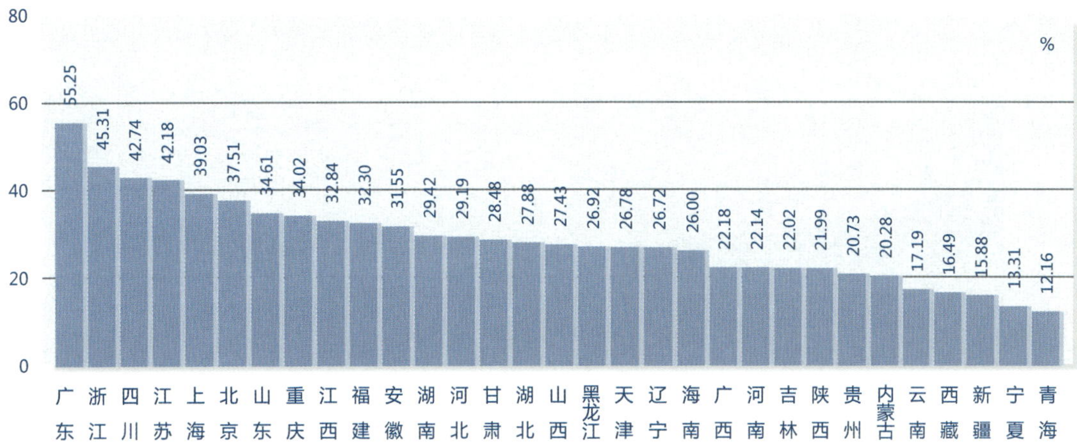

图2-157 当年评价值（三级指标/标准× 100%）

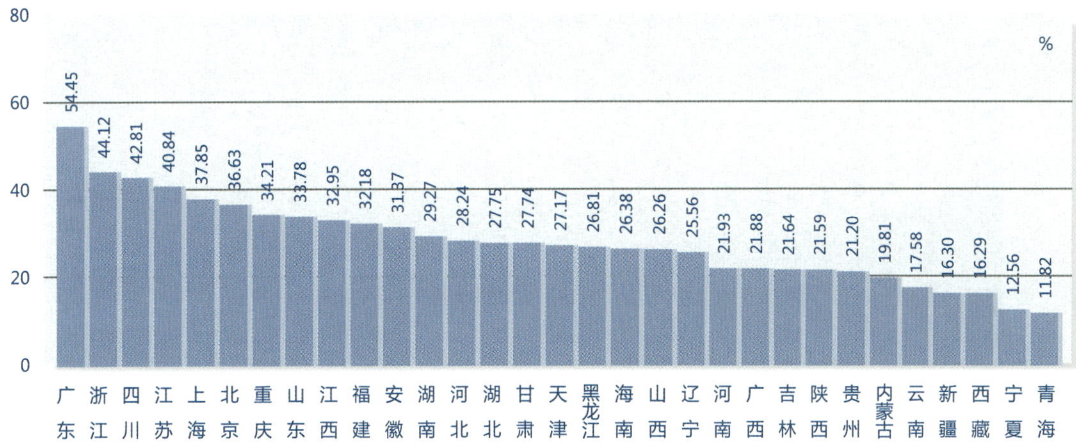

图2-158 上年评价值（三级指标/标准× 100%）

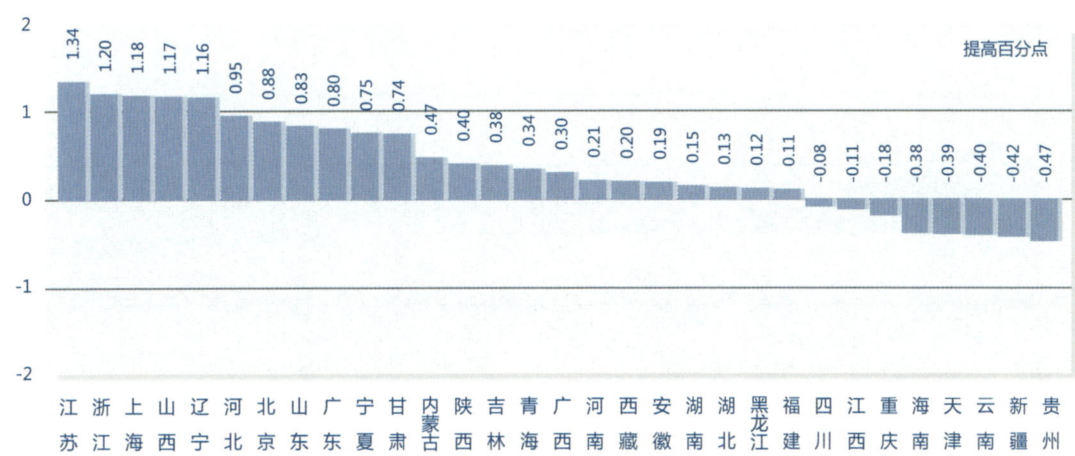

图2-159 当年评价值比上年评价值提高百分点

（三十七）综合能耗产出率

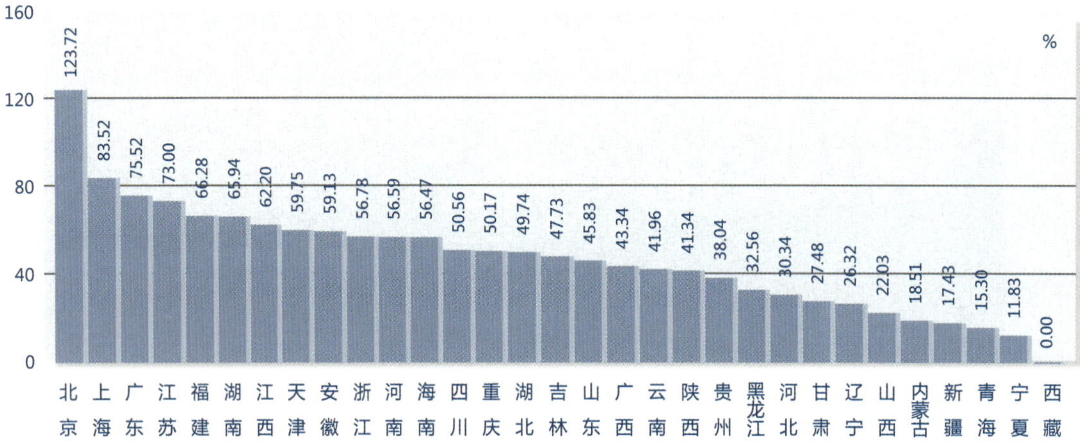

图2-160 当年评价值（三级指标/标准× 100%）

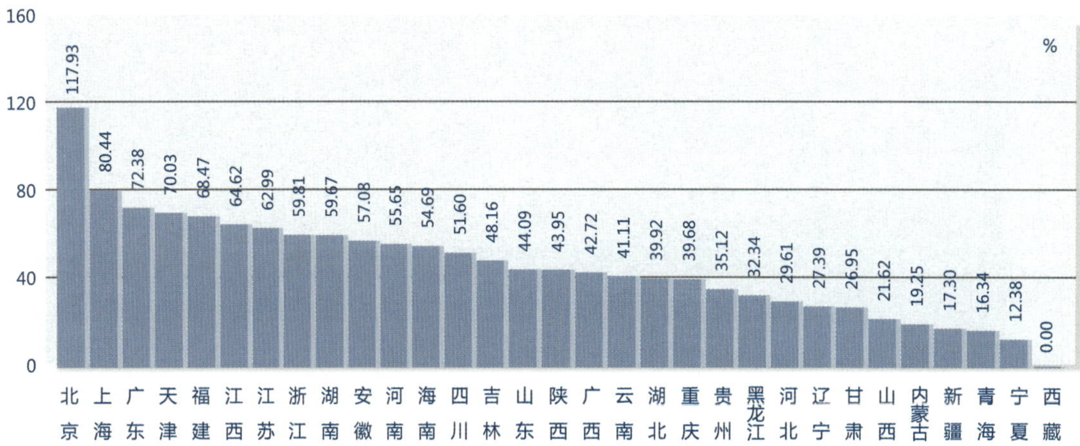

图2-161 上年评价值（三级指标/标准× 100%）

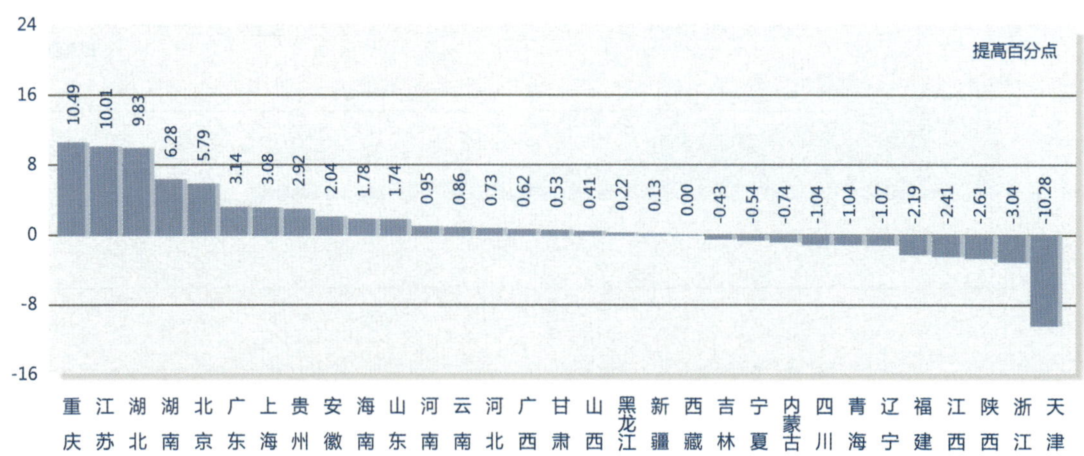

图2-162 当年评价值比上年评价值提高百分点

（三十八）全要素生产率

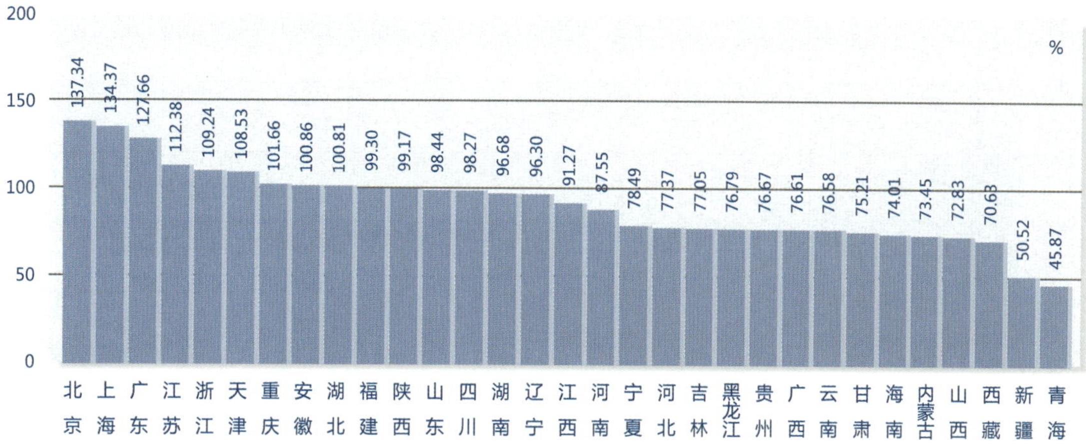

图2-163 当年评价值（三级指标/标准× 100%）

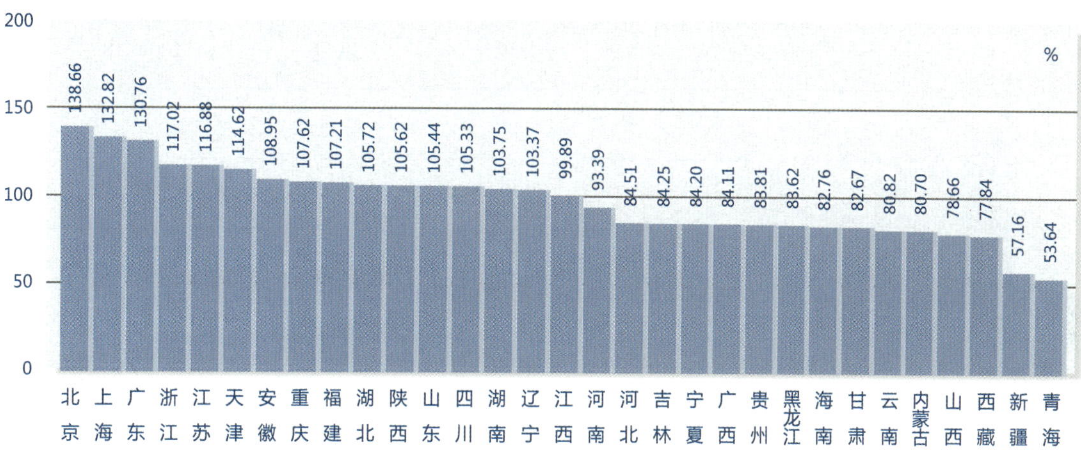

图2-164 上年评价值（三级指标/标准× 100%）

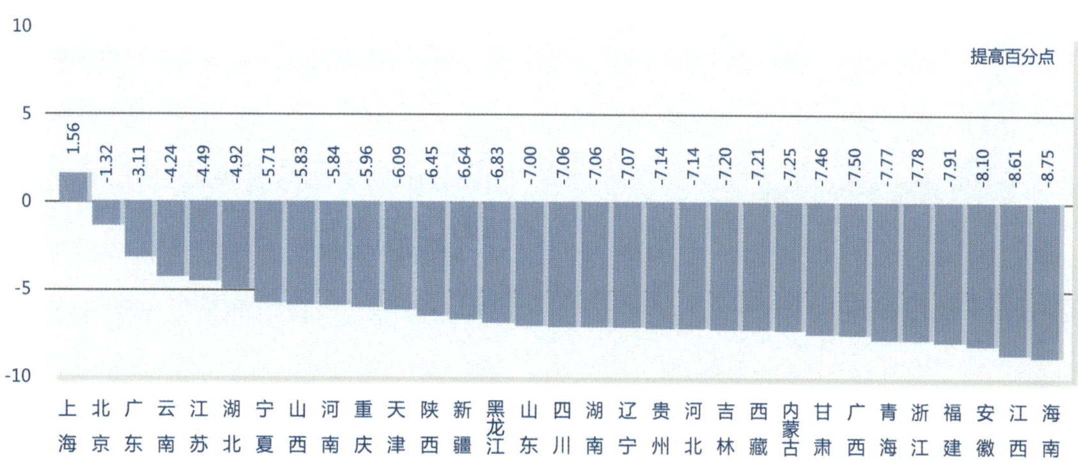

图2-165 当年评价值比上年评价值提高百分点

（三十九）装备制造业区位熵

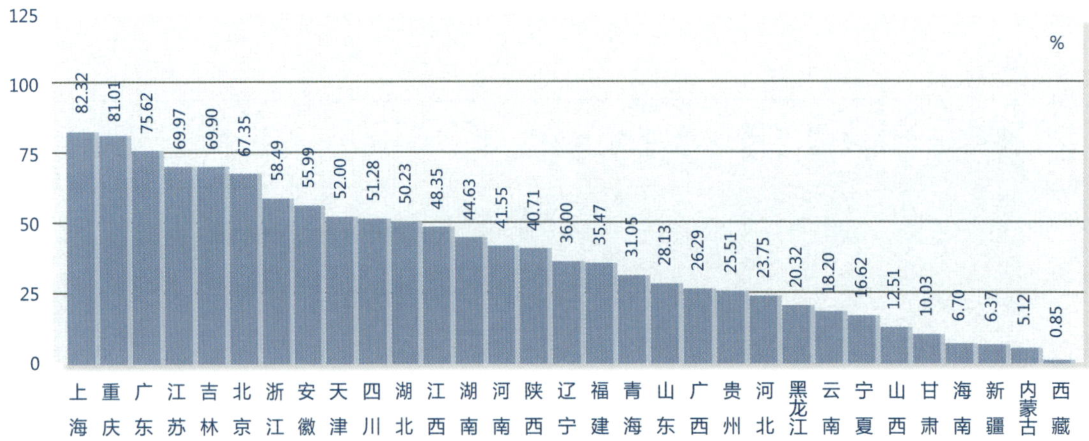

图2-166 当年评价值（三级指标/标准× 100%）

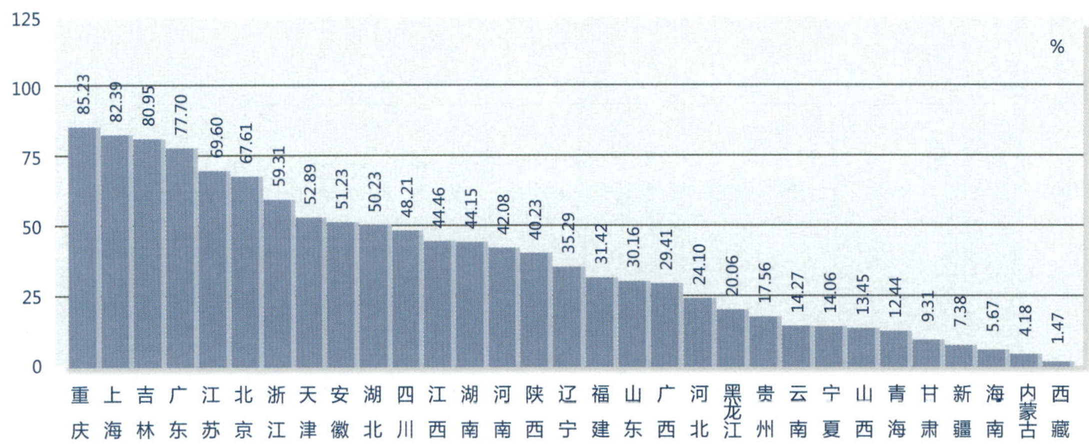

图2-167 上年评价值（三级指标/标准× 100%）

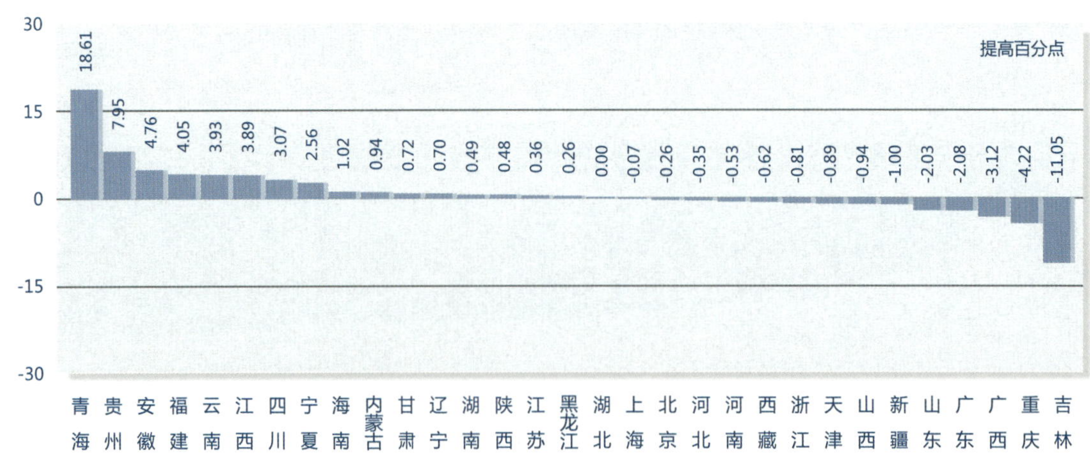

图2-168 当年评价值比上年评价值提高百分点

（四十）环境质量指数

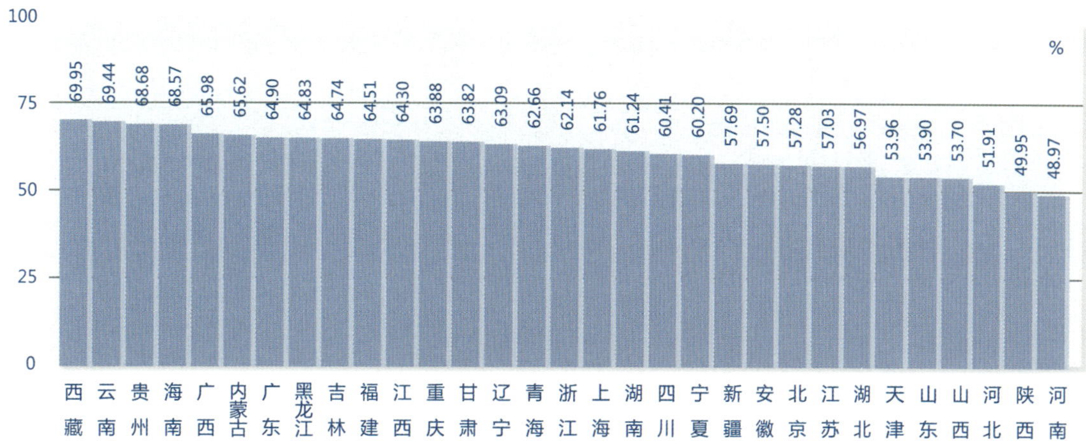

图2-169 当年评价值（三级指标/标准× 100%）

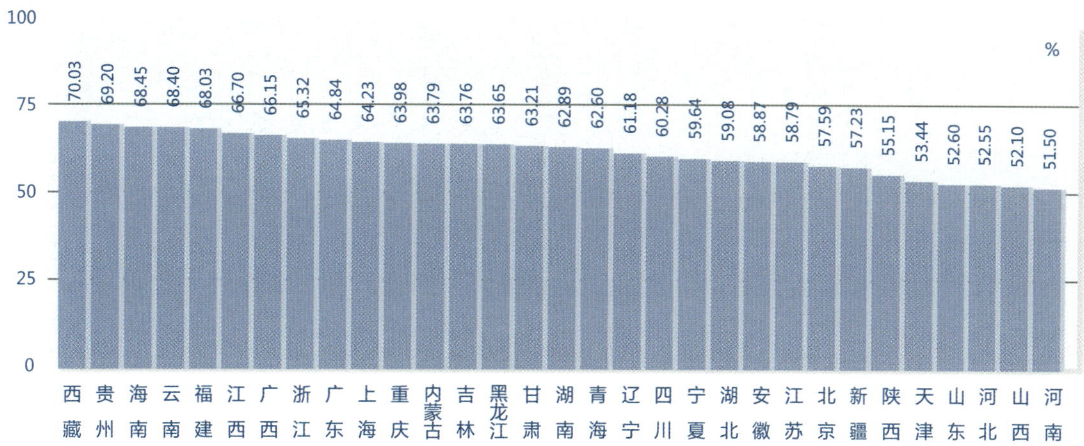

图2-170 上年评价值（三级指标/标准× 100%）

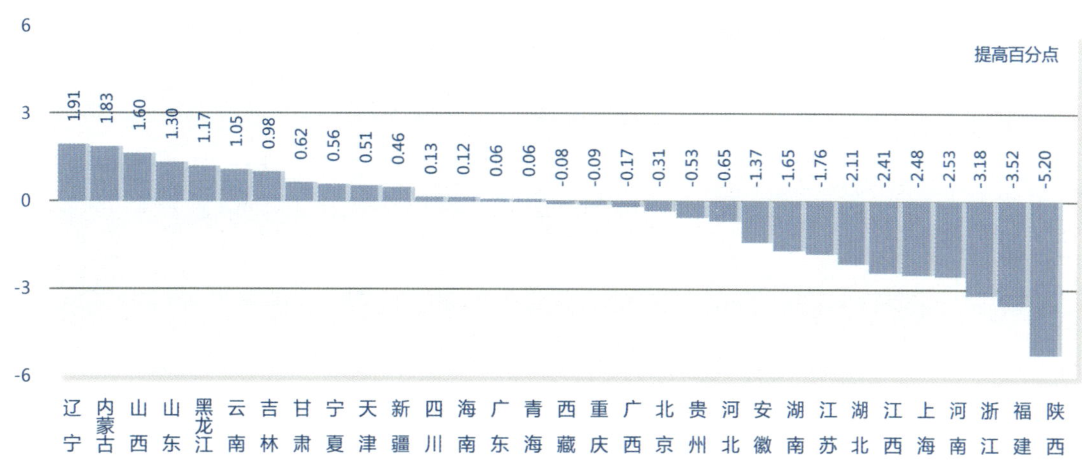

图2-171 当年评价值比上年评价值提高百分点

（四十一）环境污染治理指数

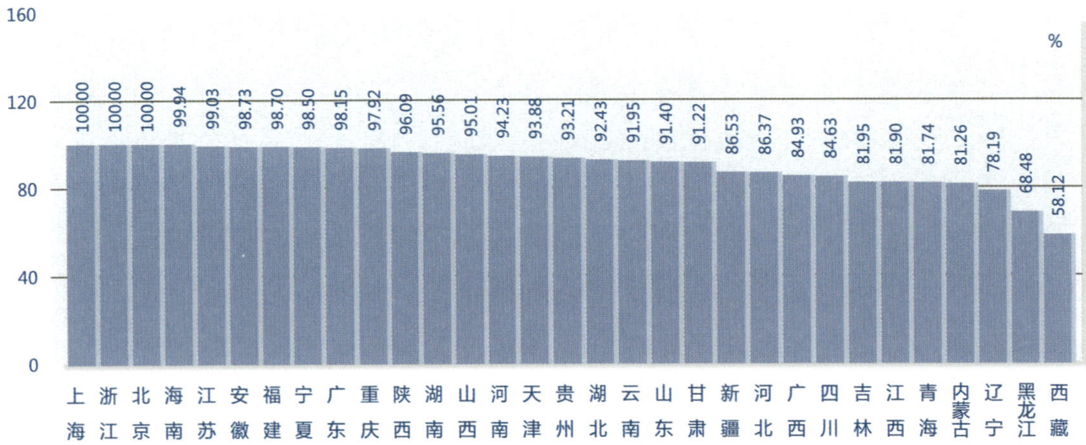

图2-172 当年评价值（三级指标/标准× 100%）

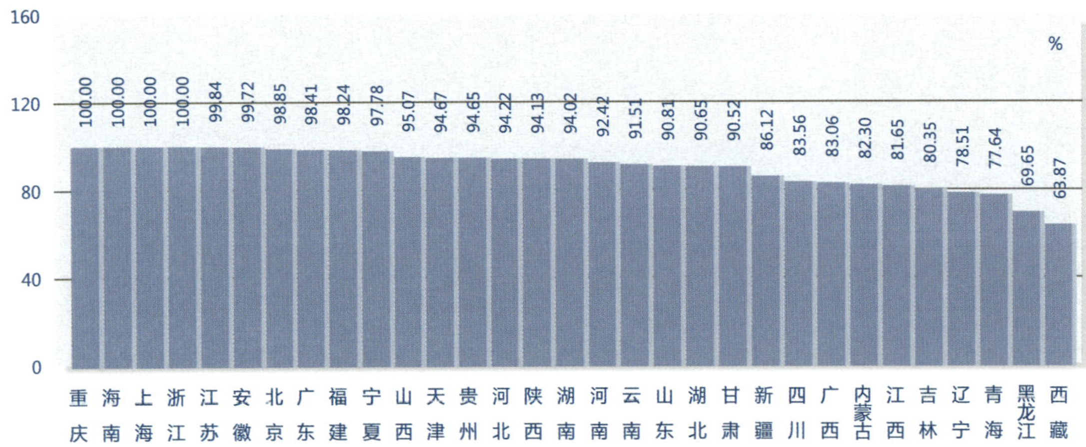

图2-173 上年评价值（三级指标/标准× 100%）

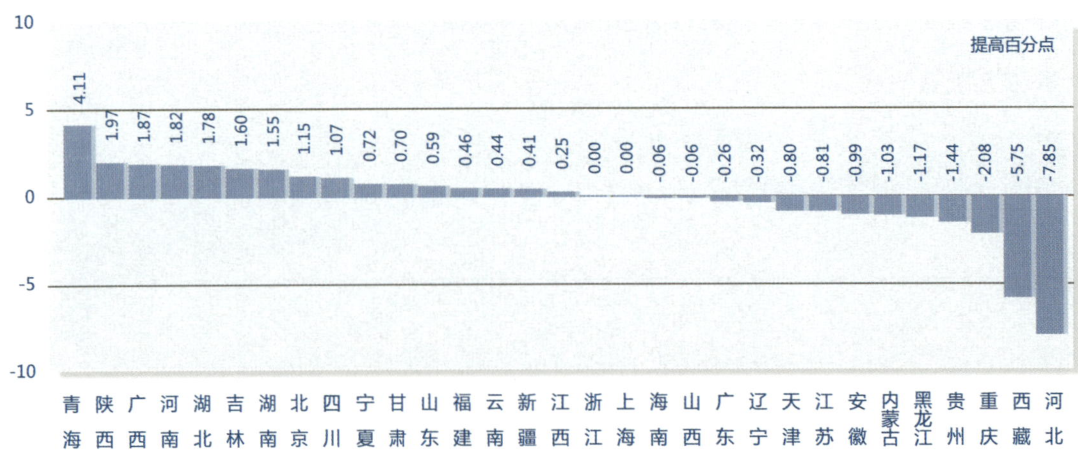

图2-174 当年评价值比上年评价值提高百分点

（四十二）万人移动互联网用户数

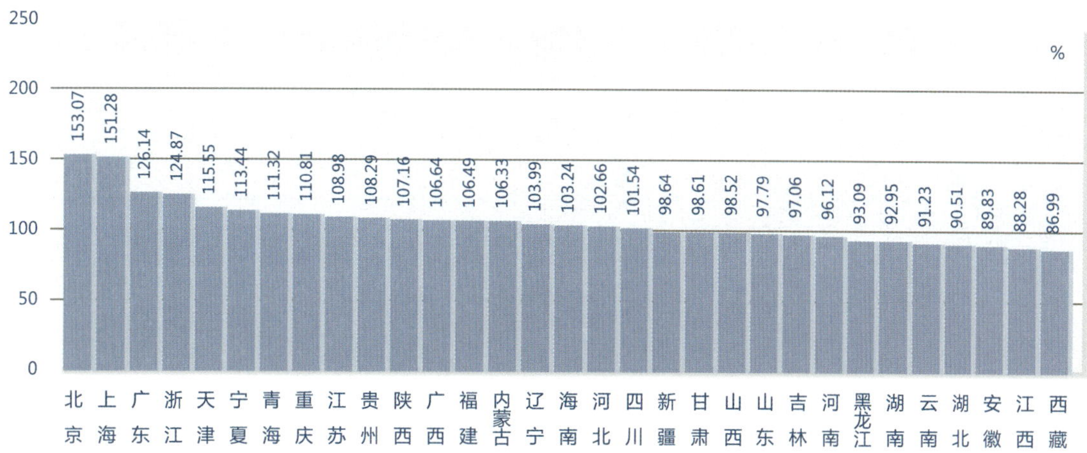

图2-175 当年评价值（三级指标/标准× 100%）

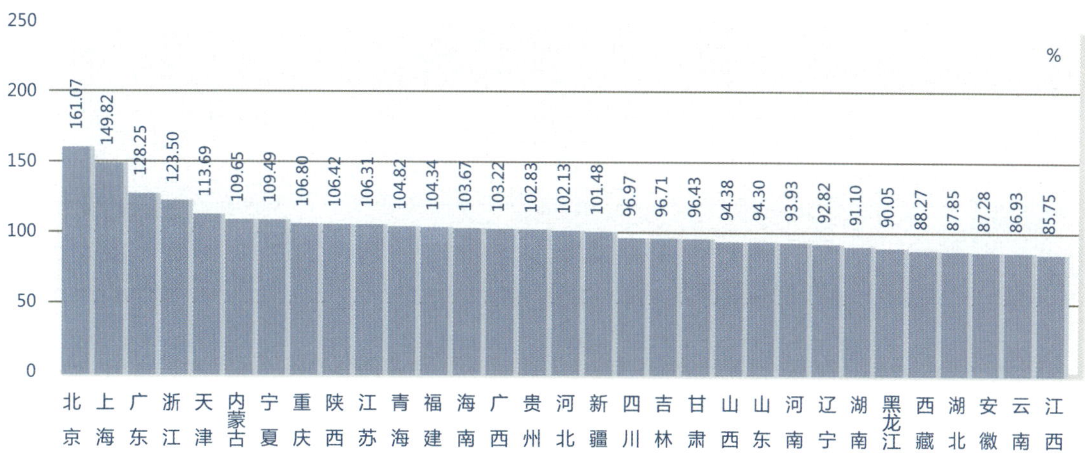

图2-176 上年评价值（三级指标/标准× 100%）

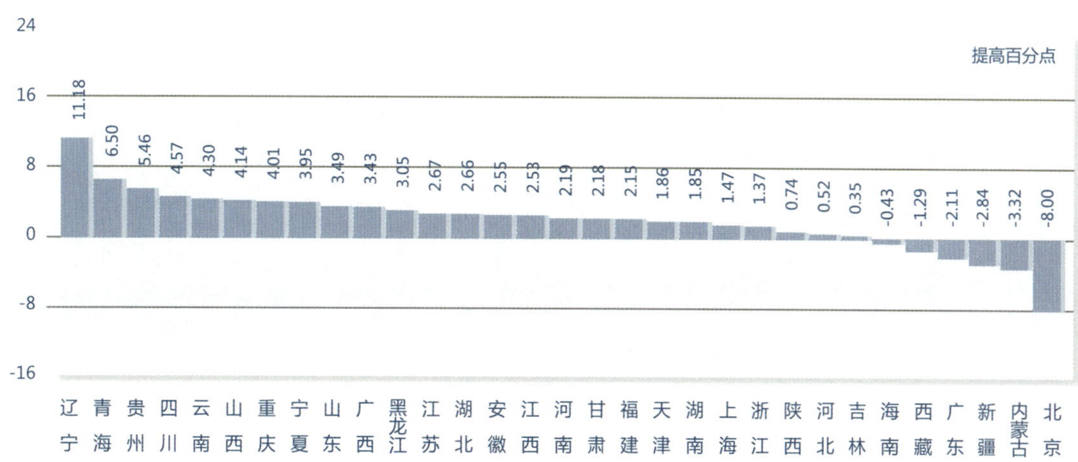

图2-177 当年评价值比上年评价值提高百分点

（四十三）信息传输、软件和信息技术服务业增加值占GDP比重

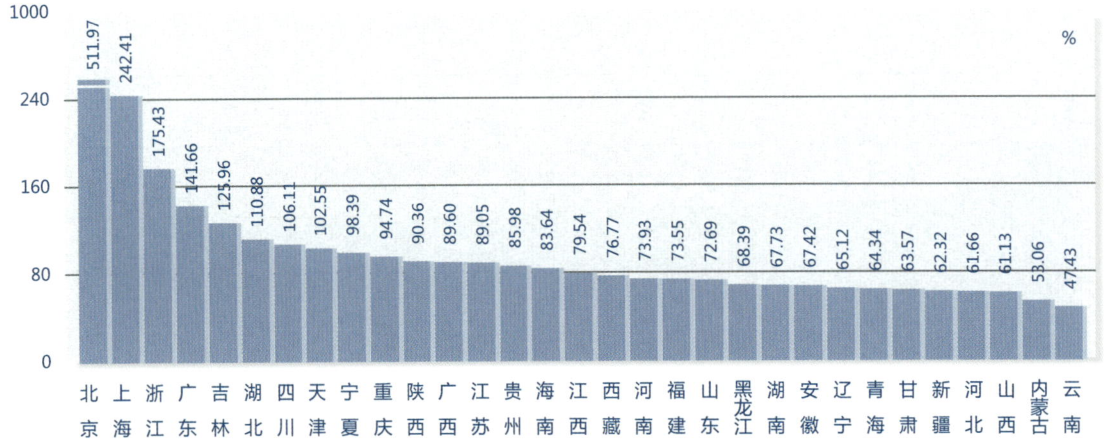

图2-178 当年评价值（三级指标/标准× 100%）

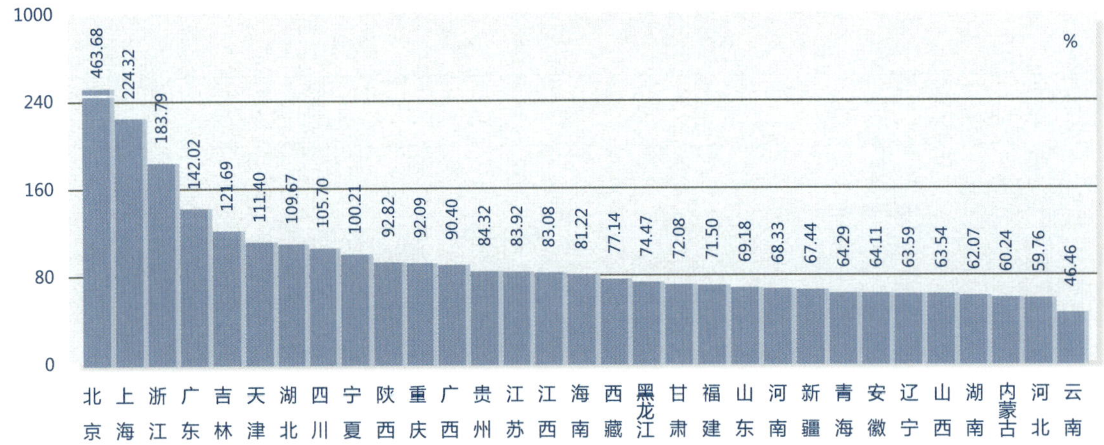

图2-179 上年评价值（三级指标/标准× 100%）

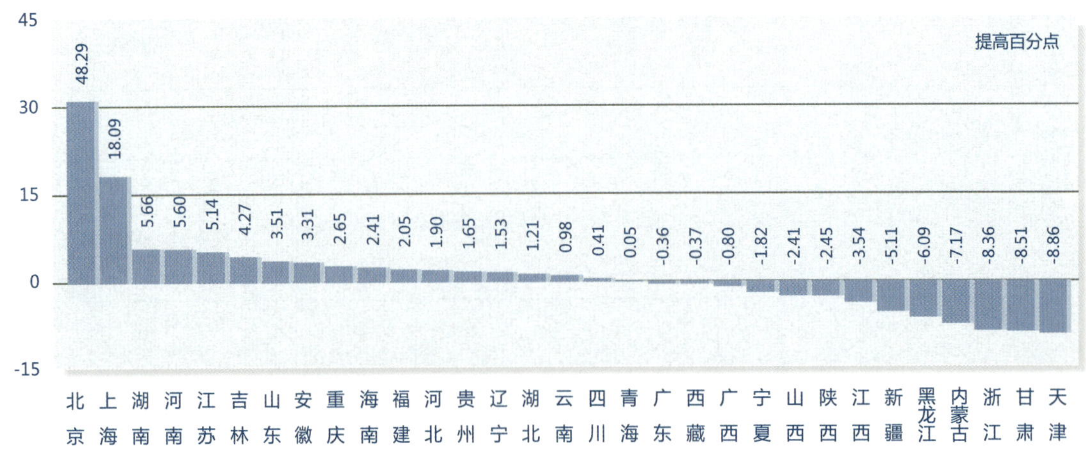

图2-180 当年评价值比上年评价值提高百分点

（四十四）电子商务销售额与GDP比值

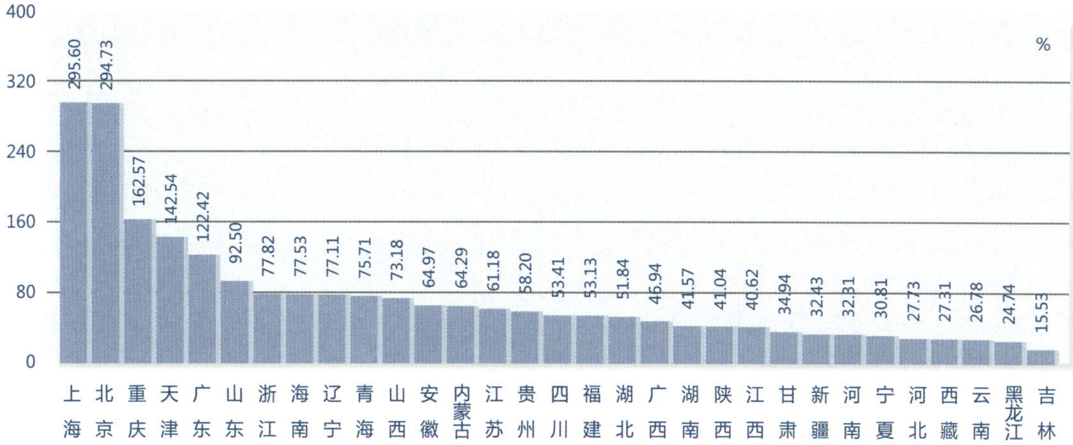

图2-181 当年评价值（三级指标/标准× 100%）

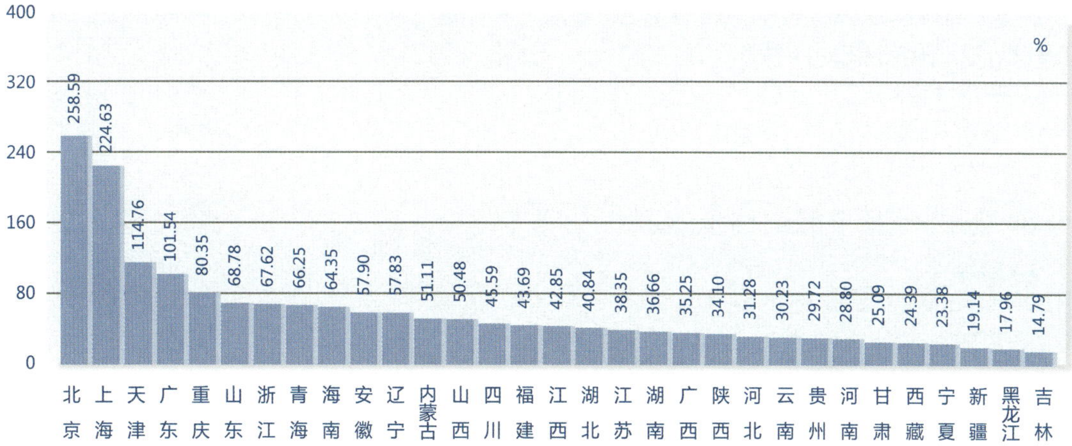

图2-182 上年评价值（三级指标/标准× 100%）

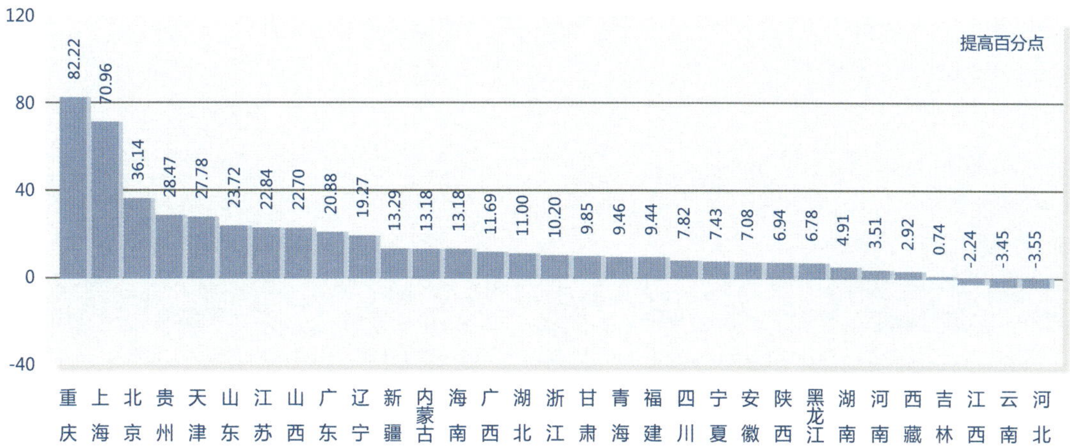

图2-183 当年评价值比上年评价值提高百分点

附表3 全国科技创新评价主要指标比较

指标	2021年	2022年
万人研究与试验发展（R&D）人员数（人年）	41.31	45.68
万人大专以上学历人数（人）	1885.90	1947.23
万人R&D研究人员数（人年）	17.39	18.96
企业R&D研究人员占比重（%）①	45.43	44.83
R&D经费支出与GDP比值（%）	2.43	2.56
国家财政科技支出占国家财政支出比重（%）	4.38	4.27
地方财政科技支出占地方财政支出比重（%）	3.07	3.03
企业R&D经费支出占营业收入比重（%）	1.33	1.45
科学研究和技术服务业固定资产占比重（%）	1.61	1.75
万人科技论文数（篇）	3.82	3.81
万人有效注册商标数（件）	255.29	292.23
万名就业人员专利申请数（件）	66.78	68.56
万名就业人员发明专利授权数（件）	7.65	9.14
万人发明专利拥有量（件）	19.54	23.58
万人输出技术成交额（万元）	2313.80	2950.87
万元GDP技术国际收入（美元）	7.36	7.72
高技术产业营业收入占工业营业收入比重（%）②	15.97	16.76
知识密集型服务业增加值占GDP比重（%）	17.26	17.60
高技术产品出口额占商品出口额比重（%）	29.13	26.59
新产品销售收入占营业收入比重（%）	22.48	24.60
高技术产业劳动生产率（万元/人）	122.84	128.99
高技术产业利润率（%）	8.78	6.98
知识密集型服务业劳动生产率（万元/人）	68.64	74.28
劳动生产率（万元/人）	13.01	13.79
资本生产率（万元/万元）	0.32	0.32
综合能耗产出率（元/千克标准煤）	18.83	20.99
全要素生产率（%）	2.42	1.99
生活垃圾无害化处理率（%）	99.88	99.90
固体废物综合利用率（%）	57.09	57.62
废水中氨氮排放量（万吨）	86.75	81.86
废水中化学需氧量排放量（万吨）	2530.98	2577.62
废气中二氧化碳排放量（万吨）	113.82	116.29
万人移动互联网用户数（户）	10231.37	10453.67
信息传输、软件和信息技术服务业增加值占GDP比重（%）	3.84	3.96

注：① 企业R&D研究人员为“规模以上”数据。

② 高技术产业营业收入和工业营业收入均为“规模以上”数据。

第三部分
区域科技创新分析

一、区域综合科技创新水平与上年及全国水平比较

在区域综合科技创新水平分析中，可通过雷达图观察5个一级指标和12个二级指标达到、超过或低于全国平均水平的程度，与上年水平比较发生的变化，以及指标之间的发展均衡性。

与本地区综合科技创新水平指数相联系，通过一、二、三级指标与上年评价值和位次的比较，可以观察到综合科技创新水平指数的变化与相关的各级指标变化之间的影响关系，以及在科技创新环境、科技活动投入、科技活动产出、高新技术产业化和科技促进经济社会发展方面的变动特征和态势，具体如下。

当评价值和相应的位次均比上年有所提高时，说明本地区与位次相邻地区比较有了明显的进步；

当评价值较上年有所提高，但相应的位次不变（或下降）时，说明本地区虽然比上年有所进步，但跟不上位次相邻地区进步的步伐；

当评价值较上年有所下降，但相应的位次不变（或提高）时，说明本地区虽然比上年有所退步，但位次相邻地区同样有所退步且退步更快；

当评价值和相应的位次均比上年有所下降时，说明本地区与位次相邻地区比较有了较明显的退步。

北京科技创新分析

习近平总书记指出："北京要充分发挥教育、科技、人才优势，协同推进科技创新和制度创新，持续推进中关村先行先试改革，进一步加快世界领先科技园区建设，在前沿技术创新、高精尖产业发展方面奋力走在前列。"北京坚持以习近平新时代中国特色社会主义思想为指导，坚持"四个面向"，统筹发挥好教育、科技、人才优势，协同推进科技创新和制度创新，加强国际科技合作和开放共享，力争早日把北京打造成为世界科学前沿和新兴产业技术创新策源地、全球创新要素汇聚地。在今年的报告中，北京综合科技创新水平指数为89.45%，上升至全国第1位，得分与上年相比，提高了0.13个百分点。

一、科技人力资源保持全国第一

万人研究与试验发展（R&D）人员数、万人R&D研究人员数、基础研究人员投入强度指数、十万人博士毕业生数、万人大专以上学历人数、万人高等学校在校学生数、十万人创新中介从业人员数均居全国首位。

二、科技活动产出全国最强

发明专利拥有量占到全国14.26%，高价值发明专利拥有量占到全国近20%，均比上年增长近20%，国内科技论文数、SCI收录科技论文数占到全国14%左右，万人有效注册商标数、万人发明专利拥有量、每万人口高价值发明专利拥有量、万人科技论文数均保持全国第1位。

三、技术成果转移转化保持全国领先

北京已成为引领技术成果转化的策源地。技术市场输出技术成交额占到全国的16.63%，与上年相比，增长了13.44%，技术市场吸纳技术成交额增长了19.58%，占到全国的8.61%，万人输出技术成交额、万人吸纳技术成交额保持全国第1位。技术国际收入增长了14.85%，万元GDP技术国际收入增加了4.09美元。

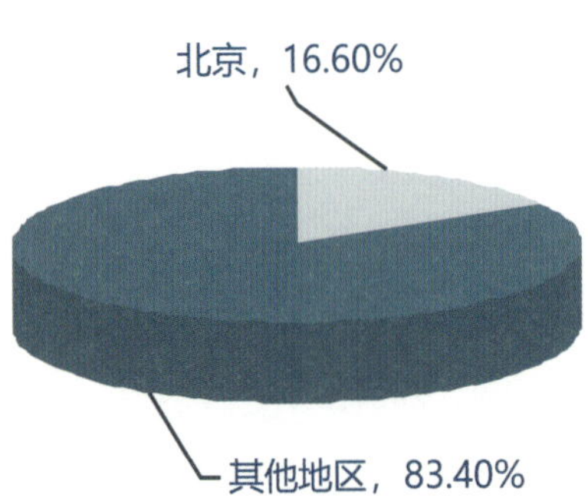

图3-1 基础研究人员占全国比重

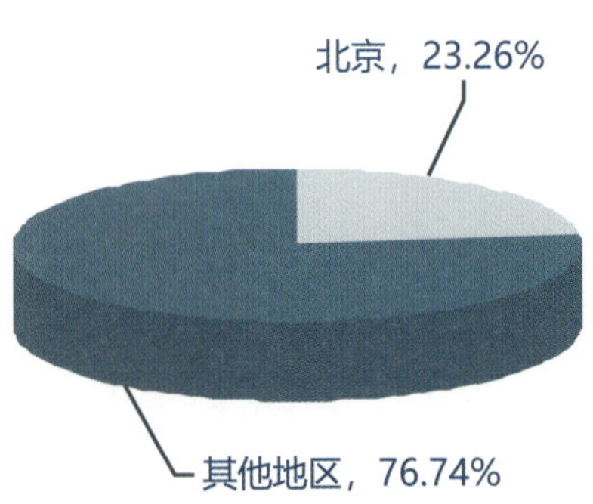

图3-2 基础研究经费占全国比重

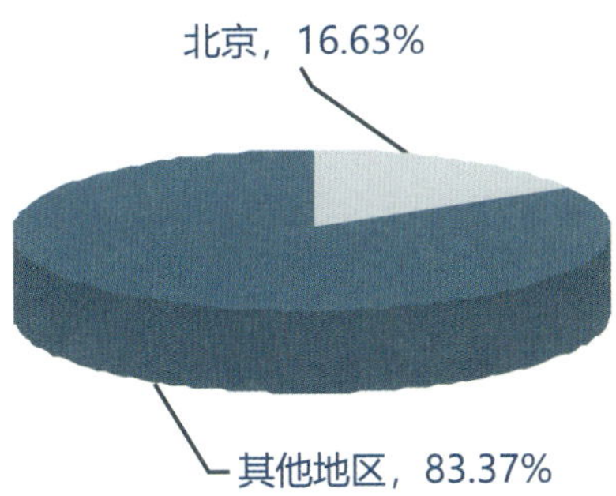

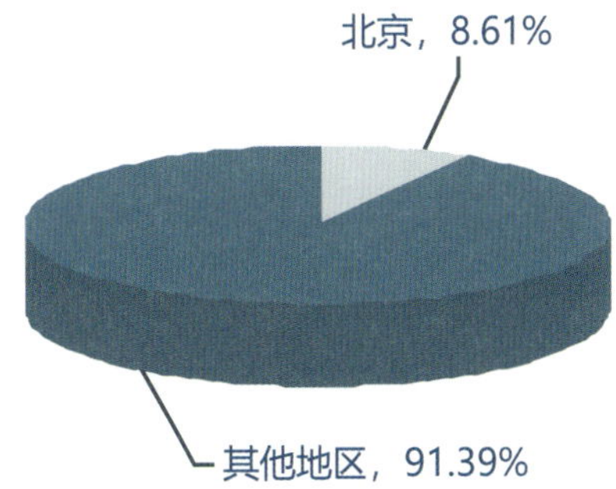

图3-3 技术市场输出技术成交额占全国比重 图3-4 技术市场吸纳技术成交额占全国比重

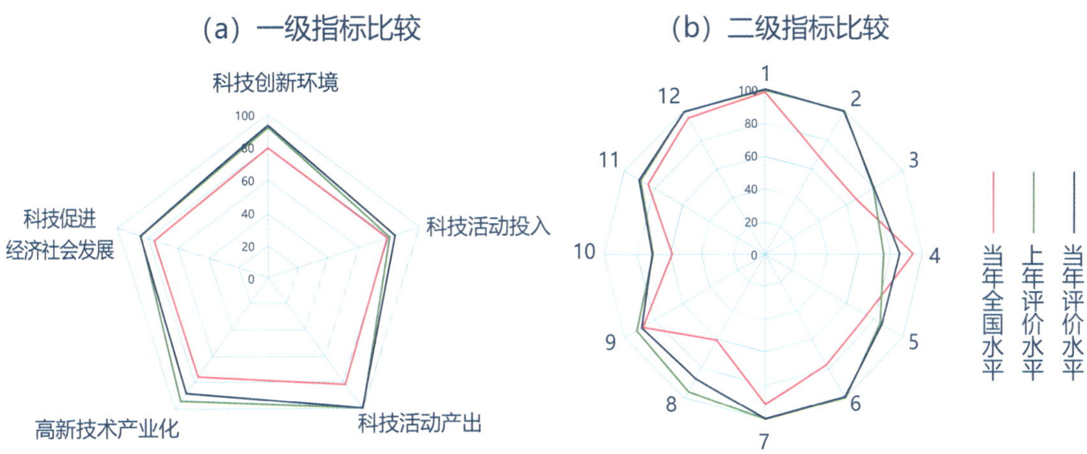

图3-5 北京一、二级评价指标与上年水平和全国水平比较

图例：1. 科技人力资源　2. 科研物质条件　3. 科技意识　4. 科技活动人力投入
5. 科技活动财力投入　6. 科技活动产出水平　7. 技术成果市场化　8. 高新技术产业化水平
9. 高新技术产业化效益　10. 经济发展方式转变　11. 环境改善　12. 社会生活信息化

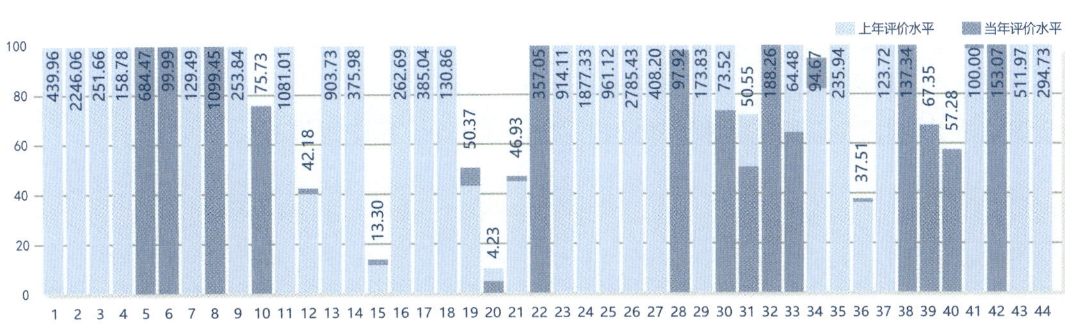

1.万人研究与试验发展（R&D）人员数　2.十万人博士毕业生数　3.万人大专以上学历人数　4.万人高等学校在校学生数　5.十万人创新中介从业人员数　6.每名R&D人员仪器和设备支出　7.科学研究和技术服务业固定资产占比重　8.十万人累计孵化企业数　9.万名就业人员专利申请数　10.科学研究和技术服务业平均工资比较系数　11.万人吸纳技术成交额　12.有R&D活动的企业占比重　13.万人R&D研究人员数　14.基础研究人员投入强度指数　15.企业R&D研究人员占比重　16.R&D经费支出与GDP比值　17.基础研究经费投入强度指数　18.地方财政科技支出占地方财政支出比重　19.企业R&D经费支出占营业收入比重　20.企业技术获取和技术改造经费支出占企业营业收入比重　21.上市公司R&D经费投入强度指数　22.万人科技论文数　23.万人有效注册商标数　24.万人发明专利拥有量　25.每万人口高价值发明专利拥有量　26.万人输出技术成交额　27.万元GDP技术国际收入　28.高技术产业营业收入占工业营业收入比重　29.知识密集型服务业增加值占GDP比重　30.高技术产品出口额占商品出口额比重　31.新产品销售收入占营业收入比重　32.高技术产业劳动生产率　33.高技术产业利润率　34.知识密集型服务业劳动生产率　35.劳动生产率　36.资本生产率　37.综合能耗产出率　38.全要素生产率　39.装备制造业区位熵　40.环境质量指数　41.环境污染治理指数　42.万人移动互联网用户数　43.信息传输、软件和信息技术服务业增加值占GDP比重　44.电子商务销售额与GDP比值

图3-6 北京三级评价指标与上年水平比较

四、信息化水平全国最高

万人移动互联网用户数，信息传输、软件和信息技术服务业增加值占GDP比重位次均保持全国第1位。

企业创新较为薄弱。企业R&D研究人员占比重位次排在全国第30位；企业技术获取和技术改造经费支出占企业营业收入比重位次下降了8位；新产品销售收入占营业收入比重位次下降了9位；高技术产品出口额占商品出口额比重位次下降了4位。

高新技术产业化效益下降。高技术产业营业收入比上年下降了21.04%，高技术产业利润总额下降了69.62%，高技术产业利润率位次下降了10位；知识密集型服务业劳动生产率排在全国第22位。

环境质量指数有待改善，位次仅排在全国第23位。

北京创新发展主要指标及位次

总人口2184万人；地区生产总值41610.90亿元，居全国第13位；人均生产总值19.03万元，居全国第1位；知识密集型服务业增加值21699.30亿元，居全国第2位；规模以上工业企业营业收入27713.55亿元，居全国第18位；高新技术企业数25702个，居全国第5位；高新技术企业总收入57732.41亿元，居全国第4位。

R&D经费内部支出2843.34亿元，居全国第3位，与生产总值比值6.83%，居全国第1位；R&D经费中基础研究经费支出470.67亿元，居全国第1位；企业R&D经费内部支出349.00亿元，居全国第17位；地方财政科技支出488.70亿元，居全国第5位。

大专以上学历人数1047.80万人，居全国第9位；R&D人员数37.32万人年，居全国第5位；R&D人员中基础研究人员数8.45万人年，居全国第1位；企业R&D人员数5.35万人年，居全国第17位。

高技术产品出口额259.07亿美元，居全国第9位；技术市场输出技术成交额7947.51亿元，居全国第1位；发明专利拥有量47.78万件，居全国第2位；移动互联网用户数3246.36万户，居全国第21位。

科技企业孵化器数272个，居全国第7位；科技企业孵化器在孵企业数11544个，居全国第6位；科技企业孵化器累计毕业企业数23318个，居全国第3位。

表3-1 北京各级评价指标和位次与上年比较

指标名称	评价值 上年	评价值 当年	位次 上年	位次 当年
科技创新环境	93.21	93.34	1	1
科技人力资源	100.00	100.00	1	1
万人研究与试验发展（R&D）人员数	161.24	175.98	1	1
十万人博士毕业生数	101.52	112.30	1	1
万人大专以上学历人数	4914.28	5033.10	1	1
万人高等学校在校学生数	554.26	555.75	1	1
十万人创新中介从业人员数	23.71	20.53	1	1
科研物质条件	100.00	100.00	1	1
每名R&D人员仪器和设备支出	6.67	6.00	3	1
科学研究和技术服务业固定资产占比重	3.15	3.88	3	2
十万人累计孵化企业数	136.14	109.95	1	1
科技意识	77.36	77.80	5	4
万名就业人员专利申请数	231.04	253.84	1	1
科学研究和技术服务业平均工资比较系数	152.27	151.45	5	4
万人吸纳技术成交额	14050.00	17296.09	1	1
有R&D活动的企业占比重	40.45	42.18	6	6
科技活动投入	80.05	83.85	6	7
科技活动人力投入	73.45	83.53	16	16
万人R&D研究人员数	109.08	117.49	1	1
基础研究人员投入强度指数	3.57	3.76	1	1
企业R&D研究人员占比重	8.05	9.31	31	30
科技活动财力投入	82.87	83.98	6	6
R&D经费支出与GDP比值	6.53	6.83	1	1
基础研究经费投入强度指数	3.74	3.85	1	1
地方财政科技支出占地方财政支出比重	6.24	6.54	1	1
企业R&D经费支出占营业收入比重	1.09	1.26	13	13
企业技术获取和技术改造经费支出占企业营业收入比重	0.24	0.11	21	29
上市公司R&D经费投入强度指数	0.45	0.47	1	1
科技活动产出	100.00	100.00	1	1
科技活动产出水平	100.00	100.00	1	1
万人科技论文数	37.01	35.71	1	1
万人有效注册商标数	1228.99	1371.16	1	1
万人发明专利拥有量	193.04	225.28	1	1
每万人口高价值发明专利拥有量	98.28	115.33	1	1
技术成果市场化	100.00	100.00	1	1
万人输出技术成交额	28621.00	33425.10	1	1
万元GDP技术国际收入	36.73	40.82	2	2
高新技术产业化	95.18	89.20	1	1
高新技术产业化水平	97.18	87.63	1	2
高技术产业营业收入占工业营业收入比重	35.87	29.38	1	2
知识密集型服务业增加值占GDP比重	49.10	52.15	1	1
高技术产品出口额占商品出口额比重	42.63	29.41	6	10
新产品销售收入占营业收入比重	28.71	20.22	3	12
高新技术产业化效益	93.17	90.77	4	10
高技术产业劳动生产率	325.53	244.74	1	2
高技术产业利润率	25.13	9.67	2	12
知识密集型服务业劳动生产率	58.05	66.27	25	22
科技促进经济社会发展	84.22	84.45	3	3
经济发展方式转变	71.27	71.46	3	3
劳动生产率	28.17	30.67	3	3
资本生产率	0.37	0.38	6	6
综合能耗产出率	49.53	51.96	1	1
全要素生产率	3.22	2.51	1	6
装备制造业区位熵	135.22	134.70	6	6
环境改善	90.60	91.46	9	5
环境质量指数	57.59	57.28	24	23
环境污染治理指数	98.85	100.00	7	3
社会生活信息化	100.00	100.00	1	1
万人移动互联网用户数	16106.54	15306.75	1	1
信息传输、软件和信息技术服务业增加值占GDP比重	16.23	17.92	1	1
电子商务销售额与GDP比值	0.78	0.88	1	2

天津科技创新分析

在今年的报告中，天津综合科技创新水平指数为81.52%，排在全国第5位，比上年下降1位，得分与上年相比，下降了1.77个百分点。

一、科技人力资源保持领先优势

万人高等学校在校学生数和十万人创新中介从业人员数均排在全国第2位；十万人博士毕业生数和万人大专以上学历人数均排在全国第3位。

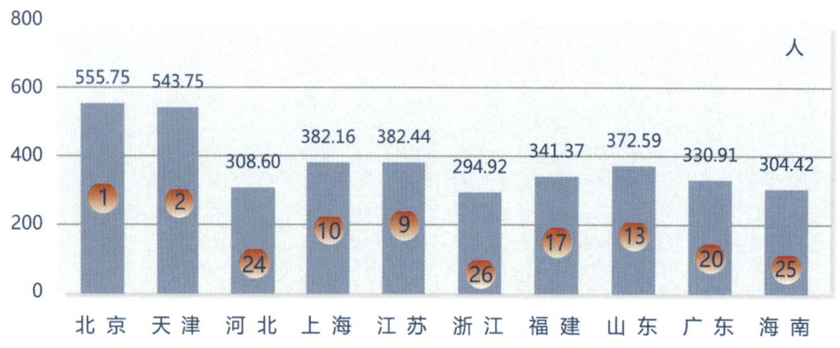

图3-7 沿海部分地区万人高等学校在校学生数及位次

二、科技活动产出水平排在全国前列

发明专利拥有量比上年增长了17.86%，高价值发明专利拥有量增长了15.28%，万人发明专利拥有量和每万人口高价值发明专利拥有量均排在全国第6位；有效商标注册数增长了13.31%；SCI科技论文数增长了5.49%，万人科技论文数保持在全国第3位。

三、社会生活信息化水平全国领先

电子商务销售额比上年增长了29.08%，与GDP比值增加了0.08亿元/亿元；移动互联网用户数增长了2.29%，万人移动互联网用户数增加了185.96户。

研发投入规模和强度双双减少。R&D经费内部支出比上年下降了0.99%，与GDP比值减少了0.17个百分点。基础研究经费大幅减少，比上年下降了57.81%，基础研究经费投入强度指数下降了0.28个百分点，位次下降了21位。

政府科技投入持续下降。地方财政科技支出继上年下降了12.02%后再次下降40.21%，占地方财政支出比重减少了1.02个百分点，位次下降了5位。

企业创新依然不足。有R&D活动的企业占比重比上年下降了1.06个百分点；企业R&D研究人员占比重位次仍排在全国第19位；企业R&D经费支出占营业收入比重位次下降至第15位；企业技术获取和技术改造经费支出下降了23.16%，占企业营业收入比重位次下降了3位。

高新技术产业化发展缓慢。高技术产业营业收入增长缓慢，占工业营业收入比重下降了0.13个百分点，位次下降了4位；新产品销售收入占营业收入比重位次下降了1位；高技术产业利润总额下降了3.44%，高技术产业利润率位次下降至全国第19位；高技术产业劳动生产率和知识密集型服务业劳动生产率位次均比上年下降了2位。

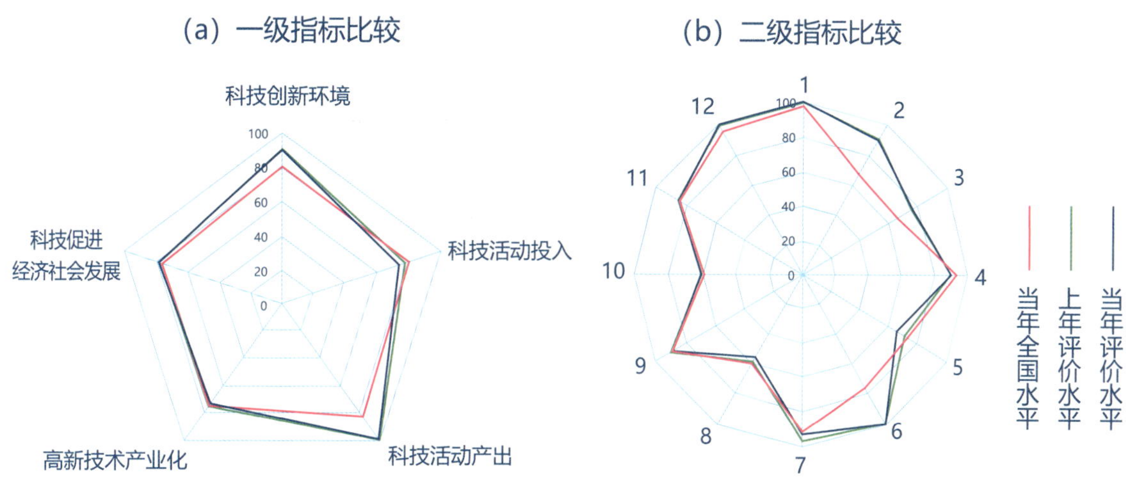

图3-8 天津一、二级评价指标与上年水平和全国水平比较

图例：1. 科技人力资源　2. 科研物质条件　3. 科技意识　4. 科技活动人力投入　5. 科技活动财力投入　6. 科技活动产出水平　7. 技术成果市场化　8. 高新技术产业化水平　9. 高新技术产业化效益　10. 经济发展方式转变　11. 环境改善　12. 社会生活信息化

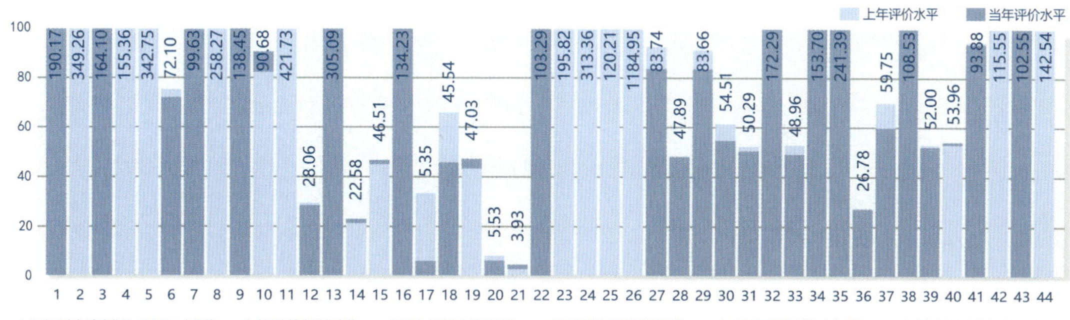

1.万人研究与试验发展（R&D）人员数　2.十万人博士毕业生数　3.万人大专以上学历人数　4.万人高等学校在校学生数　5.十万人创新中介从业人员数　6.每名R&D人员仪器和设备支出　7.科学研究和技术服务业固定资产占比重　8.十万人累计孵化企业数　9.万名就业人员专利申请数　10.科学研究和技术服务业平均工资比较系数　11.万人吸纳技术成交额　12.有R&D活动的企业占比重　13.万人R&D研究人员数　14.基础研究人员投入强度指数　15.企业R&D研究人员占比重　16.R&D经费支出与GDP比值　17.基础研究经费投入强度指数　18.地方财政科技支出占地方财政支出比重　19.企业R&D经费支出占营业收入比重　20.企业技术获取和技术改造经费支出占企业营业收入比重　21.上市公司R&D经费投入强度指数　22.万人科技论文数　23.万人有效注册商标数　24.万人发明专利拥有量　25.每万人口高价值发明专利拥有量　26.万人输出技术成交额　27.万元GDP技术国际收入　28.高技术产业营业收入占工业营业收入比重　29.知识密集型服务业增加值占GDP比重　30.高技术产品出口额占商品出口额比重　31.新产品销售收入占营业收入比重　32.高技术产业劳动生产率　33.高技术产业利润率　34.知识密集型服务业劳动生产率　35.劳动生产率　36.资本生产率　37.综合能耗产出率　38.全要素生产率　39.装备制造业区位熵　40.环境质量指数　41.环境污染治理指数　42.万人移动互联网用户数　43.信息传输、软件和信息技术服务业增加值占GDP比重　44.电子商务销售额与GDP比值

图3-9 天津三级评价指标与上年水平比较

环境改善不理想。环境质量指数位次虽然有所提升，但仍然比较靠后，排在全国第26位；环境污染治理指数比上年下降了0.80个百分点，位次下降了3位。

天津创新发展主要指标及位次

总人口1363万人；地区生产总值16311.30亿元，居全国第24位；人均生产总值11.92万元，居全国第5位；知识密集型服务业增加值4093.79亿元，居全国第17位；规模以上工业企业营业收入24203.63亿元，居全国第20位；高新技术企业数10715个，居全国第16位；高新技术企业总收入14489.85亿元，居全国第16位。

R&D经费内部支出568.66亿元，居全国第17位，与生产总值比值3.49%，居全国第3位；R&D经费中基础研究经费支出24.81亿元，居全国第20位；企业R&D经费内部支出284.57亿元，居全国第18位；地方财政科技支出62.16亿元，居全国第21位。

大专以上学历人数428.45万人，居全国第26位；R&D人员数10.35万人年，居全国第18位；R&D人员中基础研究人员数1.09万人年，居全国第17位；企业R&D人员数5.11万人年，居全国第18位。

高技术产品出口额122.28亿美元，居全国第16位；技术市场输出技术成交额1650.87亿元，居全国第11位；发明专利拥有量5.12万件，居全国第17位；移动互联网用户数1572.08万户，居全国第27位。

科技企业孵化器数110个，居全国第19位；科技企业孵化器在孵企业数5020个，居全国第16位；科技企业孵化器累计毕业企业数3514个，居全国第19位。

表3-2 天津各级评价指标和位次与上年比较

指标名称	评价值 上年	评价值 当年	位次 上年	位次 当年
科技创新环境	90.01	90.00	2	2
科技人力资源	100.00	100.00	1	1
万人研究与试验发展（R&D）人员数	76.18	76.07	5	6
十万人博士毕业生数	15.22	17.46	3	3
万人大专以上学历人数	3294.82	3281.92	3	3
万人高等学校在校学生数	523.37	543.75	2	2
十万人创新中介从业人员数	9.72	10.28	2	2
科研物质条件	91.39	90.11	2	2
每名R&D人员仪器和设备支出	4.52	4.33	5	5
科学研究和技术服务业固定资产占比重	3.30	2.99	2	4
十万人累计孵化企业数	23.73	25.83	4	4
科技意识	75.31	76.55	6	5
万名就业人员专利申请数	151.67	138.45	3	4
科学研究和技术服务业平均工资比较系数	165.73	181.36	2	2
万人吸纳技术成交额	5538.76	6747.73	2	3
有R&D活动的企业占比重	29.12	28.06	16	15
科技活动投入	76.61	72.64	9	12
科技活动人力投入	88.83	89.06	11	12
万人R&D研究人员数	40.40	39.66	3	3
基础研究人员投入强度指数	0.21	0.23	18	18
企业R&D研究人员占比重	31.76	32.55	19	19
科技活动财力投入	71.37	65.60	8	12
R&D经费支出与GDP比值	3.66	3.49	3	3
基础研究经费投入强度指数	0.33	0.05	4	25
地方财政科技支出占地方财政支出比重	3.30	2.28	9	14
企业R&D经费支出占营业收入比重	1.09	1.18	14	15
企业技术获取和技术改造经费支出占企业营业收入比重	0.19	0.14	25	28
上市公司R&D经费投入强度指数	0.03	0.04	14	12
科技活动产出	98.85	97.40	3	3
科技活动产出水平	100.00	100.00	1	1
万人科技论文数	10.85	10.33	3	3
万人有效注册商标数	260.90	293.74	7	7
万人发明专利拥有量	32.11	37.60	6	6
每万人口高价值发明专利拥有量	12.59	14.43	6	6
技术成果市场化	97.12	93.50	4	4
万人输出技术成交额	11610.00	14219.42	2	2
万元GDP技术国际收入	9.28	8.37	4	4
高新技术产业化	74.97	73.07	10	12
高新技术产业化水平	59.38	56.36	11	12
高技术产业营业收入占工业营业收入比重	14.49	14.37	9	13
知识密集型服务业增加值占GDP比重	27.44	25.10	3	3
高技术产品出口额占商品出口额比重	24.56	21.81	16	15
新产品销售收入占营业收入比重	20.89	20.11	12	13
高新技术产业化效益	90.56	89.79	9	13
高技术产业劳动生产率	224.19	223.97	2	4
高技术产业利润率	7.92	7.34	18	19
知识密集型服务业劳动生产率	109.53	107.59	2	4
科技促进经济社会发展	78.47	77.69	6	7
经济发展方式转变	61.02	59.61	8	8
劳动生产率	32.86	31.38	1	2
资本生产率	0.27	0.27	16	18
综合能耗产出率	29.41	25.09	4	8
全要素生产率	1.84	1.51	24	25
装备制造业区位熵	105.77	104.00	8	9
环境改善	86.43	85.89	15	16
环境质量指数	53.44	53.96	27	26
环境污染治理指数	94.67	93.88	12	15
社会生活信息化	100.00	100.00	1	1
万人移动互联网用户数	11368.59	11554.55	5	5
信息传输、软件和信息技术服务业增加值占GDP比重	3.90	3.59	6	8
电子商务销售额与GDP比值	0.34	0.43	3	4

河北科技创新分析

新质生产力激活京津冀协同发展新动能，京津冀协同发展有力有序向前推进，取得显著成效。河北与京津签署新一轮战略合作协议，形成更加紧密的协同推进格局，重点领域合作走深走实。在今年的报告中，河北综合科技创新水平指数达到56.79%，排在全国第19位，比上年上升2位，得分与上年相比，提高了3.44个百分点，增幅排在全国第6位。

一、创新财力投入不断提高

R&D经费内部支出比上年增长了13.87%，与GDP比值提高了0.15个百分点；企业R&D经费内部支出增长11.48%，占营业收入比重提高了0.19个百分点，位次上升了1位；上市公司R&D经费支出增长了31.49%，上市公司R&D经费投入强度指数位次上升了2位；地方财政科技支出增长了4.88%，占地方财政支出比重位次上升了1位。

二、创新人力有所增加

R&D人员数比上年增长了26.35%，万人研究与试验发展（R&D）人员数位次上升了1位；R&D研究人员数增长了22.50%，万人R&D研究人员数位次上升了3位；企业R&D研究人员数增长了38.98%，企业R&D研究人员占比重位次上升了3位；大专以上学历人数增长了13.93%，万人大专以上学历人数位次上升了2位。

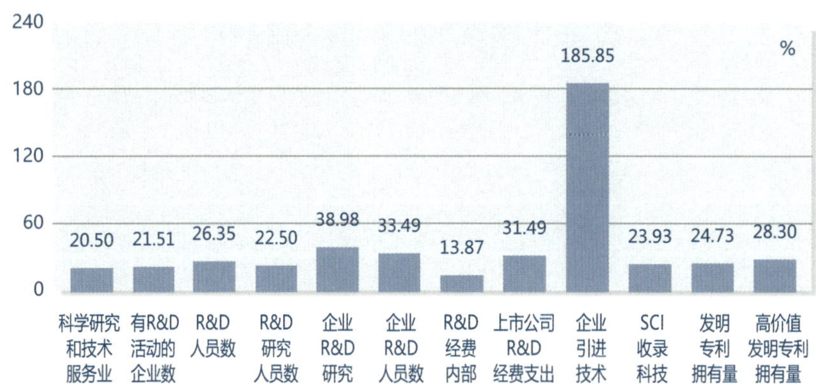

图3-10 部分增长较快的指标

三、科技意识明显增强

科学研究和技术服务业平均工资比上年增长了20.50%，科学研究和技术服务业平均工资比较系数提高了15.89个百分点，位次上升了5位；万名就业人员专利申请数位次上升了1位；有R&D活动的企业占比重位次上升了3位。

高新技术产业化效益下降。高技术产业劳动生产率位次下降了2位；知识密集型服务业劳动生产率位次下降了7位。

社会生活信息化水平较低。电子商务销售额比上年下降了7.02%，与GDP比值位次下降了5位；信息传输、软件和信息技术服务业增加值占GDP比重位次排在全国第28位；万人移动互联网用户数位次下降了1位。

环境改善力度不足。环境质量指数位次仍然比较靠后，排在全国第29位；环境污染治理指数位次下降了8位。

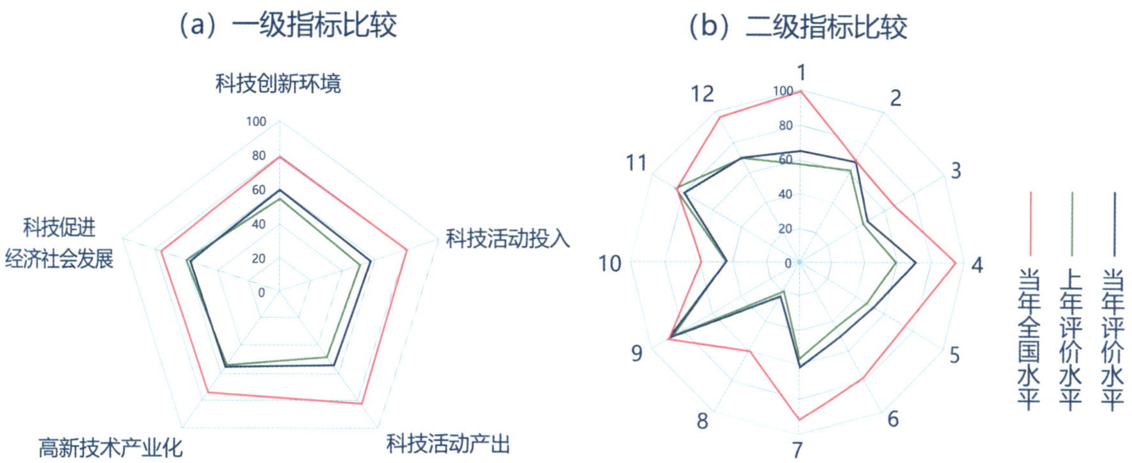

图3-11 河北一、二级评价指标与上年水平和全国水平比较

图例：1. 科技人力资源　2. 科研物质条件　3. 科技意识　4. 科技活动人力投入　5. 科技活动财力投入　6. 科技活动产出水平　7. 技术成果市场化　8. 高新技术产业化水平　9. 高新技术产业化效益　10. 经济发展方式转变　11. 环境改善　12. 社会生活信息化

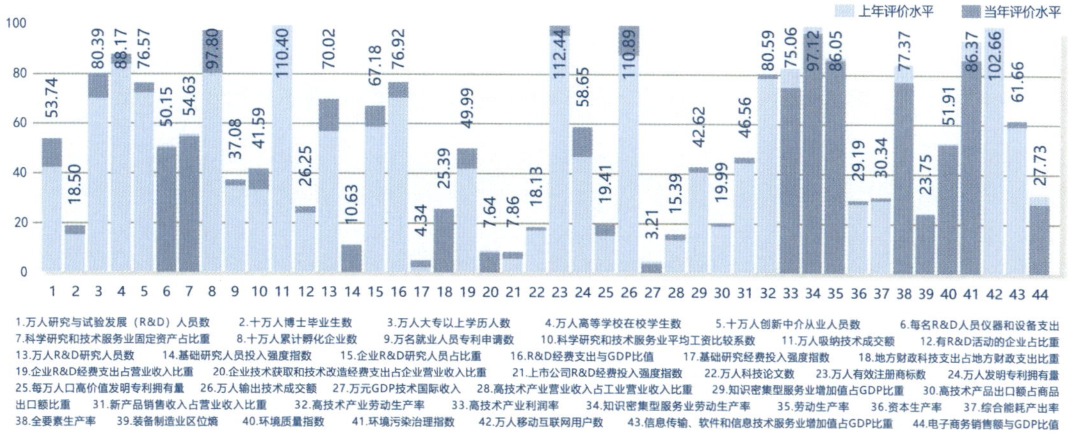

图3-12 河北三级评价指标与上年水平比较

河北创新发展主要指标及位次

总人口7420万人；地区生产总值42370.40亿元，居全国第12位；人均生产总值5.70万元，居全国第26位；知识密集型服务业增加值5417.10亿元，居全国第14位；规模以上工业企业营业收入50877.38亿元，居全国第6位；高新技术企业数12409个，居全国第11位；高新技术企业总收入30141.44亿元，居全国第8位。

R&D经费内部支出848.91亿元，居全国第13位，与生产总值比值2.00%，居全国第16位；R&D经费中基础研究经费支出27.30亿元，居全国第18位；企业R&D经费内部支出635.87亿元，居全国第11位；地方财政科技支出118.13亿元，居全国第14位。

大专以上学历人数1128.74万人，居全国第7位；R&D人员数15.87万人年，居全国第13位；R&D人员中基础研究人员数0.93万人年，居全国第18位；企业R&D人员数11.13万人年，居全国第11位。

高技术产品出口额39.40亿美元，居全国第21位；技术市场输出技术成交额1003.83亿元，居全国第14位；发明专利拥有量5.20万件，居全国第15位；移动互联网用户数7578.80万户，居全国第7位。

科技企业孵化器数326个，居全国第6位；科技企业孵化器在孵企业数9901个，居全国第8位；科技企业孵化器累计毕业企业数7220个，居全国第9位。

表3-3 河北各级评价指标和位次与上年比较

指标名称	评价值 上年	评价值 当年	位次 上年	位次 当年
科技创新环境	54.60	59.94	21	20
科技人力资源	56.94	64.85	25	23
万人研究与试验发展（R&D）人员数	17.08	21.50	20	19
十万人博士毕业生数	0.77	0.93	26	28
万人大专以上学历人数	1416.72	1607.86	28	26
万人高等学校在校学生数	296.24	308.60	22	24
十万人创新中介从业人员数	2.19	2.30	21	23
科研物质条件	61.55	66.01	14	10
每名R&D人员仪器和设备支出	3.05	3.01	16	16
科学研究和技术服务业固定资产占比重	1.67	1.64	9	10
十万人累计孵化企业数	8.09	9.78	20	20
科技意识	44.54	47.32	18	18
万名就业人员专利申请数	35.15	37.08	17	16
科学研究和技术服务业平均工资比较系数	67.29	83.18	29	24
万人吸纳技术成交额	1638.56	1766.44	15	20
有R&D活动的企业占比重	24.22	26.25	20	17
科技活动投入	50.19	56.55	20	18
科技活动人力投入	57.25	68.88	21	21
万人R&D研究人员数	7.46	9.10	23	20
基础研究人员投入强度指数	0.11	0.11	23	25
企业R&D研究人员占比重	41.45	47.03	13	10
科技活动财力投入	47.16	51.27	18	17
R&D经费支出与GDP比值	1.85	2.00	16	16
基础研究经费投入强度指数	0.02	0.04	27	27
地方财政科技支出占地方财政支出比重	1.27	1.27	22	21
企业R&D经费支出占营业收入比重	1.06	1.25	15	14
企业技术获取和技术改造经费支出占企业营业收入比重	0.21	0.19	24	24
上市公司R&D经费投入强度指数	0.06	0.08	10	8
科技活动产出	47.92	53.80	17	17
科技活动产出水平	43.38	48.81	21	20
万人科技论文数	1.73	1.81	25	25
万人有效注册商标数	144.62	168.65	17	17
万人发明专利拥有量	5.66	7.04	21	19
每万人口高价值发明专利拥有量	1.82	2.33	19	19
技术成果市场化	54.74	61.28	16	16
万人输出技术成交额	1061.06	1330.62	16	18
万元GDP技术国际收入	0.42	0.32	21	22
高新技术产业化	53.79	54.58	27	26
高新技术产业化水平	19.30	23.07	28	30
高技术产业营业收入占工业营业收入比重	4.01	4.62	29	28
知识密集型服务业增加值占GDP比重	12.31	12.79	27	24
高技术产品出口额占商品出口额比重	7.66	8.00	27	28
新产品销售收入占营业收入比重	17.93	18.62	14	14
高新技术产业化效益	88.27	86.09	17	19
高技术产业劳动生产率	103.08	104.76	26	28
高技术产业利润率	12.42	11.26	9	7
知识密集型服务业劳动生产率	75.48	67.98	13	20
科技促进经济社会发展	59.86	58.86	22	25
经济发展方式转变	44.84	44.73	19	19
劳动生产率	11.34	11.19	20	22
资本生产率	0.28	0.29	13	13
综合能耗产出率	12.44	12.74	23	23
全要素生产率	2.06	1.71	22	21
装备制造业区位熵	48.20	47.50	20	22
环境改善	85.88	79.48	17	24
环境质量指数	52.55	51.91	29	29
环境污染治理指数	94.22	86.37	14	22
社会生活信息化	70.16	70.21	28	29
万人移动互联网用户数	10213.08	10265.54	16	17
信息传输、软件和信息技术服务业增加值占GDP比重	2.09	2.16	30	28
电子商务销售额与GDP比值	0.09	0.08	22	27

山西科技创新分析

山西肩负着总书记赋予的转型发展和能源革命两大使命任务，深入实施科教兴省、人才强省、创新驱动发展战略，推动平台、人才、项目等创新要素一体化布局，加快创新链、产业链、资金链、人才链深度融合，为发展新质生产力、实现全省高质量发展提供有力的科技支撑。在今年的报告中，山西综合科技创新水平指数为46.87%，仍排在全国第26位，得分与上年相比，提高了0.43个百分点。

一、万人大专以上学历人数中部地区最高

大专以上学历人数比上年增长了2.49%，万人大专以上学历人数增加了41.64人，上升至全国第11位，中部地区最高。

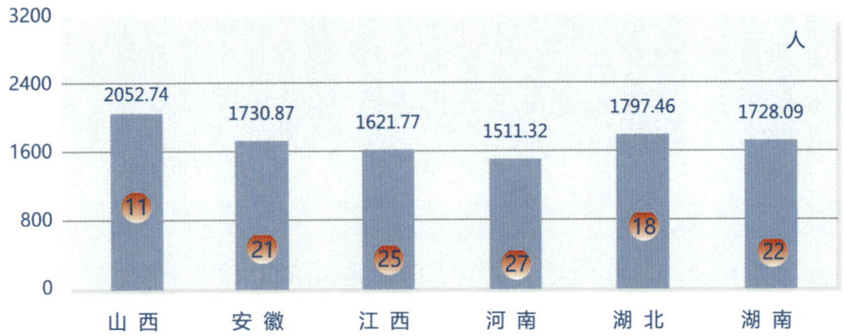

图3-13 中部地区万人大专以上学历人数及位次

二、高新技术产业化水平有所提升

新产品销售收入比上年增长了20.89%，占营业收入比重比上年提高了0.37个百分点；高技术产品出口额占商品出口额比重位次上升至全国第2位。

山西的综合科技创新水平位次没有提升，原因主要有以下几个方面。

研发投入强度下降。R&D经费支出与GDP比值比上年下降了0.05个百分点，位次下降了1位；基础研究经费比上年下降了4.39%，基础研究经费投入强度指数位次下降了2位。

企业创新财力投入不足。企业R&D经费支出占营业收入比重下降了0.03个百分点；企业引进技术经费支出下降了34.18%，企业技术获取和技术改造经费支出占企业营业收入比重下降了0.04个百分点，位次下降了4位。

政府科技投入减少。地方财政科技支出比上年下降了26.84%，占地方财政支出比重减少了0.61个百分点，位次下降了6位。

科研物质条件有待改善。每名R&D人员仪器和设备支出全国最低；科学研究和技术服务业固定资产投资比上年下降了2.69%，科学研究和技术服务业固定资产占比重位次下降了2位；全国科技企业孵化器累计毕业企业数下降了0.77%，十万人累计孵化企业数位次下降了2位。

科技意识薄弱。科学研究和技术服务业平均工资比较系数下降至全国最低水平；国内3种专利申请数比上年下降了0.10%，万名就业人员专利申请数减少了0.12件，位次下降了1位；万人吸纳技术成交额位次下降了2位；有R&D活动的企业占比重下降了0.23个百分点。

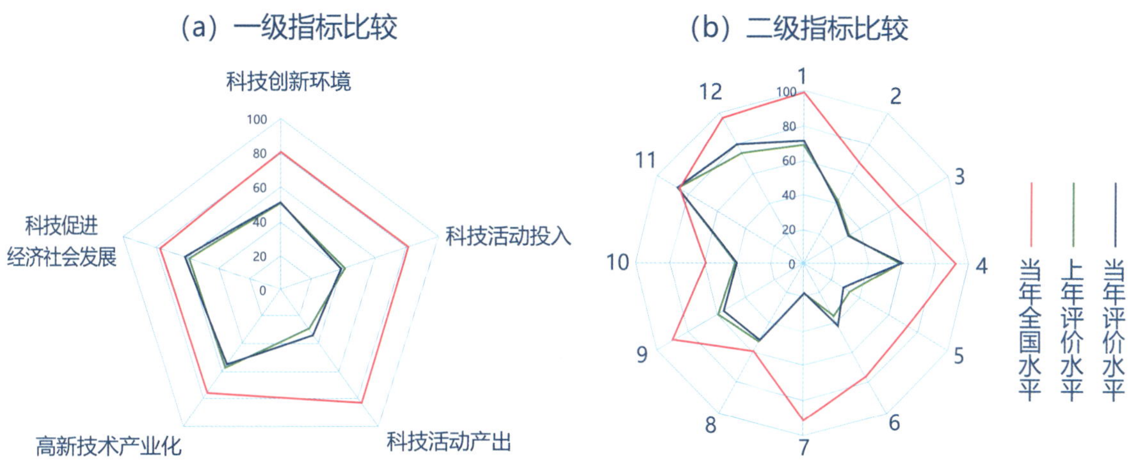

图3-14 山西一、二级评价指标与上年水平和全国水平比较

图例：1. 科技人力资源 2. 科研物质条件 3. 科技意识 4. 科技活动人力投入 5. 科技活动财力投入 6. 科技活动产出水平 7. 技术成果市场化 8. 高新技术产业化水平 9. 高新技术产业化效益 10. 经济发展方式转变 11. 环境改善 12. 社会生活信息化

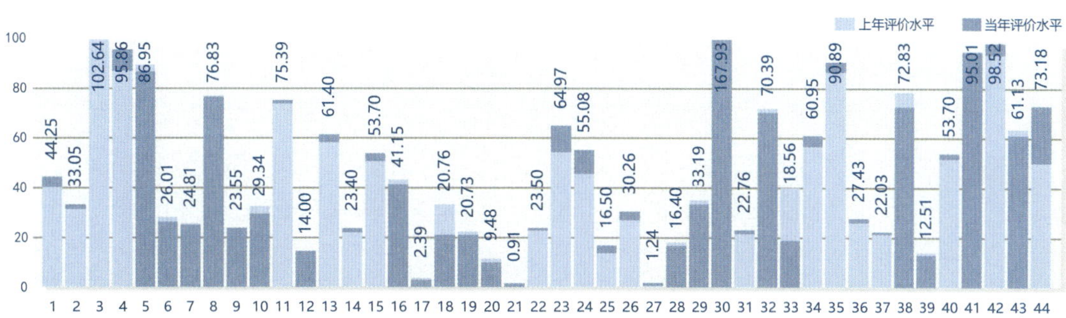

1.万人研究与试验发展（R&D）人员数 2.十万人博士毕业生数 3.万人大专以上学历人数 4.万人高等学校在校学生数 5.十万人创新中介从业人员数 6.每名R&D人员仪器和设备支出 7.科学研究和技术服务业固定资产占比重 8.十万人累计孵化企业数 9.万名就业人员专利申请数 10.科学研究和技术服务业平均工资比较系数 11.万人吸纳技术成交额 12.有R&D活动的企业占比重 13.万人R&D研究人员数 14.基础研究人员投入强度指数 15.企业R&D研究人员占比重 16.R&D经费支出与GDP比值 17.基础研究经费投入强度指数 18.地方财政科技支出占地方财政支出比重 19.企业R&D经费支出占营业收入比重 20.企业技术获取和技术改造经费支出占企业营业收入比重 21.上市公司R&D经费投入强度指数 22.万人科技论文数 23.万人有效注册商标数 24.万人发明专利拥有量 25.每万人口高价值发明专利拥有量 26.万人输出技术成交额 27.万元GDP技术国际收入 28.高技术产业营业收入占工业营业收入比重 29.知识密集型服务业增加值占GDP比重 30.高技术产品出口额占商品出口额比重 31.新产品销售收入占营业收入比重 32.高技术产业劳动生产率 33.高技术产业利润率 34.知识密集型服务业劳动生产率 35.劳动生产率 36.资本生产率 37.综合能耗产出率 38.全要素生产率 39.装备制造业区位熵 40.环境质量指数 41.环境污染治理指数 42.万人移动互联网用户数 43.信息传输、软件和信息技术服务业增加值占GDP比重 44.电子商务销售额与GDP比值

图3-15 山西三级评价指标与上年水平比较

高新技术产业化效益全国最低。高技术产业劳动生产率和高技术产业利润率位次均下降至全国最后一位；知识密集型服务业增加值占GDP比重仍排在全国最后一位；知识密集型服务业劳动生产率位次仍排在全国第30位。

信息传输、软件和信息技术服务业增加值增长缓慢，占GDP比重下降了0.08个百分点，位次下降了2位。

山西创新发展主要指标及位次

总人口3481万人；地区生产总值25642.60亿元，居全国第20位；人均生产总值7.37万元，居全国第13位；知识密集型服务业增加值2553.60亿元，居全国第21位；规模以上工业企业营业收入39045.35亿元，居全国第14位；高新技术企业数3883个，居全国第19位；高新技术企业总收入9022.21亿元，居全国第21位。

R&D经费内部支出273.72亿元，居全国第20位，与生产总值比值1.07%，居全国第24位；R&D经费中基础研究经费支出11.51亿元，居全国第26位；企业R&D经费内部支出202.31亿元，居全国第19位；地方财政科技支出61.01亿元，居全国第22位。

大专以上学历人数677.22万人，居全国第17位；R&D人员数6.22万人年，居全国第21位；R&D人员中基础研究人员数0.86万人年，居全国第20位；企业R&D人员数4.00万人年，居全国第19位。

高技术产品出口额121.04亿美元，居全国第17位；技术市场输出技术成交额161.43亿元，居全国第24位；发明专利拥有量2.32万件，居全国第22位；移动互联网用户数3463.32万户，居全国第19位。

科技企业孵化器数72个，居全国第23位；科技企业孵化器在孵企业数3138个，居全国第22位；科技企业孵化器累计毕业企业数2701个，居全国第22位。

表3-4 山西各级评价指标和位次与上年比较

指标名称	评价值		位次	
	上年	当年	上年	当年
科技创新环境	49.70	50.34	25	25
科技人力资源	68.31	71.05	20	20
万人研究与试验发展（R&D）人员数	16.24	17.70	21	21
十万人博士毕业生数	1.58	1.65	19	20
万人大专以上学历人数	2011.10	2052.74	12	11
万人高等学校在校学生数	307.35	335.50	19	18
十万人创新中介从业人员数	2.69	2.61	19	20
科研物质条件	41.83	40.84	26	27
每名R&D人员仪器和设备支出	1.68	1.56	31	31
科学研究和技术服务业固定资产占比重	0.76	0.74	19	21
十万人累计孵化企业数	7.72	7.68	22	24
科技意识	32.75	32.21	29	30
万名就业人员专利申请数	23.68	23.55	25	26
科学研究和技术服务业平均工资比较系数	64.67	58.67	30	31
万人吸纳技术成交额	1192.99	1206.25	26	28
有R&D活动的企业占比重	14.23	14.00	28	27
科技活动投入	40.59	37.92	22	26
科技活动人力投入	56.90	59.55	22	22
万人R&D研究人员数	7.63	7.98	22	24
基础研究人员投入强度指数	0.22	0.23	16	16
企业R&D研究人员占比重	35.76	37.59	17	16
科技活动财力投入	33.59	28.65	23	27
R&D经费支出与GDP比值	1.12	1.07	23	24
基础研究经费投入强度指数	0.03	0.02	26	28
地方财政科技支出占地方财政支出比重	1.65	1.04	18	24
企业R&D经费支出占营业收入比重	0.55	0.52	28	27
企业技术获取和技术改造经费支出占企业营业收入比重	0.27	0.24	18	22
上市公司R&D经费投入强度指数	0.01	0.01	23	23
科技活动产出	28.57	32.75	26	26
科技活动产出水平	36.51	42.14	23	23
万人科技论文数	2.30	2.35	23	23
万人有效注册商标数	82.12	97.46	29	29
万人发明专利拥有量	5.53	6.61	22	22
每万人口高价值发明专利拥有量	1.66	1.98	22	22
技术成果市场化	16.66	18.65	26	26
万人输出技术成交额	327.90	363.12	25	25
万元GDP技术国际收入	0.07	0.12	29	27
高新技术产业化	56.23	54.20	25	27
高新技术产业化水平	52.77	52.16	15	13
高技术产业营业收入占工业营业收入比重	5.33	4.92	26	27
知识密集型服务业增加值占GDP比重	10.46	9.96	31	31
高技术产品出口额占商品出口额比重	71.44	67.17	3	2
新产品销售收入占营业收入比重	8.73	9.10	24	27
高新技术产业化效益	59.69	56.25	31	31
高技术产业劳动生产率	93.77	91.50	29	31
高技术产业利润率	5.99	2.78	29	31
知识密集型服务业劳动生产率	39.98	42.66	30	30
科技促进经济社会发展	58.76	60.63	24	23
经济发展方式转变	40.29	40.29	22	23
劳动生产率	11.36	11.82	19	18
资本生产率	0.26	0.27	19	16
综合能耗产出率	9.08	9.25	26	26
全要素生产率	2.06	1.75	23	20
装备制造业区位熵	26.89	25.01	25	26
环境改善	86.48	86.75	14	15
环境质量指数	52.10	53.70	30	28
环境污染治理指数	95.07	95.01	11	13
社会生活信息化	73.26	78.49	22	20
万人移动互联网用户数	9437.91	9851.54	21	21
信息传输、软件和信息技术服务业增加值占GDP比重	2.22	2.14	27	29
电子商务销售额与GDP比值	0.15	0.22	13	11

内蒙古科技创新分析

自治区党委坚决贯彻习近平总书记重要指示精神和党中央决策部署，以科技兴蒙行动为抓手，大力实施创新驱动发展战略，推动全区科技创新取得新成效。在今年的报告中，内蒙古综合科技创新水平指数为44.38%，排在全国第28位，比上年下降1位，得分与上年相比，提高了0.94个百分点。

一、创新人力有所增加

R&D人员数比上年增长了42.75%，万人研究与试验发展（R&D）人员数位次上升了4位；R&D研究人员数增长了19.68%，万人R&D研究人员数增加了1.08人年；企业R&D人员数增长了61.54%，其中企业R&D研究人员数增长了27.43%，企业R&D研究人员占比重位次上升了1位。

二、企业技术获取和技术改造经费支出全国增长最快

企业技术获取和技术改造经费支出比上年增长了131.34%，全国增长最快，企业技术获取和技术改造经费支出占企业营业收入比重提高了0.15个百分点，位次上升了14位。

三、政府科技投入力度加大

地方财政科技支出比上年增长了21.84%，占地方财政支出比重提高了0.06个百分点，位次上升了1位。

四、科技意识有所增强

国内3种专利申请数比上年增长了11.74%，万名就业人员专利申请数位次上升了1位；科学研究和技术服务业平均工资增长了11.78%，科学研究和技术服务业平均工资比较系数位次上升了1位；技术市场吸纳技术成交额增长了80.97%，万人吸纳技术成交额

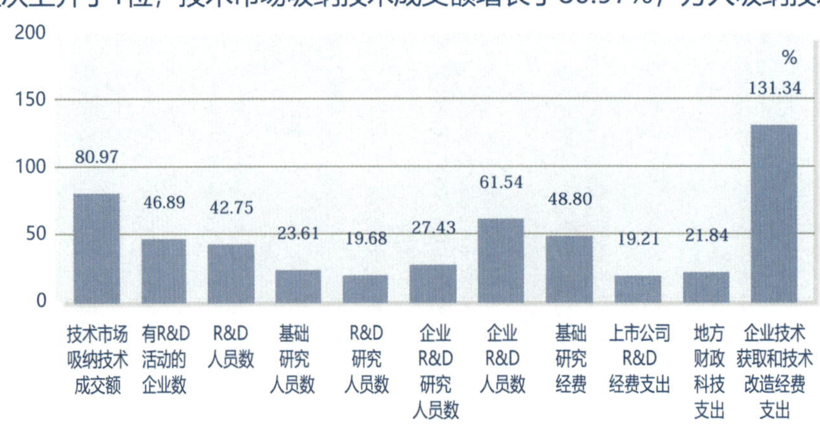

图3-16 部分增长较快的指标

位次上升了2位；有R&D活动的企业数增长了46.89%，有R&D活动的企业占比重位次上升了2位。

内蒙古综合科技创新水平位次下降的主要原因有以下几点。

研发经费投入强度下降。R&D经费支出与GDP比值下降了0.03个百分点，位次下降了2位；企业R&D经费支出占营业收入比重下降了0.03个百分点，位次下降了2位。

科研物质条件有待改善。仪器和设备支出比上年下降了48.02%，每名R&D人员仪器和设备支出减少了6.94万元，全国下降最多，位次下降了21位；十万人累计孵化企业数位次下降了2位。

技术国际竞争力减弱。技术国际收入比上年下降了19.41%，万元GDP技术国际收入减少了0.03美元，位次下降了1位。

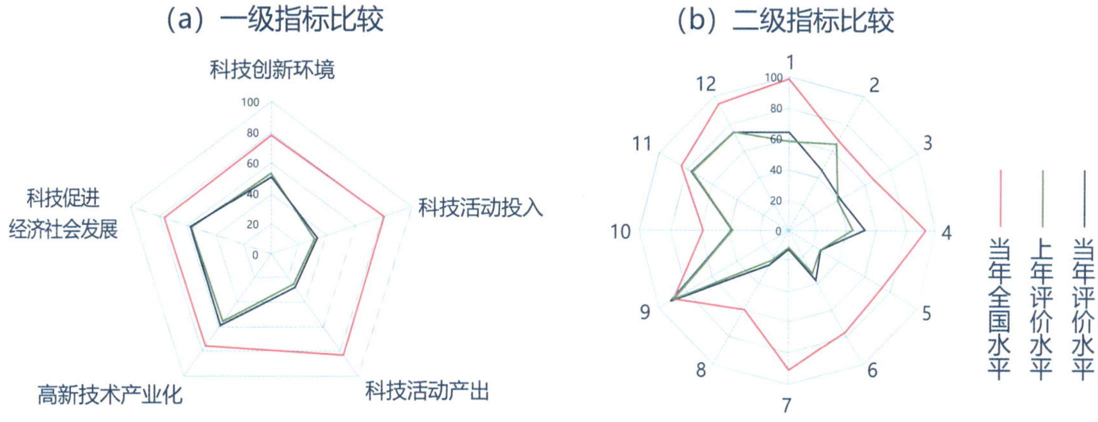

图3-17 内蒙古一、二级评价指标与上年水平和全国水平比较

图例：1. 科技人力资源　2. 科研物质条件　3. 科技意识　4. 科技活动人力投入　5. 科技活动财力投入　6. 科技活动产出水平　7. 技术成果市场化　8. 高新技术产业化水平　9. 高新技术产业化效益　10. 经济发展方式转变　11. 环境改善　12. 社会生活信息化

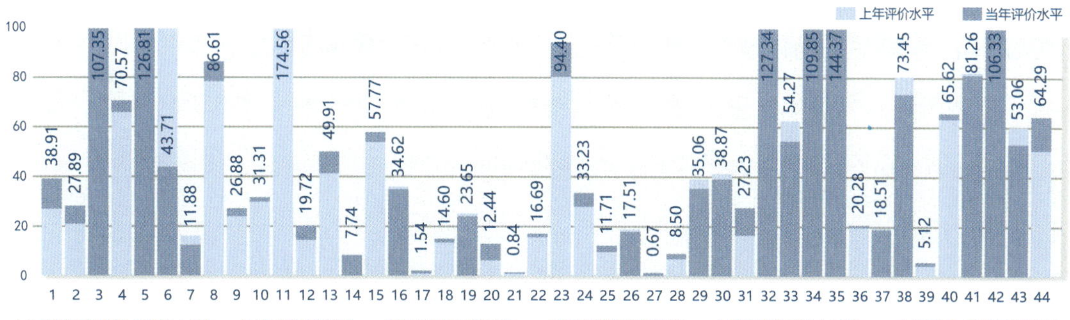

1.万人研究与试验发展（R&D）人员数　2.十万人博士毕业生数　3.万人大专以上学历人数　4.万人高等学校在校学生数　5.十万人创新中介从业人员数　6.每名R&D人员仪器和设备支出　7.科学研究和技术服务业固定资产占比重　8.十万人累计孵化企业数　9.万名就业人员专利申请数　10.科学研究和技术服务业平均工资比较系数　11.万人吸纳技术成交额　12.有R&D活动的企业占比重　13.万人R&D研究人员数　14.基础研究人员投入强度指数　15.企业R&D研究人员占比重　16.R&D经费支出与GDP比值　17.基础研究经费投入强度指数　18.地方财政科技支出占地方财政支出比重　19.企业R&D经费支出占营业收入比重　20.企业技术获取和技术改造经费支出占企业营业收入比重　21.上市公司R&D经费投入强度指数　22.万人科技论文数　23.万人有效注册商标数　24.万人发明专利拥有量　25.每万人口高价值发明专利拥有量　26.万人输出技术成交额　27.万元GDP技术国际收入　28.高技术产业营业收入占工业营业收入比重　29.知识密集型服务业增加值占GDP比重　30.高技术产品出口额占商品出口额比重　31.新产品销售收入占营业收入比重　32.高技术产业劳动生产率　33.高技术产业利润率　34.知识密集型服务业劳动生产率　35.劳动生产率　36.资本生产率　37.综合能耗产出率　38.全要素生产率　39.装备制造业区位熵　40.环境质量指数　41.环境污染治理指数　42.万人移动互联网用户数　43.信息传输、软件和信息技术服务业增加值占GDP比重　44.电子商务销售额与GDP比值

图3-18 内蒙古三级评价指标与上年水平比较

高新技术产业化效益下降。高技术产业劳动生产率比上年减少了13.33万元/人，位次下降了5位；高技术产业利润率下降了1.25个百分点，位次下降了2位；知识密集型服务业劳动生产率减少了16.31万元/人，位次下降了8位。

高新技术产业化水平较低。高技术产业营业收入占工业营业收入比重和知识密集型服务业增加值占GDP比重位次仍排在全国第30位；高技术产品出口额占商品出口额比重位次下降了1位。

社会生活信息化水平下降。移动互联网用户数比上年下降了3.31%，万人移动互联网用户数位次下降了8位；信息传输、软件和信息技术服务业增加值占GDP比重及电子商务销售额与GDP比值位次均比上年下降1位。

内蒙古创新发展主要指标及位次

总人口2401万人；地区生产总值23158.60亿元，居全国第21位；人均生产总值9.65万元，居全国第8位；知识密集型服务业增加值2435.50亿元，居全国第23位；规模以上工业企业营业收入28901.77亿元，居全国第17位；高新技术企业数1558个，居全国第26位；高新技术企业总收入12715.23亿元，居全国第18位。

R&D经费内部支出209.51亿元，居全国第23位，与生产总值比值0.90%，居全国第27位；R&D经费中基础研究经费支出8.09亿元，居全国第28位；企业R&D经费内部支出170.85亿元，居全国第21位；地方财政科技支出42.99亿元，居全国第27位。

大专以上学历人数492.77万人，居全国第23位；R&D人员数3.77万人年，居全国第25位；R&D人员中基础研究人员数0.39万人年，居全国第27位；企业R&D人员数2.49万人年，居全国第23位。

高技术产品出口额14.29亿美元，居全国第23位；技术市场输出技术成交额51.30亿元，居全国第25位；发明专利拥有量0.97万件，居全国第26位；移动互联网用户数2577.01万户，居全国第23位。

科技企业孵化器数49个，居全国第24位；科技企业孵化器在孵企业数1838个，居全国第26位；科技企业孵化器累计毕业企业数2099个，居全国第23位。

表3-5 内蒙古各级评价指标和位次与上年比较

指标名称	评价值 上年	评价值 当年	位次 上年	位次 当年
科技创新环境	54.16	51.57	22	24
科技人力资源	58.99	64.67	23	24
万人研究与试验发展（R&D）人员数	10.87	15.56	28	24
十万人博士毕业生数	1.06	1.39	21	22
万人大专以上学历人数	2281.81	2147.03	4	8
万人高等学校在校学生数	232.15	246.99	29	29
十万人创新中介从业人员数	3.86	3.80	13	13
科研物质条件	64.24	45.44	11	25
每名R&D人员仪器和设备支出	9.56	2.62	1	22
科学研究和技术服务业固定资产占比重	0.47	0.36	29	30
十万人累计孵化企业数	7.90	8.66	21	23
科技意识	37.65	40.24	24	22
万名就业人员专利申请数	24.17	26.88	24	23
科学研究和技术服务业平均工资比较系数	60.09	62.62	31	30
万人吸纳技术成交额	2042.80	2793.01	14	12
有R&D活动的企业占比重	14.65	19.72	26	24
科技活动投入	30.58	32.91	28	28
科技活动人力投入	43.66	50.99	28	25
万人R&D研究人员数	5.41	6.49	27	27
基础研究人员投入强度指数	0.08	0.08	26	26
企业R&D研究人员占比重	37.98	40.44	15	14
科技活动财力投入	24.97	25.17	28	28
R&D经费支出与GDP比值	0.93	0.90	25	27
基础研究经费投入强度指数	0.01	0.02	31	29
地方财政科技支出占地方财政支出比重	0.67	0.73	29	28
企业R&D经费支出占营业收入比重	0.62	0.59	24	26
企业技术获取和技术改造经费支出占企业营业收入比重	0.16	0.31	29	15
上市公司R&D经费投入强度指数	0.01	0.01	24	24
科技活动产出	24.15	26.82	29	29
科技活动产出水平	32.56	37.52	28	27
万人科技论文数	1.58	1.67	29	26

指标名称	评价值 上年	评价值 当年	位次 上年	位次 当年
万人有效注册商标数	121.42	141.60	23	23
万人发明专利拥有量	3.38	3.99	29	29
每万人口高价值发明专利拥有量	1.16	1.41	28	29
技术成果市场化	11.53	10.77	28	29
万人输出技术成交额	223.05	210.09	28	28
万元GDP技术国际收入	0.09	0.07	28	29
高新技术产业化	56.69	58.02	24	25
高新技术产业化水平	20.85	25.18	27	27
高技术产业营业收入占工业营业收入比重	2.05	2.55	30	30
知识密集型服务业增加值占GDP比重	11.70	10.52	30	30
高技术产品出口额占商品出口额比重	16.47	15.55	18	19
新产品销售收入占营业收入比重	6.67	10.89	28	24
高新技术产业化效益	92.52	90.85	6	9
高技术产业劳动生产率	178.87	165.54	3	8
高技术产业利润率	9.39	8.14	13	15
知识密集型服务业劳动生产率	93.20	76.89	6	14
科技促进经济社会发展	57.36	57.39	25	26
经济发展方式转变	39.12	39.47	24	25
劳动生产率	22.17	18.77	4	6
资本生产率	0.20	0.20	26	26
综合能耗产出率	8.09	7.77	27	27
全要素生产率	1.35	1.24	30	27
装备制造业区位熵	8.36	10.25	30	30
环境改善	78.59	78.13	26	27
环境质量指数	63.79	65.62	12	6
环境污染治理指数	82.30	81.26	25	28
社会生活信息化	74.32	74.08	20	24
万人移动互联网用户数	10965.37	10632.92	6	14
信息传输、软件和信息技术服务业增加值占GDP比重	2.11	1.86	29	30
电子商务销售额与GDP比值	0.15	0.19	12	13

辽宁科技创新分析

全省上下聚焦高水平科技自立自强，锚定三年行动目标任务，以创建具有全国影响力的区域科技创新中心为统领，牢牢扭住自主创新这个“牛鼻子”，在打造高水平科技创新平台、培育壮大科技企业群体、促进科技成果产业化方面成效明显。在今年的报告中，辽宁综合科技创新水平指数为66.84%，仍排在全国第15位，得分与上年相比，提高了1.25个百分点。

一、高新技术产业化效益居全国第三

高新技术产业化效益指数由全国第5位上升至第3位，主要因为高技术产业利润率和知识密集型服务业劳动生产率位次均比上年上升了1位。

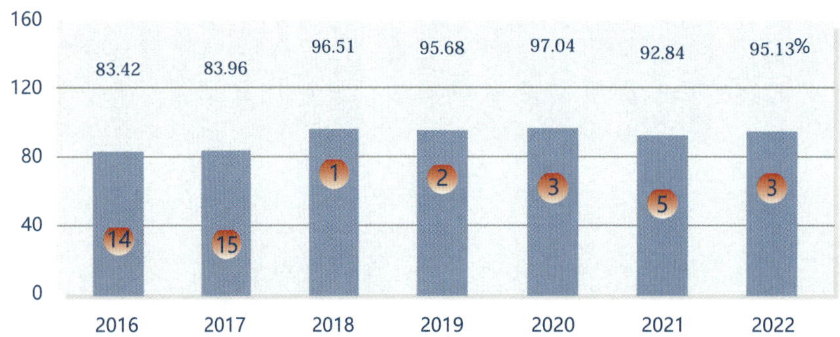

图3-19 高新技术产业化效益指数及位次

二、科技意识进一步增强

国内3种专利申请数比上年增长了9.93%，万名就业人员专利申请数位次上升了1位；科学研究和技术服务业平均工资增长了12.13%，科学研究和技术服务业平均工资比较系数位次上升了5位；技术市场吸纳技术成交额增长了46.18%，万人吸纳技术成交额位次上升了4位；有R&D活动的企业占比重位次上升了1位。

三、社会生活信息化水平提高

移动互联网用户数比上年增长了11.73%，万人移动互联网用户数位次上升了9位；信息传输、软件和信息技术服务业增加值增长了7.57%，占GDP比重位次上升了2位；电子商务销售额增长了40.05%，与GDP比值位次上升了2位。

辽宁是东北地区科技创新水平较高的地区，但与其他地区相比，还有一定差距。

研发经费投入强度下降，R&D经费支出与GDP比值比上年下降了0.04个百分点。

企业财力投入水平下降。企业R&D经费支出占营业收入比重位次继上年下降1位后再次下降1位；企业引进技术经费支出比上年下降了5.33%，企业消化吸收经费支出下降了47.92%，企业购买境内技术经费支出下降了79.61%，企业技术改造经费支出下降了21.03%，企业技术获取和技术改造经费支出占企业营业收入比重位次下降了10位。

基础研究投入下降。基础研究人员数比上年下降了2.97%，基础研究人员投入强度指数位次下降了5位；基础研究经费投入强度指数位次下降了4位。

政府科技投入减少。地方财政科技支出比上年下降了5.22%，占地方财政支出比重下降了0.15个百分点，位次下降了1位。

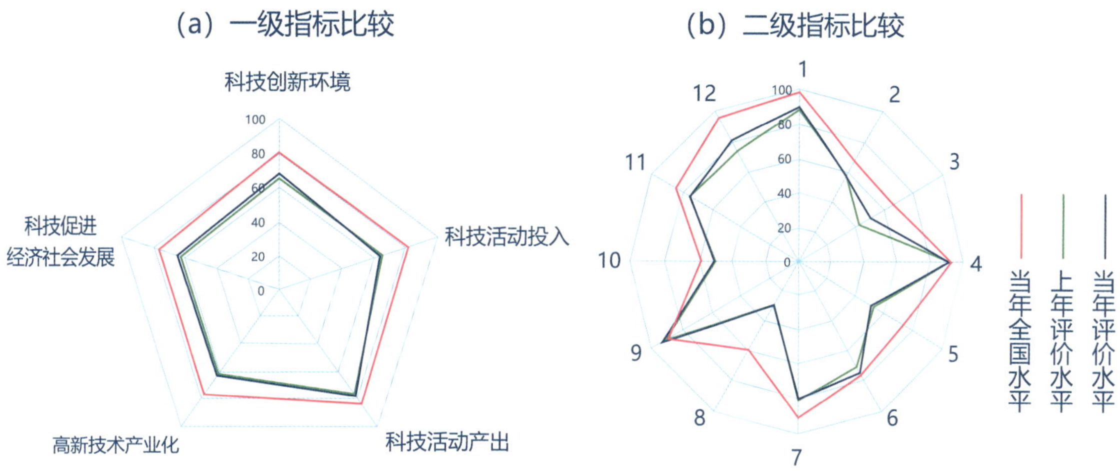

图3-20 辽宁一、二级评价指标与上年水平和全国水平比较

图例：1. 科技人力资源　2. 科研物质条件　3. 科技意识　4. 科技活动人力投入　5. 科技活动财力投入　6. 科技活动产出水平　7. 技术成果市场化　8. 高新技术产业化水平　9. 高新技术产业化效益　10. 经济发展方式转变　11. 环境改善　12. 社会生活信息化

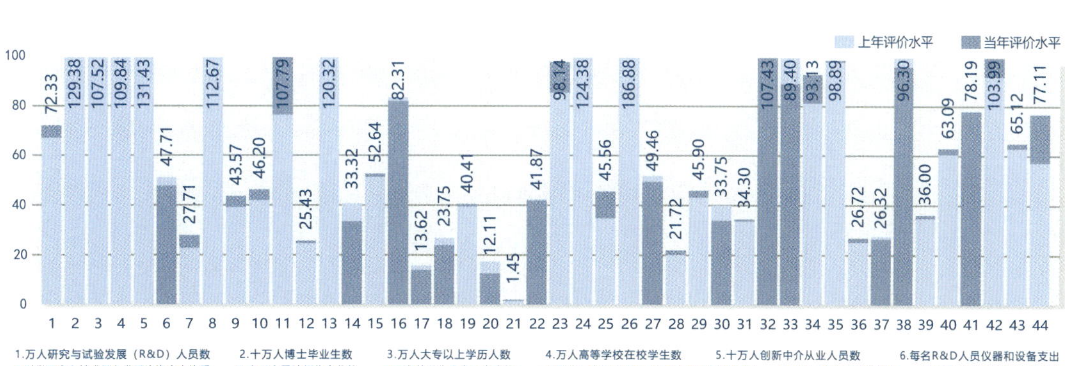

1.万人研究与试验发展（R&D）人员数　2.十万人博士毕业生数　3.万人大专以上学历人数　4.万人高等学校在校学生数　5.十万人创新中介从业人员数　6.每名R&D人员仪器和设备支出　7.科学研究和技术服务业固定资产占比重　8.十万人累计孵化企业数　9.万名就业人员专利申请数　10.科学研究和技术服务业平均工资比较系数　11.万人吸纳技术成交额　12.有R&D活动的企业占比重　13.万人R&D研究人员数　14.基础研究人员投入强度指数　15.企业R&D研究人员占比重　16.R&D经费支出与GDP比值　17.基础研究经费投入强度指数　18.地方财政科技支出占地方财政支出比重　19.企业R&D经费支出占营业收入比重　20.企业技术获取和技术改造经费支出占企业营业收入比重　21.上市公司R&D经费投入强度指数　22.万人科技论文数　23.万人有效注册商标数　24.万人发明专利拥有量　25.每万人口高价值发明专利拥有量　26.万人输出技术成交额　27.万元GDP技术国际收入　28.高技术产业营业收入占工业营业收入比重　29.知识密集型服务业增加值占GDP比重　30.高技术产品出口额占商品出口额比重　31.新产品销售收入占营业收入比重　32.高技术产业劳动生产率　33.高技术产业利润率　34.知识密集型服务业劳动生产率　35.劳动生产率　36.资本生产率　37.综合能耗产出率　38.全要素生产率　39.装备制造业区位熵　40.环境质量指数　41.环境污染治理指数　42.万人移动互联网用户数　43.信息传输、软件和信息技术服务业增加值占GDP比重　44.电子商务销售额与GDP比值

图3-21 辽宁三级评价指标与上年水平比较

科研物质条件有待改善。高等院校仪器和设备支出比上年下降了8.11%，每名R&D人员仪器和设备支出减少了0.21万元，位次下降了2位。

创新孵化发展缓慢。十万人创新中介从业人员数和十万人累计孵化企业数位次均比上年下降了2位。

高新技术产业化水平下降。高技术产业营业收入占工业营业收入比重和新产品销售收入占营业收入比重位次均比上年下降了1位；高技术产品出口额比上年下降了11.72%，占商品出口额比重下降了2.52个百分点，位次下降了2位。

环境改善不理想。环境污染治理指数位次下降至全国第29位。

辽宁创新发展主要指标及位次

总人口4197万人；地区生产总值28975.10亿元，居全国第17位；人均生产总值6.88万元，居全国第18位；知识密集型服务业增加值3990.28亿元，居全国第18位；规模以上工业企业营业收入37188.82亿元，居全国第15位；高新技术企业数11003个，居全国第14位；高新技术企业总收入12083.02亿元，居全国第19位。

R&D经费内部支出620.92亿元，居全国第16位，与生产总值比值2.14%，居全国第13位；R&D经费中基础研究经费支出41.37亿元，居全国第12位；企业R&D经费内部支出375.67亿元，居全国第15位；地方财政科技支出74.35亿元，居全国第19位。

大专以上学历人数872.34万人，居全国第13位；R&D人员数12.42万人年，居全国第17位；R&D人员中基础研究人员数1.45万人年，居全国第13位；企业R&D人员数6.75万人年，居全国第15位。

高技术产品出口额72.48亿美元，居全国第19位；技术市场输出技术成交额971.35亿元，居全国第15位；发明专利拥有量6.40万件，居全国第14位；移动互联网用户数4462.64万户，居全国第12位。

科技企业孵化器数99个，居全国第20位；科技企业孵化器在孵企业数4380个，居全国第18位；科技企业孵化器累计毕业企业数4835个，居全国第16位。

表3-6 辽宁各级评价指标和位次与上年比较

指标名称	评价值 上年	评价值 当年	位次 上年	位次 当年
科技创新环境	65.27	68.03	14	14
科技人力资源	88.69	90.32	11	13
万人研究与试验发展（R&D）人员数	27.07	28.93	15	15
十万人博士毕业生数	5.62	6.47	9	9
万人大专以上学历人数	2126.74	2150.31	7	6
万人高等学校在校学生数	367.74	384.44	9	8
十万人创新中介从业人员数	3.93	3.94	10	12
科研物质条件	55.99	56.40	18	20
每名R&D人员仪器和设备支出	3.07	2.86	15	17
科学研究和技术服务业固定资产占比重	0.69	0.83	22	18
十万人累计孵化企业数	11.25	11.27	13	15
科技意识	43.31	49.94	19	16
万名就业人员专利申请数	39.62	43.57	15	14
科学研究和技术服务业平均工资比较系数	84.91	92.39	20	15
万人吸纳技术成交额	1235.11	1724.62	25	21
有R&D活动的企业占比重	24.98	25.43	19	18
科技活动投入	64.20	62.88	15	16
科技活动人力投入	90.27	90.33	10	10
万人R&D研究人员数	14.42	15.64	13	14
基础研究人员投入强度指数	0.41	0.33	8	13
企业R&D研究人员占比重	36.33	36.85	16	17
科技活动财力投入	53.02	51.11	17	18
R&D经费支出与GDP比值	2.18	2.14	13	13
基础研究经费投入强度指数	0.15	0.14	10	14
地方财政科技支出占地方财政支出比重	1.33	1.19	21	22
企业R&D经费支出占营业收入比重	1.00	1.01	18	19
企业技术获取和技术改造经费支出占企业营业收入比重	0.43	0.30	9	19
上市公司R&D经费投入强度指数	0.01	0.01	20	20
科技活动产出	74.68	76.22	8	9
科技活动产出水平	70.62	73.84	10	9
万人科技论文数	4.24	4.19	7	7

指标名称	评价值 上年	评价值 当年	位次 上年	位次 当年
万人有效注册商标数	129.34	147.22	20	20
万人发明专利拥有量	13.05	14.93	13	13
每万人口高价值发明专利拥有量	4.23	5.47	12	13
技术成果市场化	80.77	79.78	7	8
万人输出技术成交额	1825.21	2242.60	11	12
万元GDP技术国际收入	5.19	4.95	7	8
高新技术产业化	61.25	62.67	20	20
高新技术产业化水平	29.66	30.21	22	25
高技术产业营业收入占工业营业收入比重	6.11	6.51	22	23
知识密集型服务业增加值占GDP比重	13.10	13.77	20	18
高技术产品出口额占商品出口额比重	16.02	13.50	19	21
新产品销售收入占营业收入比重	13.63	13.72	16	17
高新技术产业化效益	92.84	95.13	5	3
高技术产业劳动生产率	139.99	139.66	9	13
高技术产业利润率	17.06	13.41	6	5
知识密集型服务业劳动生产率	57.47	65.19	26	25
科技促进经济社会发展	62.52	65.09	18	17
经济发展方式转变	50.63	50.61	17	17
劳动生产率	12.84	12.86	14	15
资本生产率	0.26	0.27	20	19
综合能耗产出率	11.50	11.05	24	25
全要素生产率	1.80	1.51	25	26
装备制造业区位熵	70.58	71.99	16	16
环境改善	75.05	75.17	28	29
环境质量指数	61.18	63.09	18	14
环境污染治理指数	78.51	78.19	28	29
社会生活信息化	74.13	81.47	21	17
万人移动互联网用户数	9281.54	10399.26	24	15
信息传输、软件和信息技术服务业增加值占GDP比重	2.23	2.28	26	24
电子商务销售额与GDP比值	0.17	0.23	11	9

吉林科技创新分析

在今年的报告中，吉林综合科技创新水平指数为56.90%，仍排在全国第18位，得分与上年相比，下降了1.28个百分点。

一、高校的科技人力资源不断增加

高等学校在校生数增长了8.41%，万人高等学校在校学生数增加了42.19人，位次上升至全国第3位；高等学校博士毕业生数比上年增长了 15.14%，十万人博士毕业生数位次上升了2位，排在全国第4位，是吉林的优势所在。

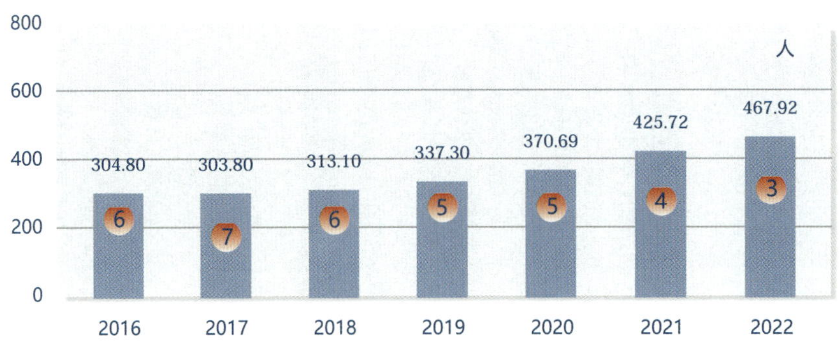

图3-22 万人高等学校在校学生数及位次

二、高新技术产业化效益上升至全国第4位

知识密集型服务业劳动生产率比上年提高了2.96万元/人，高技术产业利润率上升至全国第2位。

吉林综合科技创新水平下降，主要原因有以下几个方面。

政府科技投入大幅减少。地方财政科技支出继上年下降3.77%后再次下降41.78%，占地方财政支出比重位次下降了5位。

基础研究经费支出比上年下降了13.48%，基础研究经费投入强度指数位次下降了5位。

企业技术获取和技术改造经费支出减少，比上年减少了45.05%，尤其是企业引进技术经费支出下降了95.27%，企业技术改造经费支出下降了5.23%，企业技术获取和技术改造经费支出占企业营业收入比重下降了0.30个百分点，位次下降了5位。

科研物质条件有待改善。仪器和设备支出比上年下降了15.65%，每名R&D人员仪器和设备支出减少了0.51万元，位次下降了5位；科学研究和技术服务业固定资产占比重位次下降了1位。

技术成果转移转化率持续下降。技术市场吸纳技术成交额继上年下降了58.77%后再次下降14.18%，万人吸纳技术成交额减少了156.50万元，位次下降至全国第31位。技术市场输出技术成交额继上年下降了76.60%后再次下降65.84%，万人输出技术成交额减少了318.05万元，位次下降了7位。

高新技术产业化水平较低。高技术产品出口额占商品出口额比重比上年下降了3.08个百分点，下降至全国第27位；新产品销售收入下降了26.33%，占营业收入比重减少了4.05个百分点，位次下降了2位。

高技术产业劳动生产率低于上年0.39万元/人，位次下降了5位；知识密集型服务业劳动生产率位次下降了2位。

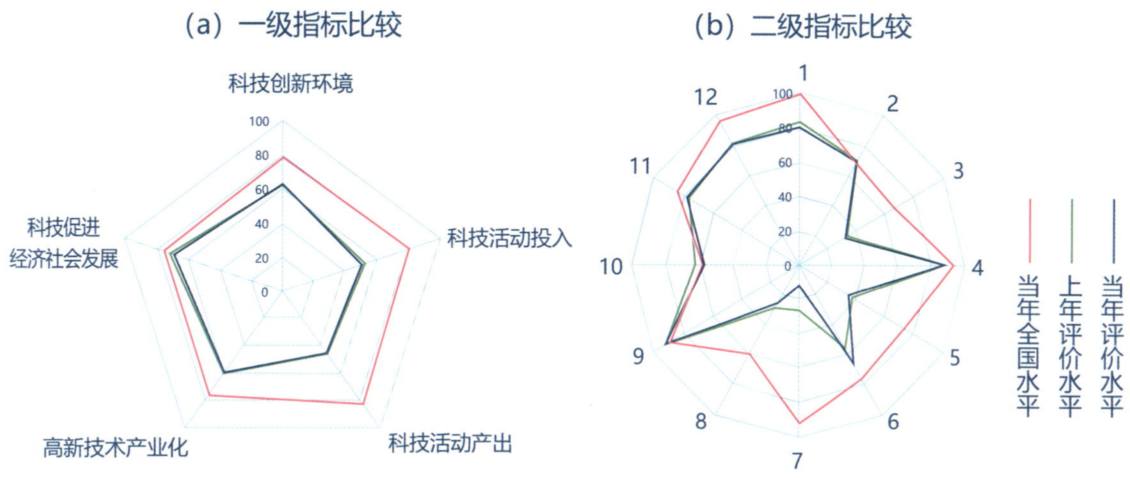

图3-23 吉林一、二级评价指标与上年水平和全国水平比较

图例：1. 科技人力资源 2. 科研物质条件 3. 科技意识 4. 科技活动人力投入 5. 科技活动财力投入 6. 科技活动产出水平 7. 技术成果市场化 8. 高新技术产业化水平 9. 高新技术产业化效益 10. 经济发展方式转变 11. 环境改善 12. 社会生活信息化

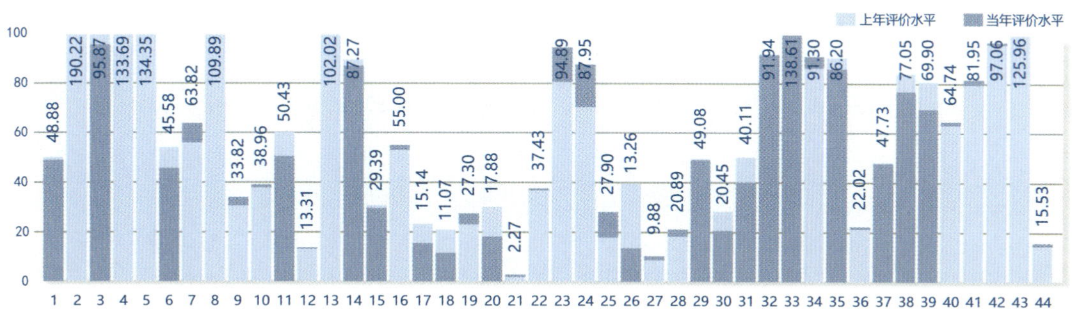

1.万人研究与试验发展（R&D）人员数 2.十万人博士毕业生数 3.万人大专以上学历人数 4.万人高等学校在校学生数 5.十万人创新中介从业人员数 6.每名R&D人员仪器和设备支出 7.科学研究和技术服务业固定资产占比重 8.十万人累计孵化企业数 9.万名就业人员专利申请数 10.科学研究和技术服务业平均工资比较系数 11.万人吸纳技术成交额 12.有R&D活动的企业占比重 13.万人R&D研究人员数 14.基础研究人员投入强度指数 15.企业R&D研究人员占比重 16.R&D经费支出与GDP比值 17.基础研究经费投入强度指数 18.地方财政科技支出占地方财政支出比重 19.企业R&D经费支出占营业收入比重 20.企业技术获取和技术改造经费支出占企业营业收入比重 21.上市公司R&D经费投入强度指数 22.万人科技论文数 23.万人有效注册商标数 24.万人发明专利拥有量 25.每万人口高价值发明专利拥有量 26.万人输出技术成交额 27.万元GDP技术国际收入 28.高技术产业营业收入占工业营业收入比重 29.知识密集型服务业增加值占GDP比重 30.高技术产品出口额占商品出口额比重 31.新产品销售收入占营业收入比重 32.高技术产业劳动生产率 33.高技术产业利润率 34.知识密集型服务业劳动生产率 35.劳动生产率 36.资本生产率 37.综合能耗产出率 38.全要素生产率 39.装备制造业区位熵 40.环境质量指数 41.环境污染治理指数 42.万人移动互联网用户数 43.信息传输、软件和信息技术服务业增加值占GDP比重 44.电子商务销售额与GDP比值

图3-24 吉林三级评价指标与上年水平比较

劳动生产率低于上年0.59万元/人，位次下降了4位；综合能耗产出率减少了0.18元/千克标准煤，位次下降了2位；装备制造业营业收入比上年下降了17.65%，装备制造业区位熵下降了22.11个百分点，位次下降了2位。

社会生活信息化水平下降。移动互联网用户数比上年下降了1.01%，万人移动互联网用户数位次下降了4位；电子商务销售额与GDP比值位次仍排在全国第31位。

吉林创新发展主要指标及位次

总人口2348万人；地区生产总值13070.20亿元，居全国第26位；人均生产总值5.53万元，居全国第27位；知识密集型服务业增加值1924.39亿元，居全国第25位；规模以上工业企业营业收入13570.40亿元，居全国第24位；高新技术企业数3088个，居全国第22位；高新技术企业总收入8115.28亿元，居全国第22位。

R&D经费内部支出187.28亿元，居全国第25位，与生产总值比值1.43%，居全国第20位；R&D经费中基础研究经费支出23.95亿元，居全国第21位；企业R&D经费内部支出92.60亿元，居全国第25位；地方财政科技支出22.38亿元，居全国第29位。

大专以上学历人数435.68万人，居全国第25位；R&D人员数4.89万人年，居全国第23位；R&D人员中基础研究人员数1.47万人年，居全国第12位；企业R&D人员数1.53万人年，居全国第25位。

高技术产品出口额6.15亿美元，居全国第28位；技术市场输出技术成交额36.95亿元，居全国第26位；发明专利拥有量2.64万件，居全国第21位；移动互联网用户数2429.80万户，居全国第26位。

科技企业孵化器数95个，居全国第21位；科技企业孵化器在孵企业数3702个，居全国第21位；科技企业孵化器累计毕业企业数2751个，居全国第21位。

表3-7 吉林各级评价指标和位次与上年比较

指标名称	评价值		位次	
	上年	当年	上年	当年
科技创新环境	63.50	62.44	17	19
科技人力资源	82.52	80.87	14	15
万人研究与试验发展（R&D）人员数	20.02	19.55	19	20
十万人博士毕业生数	8.15	9.51	6	4
万人大专以上学历人数	2083.66	1917.48	8	14
万人高等学校在校学生数	425.72	467.92	4	3
十万人创新中介从业人员数	3.92	4.03	12	11
科研物质条件	68.69	68.29	8	9
每名R&D人员仪器和设备支出	3.24	2.73	13	18
科学研究和技术服务业固定资产占比重	1.69	1.91	8	9
十万人累计孵化企业数	10.46	10.99	16	16
科技意识	32.95	32.02	28	31
万名就业人员专利申请数	30.90	33.82	21	18
科学研究和技术服务业平均工资比较系数	76.48	77.92	26	27
万人吸纳技术成交额	963.37	806.87	29	31
有R&D活动的企业占比重	13.29	13.31	29	28
科技活动投入	51.54	49.62	19	20
科技活动人力投入	86.70	86.46	14	15
万人R&D研究人员数	13.24	13.26	15	16
基础研究人员投入强度指数	0.90	0.87	3	3
企业R&D研究人员占比重	21.36	20.57	27	26
科技活动财力投入	36.47	33.83	21	25
R&D经费支出与GDP比值	1.39	1.43	20	20
基础研究经费投入强度指数	0.23	0.15	7	12
地方财政科技支出占地方财政支出比重	1.04	0.55	24	29
企业R&D经费支出占营业收入比重	0.58	0.68	27	23
企业技术获取和技术改造经费支出占企业营业收入比重	0.75	0.45	3	8
上市公司R&D经费投入强度指数	0.02	0.02	18	18
科技活动产出	44.56	44.15	19	22
科技活动产出水平	56.02	65.65	17	17
万人科技论文数	3.72	3.74	10	10
万人有效注册商标数	122.06	142.33	22	22
万人发明专利拥有量	8.55	10.55	17	17
每万人口高价值发明专利拥有量	2.17	3.35	17	17
技术成果市场化	27.37	11.91	23	28
万人输出技术成交额	477.14	159.09	22	29
万元GDP技术国际收入	0.88	0.99	17	17
高新技术产业化	59.82	59.37	23	24
高新技术产业化水平	27.93	25.45	25	26
高技术产业营业收入占工业营业收入比重	5.56	6.27	25	24
知识密集型服务业增加值占GDP比重	14.87	14.72	12	11
高技术产品出口额占商品出口额比重	11.26	8.18	23	27
新产品销售收入占营业收入比重	20.09	16.04	13	15
高新技术产业化效益	91.72	93.29	8	4
高技术产业劳动生产率	119.90	119.52	19	24
高技术产业利润率	24.47	20.79	3	2
知识密集型服务业劳动生产率	60.95	63.91	24	26
科技促进经济社会发展	71.54	69.56	8	13
经济发展方式转变	62.82	58.21	7	12
劳动生产率	11.80	11.21	17	21
资本生产率	0.22	0.22	23	23
综合能耗产出率	20.23	20.05	14	16
全要素生产率	1.47	0.89	28	30
装备制造业区位熵	161.90	139.80	3	5
环境改善	77.03	78.51	27	25
环境质量指数	63.76	64.74	13	9
环境污染治理指数	80.35	81.95	27	25
社会生活信息化	81.64	81.93	13	16
万人移动互联网用户数	9670.52	9705.84	19	23
信息传输、软件和信息技术服务业增加值占GDP比重	4.26	4.41	5	5
电子商务销售额与GDP比值	0.04	0.05	31	31

黑龙江科技创新分析

全省科技系统深入贯彻习近平总书记重要讲话重要指示精神，全面落实省委省政府的部署要求，着力提升科技创新体系服务产业体系的整体效能，制发落实《黑龙江省推进科技创新体系建设方案》《新时代龙江创新发展60条》《黑龙江省加快形成新质生产力行动方案（2023—2026年）》等系列政策，为龙江高质量发展可持续振兴注入了澎湃动力。在今年的报告中，黑龙江综合科技创新水平指数为56.17%，仍排在全国第20位，得分与上年相比，提高了2.73个百分点。

一、创新人力投入进一步增加

R&D人员数比上年增长了17.06%，万人研究与试验发展（R&D）人员数增加了2.74人年；R&D研究人员数增长了14.53%，万人R&D研究人员数增加了1.67人年；高等学校博士毕业生数增长了26.32%，十万人博士毕业生数增加了1.75人，位次上升了1位；高等学校在校生数增长了7.39%，万人高等学校在校学生数增加了29.80人，位次上升了2位。

二、科研物质条件保持全国第三

仪器和设备支出比上年增长了29.29%，每名R&D人员仪器和设备支出位次上升了3位；科学研究和技术服务业固定资产投资增长了12.13%，占全社会固定资产比重位次保持在全国第1位；科技企业孵化器累计毕业企业数增长了4.96%，十万人累计孵化企业数增加了0.79个。

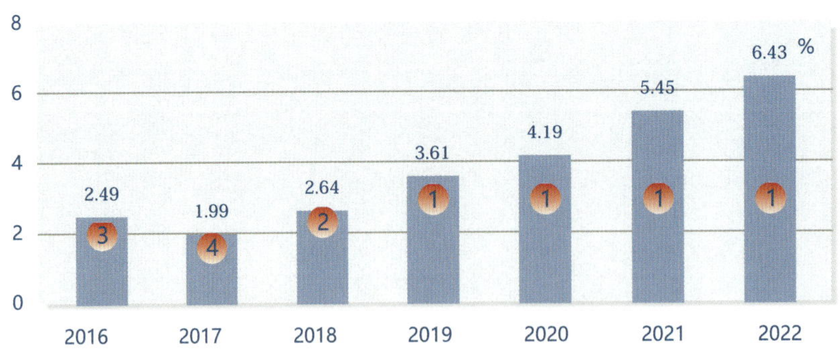

图3-25 科学研究和技术服务业固定资产占比重及位次

三、政府科技投入力度有所加大

地方财政科技支出比上年增长了6.78%，占地方财政支出比重位次上升了1位。

企业创新财力投入持续减少。有R&D活动的企业占比重比上年下降了0.56个百分点，位次下降了1位；企业引进技术经费支出下降了16.80%，企业购买境内技术经费支出下降了15.82%，企业技术改造经费支出下降了21.94%，企业技术获取和技术改造经费支出下降了20.34%，占企业营业收入比重下降了0.07个百分点，位次下降了5位；上市公司R&D经费投入强度指数位次下降了1位。

技术市场输出技术放缓。技术市场输出技术成交额增长缓慢，万人输出技术成交额位次下降了2位。

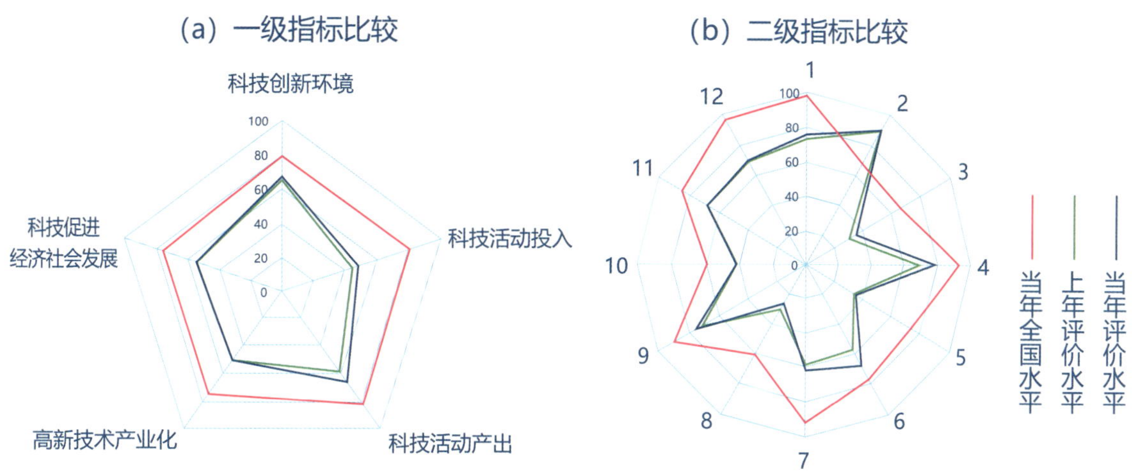

图3-26 黑龙江一、二级评价指标与上年水平和全国水平比较

图例：1. 科技人力资源　2. 科研物质条件　3. 科技意识　4. 科技活动人力投入
5. 科技活动财力投入　6. 科技活动产出水平　7. 技术成果市场化　8. 高新技术产业化水平
9. 高新技术产业化效益　10. 经济发展方式转变　11. 环境改善　12. 社会生活信息化

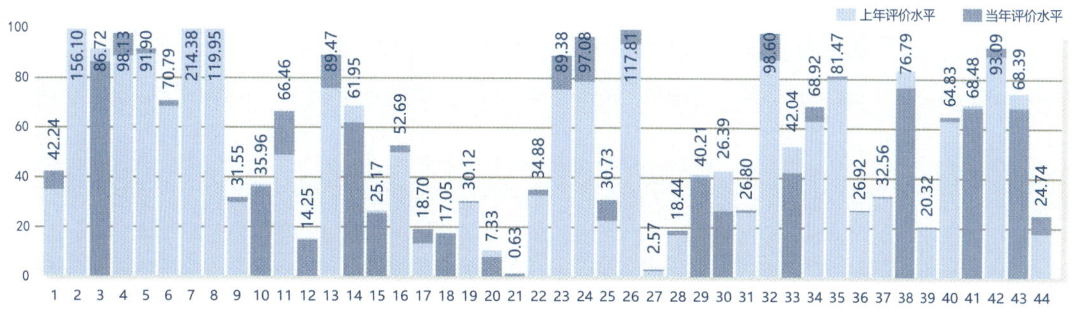

1.万人研究与试验发展（R&D）人员数　2.十万人博士毕业生数　3.万人大专以上学历人数　4.万人高等学校在校学生数　5.十万人创新中介从业人员数　6.每名R&D人员仪器和设备支出　7.科学研究和技术服务业固定资产占比重　8.十万人累计孵化企业数　9.万名就业人员专利申请数　10.科学研究和技术服务业平均工资比较系数　11.万人吸纳技术成交额　12.有R&D活动的企业占比重　13.万人R&D研究人员数　14.基础研究人员投入强度指数　15.企业R&D研究人员占比重　16.R&D经费支出与GDP比值　17.基础研究经费投入强度指数　18.地方财政科技支出占地方财政支出比重　19.企业R&D经费支出占营业收入比重　20.企业技术获取和技术改造经费支出占企业营业收入比重　21.上市公司R&D经费投入强度指数　22.万人科技论文数　23.万人有效注册商标数　24.万人发明专利拥有量　25.每万人口高价值发明专利拥有量　26.万人输出技术成交额　27.万元GDP技术国际收入　28.高技术产业营业收入占工业营业收入比重　29.知识密集型服务业增加值占GDP比重　30.高技术产品出口额占商品出口额比重　31.新产品销售收入占营业收入比重　32.高技术产业劳动生产率　33.高技术产业利润率　34.知识密集型服务业劳动生产率　35.劳动生产率　36.资本生产率　37.综合能耗产出率　38.全要素生产率　39.装备制造业区位熵　40.环境质量指数　41.环境污染治理指数　42.万人移动互联网用户数　43.信息传输、软件和信息技术服务业增加值占GDP比重　44.电子商务销售额与GDP比值

图3-27 黑龙江三级评价指标与上年水平比较

高技术产业发展有待提高。知识密集型服务业增加值占GDP比重比上年下降了0.26个百分点，位次下降至全国第29位；知识密集型服务业劳动生产率排在全国第28位；高技术产品出口额下降了27.21%，占商品出口额比重下降了6.46个百分点，位次下降了8位；新产品销售收入占营业收入比重位次下降了4位；高技术产业利润总额下降了5.49%，高技术产业利润率下降了1.58个百分点，位次下降了3位。

环境改善较差。环境污染治理指数位次仍排在全国第30位。

社会生活信息化水平下降。信息传输、软件和信息技术服务业增加值比上年下降了1.87%，占GDP比重减少了0.21个百分点，位次下降了3位；电子商务销售额与GDP比值位次仍排在全国第30位。

黑龙江创新发展主要指标及位次

总人口3099万人；地区生产总值15901.00亿元，居全国第25位；人均生产总值5.11万元，居全国第30位；知识密集型服务业增加值1918.23亿元，居全国第26位；规模以上工业企业营业收入13015.23亿元，居全国第25位；高新技术企业数3599个，居全国第21位；高新技术企业总收入3877.66亿元，居全国第25位。

R&D经费内部支出217.79亿元，居全国第22位，与生产总值比值1.37%，居全国第21位；R&D经费中基础研究经费支出28.71亿元，居全国第17位；企业R&D经费内部支出98.00亿元，居全国第24位；地方财政科技支出46.47亿元，居全国第26位。

大专以上学历人数523.75万人，居全国第21位；R&D人员数5.69万人年，居全国第22位；R&D人员中基础研究人员数1.34万人年，居全国第14位；企业R&D人员数1.85万人年，居全国第24位。

高技术产品出口额8.58亿美元，居全国第26位；技术市场输出技术成交额460.18亿元，居全国第18位；发明专利拥有量3.93万件，居全国第18位；移动互联网用户数3136.90万户，居全国第22位。

科技企业孵化器数183个，居全国第13位；科技企业孵化器在孵企业数5608个，居全国第15位；科技企业孵化器累计毕业企业数4042个，居全国第18位。

表3-8 黑龙江各级评价指标和位次与上年比较

指标名称	评价值		位次	
	上年	当年	上年	当年
科技创新环境	64.99	67.22	15	15
科技人力资源	72.61	75.06	17	19
万人研究与试验发展（R&D）人员数	14.16	16.90	22	22
十万人博士毕业生数	6.06	7.80	8	7
万人大专以上学历人数	1838.18	1734.49	16	20
万人高等学校在校学生数	313.64	343.44	17	15
十万人创新中介从业人员数	2.71	2.76	18	19
科研物质条件	89.15	89.78	3	3
每名R&D人员仪器和设备支出	4.14	4.25	9	6
科学研究和技术服务业固定资产占比重	5.45	6.43	1	1
十万人累计孵化企业数	11.21	12.00	14	14
科技意识	30.68	34.22	30	29
万名就业人员专利申请数	30.09	31.55	22	22
科学研究和技术服务业平均工资比较系数	73.59	71.91	27	28
万人吸纳技术成交额	788.11	1063.39	30	29
有R&D活动的企业占比重	14.81	14.25	25	26
科技活动投入	43.62	47.13	21	21
科技活动人力投入	66.96	76.98	20	17
万人R&D研究人员数	9.96	11.63	17	17
基础研究人员投入强度指数	0.69	0.62	4	4
企业R&D研究人员占比重	18.34	17.62	28	28
科技活动财力投入	33.62	34.34	22	24
R&D经费支出与GDP比值	1.31	1.37	21	21
基础研究经费投入强度指数	0.13	0.19	14	10
地方财政科技支出占地方财政支出比重	0.85	0.85	27	26
企业R&D经费支出占营业收入比重	0.75	0.75	22	21
企业技术获取和技术改造经费支出占企业营业收入比重	0.25	0.18	20	25
上市公司R&D经费投入强度指数	0.01	0.01	25	26
科技活动产出	57.25	64.69	15	15
科技活动产出水平	56.90	67.14	16	16
万人科技论文数	3.30	3.49	12	12
万人有效注册商标数	114.33	134.08	26	24
万人发明专利拥有量	9.53	11.65	16	16
每万人口高价值发明专利拥有量	2.75	3.69	16	16
技术成果市场化	57.77	61.03	15	17
万人输出技术成交额	1135.88	1413.67	15	17
万元GDP技术国际收入	0.24	0.26	25	24
高新技术产业化	50.07	50.02	29	31
高新技术产业化水平	28.95	24.63	23	28
高技术产业营业收入占工业营业收入比重	5.15	5.53	27	26
知识密集型服务业增加值占GDP比重	12.33	12.06	26	29
高技术产品出口额占商品出口额比重	17.01	10.56	17	25
新产品销售收入占营业收入比重	10.58	10.72	21	25
高新技术产业化效益	71.19	75.41	29	29
高技术产业劳动生产率	114.80	128.18	23	19
高技术产业利润率	7.88	6.31	20	23
知识密集型服务业劳动生产率	44.37	48.24	28	28
科技促进经济社会发展	55.31	55.44	28	28
经济发展方式转变	41.50	41.87	20	21
劳动生产率	10.49	10.59	24	24
资本生产率	0.27	0.27	17	17
综合能耗产出率	13.58	13.68	22	22
全要素生产率	1.50	1.15	27	28
装备制造业区位熵	40.11	40.64	21	23
环境改善	68.45	67.75	30	30
环境质量指数	63.65	64.83	14	8
环境污染治理指数	69.65	68.48	30	30
社会生活信息化	69.40	69.54	29	30
万人移动互联网用户数	9004.70	9309.25	26	25
信息传输、软件和信息技术服务业增加值占GDP比重	2.61	2.39	18	21
电子商务销售额与GDP比值	0.05	0.07	30	30

上海科技创新分析

全市上下深入学习贯彻习近平总书记考察上海重要讲话精神，在新征程中加快国际科技创新中心建设；深化基础研究先行区建设，聚焦前沿交叉领域开展高风险高价值研究；聚焦国家重大需求和城市重要使命，加快集聚战略科技人才、海外高层次人才和顶尖人才团队，创新能力不断增强。在今年的报告中，上海综合科技创新水平指数达到89.20%，排在全国第2位。

一、科技人力资源全国领先

万人研究与试验发展（R&D）人员数、万人R&D研究人员数、基础研究人员投入强度指数、十万人博士毕业生数、万人大专以上学历人数均保持在全国第2位；十万人创新中介从业人员数排在全国第3位。

二、科技活动产出水平位居全国前列

技术国际收入比上年增长了10.47%，占到全国近1/3（32.74%），万元GDP技术国际收入增加了4.43美元，保持在全国第1位；发明专利拥有量增长了17.43%，万人发明专利拥有量增加了11.78件，排在全国第2位；高价值发明专利拥有量增长了18.92%，每万人口高价值发明专利拥有量增加了6.35件，排在全国第2位；技术市场输出技术成交额增长了52.06%，万人输出技术成交额增加了4625.24万元，排在全国第3位。

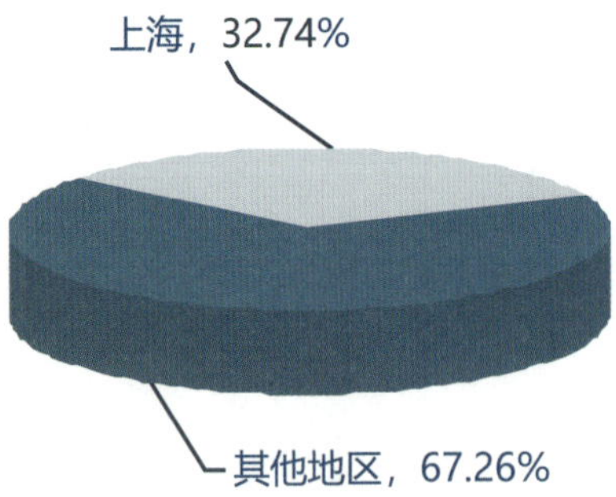

图3-28 技术国际收入占全国比重

三、社会生活信息化水平保持全国领先

电子商务销售额与GDP比值排在全国第1位；万人移动互联网用户数，信息传输、软件和信息技术服务业增加值占GDP比重均保持在全国第2位。

高等学校在校生数增长缓慢，万人高等学校在校学生数位次继上年下降3位后再次下降3位。

政府科技投入减少。地方财政科技支出比上年下降了8.62%，占地方财政支出比重减少了0.90个百分点，位次继上年下降2位后再次下降2位。

仪器和设备支出比上年下降了31.79%，每名R&D人员仪器和设备支出减少了2.74万元，位次下降了5位；十万人累计孵化企业数位次下降了1位。

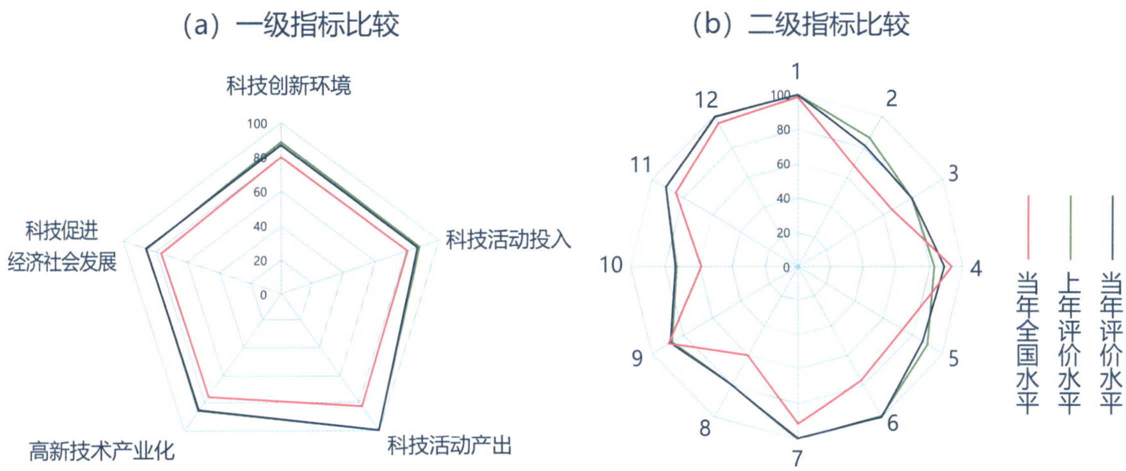

图3-29 上海一、二级评价指标与上年水平和全国水平比较

图例：1．科技人力资源　2．科研物质条件　3．科技意识　4．科技活动人力投入
5．科技活动财力投入　6．科技活动产出水平　7．技术成果市场化　8．高新技术产业化水平
9．高新技术产业化效益　10．经济发展方式转变　11．环境改善　12．社会生活信息化

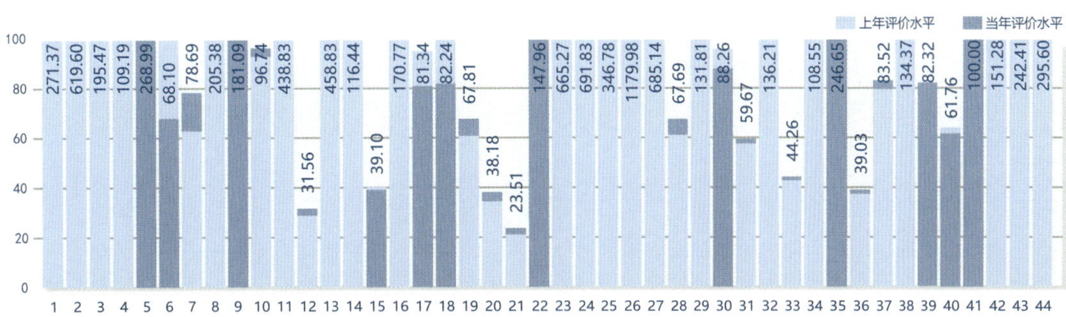

1.万人研究与试验发展（R&D）人员数　2.十万人博士毕业生数　3.万人大专以上学历人数　4.万人高等学校在校学生数　5.十万人创新中介从业人员数　6.每名R&D人员仪器和设备支出　7.科学研究和技术服务业固定资产占比重　8.十万人累计孵化企业数　9.万名就业人员专利申请数　10.科学研究和技术服务业平均工资比较系数　11.万人吸纳技术成交额　12.有R&D活动的企业占比重　13.万人R&D研究人员数　14.基础研究人员投入强度指数　15.企业R&D研究人员占比重　16.R&D经费支出与GDP比值　17.基础研究经费投入强度指数　18.地方财政科技支出占地方财政支出比重　19.企业R&D经费支出占营业收入比重　20.企业技术获取和技术改造经费支出占企业营业收入比重　21.上市公司R&D经费投入强度指数　22.万人科技论文数　23.万人有效注册商标数　24.万人发明专利拥有量　25.每万人口高价值发明专利拥有量　26.万人输出技术成交额　27.万元GDP技术国际收入　28.高技术产业营业收入占工业营业收入比重　29.知识密集型服务业增加值占GDP比重　30.高技术产品出口额占商品出口额比重　31.新产品销售收入占营业收入比重　32.高技术产业劳动生产率　33.高技术产业利润率　34.知识密集型服务业劳动生产率　35.劳动生产率　36.资本生产率　37.综合能耗产出率　38.全要素生产率　39.装备制造业区位熵　40.环境质量指数　41.环境污染治理指数　42.万人移动互联网用户数　43.信息传输、软件和信息技术服务业增加值占GDP比重　44.电子商务销售额与GDP比值

图3-30 上海三级评价指标与上年水平比较

企业创新活力需进一步提升。有R&D活动的企业占比重位次排在全国第13位；企业R&D经费支出占营业收入比重位次下降至全国第8位；新产品销售收入占营业收入比重仍排在全国第10位；高技术产业营业收入占工业营业收入比重位次下降了2位；高技术产品出口额占商品出口额比重仍排在全国第7位；企业R&D研究人员占比重位次仍然比较靠后，排在全国第21位。

高新技术产业化效益持续下降。高技术产业劳动生产率和知识密集型服务业劳动生产率位次均比上年下降了1位；高技术产业利润率位次排在全国第22位。

环境质量指数比上年下降了2.48个百分点，位次下降了7位。

上海创新发展主要指标及位次

总人口2475万人；地区生产总值44652.80亿元，居全国第11位；人均生产总值17.99万元，居全国第2位；知识密集型服务业增加值17657.65亿元，居全国第4位；规模以上工业企业营业收入45185.62亿元，居全国第11位；高新技术企业数23323个，居全国第6位；高新技术企业总收入43663.81亿元，居全国第6位。

R&D经费内部支出1981.58亿元，居全国第6位，与生产总值比值4.44%，居全国第2位；R&D经费中基础研究经费支出180.59亿元，居全国第3位；企业R&D经费内部支出765.99亿元，居全国第10位；地方财政科技支出386.25亿元，居全国第7位。

大专以上学历人数934.80万人，居全国第12位；R&D人员数26.41万人年，居全国第6位；R&D人员中基础研究人员数3.96万人年，居全国第3位；企业R&D人员数10.10万人年，居全国第13位。

高技术产品出口额903.21亿美元，居全国第3位；技术市场输出技术成交额3870.73亿元，居全国第3位；发明专利拥有量20.20万件，居全国第5位；移动互联网用户数3680.07万户，居全国第18位。

科技企业孵化器数204个，居全国第10位；科技企业孵化器在孵企业数8279个，居全国第11位；科技企业孵化器累计毕业企业数4996个，居全国第13位。

表3-9 上海各级评价指标和位次与上年比较

指标名称	评价值 上年	评价值 当年	位次 上年	位次 当年
科技创新环境	89.43	88.06	3	3
科技人力资源	100.00	100.00	1	1
万人研究与试验发展（R&D）人员数	97.56	108.55	2	2
十万人博士毕业生数	27.09	30.98	2	2
万人大专以上学历人数	3864.56	3909.33	2	2
万人高等学校在校学生数	380.57	382.16	7	10
十万人创新中介从业人员数	8.16	8.07	3	3
科研物质条件	87.23	81.37	4	4
每名R&D人员仪器和设备支出	6.82	4.09	2	7
科学研究和技术服务业固定资产占比重	1.91	2.36	7	6
十万人累计孵化企业数	18.07	20.54	6	7
科技意识	77.53	78.82	4	3
万名就业人员专利申请数	195.03	181.09	2	2
科学研究和技术服务业平均工资比较系数	187.62	193.49	1	1
万人吸纳技术成交额	5326.91	7021.27	3	2
有R&D活动的企业占比重	29.24	31.56	14	13
科技活动投入	87.22	86.60	5	5
科技活动人力投入	82.06	88.43	15	13
万人R&D研究人员数	54.03	59.65	2	2
基础研究人员投入强度指数	1.12	1.16	2	2
企业R&D研究人员占比重	28.14	27.37	21	21
科技活动财力投入	89.43	85.81	2	5
R&D经费支出与GDP比值	4.21	4.44	2	2
基础研究经费投入强度指数	0.96	0.81	3	2
地方财政科技支出占地方财政支出比重	5.01	4.11	5	7
企业R&D经费支出占营业收入比重	1.54	1.70	7	8
企业技术获取和技术改造经费支出占企业营业收入比重	0.87	0.95	2	1
上市公司R&D经费投入强度指数	0.21	0.24	3	3
科技活动产出	100.00	100.00	1	1
科技活动产出水平	100.00	100.00	1	1
万人科技论文数	15.47	14.80	2	2
万人有效注册商标数	877.02	997.90	2	2
万人发明专利拥有量	71.24	83.02	2	2
每万人口高价值发明专利拥有量	35.26	41.61	2	2
技术成果市场化	100.00	100.00	1	1
万人输出技术成交额	9534.58	14159.81	3	3
万元GDP技术国际收入	64.08	68.51	1	1
高新技术产业化	84.59	84.60	3	4
高新技术产业化水平	80.52	80.35	4	4
高技术产业营业收入占工业营业收入比重	18.53	20.31	6	8
知识密集型服务业增加值占GDP比重	37.48	39.54	2	2
高技术产品出口额占商品出口额比重	38.53	35.30	7	7
新产品销售收入占营业收入比重	23.29	23.87	10	10
高新技术产业化效益	88.66	88.85	14	16
高技术产业劳动生产率	169.46	177.07	5	6
高技术产业利润率	6.50	6.64	27	22
知识密集型服务业劳动生产率	72.82	75.98	14	15
科技促进经济社会发展	85.99	86.61	2	2
经济发展方式转变	74.12	75.51	2	2
劳动生产率	32.72	32.06	2	1
资本生产率	0.38	0.39	5	5
综合能耗产出率	33.79	35.08	2	2
全要素生产率	3.10	2.36	5	10
装备制造业区位熵	164.78	164.64	2	1
环境改善	92.85	92.35	3	2
环境质量指数	64.23	61.76	10	17
环境污染治理指数	100.00	100.00	1	1
社会生活信息化	100.00	100.00	1	1
万人移动互联网用户数	14981.78	15128.41	2	2
信息传输、软件和信息技术服务业增加值占GDP比重	7.85	8.48	2	2
电子商务销售额与GDP比值	0.67	0.89	2	1

江苏科技创新分析

江苏省科技系统紧扣打造具有全球影响力的产业科技创新中心和深化科技及人才发展体制机制改革“一号工程”两大主线，坚持“四个面向”，深化“四链融合”，着力激发“从0到1”的原始创新潜能，增添“从1到100”的工程化产业化动能，汇聚“从100到10000”的放量突变势能，勇当我国科技和产业创新开路先锋。在今年的报告中，江苏综合科技创新水平指数达到84.69%，排在全国第4位，比上年上升1位，得分与上年相比，提高了1.55个百分点。

一、基础研究投入力度加大

基础研究人员数比上年增长了11.13%，基础研究经费增长了17.04%，基础研究人员投入强度指数和基础研究经费投入强度指数位次均比上年上升了1位。

二、创新财力投入进一步提升

研发经费投入达到3835.43亿元，排在全国第2位，比上年增长了11.54%，占全国比重达到12.46%；企业R&D经费内部支出达到2993.68亿元，增长了10.20%，排在全国第2位，占全国比重高达15.46%，企业R&D经费投入强度排在全国第2位。

三、创新人力资源充足

R&D人员规模达到82.47万人年，占全国比重达到12.98%，其中，企业R&D人员数占到全国的15.56%，企业R&D研究人员数占到全国的16.22%，均排在全国第2位。

四、有R&D活动的企业全国最多

江苏的工业企业中，有50%以上的企业有R&D活动，占到全国近1/5（17.99%）。

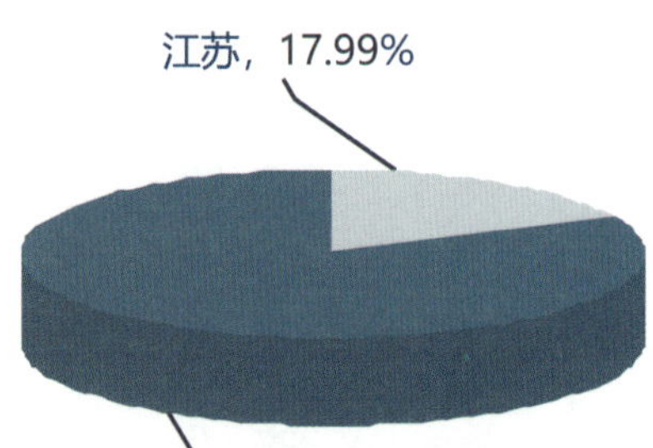

图3-31 有R&D活动的企业占比重

五、知识密集型服务业劳动生产率保持全国第一

知识密集型服务业增加值比上年增长了9.56%，知识密集型服务业劳动生产率提高了12.00万元/人，位次保持在全国第1位。

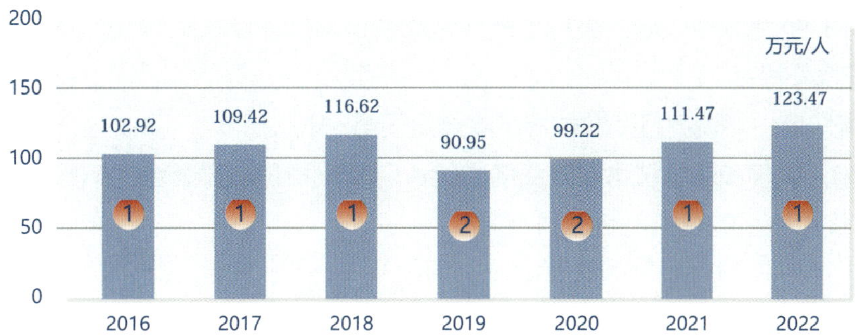

图3-32 知识密集型服务业劳动生产率及位次

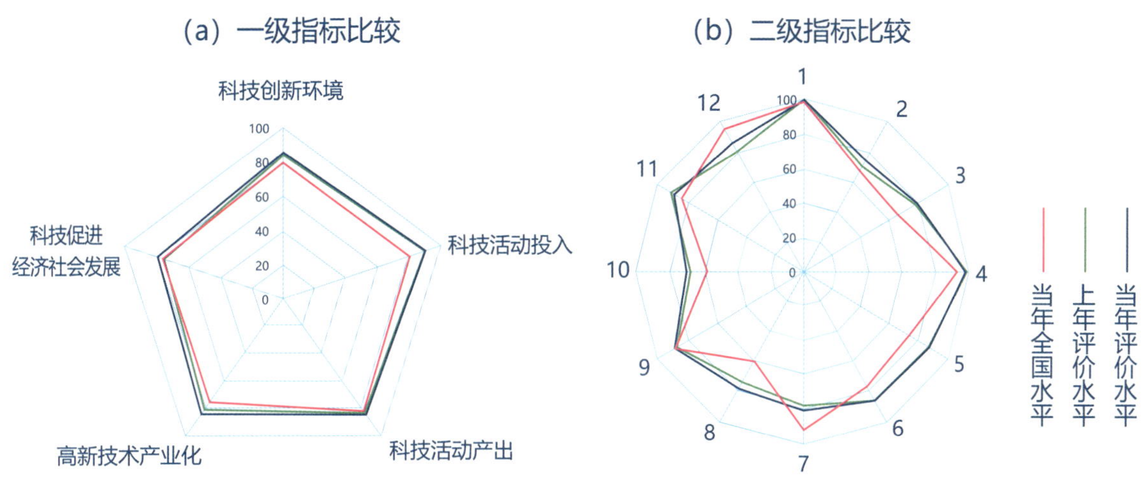

图3-33 江苏一、二级评价指标与上年水平和全国水平比较

图例：1．科技人力资源　2．科研物质条件　3．科技意识　4．科技活动人力投入
5．科技活动财力投入　6．科技活动产出水平　7．技术成果市场化　8．高新技术产业化水平
9．高新技术产业化效益　10．经济发展方式转变　11．环境改善　12．社会生活信息化

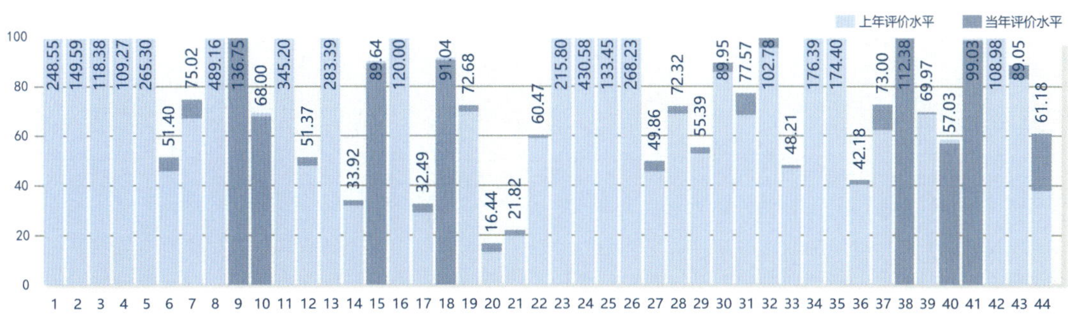

1.万人研究与试验发展（R&D）人员数　2.十万人博士毕业生数　3.万人大专以上学历人数　4.万人高等学校在校学生数　5.十万人创新中介从业人员数　6.每名R&D人员仪器和设备支出
7.科学研究和技术服务业固定资产占比重　8.十万人累计孵化企业数　9.万名就业人员专利申请数　10.科学研究和技术服务业平均工资比较系数　11.万人吸纳技术成交额　12.有R&D活动的企业占比重
13.万人R&D研究人员数　14.基础研究人员投入强度指数　15.企业R&D研究人员占比重　16.R&D经费支出与GDP比值　17.基础研究经费投入强度指数　18.地方财政科技支出占地方财政支出比重
19.企业R&D经费支出占营业收入比重　20.企业技术获取和技术改造经费支出占企业营业收入比重　21.上市公司R&D经费投入强度指数　22.万人科技论文数　23.万人有效注册商标数　24.万人发明专利拥有量
25.每万人口高价值发明专利拥有量　26.万人输出技术成交额　27.万元GDP技术国际收入　28.高技术产业营业收入占工业营业收入比重　29.知识密集型服务业增加值占GDP比重　30.高技术产品出口额占商品出口额比重　31.新产品销售收入占营业收入比重　32.高技术产业劳动生产率　33.高技术产业利润率　34.知识密集型服务业劳动生产率　35.劳动生产率　36.资本生产率　37.综合能耗产出率
38.全要素生产率　39.装备制造业区位熵　40.环境质量指数　41.环境污染治理指数　42.万人移动互联网用户数　43.信息传输、软件和信息技术服务业增加值占GDP比重　44.电子商务销售额与GDP比值

图3-34 江苏三级评价指标与上年水平比较

技术市场输出技术成交额增长缓慢，万人输出技术成交额位次比上年下降了2位。

高新技术产业化效益较低。高技术产业劳动生产率排在全国第17位；高技术产业利润率排在全国第21位。

环境质量较差，环境质量指数位次下降至全国第24位。

信息传输、软件和信息技术服务业增加值占GDP比重位次排在全国第13位，电子商务销售额与GDP比值位次排在全国第14位。

江苏创新发展主要指标及位次

总人口8515万人；地区生产总值122875.60亿元，居全国第2位；人均生产总值14.44万元，居全国第3位；知识密集型服务业增加值20418.75亿元，居全国第3位；规模以上工业企业营业收入164753.25亿元，居全国第2位；高新技术企业数44700个，居全国第2位；高新技术企业总收入77463.06亿元，居全国第2位。

R&D经费内部支出3835.43亿元，居全国第2位，与生产总值比值3.12%，居全国第5位；R&D经费中基础研究经费支出158.79亿元，居全国第4位；企业R&D经费内部支出2993.68亿元，居全国第2位；地方财政科技支出678.32亿元，居全国第3位。

大专以上学历人数1928.93万人，居全国第2位；R&D人员数82.47万人年，居全国第2位；R&D人员中基础研究人员数3.77万人年，居全国第4位；企业R&D人员数65.59万人年，居全国第2位。

高技术产品出口额1868.45亿美元，居全国第2位；技术市场输出技术成交额2986.78亿元，居全国第7位；发明专利拥有量42.86万件，居全国第3位；移动互联网用户数9039.37万户，居全国第4位。

科技企业孵化器数1150个，居全国第1位；科技企业孵化器在孵企业数42144个，居全国第1位；科技企业孵化器累计毕业企业数40575个，居全国第1位。

表3-10 江苏各级评价指标和位次与上年比较

指标名称	评价值 上年	评价值 当年	位次 上年	位次 当年
科技创新环境	84.52	85.98	4	4
科技人力资源	100.00	100.00	1	1
万人研究与试验发展（R&D）人员数	91.80	99.42	4	4
十万人博士毕业生数	6.68	7.48	7	8
万人大专以上学历人数	2265.81	2367.60	5	4
万人高等学校在校学生数	364.72	382.44	10	9
十万人创新中介从业人员数	7.71	7.96	4	4
科研物质条件	69.91	74.25	7	6
每名R&D人员仪器和设备支出	2.78	3.08	20	15
科学研究和技术服务业固定资产占比重	2.03	2.25	6	7
十万人累计孵化企业数	42.51	48.92	2	2
科技意识	78.49	79.01	2	2
万名就业人员专利申请数	144.29	136.75	5	5
科学研究和技术服务业平均工资比较系数	139.39	136.00	6	6
万人吸纳技术成交额	3090.18	5523.28	8	4
有R&D活动的企业占比重	48.51	51.37	3	2
科技活动投入	89.76	90.07	2	3
科技活动人力投入	97.56	97.37	2	2
万人R&D研究人员数	33.65	36.84	4	4
基础研究人员投入强度指数	0.32	0.34	13	12
企业R&D研究人员占比重	63.51	62.75	2	2
科技活动财力投入	86.42	86.94	4	4
R&D经费支出与GDP比值	2.95	3.12	5	5
基础研究经费投入强度指数	0.29	0.32	6	5
地方财政科技支出占地方财政支出比重	4.60	4.55	6	5
企业R&D经费支出占营业收入比重	1.77	1.82	1	2
企业技术获取和技术改造经费支出占企业营业收入比重	0.34	0.41	13	11
上市公司R&D经费投入强度指数	0.20	0.22	5	4
科技活动产出	82.92	83.68	5	5
科技活动产出水平	85.91	86.16	5	5
万人科技论文数	5.97	6.05	5	5
万人有效注册商标数	283.69	323.70	6	6
万人发明专利拥有量	42.39	51.67	3	3
每万人口高价值发明专利拥有量	14.45	16.01	5	5
技术成果市场化	78.45	79.94	8	7
万人输出技术成交额	2863.95	3218.72	7	9
万元GDP技术国际收入	4.61	4.99	8	7
高新技术产业化	81.43	83.92	5	5
高新技术产业化水平	74.74	78.20	6	6
高技术产业营业收入占工业营业收入比重	20.92	21.70	5	5
知识密集型服务业增加值占GDP比重	16.02	16.62	7	7
高技术产品出口额占商品出口额比重	34.71	35.98	9	6
新产品销售收入占营业收入比重	27.70	31.03	6	6
高新技术产业化效益	88.12	89.64	18	14
高技术产业劳动生产率	125.50	133.62	18	17
高技术产业利润率	7.13	7.23	23	21
知识密集型服务业劳动生产率	111.47	123.47	1	1
科技促进经济社会发展	76.89	79.82	7	6
经济发展方式转变	69.43	70.94	5	4
劳动生产率	21.81	22.67	5	4
资本生产率	0.41	0.42	4	4
综合能耗产出率	26.46	30.66	7	4
全要素生产率	3.03	2.52	7	5
装备制造业区位熵	139.21	139.94	5	4
环境改善	91.63	90.63	7	9
环境质量指数	58.79	57.03	23	24
环境污染治理指数	99.84	99.03	5	5
社会生活信息化	81.24	87.86	14	9
万人移动互联网用户数	10630.95	10897.52	10	9
信息传输、软件和信息技术服务业增加值占GDP比重	2.94	3.12	14	13
电子商务销售额与GDP比值	0.12	0.18	18	14

浙江科技创新分析

全省科技系统深入实施“八八战略”，强力推进“创新深化”和“315”科技创新体系建设工程，科创平台质效得到新提升、关键技术攻关涌现新成果、企业主体培育取得新成效、成果转化机制实现新突破、科技人才集聚构筑新高地、开放创新生态呈现新面貌。在今年的报告中，浙江综合科技创新水平指数达到81.33%，仍排在全国第6位，得分与上年相比，提高了0.40个百分点。

一、政府科技投入力度持续加大

地方财政科技支出比上年增长了17.68%，占地方财政支出比重提高了0.41个百分点，位次上升至全国第3位。

二、企业产品创新能力保持全国第一

全省有R&D活动的企业占到全国的14.16%，占全省规模以上工业企业比重达到44.23%，新产品销售收入增长了11.90%，占营业收入比重保持在全国第1位。

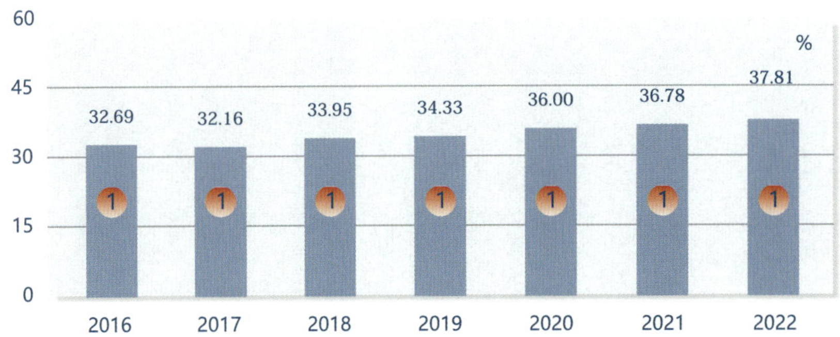

图3-35 新产品销售收入占营业收入比重及位次

三、基础研究经费投入大幅提升

基础研究经费支出比上年增长了71.35%，基础研究经费投入强度指数提高了0.14个百分点，位次上升了11位。

四、科技意识全国最高

科学研究和技术服务业平均工资比上年增长了5.54%，科学研究和技术服务业平均工资比较系数位次上升了1位。

仪器和设备支出比上年下降了2.96%，每名R&D人员仪器和设备支出位次下降了7位；科学研究和技术服务业固定资产占比重排在全国第11位。

基础研究人员投入较为薄弱，基础研究人员投入强度指数排在全国第22位。

企业消化吸收经费支出下降了38.29%，企业技术获取和技术改造经费支出占企业营业收入比重位次排在全国第16位；上市公司R&D经费支出增长缓慢，上市公司R&D经费投入强度指数位次下降了1位。

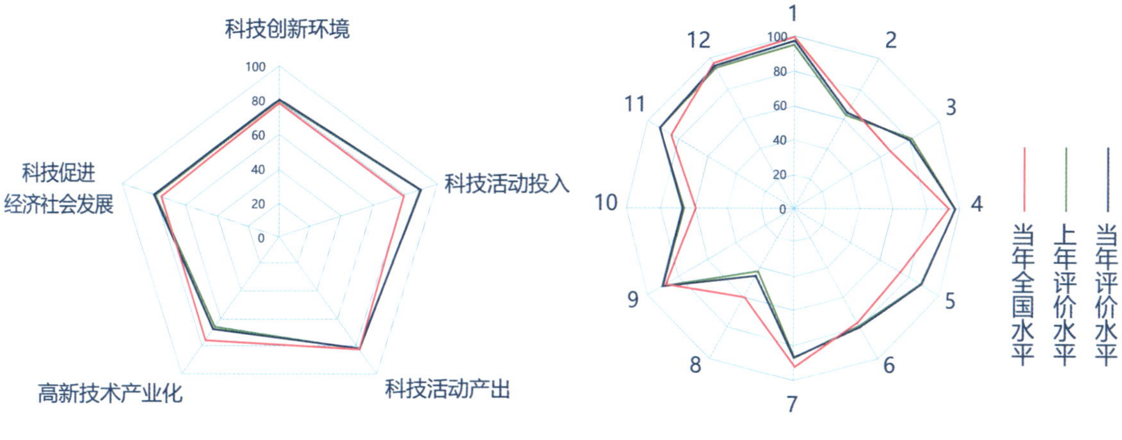

图3-36 浙江一、二级评价指标与上年水平和全国水平比较

图例：1. 科技人力资源　2. 科研物质条件　3. 科技意识　4. 科技活动人力投入
5. 科技活动财力投入　6. 科技活动产出水平　7. 技术成果市场化　8. 高新技术产业化水平
9. 高新技术产业化效益　10. 经济发展方式转变　11. 环境改善　12. 社会生活信息化

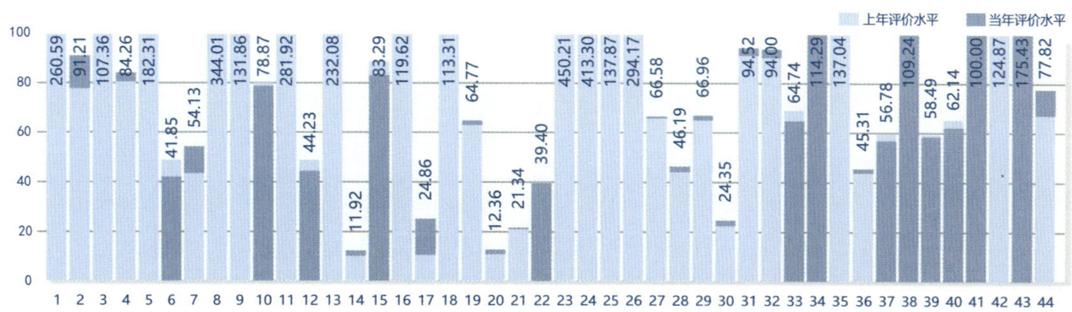

1.万人研究与试验发展（R&D）人员数　2.十万人博士毕业生数　3.万人大专以上学历人数　4.万人高等学校在校学生数　5.十万人创新中介从业人员数　6.每名R&D人员仪器和设备支出　7.科学研究和技术服务业固定资产占比重　8.十万人累计孵化企业数　9.万名就业人员专利申请数　10.科学研究和技术服务业平均工资比较系数　11.万人吸纳技术成交额　12.有R&D活动的企业占比重　13.万人R&D研究人员数　14.基础研究人员投入强度指数　15.企业R&D研究人员占比重　16.R&D经费支出与GDP比值　17.基础研究经费投入强度指数　18.地方财政科技支出占地方财政支出比重　19.企业R&D经费支出占营业收入比重　20.企业技术获取和技术改造经费支出占企业营业收入比重　21.上市公司R&D经费投入强度指数　22.万人科技论文数　23.万人有效注册商标数　24.万人发明专利拥有量　25.每万人口高价值发明专利拥有量　26.万人输出技术成交额　27.万元GDP技术国际收入　28.高技术产业营业收入占工业营业收入比重　29.知识密集型服务业增加值占GDP比重　30.高技术产品出口额占商品出口额比重　31.新产品销售收入占营业收入比重　32.高技术产业劳动生产率　33.高技术产业利润率　34.知识密集型服务业劳动生产率　35.劳动生产率　36.资本生产率　37.综合能耗产出率　38.全要素生产率　39.装备制造业区位熵　40.环境质量指数　41.环境污染治理指数　42.万人移动互联网用户数　43.信息传输、软件和信息技术服务业增加值占GDP比重　44.电子商务销售额与GDP比值

图3-37 浙江三级评价指标与上年水平比较

高等学校在校生数增长缓慢，万人高等学校在校学生数位次仍排在全国第26位。

高新技术产业发展缓慢。高技术产业营业收入占工业营业收入比重位次比上年下降了4位；高技术产品出口额占商品出口额比重位次排在全国第26位；高技术产业劳动生产率位次下降至全国第22位；知识密集型服务业劳动生产率位次下降了5位。

环境质量有所下降，环境质量指数比上年下降了3.18个百分点，位次下降了8位。

浙江创新发展主要指标及位次

总人口6577万人；地区生产总值77715.40亿元，居全国第4位；人均生产总值11.85万元，居全国第6位；知识密集型服务业增加值15612.05亿元，居全国第5位；规模以上工业企业营业收入109188.45亿元，居全国第3位；高新技术企业数35202个，居全国第3位；高新技术企业总收入66775.63亿元，居全国第3位。

R&D经费内部支出2416.77亿元，居全国第4位，与生产总值比值3.11%，居全国第6位；R&D经费中基础研究经费支出110.26亿元，居全国第5位；企业R&D经费内部支出1768.06亿元，居全国第3位；地方财政科技支出680.89亿元，居全国第2位。

大专以上学历人数1346.24万人，居全国第6位；R&D人员数64.23万人年，居全国第3位；R&D人员中基础研究人员数1.97万人年，居全国第8位；企业R&D人员数51.92万人年，居全国第3位。

高技术产品出口额502.54亿美元，居全国第5位；技术市场输出技术成交额2435.07亿元，居全国第10位；发明专利拥有量30.56万件，居全国第4位；移动互联网用户数7694.25万户，居全国第6位。

科技企业孵化器数580个，居全国第3位；科技企业孵化器在孵企业数20732个，居全国第3位；科技企业孵化器累计毕业企业数21197个，居全国第4位。

表3-11 浙江各级评价指标和位次与上年比较

指标名称	评价值 上年	评价值 当年	位次 上年	位次 当年
科技创新环境	80.52	81.24	5	5
科技人力资源	94.01	96.11	7	8
万人研究与试验发展（R&D）人员数	94.94	104.24	3	3
十万人博士毕业生数	3.92	4.56	11	10
万人大专以上学历人数	2020.03	2147.18	10	7
万人高等学校在校学生数	284.05	294.92	26	26
十万人创新中介从业人员数	4.94	5.47	7	6
科研物质条件	62.37	63.59	13	13
每名R&D人员仪器和设备支出	2.92	2.51	18	25
科学研究和技术服务业固定资产占比重	1.31	1.62	12	11
十万人累计孵化企业数	30.85	34.40	3	3
科技意识	80.68	79.04	1	1
万名就业人员专利申请数	128.70	131.86	6	6
科学研究和技术服务业平均工资比较系数	160.55	157.73	4	3
万人吸纳技术成交额	3183.95	4510.73	6	6
有R&D活动的企业占比重	48.74	44.23	2	4
科技活动投入	89.75	89.85	3	4
科技活动人力投入	97.00	95.94	3	3
万人R&D研究人员数	27.27	30.17	5	5
基础研究人员投入强度指数	0.10	0.12	24	22
企业R&D研究人员占比重	62.25	58.30	3	3
科技活动财力投入	86.64	87.24	3	3
R&D经费支出与GDP比值	2.94	3.11	6	6
基础研究经费投入强度指数	0.11	0.25	18	7
地方财政科技支出占地方财政支出比重	5.25	5.67	4	3
企业R&D经费支出占营业收入比重	1.59	1.62	5	9
企业技术获取和技术改造经费支出占企业营业收入比重	0.27	0.31	19	16
上市公司R&D经费投入强度指数	0.21	0.21	4	5
科技活动产出	81.95	81.93	6	6
科技活动产出水平	78.92	78.79	6	6
万人科技论文数	3.98	3.94	8	8
万人有效注册商标数	606.49	675.31	3	3
万人发明专利拥有量	41.32	49.60	4	4
每万人口高价值发明专利拥有量	14.64	16.54	4	4
技术成果市场化	86.51	86.63	6	6
万人输出技术成交额	2766.43	3530.10	8	8
万元GDP技术国际收入	6.63	6.66	6	6
高新技术产业化	66.50	67.46	17	15
高新技术产业化水平	42.74	44.36	17	16
高技术产业营业收入占工业营业收入比重	13.35	13.86	11	15
知识密集型服务业增加值占GDP比重	19.65	20.09	5	5
高技术产品出口额占商品出口额比重	9.04	9.74	26	26
新产品销售收入占营业收入比重	36.78	37.81	1	1
高新技术产业化效益	90.26	90.55	11	11
高技术产业劳动生产率	118.38	122.20	20	22
高技术产业利润率	10.38	9.71	11	11
知识密集型服务业劳动生产率	91.28	80.00	7	12
科技促进经济社会发展	80.20	80.72	5	5
经济发展方式转变	67.01	66.82	6	6
劳动生产率	16.98	17.82	8	7
资本生产率	0.44	0.45	2	2
综合能耗产出率	25.12	23.85	8	10
全要素生产率	3.15	2.53	4	2
装备制造业区位熵	118.61	116.99	7	7
环境改善	93.06	92.43	2	1
环境质量指数	65.32	62.14	8	16
环境污染治理指数	100.00	100.00	1	1
社会生活信息化	93.52	95.56	5	6
万人移动互联网用户数	12349.64	12487.09	4	4
信息传输、软件和信息技术服务业增加值占GDP比重	6.43	6.14	3	3
电子商务销售额与GDP比值	0.20	0.23	7	7

安徽科技创新分析

全省科技系统在省委、省政府坚强领导下，奋力拼搏，坚定下好创新“先手棋”，扎实推进高水平创新型省份建设，科技创新工作取得明显成效，区域创新能力进一步提升。在今年的报告中，安徽综合科技创新水平指数为75.85%，保持全国第9位，得分与上年相比，提高了2.95个百分点。

一、创新财力投入持续提升

R&D经费内部支出比上年增长了14.55%，与GDP比值提高了0.22个百分点，位次上升了1位；基础研究经费增长了39.90%，基础研究经费投入强度指数上升了1位；企业R&D经费内部支出增长了11.03%，占营业收入比重提高了0.13个百分点；企业技术获取和技术改造经费支出增长了8.99%，占企业营业收入比重位次上升了1位。

政府科技投入力度加大。地方财政科技支出比上年增长了21.98%，占地方财政支出比重提高了0.58个百分点，位次保持在全国第2位、中部地区第1位。

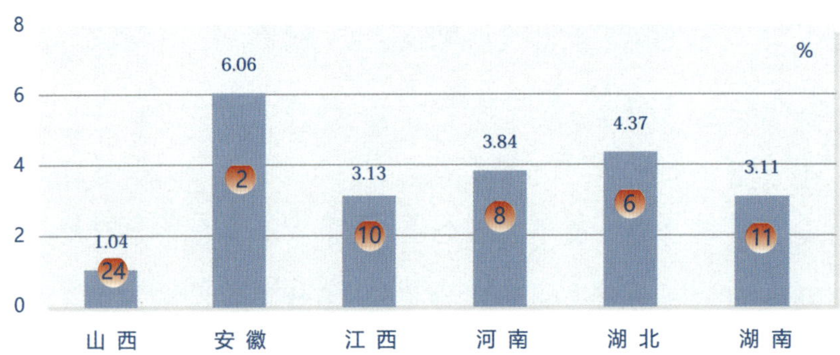

图3-38 中部地区地方财政科技支出占地方财政支出比重及位次

二、高新技术产业化水平进一步提高

新产品销售收入比上年增长了16.41%，占营业收入比重提高了4.32个百分点，位次保持在全国第2位、中部地区第1位；高技术产品出口额比上年增长了6.70%，占商品出口额比重位次上升了2位；知识密集型服务业增加值增长了16.25%，占GDP比重提高了1.38个百分点，位次上升了7位。

三、科研物质条件改善明显

仪器和设备支出比上年增长了32.44%，每名R&D人员仪器和设备支出位次上升了6位；科技企业孵化器累计毕业企业数增长了25.36%，十万人累计孵化企业数位次上升了2位。

四、科技意识不断增强

科学研究和技术服务业平均工资比上年增长了11.68%，科学研究和技术服务业平均工资比较系数提高了10.08个百分点，位次上升了2位；技术市场吸纳技术成交额增长了41.88%，万人吸纳技术成交额增加了1167.44万元，位次上升了1位；有R&D活动的企业数增长了14.45%，有R&D活动的企业占比重位次上升了4位。

科技人力资源不足。万人大专以上学历人数、万人高等学校在校学生数位次分别下降至第21位和第19位；十万人创新中介从业人员数位次虽然有所上升，但仍然比较靠后，排在全国第21位。

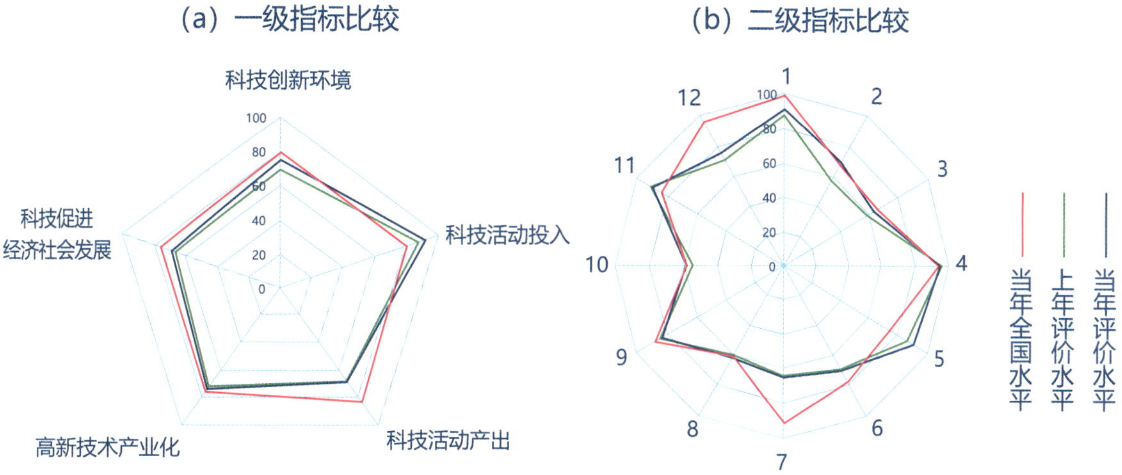

图3-39 安徽一、二级评价指标与上年水平和全国水平比较

图例：1. 科技人力资源　2. 科研物质条件　3. 科技意识　4. 科技活动人力投入　5. 科技活动财力投入　6. 科技活动产出水平　7. 技术成果市场化　8. 高新技术产业化水平　9. 高新技术产业化效益　10. 经济发展方式转变　11. 环境改善　12. 社会生活信息化

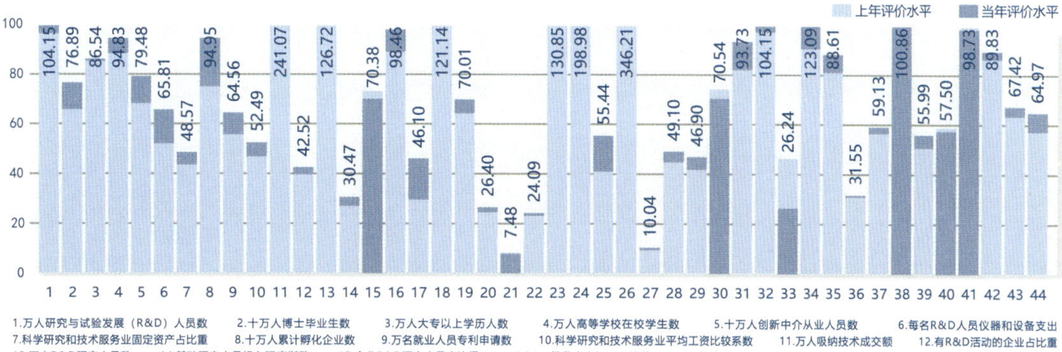

1.万人研究与试验发展（R&D）人员数　2.十万人博士毕业生数　3.万人大专以上学历人数　4.万人高等学校在校学生数　5.十万人创新中介从业人员数　6.每名R&D人员仪器和设备支出　7.科学研究和技术服务业固定资产占比重　8.十万人累计孵化企业数　9.万名就业人员专利申请数　10.科学研究和技术服务业平均工资比较系数　11.万人吸纳技术成交额　12.有R&D活动的企业占比重　13.万人R&D研究人员数　14.基础研究人员投入强度指数　15.企业R&D研究人员占比重　16.R&D经费支出与GDP比值　17.基础研究经费投入强度指数　18.地方财政科技支出占地方财政支出比重　19.企业R&D经费支出占营业收入比重　20.企业技术获取和技术改造经费支出占企业营业收入比重　21.上市公司R&D经费投入强度指数　22.万人科技论文数　23.万人有效注册商标数　24.万人发明专利拥有量　25.每万人口高价值发明专利拥有量　26.万人输出技术成交额　27.万元GDP技术国际收入　28.高技术产业营业收入占工业营业收入比重　29.知识密集型服务业增加值占GDP比重　30.高技术产品出口额占商品出口额比重　31.新产品销售收入占营业收入比重　32.高技术产业劳动生产率　33.高技术产业利润率　34.知识密集型服务业劳动生产率　35.劳动生产率　36.资本生产率　37.综合能耗产出率　38.全要素生产率　39.装备制造业区位熵　40.环境质量指数　41.环境污染治理指数　42.万人移动互联网用户数　43.信息传输、软件和信息技术服务业增加值占GDP比重　44.电子商务销售额与GDP比值

图3-40 安徽三级评价指标与上年水平比较

高新技术产业化效益有待提升。高技术产业利润总额比上年下降了36.77%，高技术产业利润率减少了3.01个百分点，位次下降了4位；高技术产业劳动生产率位次排在全国第16位。

环境质量指数较差，仍排在全国第22位。

社会生活信息化水平较低。万人移动互联网用户数仍排在全国第29位；信息传输、软件和信息技术服务业增加值占GDP比重排在全国第23位；电子商务销售额与GDP比值位次比上年下降了2位。

安徽创新发展主要指标及位次

总人口6127万人；地区生产总值45045.00亿元，居全国第10位；人均生产总值7.36万元，居全国第14位；知识密集型服务业增加值6338.29亿元，居全国第11位；规模以上工业企业营业收入46889.51亿元，居全国第9位；高新技术企业数15131个，居全国第8位；高新技术企业总收入24477.66亿元，居全国第9位。

R&D经费内部支出1152.51亿元，居全国第10位，与生产总值比值2.56%，居全国第7位；R&D经费中基础研究经费支出103.68亿元，居全国第6位；企业R&D经费内部支出820.65亿元，居全国第8位；地方财政科技支出507.56亿元，居全国第4位。

大专以上学历人数997.95万人，居全国第11位；R&D人员数25.25万人年，居全国第9位；R&D人员中基础研究人员数1.98万人年，居全国第7位；企业R&D人员数18.08万人年，居全国第6位。

高技术产品出口额201.30亿美元，居全国第10位；技术市场输出技术成交额2875.45亿元，居全国第8位；发明专利拥有量14.47万件，居全国第7位；移动互联网用户数5444.24万户，居全国第9位。

科技企业孵化器数253个，居全国第8位；科技企业孵化器在孵企业数8504个，居全国第10位；科技企业孵化器累计毕业企业数5754个，居全国第12位。

表3-12 安徽各级评价指标和位次与上年比较

指标名称	评价值		位次	
	上年	当年	上年	当年
科技创新环境	69.49	75.83	12	10
科技人力资源	87.41	91.23	13	12
万人研究与试验发展（R&D）人员数	38.92	41.66	11	10
十万人博士毕业生数	3.32	3.84	14	13
万人大专以上学历人数	1724.52	1730.87	20	21
万人高等学校在校学生数	312.32	331.90	18	19
十万人创新中介从业人员数	2.07	2.38	23	21
科研物质条件	56.63	68.52	17	8
每名R&D人员仪器和设备支出	3.16	3.95	14	8
科学研究和技术服务业固定资产占比重	1.32	1.46	11	12
十万人累计孵化企业数	7.59	9.49	24	22
科技意识	58.45	62.62	11	10
万名就业人员专利申请数	56.37	64.56	9	9
科学研究和技术服务业平均工资比较系数	94.89	104.97	14	12
万人吸纳技术成交额	2689.67	3857.11	9	8
有R&D活动的企业占比重	40.15	42.52	9	5
科技活动投入	87.40	90.66	4	2
科技活动人力投入	94.24	93.68	7	7
万人R&D研究人员数	15.60	16.47	12	12
基础研究人员投入强度指数	0.27	0.30	14	14
企业R&D研究人员占比重	51.47	49.27	9	9
科技活动财力投入	84.46	89.36	5	2
R&D经费支出与GDP比值	2.34	2.56	8	7
基础研究经费投入强度指数	0.30	0.46	5	4
地方财政科技支出占地方财政支出比重	5.48	6.06	2	2
企业R&D经费支出占营业收入比重	1.62	1.75	4	6
企业技术获取和技术改造经费支出占企业营业收入比重	0.62	0.66	6	5
上市公司R&D经费投入强度指数	0.08	0.07	7	9
科技活动产出	65.98	66.99	12	13
科技活动产出水平	67.40	68.98	13	14
万人科技论文数	2.36	2.41	22	21
万人有效注册商标数	167.31	196.28	11	11
万人发明专利拥有量	20.14	23.88	7	7
每万人口高价值发明专利拥有量	4.99	6.65	9	10
技术成果市场化	63.84	64.02	12	14
万人输出技术成交额	2555.44	4154.58	9	6
万元GDP技术国际收入	0.96	1.00	15	16
高新技术产业化	72.07	73.58	12	10
高新技术产业化水平	59.04	61.92	12	10
高技术产业营业收入占工业营业收入比重	13.60	14.73	10	11
知识密集型服务业增加值占GDP比重	12.69	14.07	24	17
高技术产品出口额占商品出口额比重	29.77	28.22	14	12
新产品销售收入占营业收入比重	33.18	37.49	2	2
高新技术产业化效益	85.09	85.25	20	21
高技术产业劳动生产率	127.50	135.40	16	16
高技术产业利润率	6.94	3.94	25	29
知识密集型服务业劳动生产率	64.06	86.16	21	10
科技促进经济社会发展	66.52	69.52	15	14
经济发展方式转变	55.07	58.76	14	9
劳动生产率	10.65	11.52	23	19
资本生产率	0.31	0.32	11	11
综合能耗产出率	23.98	24.83	10	9
全要素生产率	3.16	2.52	3	4
装备制造业区位熵	102.47	111.98	9	8
环境改善	91.55	90.49	8	10
环境质量指数	58.87	57.50	22	22
环境污染治理指数	99.72	98.73	6	6
社会生活信息化	72.14	75.90	24	21
万人移动互联网用户数	8728.25	8983.38	29	29
信息传输、软件和信息技术服务业增加值占GDP比重	2.24	2.36	25	23
电子商务销售额与GDP比值	0.17	0.19	10	12

福建科技创新分析

全省上下深入实施创新驱动发展战略和新时代人才强省战略，推进教育、科技、人才一体化综合改革，强化企业科技创新主体地位，建设高水平创新型省份。在今年的报告中，福建综合科技创新水平指数为67.77%，仍排在全国第14位，得分与上年相比，提高了1.70个百分点。

一、企业创新能力提升

有R&D活动的企业数比上年增长了4.44%，有R&D活动的企业占比重位次上升了2位；上市公司R&D经费投入强度指数位次上升了2位；高技术产业营业收入增长了9.15%，占工业营业收入比重提高了3.55个百分点，位次上升了3位；新产品销售收入占营业收入比重位次上升了3位。

二、知识密集型服务业劳动生产率居全国第二

知识密集型服务业增加值比上年增长了11.99%，占GDP比重位次上升了3位；知识密集型服务业劳动生产率提高了19.05万元/人，位次上升至全国第2位。

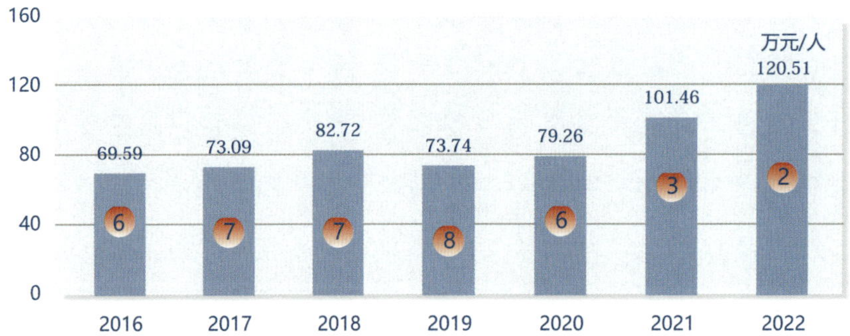

图3-41 知识密集型服务业劳动生产率及位次

三、科技活动产出水平进一步提升

有效注册商标数比上年增长了14.50%，万人有效注册商标数增加了65.90件，位次保持在全国第5位。SCI收录科技论文数增长了9.40%，发明专利拥有量增长了20.77%，高价值发明专利拥有量增长了47.89%，每万人口高价值发明专利拥有量位次上升了2位。

四、环境改善明显

环境改善指数上升至全国第3位，主要因为固体废物综合治理率比上年提高了1.15个百分点，环境污染治理指数位次上升了2位。

政府科技投入减少。地方财政科技支出比上年下降了1.36%，占地方财政支出比重减少了0.29个百分点。

基础研究较为薄弱。基础研究人员投入强度指数仍排在全国第29位；基础研究经费投入强度指数仍排在全国第24位。

企业创新人力投入下降。企业R&D研究人员数比上年下降了0.59%，企业R&D研究人员占比重位次下降了2位。

技术成果转移转化不理想。技术市场吸纳技术成交额增长缓慢，万人吸纳技术成交额位次比上年下降了6位；技术国际收入比上年下降了6.26%，万元GDP技术国际收入位次下降了1位。

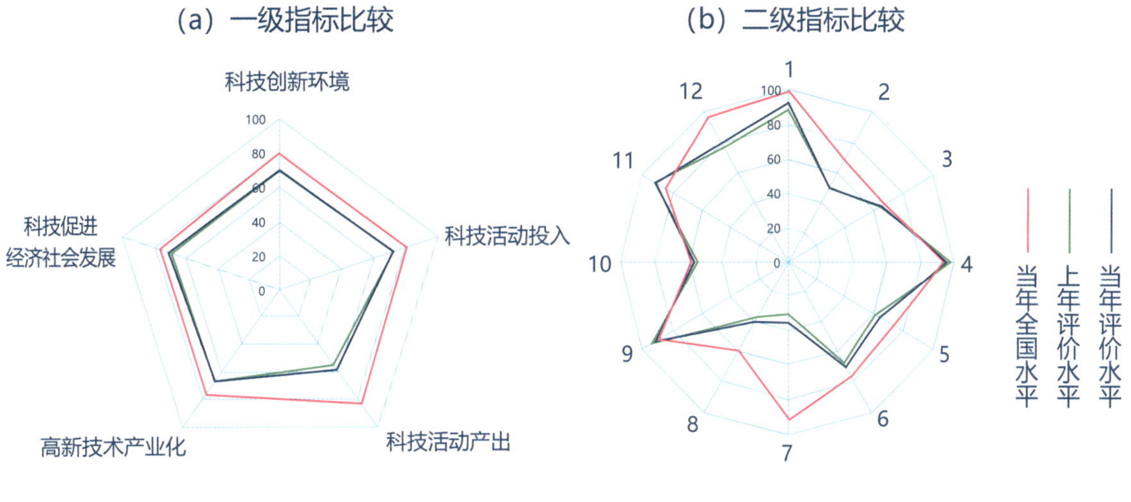

图3-42 福建一、二级评价指标与上年水平和全国水平比较

图例：1．科技人力资源　2．科研物质条件　3．科技意识　4．科技活动人力投入　5．科技活动财力投入　6．科技活动产出水平　7．技术成果市场化　8．高新技术产业化水平　9．高新技术产业化效益　10．经济发展方式转变　11．环境改善　12．社会生活信息化

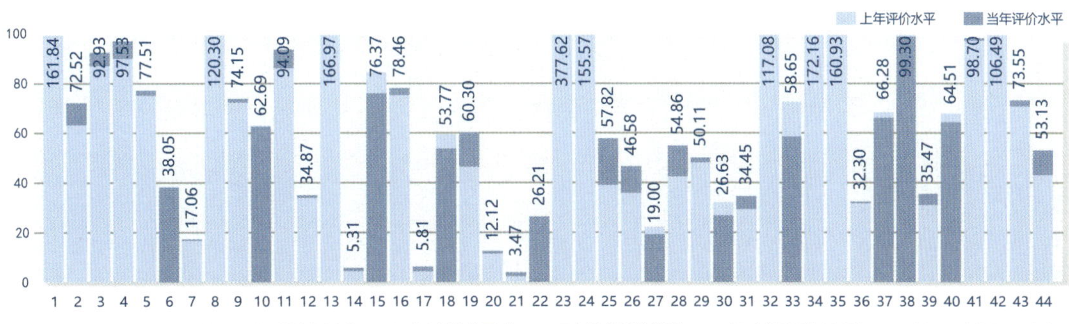

图3-43 福建三级评价指标与上年水平比较

高技术产品出口额比上年下降了9.34%，占商品出口额比重位次下降了3位；高技术产业利润总额下降了12.15%，高技术产业利润率减少了2.13个百分点，位次下降了3位。

科研物质条件有待改善。仪器和设备支出增长缓慢，每名R&D人员仪器和设备支出位次下降了2位；科学研究和技术服务业固定资产占比重位次排在全国第27位；十万人累计孵化企业数位次下降了1位。

社会生活信息化水平下降。万人移动互联网用户数位次比上年下降了1位；电子商务销售额与GDP比值位次下降了2位。

福建创新发展主要指标及位次

总人口4188万人；地区生产总值53109.90亿元，居全国第8位；人均生产总值12.68万元，居全国第4位；知识密集型服务业增加值7983.39亿元，居全国第10位；规模以上工业企业营业收入56291.83亿元，居全国第5位；高新技术企业数12019个，居全国第13位；高新技术企业总收入14625.63亿元，居全国第15位。

R&D经费内部支出1082.13亿元，居全国第12位，与生产总值比值2.04%，居全国第15位；R&D经费中基础研究经费支出35.65亿元，居全国第14位；企业R&D经费内部支出848.59亿元，居全国第6位；地方财政科技支出153.00亿元，居全国第13位。

大专以上学历人数732.06万人，居全国第15位；R&D人员数26.03万人年，居全国第8位；R&D人员中基础研究人员数0.84万人年，居全国第23位；企业R&D人员数19.38万人年，居全国第5位。

高技术产品出口额193.95亿美元，居全国第12位；技术市场输出技术成交额259.52亿元，居全国第21位；发明专利拥有量7.51万件，居全国第12位；移动互联网用户数4281.84万户，居全国第13位。

科技企业孵化器数142个，居全国第15位；科技企业孵化器在孵企业数4243个，居全国第19位；科技企业孵化器累计毕业企业数4837个，居全国第15位。

表3-13 福建各级评价指标和位次与上年比较

指标名称	评价值 上年	评价值 当年	位次 上年	位次 当年
科技创新环境	69.22	71.21	13	13
科技人力资源	89.26	93.01	10	10
万人研究与试验发展（R&D）人员数	59.24	64.74	7	7
十万人博士毕业生数	3.20	3.63	15	16
万人大专以上学历人数	1760.35	1858.59	17	17
万人高等学校在校学生数	318.53	341.37	15	17
十万人创新中介从业人员数	2.28	2.33	20	22
科研物质条件	49.42	49.29	24	24
每名R&D人员仪器和设备支出	2.31	2.28	26	28
科学研究和技术服务业固定资产占比重	0.51	0.51	28	27
十万人累计孵化企业数	11.27	12.03	12	13
科技意识	62.30	64.06	8	8
万名就业人员专利申请数	73.18	74.15	7	7
科学研究和技术服务业平均工资比较系数	126.15	125.38	8	8
万人吸纳技术成交额	1394.14	1505.39	18	24
有R&D活动的企业占比重	34.36	34.87	12	10
科技活动投入	71.44	72.67	11	11
科技活动人力投入	96.18	94.56	5	5
万人R&D研究人员数	19.87	21.71	8	8
基础研究人员投入强度指数	0.05	0.05	29	29
企业R&D研究人员占比重	59.43	53.46	4	6
科技活动财力投入	60.83	63.29	12	13
R&D经费支出与GDP比值	1.98	2.04	15	15
基础研究经费投入强度指数	0.04	0.06	24	24
地方财政科技支出占地方财政支出比重	2.98	2.69	12	12
企业R&D经费支出占营业收入比重	1.17	1.51	11	11
企业技术获取和技术改造经费支出占企业营业收入比重	0.29	0.30	17	18
上市公司R&D经费投入强度指数	0.02	0.03	15	13
科技活动产出	53.12	56.19	16	16
科技活动产出水平	68.13	69.96	12	11
万人科技论文数	2.62	2.62	18	19
万人有效注册商标数	500.54	566.43	5	5
万人发明专利拥有量	15.64	18.67	10	11
每万人口高价值发明专利拥有量	4.75	6.94	11	9
技术成果市场化	30.60	35.55	21	22
万人输出技术成交额	435.48	558.96	23	22
万元GDP技术国际收入	2.21	1.90	10	11
高新技术产业化	66.61	66.39	15	17
高新技术产业化水平	38.64	41.05	18	18
高技术产业营业收入占工业营业收入比重	12.90	16.46	13	10
知识密集型服务业增加值占GDP比重	14.60	15.03	13	10
高技术产品出口额占商品出口额比重	12.78	10.65	21	24
新产品销售收入占营业收入比重	11.89	13.78	19	16
高新技术产业化效益	94.58	91.73	3	6
高技术产业劳动生产率	139.59	152.21	11	11
高技术产业利润率	10.93	8.80	10	13
知识密集型服务业劳动生产率	101.46	120.51	3	2
科技促进经济社会发展	68.86	70.89	11	10
经济发展方式转变	55.93	58.20	11	13
劳动生产率	19.54	20.92	6	5
资本生产率	0.32	0.32	10	10
综合能耗产出率	28.76	27.84	5	5
全要素生产率	3.02	2.53	8	3
装备制造业区位熵	62.85	70.94	17	17
环境改善	92.20	91.86	5	3
环境质量指数	68.03	64.51	5	10
环境污染治理指数	98.24	98.70	9	7
社会生活信息化	77.34	80.05	18	19
万人移动互联网用户数	10434.03	10648.95	12	13
信息传输、软件和信息技术服务业增加值占GDP比重	2.50	2.57	20	19
电子商务销售额与GDP比值	0.13	0.16	15	17

江西科技创新分析

江西省科技系统按照省委“大抓落实年”活动的部署要求，突出问题导向和目标导向，深入实施科技兴赣六大行动，聚焦“以科技创新引领现代化产业体系建设”目标，坚持“科研即产业”的理念，统筹推进区域创新，打造江西科技创新新名片。在今年的报告中，江西综合科技创新水平指数为64.52%，仍排在全国第16位，得分与上年相比，提高了4.25个百分点，增幅排在全国第2位。

一、创新人力资源不断增加

高等学校在校生数比上年增长了10.81%，万人高等学校在校学生数位次保持在全国第5位；高等学校博士毕业生数增长了60.23%，十万人博士毕业生数位次上升了3位；万人R&D研究人员数和基础研究人员投入强度指数位次均比上年上升了1位。

二、创新财力投入力度进一步加大

地方财政科技支出比上年增长了8.28%，占地方财政支出比重提高了0.02个百分点，位次上升了1位;企业R&D经费内部支出增长了10.52%，占营业收入比重提高了0.21个百分点，位次上升了4位；企业引进技术经费支出增长了61.24%，企业技术获取和技术改造经费支出占企业营业收入比重位次上升了2位；基础研究经费投入强度指数位次上升了1位。

三、高新技术产业化稳步发展

高技术产业营业收入比上年增长了5.31%，占工业营业收入比重提高了3.30个百分点，位次上升至全国第6位、中部地区第1位；高技术产品出口额占商品出口额比重位次上升了1位；新产品销售收入增长了21.62%，占营业收入比重位次上升了4位；知识密集型服务业增加值增长了13.46%，占GDP比重位次上升了4位；知识密集型服务业劳动生产率上升至全国第3位；高技术产业利润总额增长了11.74%，高技术产业利润率位次上升了7位。

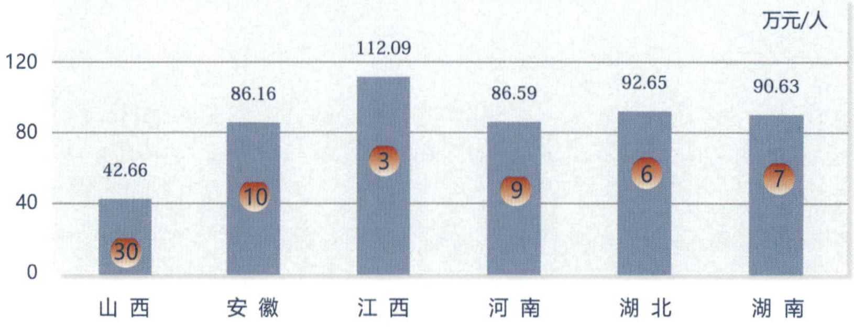

图3-44 中部地区知识密集型服务业劳动生产率及位次

四、专利产出水平进一步提高

发明专利拥有量比上年增长了35.63%，万人发明专利拥有量增加了1.82件，位次上升了4位；高价值发明专利拥有量增长了46.70%，每万人口高价值发明专利拥有量位次上升了3位。

五、科研物质条件有所改善

仪器和设备支出比上年增长了22.63%，每名R&D人员仪器和设备支出增加了0.45万元，位次上升了8位；科技企业孵化器累计毕业企业数增长了23.34%，十万人累计孵化企业数增加了1.79个，位次上升了2位。

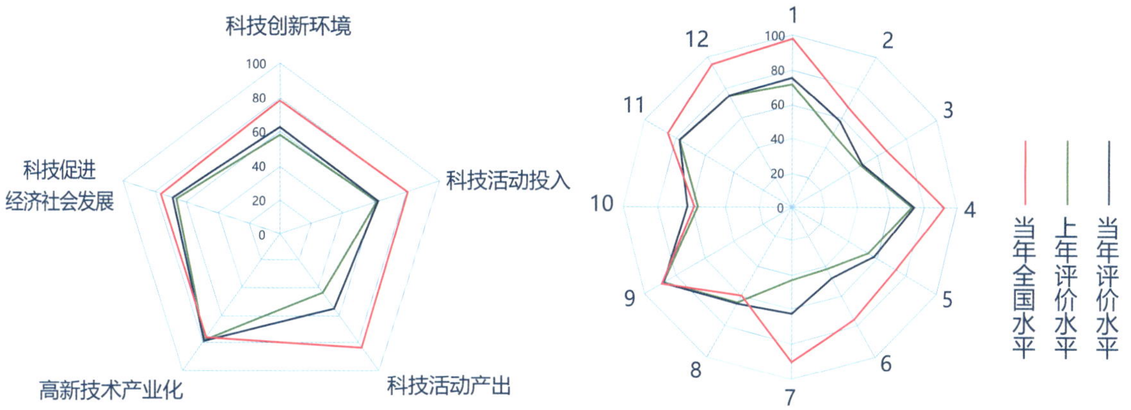

图3-45 江西一、二级评价指标与上年水平和全国水平比较

图例：1. 科技人力资源　2. 科研物质条件　3. 科技意识　4. 科技活动人力投入　5. 科技活动财力投入　6. 科技活动产出水平　7. 技术成果市场化　8. 高新技术产业化水平　9. 高新技术产业化效益　10. 经济发展方式转变　11. 环境改善　12. 社会生活信息化

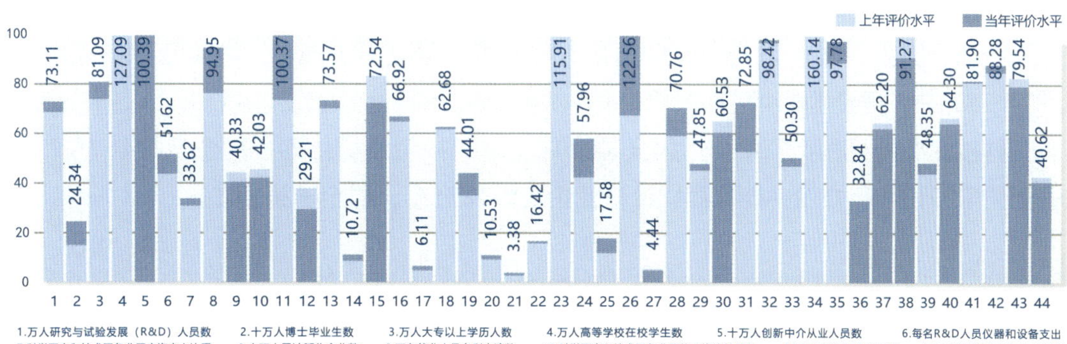

1.万人研究与试验发展（R&D）人员数　2.十万人博士毕业生数　3.万人大专以上学历人数　4.万人高等学校在校学生数　5.十万人创新中介从业人员数　6.每名R&D人员仪器和设备支出　7.科学研究和技术服务业固定资产占比重　8.十万人累计孵化企业数　9.万名就业人员专利申请数　10.科学研究和技术服务业平均工资比较系数　11.万人吸纳技术成交额　12.有R&D活动的企业占比重　13.万人R&D研究人员数　14.基础研究人员投入强度指数　15.企业R&D研究人员占比重　16.R&D经费支出与GDP比值　17.基础研究经费投入强度指数　18.地方财政科技支出占地方财政支出比重　19.企业R&D经费支出占营业收入比重　20.企业技术获取和技术改造经费支出占企业营业收入比重　21.上市公司R&D经费投入强度指数　22.万人科技论文数　23.万人有效注册商标数　24.万人发明专利拥有量　25.每万人口高价值发明专利拥有量　26.万人输出技术成交额　27.万元GDP技术国际收入　28.高技术产业营业收入占工业营业收入比重　29.知识密集型服务业增加值占GDP比重　30.高技术产品出口额占商品出口额比重　31.新产品销售收入占营业收入比重　32.高技术产业劳动生产率　33.高技术产业利润率　34.知识密集型服务业劳动生产率　35.劳动生产率　36.资本生产率　37.综合能耗产出率　38.全要素生产率　39.装备制造业区位熵　40.环境质量指数　41.环境污染治理指数　42.万人移动互联网用户数　43.信息传输、软件和信息技术服务业增加值占GDP比重　44.电子商务销售额与GDP比值

图3-46 江西三级评价指标与上年水平比较

企业创新人力投入减少。企业R&D研究人员数比上年减少了9.86%，企业R&D研究人员占比重减少了7.76个百分点，位次下降了2位。

科技意识有待增强。科学研究和技术服务业平均工资增长缓慢，科学研究和技术服务业平均工资比较系数下降了6.86个百分点，位次下降了6位；有R&D活动的企业数减少了14.05%，有R&D活动的企业占比重减少了8.65个百分点，位次下降了3位。

技术国际竞争力有待提升。技术国际收入比上年下降了3.52%，万元GDP技术国际收入减少了0.05美元。

社会生活信息化水平下降。电子商务销售额与GDP比值位次比上年下降了6位；信息传输、软件和信息技术服务业增加值占GDP比重位次下降了1位；万人移动互联网用户数位次比较靠后，排在全国第30位。

环境改善不理想。环境质量指数比上年下降了2.41个百分点，位次下降了5位；环境污染治理指数位次比较靠后，仍排在全国第26位。

江西创新发展主要指标及位次

总人口4528万人；地区生产总值32074.70亿元，居全国第15位；人均生产总值7.09万元，居全国第16位；知识密集型服务业增加值4604.52亿元，居全国第16位；规模以上工业企业营业收入39958.91亿元，居全国第12位；高新技术企业数6163个，居全国第18位；高新技术企业总收入16537.13亿元，居全国第13位。

R&D经费内部支出558.15亿元，居全国第18位，与生产总值比值1.74%，居全国第18位；R&D经费中基础研究经费支出26.26亿元，居全国第19位；企业R&D经费内部支出439.69亿元，居全国第14位；地方财政科技支出228.43亿元，居全国第12位。

大专以上学历人数690.91万人，居全国第16位；R&D人员数13.17万人年，居全国第15位；R&D人员中基础研究人员数0.85万人年，居全国第21位；企业R&D人员数10.10万人年，居全国第12位。

高技术产品出口额182.95亿美元，居全国第13位；技术市场输出技术成交额733.88亿元，居全国第16位；发明专利拥有量3.13万件，居全国第20位；移动互联网用户数3974.73万户，居全国第17位。

科技企业孵化器数132个，居全国第16位；科技企业孵化器在孵企业数4676个，居全国第17位；科技企业孵化器累计毕业企业数4275个，居全国第17位。

表3-14 江西各级评价指标和位次与上年比较

指标名称	评价值 上年	评价值 当年	位次 上年	位次 当年
科技创新环境	58.01	62.61	19	18
科技人力资源	71.48	75.84	19	18
万人研究与试验发展（R&D）人员数	27.75	29.25	14	14
十万人博士毕业生数	0.76	1.22	27	24
万人大专以上学历人数	1491.80	1621.77	25	25
万人高等学校在校学生数	401.95	444.82	5	5
十万人创新中介从业人员数	3.26	3.01	16	17
科研物质条件	49.49	58.32	23	18
每名R&D人员仪器和设备支出	2.65	3.10	22	14
科学研究和技术服务业固定资产占比重	0.94	1.01	16	16
十万人累计孵化企业数	7.71	9.50	23	21
科技意识	48.57	49.27	16	17
万名就业人员专利申请数	44.25	40.33	13	15
科学研究和技术服务业平均工资比较系数	90.92	84.06	16	22
万人吸纳技术成交额	1188.05	1605.85	27	23
有R&D活动的企业占比重	37.85	29.21	11	14
科技活动投入	59.84	61.92	17	17
科技活动人力投入	72.69	72.75	17	18
万人R&D研究人员数	9.22	9.56	19	18
基础研究人员投入强度指数	0.09	0.11	25	24
企业R&D研究人员占比重	58.54	50.78	6	8
科技活动财力投入	54.33	57.28	16	14
R&D经费支出与GDP比值	1.70	1.74	18	18
基础研究经费投入强度指数	0.05	0.06	23	22
地方财政科技支出占地方财政支出比重	3.11	3.13	11	10
企业R&D经费支出占营业收入比重	0.89	1.10	20	16
企业技术获取和技术改造经费支出占企业营业收入比重	0.23	0.26	23	21
上市公司R&D经费投入强度指数	0.03	0.03	13	15
科技活动产出	42.14	53.38	20	18
科技活动产出水平	41.71	47.79	22	22
万人科技论文数	1.61	1.64	27	29
万人有效注册商标数	149.37	173.86	15	15
万人发明专利拥有量	5.13	6.95	24	20
每万人口高价值发明专利拥有量	1.44	2.11	24	21
技术成果市场化	42.79	61.78	18	15
万人输出技术成交额	815.89	1470.73	18	16
万元GDP技术国际收入	0.50	0.44	20	20
高新技术产业化	76.67	77.01	9	9
高新技术产业化水平	64.81	64.59	9	9
高技术产业营业收入占工业营业收入比重	17.93	21.23	7	6
知识密集型服务业增加值占GDP比重	13.70	14.36	17	13
高技术产品出口额占商品出口额比重	26.09	24.21	15	14
新产品销售收入占营业收入比重	21.31	29.14	11	7
高新技术产业化效益	88.54	89.43	16	15
高技术产业劳动生产率	126.93	127.95	17	20
高技术产业利润率	7.11	7.54	24	17
知识密集型服务业劳动生产率	96.06	112.09	5	3
科技促进经济社会发展	66.71	69.67	14	11
经济发展方式转变	56.54	63.15	10	7
劳动生产率	11.64	12.71	18	17
资本生产率	0.33	0.33	9	9
综合能耗产出率	27.14	26.12	6	7
全要素生产率	3.04	2.48	6	7
装备制造业区位熵	88.91	96.70	12	12
环境改善	78.66	78.38	25	26
环境质量指数	66.70	64.30	6	11
环境污染治理指数	81.65	81.90	26	26
社会生活信息化	76.10	75.25	19	22
万人移动互联网用户数	8575.30	8828.24	31	30
信息传输、软件和信息技术服务业增加值占GDP比重	2.91	2.78	15	16
电子商务销售额与GDP比值	0.13	0.12	16	22

山东科技创新分析

深入贯彻落实习近平总书记关于科技创新的重要论述和对山东工作的重要指示要求，按照省委、省政府工作部署，紧紧围绕"以科技创新引领现代化产业体系建设，全面开启科技强省建设新征程"的总目标，聚力提升产业核心竞争力，发挥企业科技创新主力军作用，增强科技创新平台效能，加快科技强省建设。在今年的报告中，山东综合科技创新水平指数为71.73%，排在全国第12位，比上年下降1位，得分与上年相比，提高了1.26个百分点。

一、科技人力投入进一步加大

R&D人员数比上年增长了14.93%，万人研究与试验发展（R&D）人员数增加了6.43人年；R&D研究人员数增长了10.81%，万人R&D研究人员数增加了1.68人年；基础研究人员投入强度指数位次上升了2位；企业R&D研究人员占比重位次上升了1位；大专以上学历人数增长了7.71%，万人大专以上学历人数增加了122.68人，位次上升了2位；创新中介从业人员数增长了6.62%，十万人创新中介从业人员数位次上升了2位。

二、企业新产品创新能力不断增强

有R&D活动的企业数比上年增长了13.72%，占工业企业比重提高了3.04个百分点，位次上升至全国第3位；企业购买境内技术经费支出增长了61.99%，企业技术获取和技术改造经费支出占企业营业收入比重位次上升了2位；上市公司R&D经费投入强度指数位次保持在全国第6位；新产品销售收入增长了37.42%，占营业收入比重提高了8.18个百分点，位次上升至全国第3位。

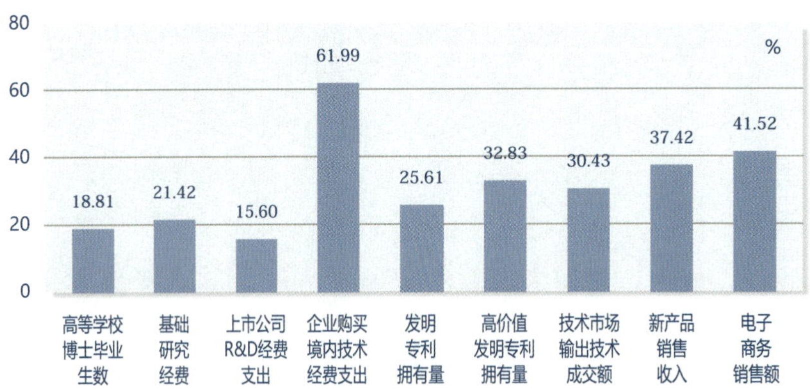

图3-47 部分指标增长速度

政府科技投入减少。地方财政科技支出比上年下降了15.86%，占地方财政支出比重下降了0.60个百分点，位次下降了3位。

企业R&D经费内部支出增长缓慢，企业R&D经费支出占营业收入比重位次下降了2位。

科技活动产出水平有待提高。国内科技论文数比上年下降了3.06%，万人科技论文数位次下降了1位；每万人口高价值发明专利拥有量位次下降了3位。

科研物质条件有待改善。仪器和设备支出增长缓慢，每名R&D人员仪器和设备支出下降了0.07万元，位次下降至全国第24位；十万人累计孵化企业数位次下降了1位。

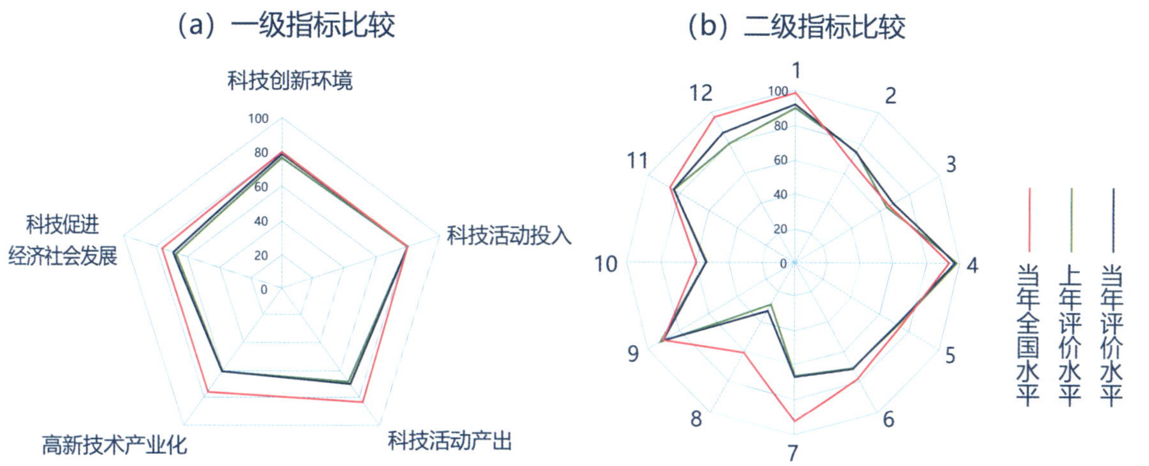

图3-48 山东一、二级评价指标与上年水平和全国水平比较

图例：1. 科技人力资源　2. 科研物质条件　3. 科技意识　4. 科技活动人力投入
5. 科技活动财力投入　6. 科技活动产出水平　7. 技术成果市场化　8. 高新技术产业化水平
9. 高新技术产业化效益　10. 经济发展方式转变　11. 环境改善　12. 社会生活信息化

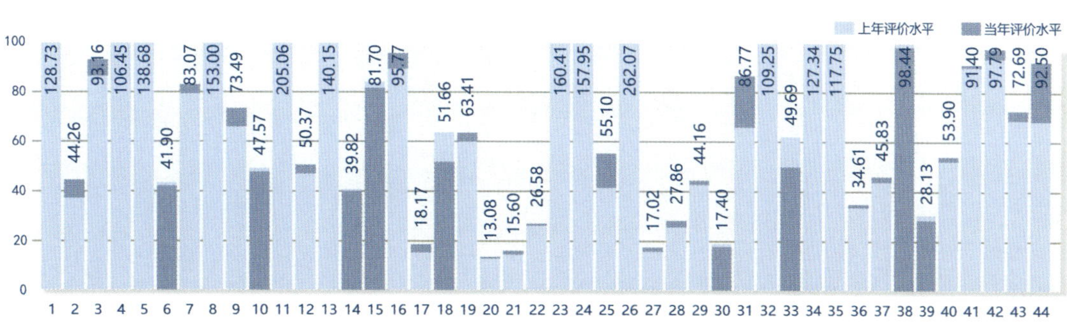

1.万人研究与试验发展（R&D）人员数　2.十万人博士毕业生数　3.万人大专以上学历人数　4.万人高等学校在校学生数　5.十万人创新中介从业人员数　6.每名R&D人员仪器和设备支出　7.科学研究和技术服务业固定资产占比重　8.十万人累计孵化企业数　9.万名就业人员专利申请数　10.科学研究和技术服务业平均工资比较系数　11.万人吸纳技术成交额　12.有R&D活动的企业占比重　13.万人R&D研究人员数　14.基础研究人员投入强度指数　15.企业R&D研究人员占比重　16.R&D经费支出与GDP比值　17.基础研究经费投入强度指数　18.地方财政科技支出占地方财政支出比重　19.企业R&D经费支出占营业收入比重　20.企业技术获取和技术改造经费支出占企业营业收入比重　21.上市公司R&D经费投入强度指数　22.万人科技论文数　23.万人有效注册商标数　24.万人发明专利拥有量　25.每万人口高价值发明专利拥有量　26.万人输出技术成交额　27.万元GDP技术国际收入　28.高技术产业营业收入占工业营业收入比重　29.知识密集型服务业增加值占GDP比重　30.高技术产品出口额占商品出口额比重　31.新产品销售收入占营业收入比重　32.高技术产业劳动生产率　33.高技术产业利润率　34.知识密集型服务业劳动生产率　35.劳动生产率　36.资本生产率　37.综合能耗产出率　38.全要素生产率　39.装备制造业区位熵　40.环境质量指数　41.环境污染治理指数　42.万人移动互联网用户数　43.信息传输、软件和信息技术服务业增加值占GDP比重　44.电子商务销售额与GDP比值

图3-49 山东三级评价指标与上年水平比较

高新技术产业化水平较低。高技术产品出口额占商品出口额比重比上年下降了0.49个百分点，位次下降至全国第29位；高技术产业营业收入占工业营业收入比重和知识密集型服务业增加值占GDP比重位次均排在全国第21位。

高新技术产业化效益下降。高技术产业利润总额比上年下降了8.89%，高技术产业利润率下降了1.84个百分点，位次下降了4位。

综合能耗产出率位次比上年下降了2位；装备制造业区位熵位次下降了1位。

环境改善不理想。环境质量指数位次虽然有所提升，但仍然比较靠后，排在全国第27位；环境污染治理指数仍排在全国第19位。

山东创新发展主要指标及位次

总人口10163万人；地区生产总值87435.10亿元，居全国第3位；人均生产总值8.60万元，居全国第11位；知识密集型服务业增加值11583.71亿元，居全国第6位；规模以上工业企业营业收入109044.78亿元，居全国第4位；高新技术企业数26718个，居全国第4位；高新技术企业总收入46602.29亿元，居全国第5位。

R&D经费内部支出2180.41亿元，居全国第5位，与生产总值比值2.49%，居全国第8位；R&D经费中基础研究经费支出89.54亿元，居全国第7位；企业R&D经费内部支出1728.70亿元，居全国第4位；地方财政科技支出313.26亿元，居全国第9位。

大专以上学历人数1774.10万人，居全国第3位；R&D人员数51.45万人年，居全国第4位；R&D人员中基础研究人员数3.23万人年，居全国第5位；企业R&D人员数39.18万人年，居全国第4位。

高技术产品出口额200.72亿美元，居全国第11位；技术市场输出技术成交额3231.83亿元，居全国第4位；发明专利拥有量18.94万件，居全国第6位；移动互联网用户数9770.61万户，居全国第2位。

科技企业孵化器数342个，居全国第4位；科技企业孵化器在孵企业数14363个，居全国第4位；科技企业孵化器累计毕业企业数15287个，居全国第5位。

表3-15 山东各级评价指标和位次与上年比较

指标名称	评价值 上年	评价值 当年	位次 上年	位次 当年
科技创新环境	76.54	79.08	8	6
科技人力资源	88.61	91.26	12	11
万人研究与试验发展（R&D）人员数	45.06	51.49	8	8
十万人博士毕业生数	1.87	2.21	18	19
万人大专以上学历人数	1740.59	1863.27	18	16
万人高等学校在校学生数	351.00	372.59	12	13
十万人创新中介从业人员数	3.92	4.16	11	9
科研物质条件	73.08	73.74	5	7
每名R&D人员仪器和设备支出	2.59	2.51	23	24
科学研究和技术服务业固定资产占比重	2.40	2.49	5	5
十万人累计孵化企业数	13.75	15.30	9	10
科技意识	63.91	68.17	7	7
万名就业人员专利申请数	66.36	73.49	8	8
科学研究和技术服务业平均工资比较系数	98.06	95.14	11	14
万人吸纳技术成交额	2573.26	3280.99	10	11
有R&D活动的企业占比重	47.33	50.37	4	3
科技活动投入	78.71	78.46	8	9
科技活动人力投入	96.39	95.92	4	4
万人R&D研究人员数	16.54	18.22	11	11
基础研究人员投入强度指数	0.40	0.40	9	7
企业R&D研究人员占比重	58.89	57.19	5	4
科技活动财力投入	71.13	70.97	9	9
R&D经费支出与GDP比值	2.34	2.49	8	8
基础研究经费投入强度指数	0.15	0.18	11	11
地方财政科技支出占地方财政支出比重	3.18	2.58	10	13
企业R&D经费支出占营业收入比重	1.51	1.59	8	10
企业技术获取和技术改造经费支出占企业营业收入比重	0.32	0.33	15	13
上市公司R&D经费投入强度指数	0.15	0.16	6	6
科技活动产出	67.57	68.61	11	12
科技活动产出水平	68.37	69.81	11	12
万人科技论文数	2.63	2.66	17	18
万人有效注册商标数	207.12	240.62	9	9
万人发明专利拥有量	15.18	18.95	11	10
每万人口高价值发明专利拥有量	5.01	6.61	8	11
技术成果市场化	66.35	66.81	11	11
万人输出技术成交额	2486.51	3144.87	10	10
万元GDP技术国际收入	1.59	1.70	14	13
高新技术产业化	60.36	60.82	22	23
高新技术产业化水平	28.33	31.70	24	24
高技术产业营业收入占工业营业收入比重	7.73	8.36	20	21
知识密集型服务业增加值占GDP比重	12.90	13.25	21	21
高技术产品出口额占商品出口额比重	7.45	6.96	28	29
新产品销售收入占营业收入比重	26.53	34.71	8	3
高新技术产业化效益	92.40	89.94	7	12
高技术产业劳动生产率	133.76	142.02	12	12
高技术产业利润率	9.30	7.45	14	18
知识密集型服务业劳动生产率	79.57	89.14	10	8
科技促进经济社会发展	66.97	69.63	13	12
经济发展方式转变	53.59	53.40	15	15
劳动生产率	14.88	15.31	9	9
资本生产率	0.34	0.35	8	7
综合能耗产出率	18.52	19.25	15	17
全要素生产率	2.64	2.19	13	12
装备制造业区位熵	60.32	56.26	18	19
环境改善	83.17	83.90	21	20
环境质量指数	52.60	53.90	28	27
环境污染治理指数	90.81	91.40	19	19
社会生活信息化	79.15	86.69	16	10
万人移动互联网用户数	9430.35	9778.90	22	22
信息传输、软件和信息技术服务业增加值占GDP比重	2.42	2.54	21	20
电子商务销售额与GDP比值	0.21	0.28	6	6

河南科技创新分析

河南省委、省政府深入贯彻落实党中央决策部署，紧抓全国新一轮战略科技力量布局机遇，把创新摆在发展的逻辑起点、现代化河南建设的核心位置，把创新驱动、科教兴省、人才强省战略放在“十大战略”之首，奋力建设国家创新高地。在今年的报告中，河南综合科技创新水平指数为63.80%，仍排在全国第17位，得分与上年相比，提高了5.09个百分点，增幅排在第1位。

一、创新人力资源有所增加

万人大专以上学历人数位次比上年上升了2位；万人研究与试验发展（R&D）人员数、十万人创新中介从业人员数位次均比上年上升了1位。

二、企业创新投入力度加大

企业R&D研究人员占比重比上年提高了0.17个百分点，位次上升至全国第5位、中部地区第1位。

企业R&D经费内部支出增长了10.67%，占营业收入比重提高了0.45个百分点，位次上升了7位。

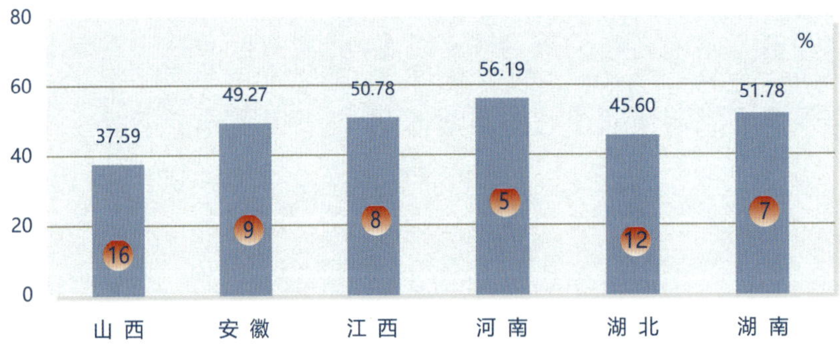

图3-50 中部地区企业R&D研究人员占比重及位次

三、企业新产品创新能力提升

有R&D活动的企业数比上年增长了30.39%，占工业企业比重提高了5.27个百分点，位次上升了6位；新产品销售收入增长了20.74%，占营业收入比重提高了7.06个百分点，位次上升了4位。

四、基础研究经费投入大幅上涨

基础研究经费支出比上年增长了52.71%，基础研究经费投入强度指数位次上升了2位。

五、技术国际竞争力进一步增强

技术国际收入比上年增长了55.83%，万元GDP技术国际收入增加了0.12美元，位次上升了3位。

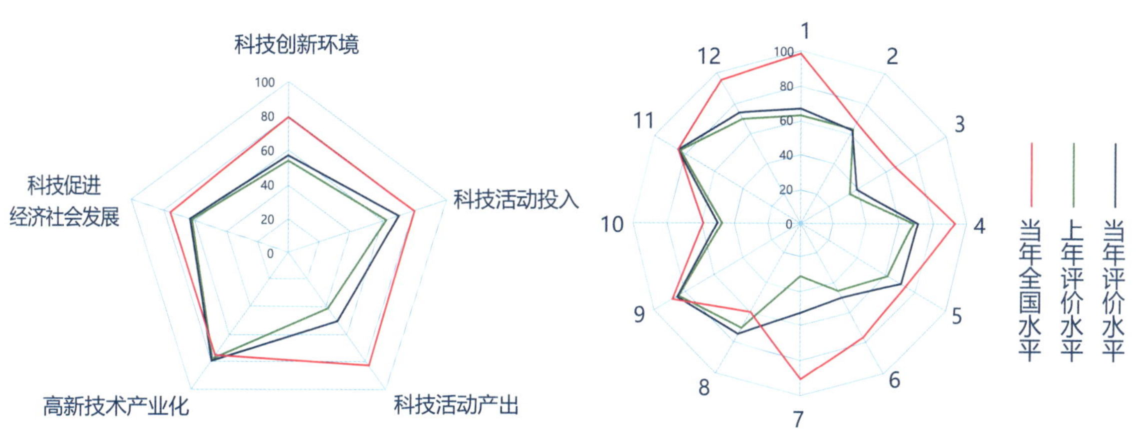

图3-51 河南一、二级评价指标与上年水平和全国水平比较

图例：1. 科技人力资源　2. 科研物质条件　3. 科技意识　4. 科技活动人力投入　5. 科技活动财力投入　6. 科技活动产出水平　7. 技术成果市场化　8. 高新技术产业化水平　9. 高新技术产业化效益　10. 经济发展方式转变　11. 环境改善　12. 社会生活信息化

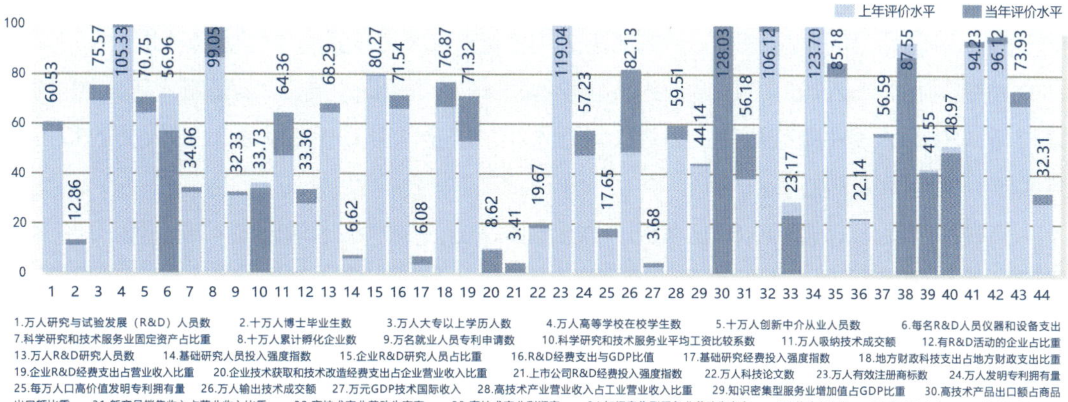

1.万人研究与试验发展（R&D）人员数　2.十万人博士毕业生数　3.万人大专以上学历人数　4.万人高等学校在校学生数　5.十万人创新中介从业人员数　6.每名R&D人员仪器和设备支出　7.科学研究和技术服务业固定资产占比重　8.十万人累计孵化企业数　9.万名就业人员专利申请数　10.科学研究和技术服务业平均工资比较系数　11.万人吸纳技术成交额　12.有R&D活动的企业占比重　13.万人R&D研究人员数　14.基础研究人员投入强度指数　15.企业R&D研究人员占比重　16.R&D经费支出与GDP比值　17.基础研究经费投入强度指数　18.地方财政科技支出占地方财政支出比重　19.企业R&D经费支出占营业收入比重　20.企业技术获取和技术改造经费支出占企业营业收入比重　21.上市公司R&D经费投入强度指数　22.万人科技论文数　23.万人有效注册商标数　24.万人发明专利拥有量　25.每万人口高价值发明专利拥有量　26.万人输出技术成交额　27.万元GDP技术国际收入　28.高技术产业营业收入占工业营业收入比重　29.知识密集型服务业增加值占GDP比重　30.高技术产品出口额占商品出口额比重　31.新产品销售收入占营业收入比重　32.高技术产业劳动生产率　33.高技术产业利润率　34.知识密集型服务业劳动生产率　35.劳动生产率　36.资本生产率　37.综合能耗产出率　38.全要素生产率　39.装备制造业区位熵　40.环境质量指数　41.环境污染治理指数　42.万人移动互联网用户数　43.信息传输、软件和信息技术服务业增加值占GDP比重　44.电子商务销售额与GDP比值

图3-52 河南三级评价指标与上年水平比较

高等学校博士毕业生数增长缓慢，十万人博士毕业生数位次仍排在全国第30位。

高新技术产业化效益下降。高技术产业营业收入比上年下降了9.42%，高技术产业利润总额下降了26.85%，高技术产业利润率减少了0.83个百分点，排在全国第30位；知识密集型服务业增加值占GDP比重位次下降了3位；知识密集型服务业劳动生产率位次下降了1位。

仪器和设备支出比上年下降了15.82%，每名R&D人员仪器和设备支出减少了0.91万元，位次下降了5位。

企业技术获取和技术改造经费支出减少。企业引进技术经费支出比上年下降了67.46%，企业消化吸收经费支出下降了99.89%，企业购买境内技术经费支出下降了14.82%，企业技术改造经费支出下降了23.31%，企业技术获取和技术改造经费支出占企业营业收入比重下降了0.02个百分点，位次下降了1位。

科技意识薄弱。科学研究和技术服务业平均工资比较系数持续下降，继上年减少3.06个百分点后再次减少4.78个百分点，位次下降至全国第29位；万人吸纳技术成交额位次排在全国第30位；万名就业人员专利申请数位次比上年下降了1位。

环境质量较差。环境质量指数比上年下降了2.53个百分点，位次仍排在全国第31位。

万人移动互联网用户数位次继上年下降4位后再次下降1位；电子商务销售额与GDP比值位次仍排在全国第25位。

河南创新发展主要指标及位次

总人口9872万人；地区生产总值61345.10亿元，居全国第5位；人均生产总值6.21万元，居全国第22位；知识密集型服务业增加值8123.14亿元，居全国第9位；规模以上工业企业营业收入47419.88亿元，居全国第8位；高新技术企业数10812个，居全国第15位；高新技术企业总收入18147.68亿元，居全国第12位。

R&D经费内部支出1143.26亿元，居全国第11位，与生产总值比值1.86%，居全国第17位；R&D经费中基础研究经费支出37.49亿元，居全国第13位；企业R&D经费内部支出845.54亿元，居全国第7位；地方财政科技支出409.20亿元，居全国第6位。

大专以上学历人数1401.96万人，居全国第4位；R&D人员数23.68万人年，居全国第11位；R&D人员中基础研究人员数0.89万人年，居全国第19位；企业R&D人员数17.55万人年，居全国第7位。

高技术产品出口额399.87亿美元，居全国第7位；技术市场输出技术成交额1020.75亿元，居全国第13位；发明专利拥有量6.72万件，居全国第13位；移动互联网用户数9400.90万户，居全国第3位。

科技企业孵化器数225个，居全国第9位；科技企业孵化器在孵企业数10658个，居全国第7位；科技企业孵化器累计毕业企业数9688个，居全国第7位。

表3-16 河南各级评价指标和位次与上年比较

指标名称	评价值 上年	评价值 当年	位次 上年	位次 当年
科技创新环境	54.61	57.04	20	23
科技人力资源	63.43	66.94	22	21
万人研究与试验发展（R&D）人员数	22.87	24.21	18	17
十万人博士毕业生数	0.55	0.64	30	30
万人大专以上学历人数	1397.36	1511.32	29	27
万人高等学校在校学生数	347.87	368.65	14	14
十万人创新中介从业人员数	1.95	2.12	25	24
科研物质条件	62.88	61.57	12	15
每名R&D人员仪器和设备支出	4.33	3.42	6	11
科学研究和技术服务业固定资产占比重	0.98	1.02	15	15
十万人累计孵化企业数	8.73	9.91	19	19
科技意识	34.57	39.32	27	25
万名就业人员专利申请数	31.34	32.33	20	21
科学研究和技术服务业平均工资比较系数	72.24	67.46	28	29
万人吸纳技术成交额	761.17	1029.70	31	30
有R&D活动的企业占比重	28.10	33.36	17	11
科技活动投入	62.60	69.81	16	13
科技活动人力投入	67.22	69.95	19	19
万人R&D研究人员数	8.44	8.88	20	21
基础研究人员投入强度指数	0.06	0.07	27	27
企业R&D研究人员占比重	56.02	56.19	7	5
科技活动财力投入	60.62	69.75	13	10
R&D经费支出与GDP比值	1.73	1.86	17	17
基础研究经费投入强度指数	0.03	0.06	25	23
地方财政科技支出占地方财政支出比重	3.37	3.84	8	8
企业R&D经费支出占营业收入比重	1.33	1.78	10	3
企业技术获取和技术改造经费支出占企业营业收入比重	0.23	0.22	22	23
上市公司R&D经费投入强度指数	0.04	0.03	12	14
科技活动产出	38.96	49.51	22	19
科技活动产出水平	44.59	48.68	20	21
万人科技论文数	1.83	1.97	24	24
万人有效注册商标数	153.15	178.56	14	14
万人发明专利拥有量	5.73	6.87	20	21
每万人口高价值发明专利拥有量	1.77	2.12	20	20
技术成果市场化	30.51	50.75	22	21
万人输出技术成交额	590.57	985.55	20	20
万元GDP技术国际收入	0.25	0.37	24	21
高新技术产业化	77.53	79.24	8	7
高新技术产业化水平	69.99	73.84	7	7
高技术产业营业收入占工业营业收入比重	16.32	17.85	8	9
知识密集型服务业增加值占GDP比重	13.12	13.24	19	22
高技术产品出口额占商品出口额比重	57.65	51.21	5	5
新产品销售收入占营业收入比重	15.41	22.47	15	11
高新技术产业化效益	85.07	84.63	21	22
高技术产业劳动生产率	127.84	137.96	15	14
高技术产业利润率	4.30	3.48	31	30
知识密集型服务业劳动生产率	85.07	86.59	8	9
科技促进经济社会发展	61.77	64.01	20	19
经济发展方式转变	48.81	50.32	18	18
劳动生产率	10.42	11.07	25	23
资本生产率	0.22	0.22	21	22
综合能耗产出率	23.37	23.77	11	11
全要素生产率	2.25	1.78	18	18
装备制造业区位熵	84.15	83.09	14	14
环境改善	84.23	85.18	20	19
环境质量指数	51.50	48.97	31	31
环境污染治理指数	92.42	94.23	17	14
社会生活信息化	70.66	74.48	27	23
万人移动互联网用户数	9393.11	9611.92	23	24
信息传输、软件和信息技术服务业增加值占GDP比重	2.39	2.59	22	18
电子商务销售额与GDP比值	0.09	0.10	25	25

湖北科技创新分析

坚持"深化改革创新、夯实发展根基、打造特色优势、引领产业发展"的工作思路，以武汉科创中心建设为引领，以构建具有湖北特色的高水平科技创新体系为主线，以深化科技体制机制改革为动力，以强化"大科技"统筹能力为抓手，推进以科技创新为核心的全面创新。在今年的报告中，湖北综合科技创新水平指数为76.60%，排在全国第8位，比上年下降1位，仍保持在中部地区第1位，得分与上年相比，提高了1.96个百分点。

一、企业创新投入进一步提升

企业R&D经费内部支出比上年增长了9.61%，占营业收入比重提高了0.33个百分点，位次上升了2位；企业引进技术经费支出增长了39.34%，企业技术改造经费支出增长了28.63%，企业技术获取和技术改造经费支出增长了27.32%，占企业营业收入比重位次上升了5位；上市公司R&D经费支出增长了22.15%，上市公司R&D经费投入强度指数位次上升了1位。

二、政府科技投入力度持续加大

地方财政科技支出比上年提高了19.70%，占地方财政支出比重提高了0.40个百分点，位次上升了1位。

三、科技活动产出中部地区最高

SCI收录科技论文数比上年增长了9.39%，万人科技论文数位次保持在全国第6位；高价值发明专利拥有量增长了60.08%，每万人口高价值发明专利拥有量增加了2.93件，位次上升了3位；技术市场输出技术成交额增长了43.97%，万人输出技术成交额增加了1385.95万元，位次保持在全国第5位；技术国际收入增长了33.43%，万元GDP技术国际收入位次上升了2位，保持中部地区第1位。

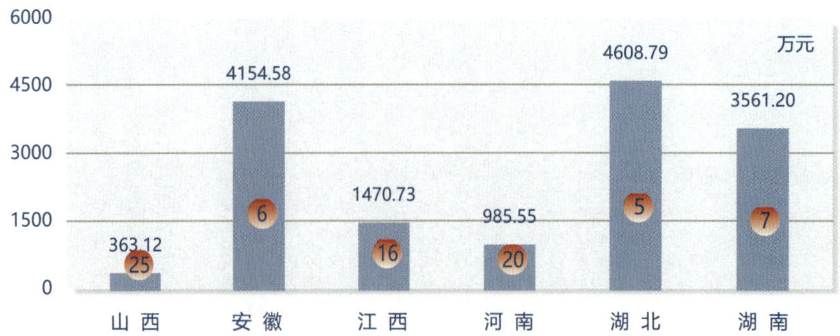

图3-53 中部地区万人输出技术成交额及位次

四、科技意识中部地区最强

科学研究和技术服务业平均工资比上年增长了8.45%，科学研究和技术服务业平均工资比较系数提高了5.85个百分点，位次上升了3位，保持中部地区第1位；技术市场吸纳技术成交额增长了43.56%，万人吸纳技术成交额增加了1051.36万元，位次上升了1位；有R&D活动的企业占比重位次上升了1位。

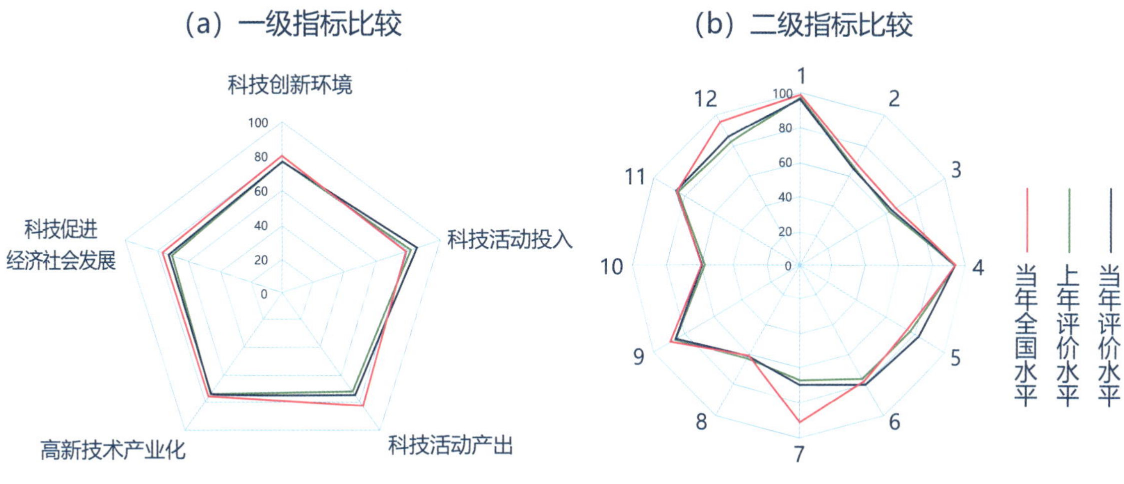

图3-54 湖北一、二级评价指标与上年水平和全国水平比较

图例：1．科技人力资源　2．科研物质条件　3．科技意识　4．科技活动人力投入
5．科技活动财力投入　6．科技活动产出水平　7．技术成果市场化　8．高新技术产业化水平
9．高新技术产业化效益　10．经济发展方式转变　11．环境改善　12．社会生活信息化

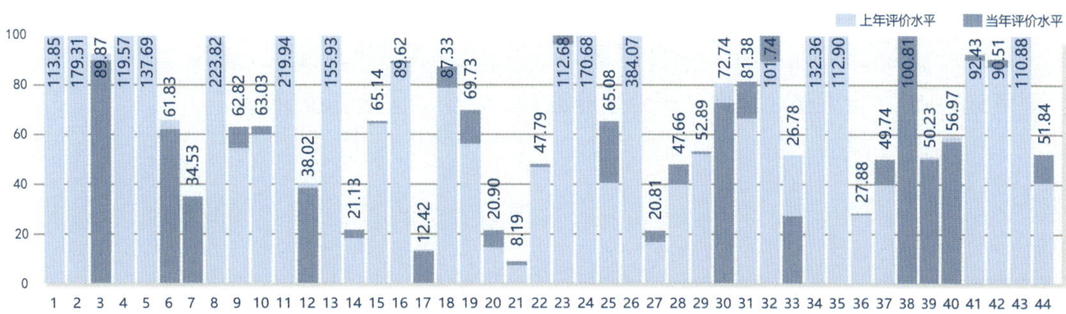

1.万人研究与试验发展（R&D）人员数　2.十万人博士毕业生数　3.万人大专以上学历人数　4.万人高等学校在校学生数　5.十万人创新中介从业人员数　6.每名R&D人员仪器和设备支出　7.科学研究和技术服务业固定资产占比重　8.十万人累计孵化企业数　9.万名就业人员专利申请数　10.科学研究和技术服务业平均工资比较系数　11.万人吸纳技术成交额　12.有R&D活动的企业占比重　13.万人R&D研究人员数　14.基础研究人员投入强度指数　15.企业R&D研究人员占比重　16.R&D经费支出与GDP比值　17.基础研究经费投入强度指数　18.地方财政科技支出占地方财政支出比重　19.企业R&D经费支出占营业收入比重　20.企业技术获取和技术改造经费支出占企业营业收入比重　21.上市公司R&D经费投入强度指数　22.万人科技论文数　23.万人有效注册商标数　24.万人发明专利拥有量　25.每万人口高价值发明专利拥有量　26.万人输出技术成交额　27.万元GDP技术国际收入　28.高技术产业营业收入占工业营业收入比重　29.知识密集型服务业增加值占GDP比重　30.高技术产品出口额占商品出口额比重　31.新产品销售收入占营业收入比重　32.高技术产业劳动生产率　33.高技术产业利润率　34.知识密集型服务业劳动生产率　35.劳动生产率　36.资本生产率　37.综合能耗产出率　38.全要素生产率　39.装备制造业区位熵　40.环境质量指数　41.环境污染治理指数　42.万人移动互联网用户数　43.信息传输、软件和信息技术服务业增加值占GDP比重　44.电子商务销售额与GDP比值

图3-55 湖北三级评价指标与上年水平比较

研发经费投入强度下降。R&D经费支出与GDP比值位次继上年下降2位后再次下降2位。

科技人力资源有所减少。大专以上学历人数比上年下降了2.16%，万人大专以上学历人数减少了55.61人，位次下降了3位；十万人创新中介从业人员数位次下降了1位。

高新技术产业化效益较低。高技术产业利润总额比上年下降了45.10%，高技术产业利润率下降了3.72个百分点，位次下降至全国第28位；高技术产业劳动生产率虽然较上年有所提高，但位次仍然比较靠后，排在全国第18位。

环境质量较差。环境质量指数比上年下降了2.11个百分点，位次下降了4位。

万人移动互联网用户数位次比较靠后，仍排在全国第28位；电子商务销售额与GDP比值位次下降至全国第18位。

湖北创新发展主要指标及位次

总人口5844万人；地区生产总值53734.90亿元，居全国第7位；人均生产总值9.21万元，居全国第9位；知识密集型服务业增加值8526.82亿元，居全国第8位；规模以上工业企业营业收入45496.34亿元，居全国第10位；高新技术企业数19798个，居全国第7位；高新技术企业总收入33693.63亿元，居全国第7位。

R&D经费内部支出1254.67亿元，居全国第7位，与生产总值比值2.33%，居全国第12位；R&D经费中基础研究经费支出56.14亿元，居全国第10位；企业R&D经费内部支出793.16亿元，居全国第9位；地方财政科技支出376.55亿元，居全国第8位。

大专以上学历人数998.14万人，居全国第10位；R&D人员数26.14万人年，居全国第7位；R&D人员中基础研究人员数1.68万人年，居全国第11位；企业R&D人员数16.87万人年，居全国第9位。

高技术产品出口额182.12亿美元，居全国第14位；技术市场输出技术成交额3010.00亿元，居全国第6位；发明专利拥有量11.76万件，居全国第8位；移动互联网用户数5195.23万户，居全国第10位。

科技企业孵化器数338个，居全国第5位；科技企业孵化器在孵企业数13960个，居全国第5位；科技企业孵化器累计毕业企业数12847个，居全国第6位。

表3-17 湖北各级评价指标和位次与上年比较

指标名称	评价值 上年	评价值 当年	位次 上年	位次 当年
科技创新环境	76.81	76.76	7	8
科技人力资源	97.80	96.96	6	7
万人研究与试验发展（R&D）人员数	40.20	45.54	9	9
十万人博士毕业生数	8.22	8.97	5	5
万人大专以上学历人数	1853.07	1797.46	15	18
万人高等学校在校学生数	397.62	418.50	6	6
十万人创新中介从业人员数	4.00	4.13	9	10
科研物质条件	65.16	63.73	9	12
每名R&D人员仪器和设备支出	3.94	3.71	10	10
科学研究和技术服务业固定资产占比重	1.05	1.04	14	14
十万人累计孵化企业数	17.92	22.38	7	6
科技意识	60.47	62.86	10	9
万名就业人员专利申请数	54.73	62.82	10	10
科学研究和技术服务业平均工资比较系数	120.20	126.06	10	7
万人吸纳技术成交额	2467.66	3519.02	11	10
有R&D活动的企业占比重	40.10	38.02	10	9
科技活动投入	80.04	84.53	7	6
科技活动人力投入	92.48	92.59	9	9
万人R&D研究人员数	17.92	20.27	9	9
基础研究人员投入强度指数	0.18	0.21	20	19
企业R&D研究人员占比重	45.31	45.60	11	12
科技活动财力投入	74.70	81.08	7	7
R&D经费支出与GDP比值	2.32	2.33	10	12
基础研究经费投入强度指数	0.13	0.12	15	15
地方财政科技支出占地方财政支出比重	3.97	4.37	7	6
企业R&D经费支出占营业收入比重	1.41	1.74	9	7
企业技术获取和技术改造经费支出占企业营业收入比重	0.36	0.52	12	7
上市公司R&D经费投入强度指数	0.07	0.08	8	7
科技活动产出	71.62	74.27	10	10
科技活动产出水平	74.90	78.23	8	7
万人科技论文数	4.70	4.78	6	6
万人有效注册商标数	145.26	169.02	16	16
万人发明专利拥有量	16.19	20.48	9	9
每万人口高价值发明专利拥有量	4.88	7.81	10	7
技术成果市场化	66.70	68.32	10	10
万人输出技术成交额	3222.84	4608.79	5	5
万元GDP技术国际收入	1.68	2.08	12	10
高新技术产业化	74.37	73.47	11	11
高新技术产业化水平	62.44	61.59	10	11
高技术产业营业收入占工业营业收入比重	12.01	14.30	14	14
知识密集型服务业增加值占GDP比重	15.73	15.87	8	8
高技术产品出口额占商品出口额比重	32.31	29.10	12	11
新产品销售收入占营业收入比重	26.73	32.55	7	5
高新技术产业化效益	86.29	85.36	19	20
高技术产业劳动生产率	116.92	132.26	21	18
高技术产业利润率	7.74	4.02	21	28
知识密集型服务业劳动生产率	84.86	92.65	9	6
科技促进经济社会发展	70.50	72.30	9	9
经济发展方式转变	57.38	58.41	9	11
劳动生产率	13.81	14.68	11	11
资本生产率	0.28	0.28	14	15
综合能耗产出率	16.76	20.89	19	15
全要素生产率	2.57	2.16	16	13
装备制造业区位熵	100.46	100.46	10	11
环境改善	84.34	85.34	19	18
环境质量指数	59.08	56.97	21	25
环境污染治理指数	90.65	92.43	20	17
社会生活信息化	83.31	86.57	11	11
万人移动互联网用户数	8785.34	9051.31	28	28
信息传输、软件和信息技术服务业增加值占GDP比重	3.84	3.88	7	6
电子商务销售额与GDP比值	0.12	0.16	17	18

湖南科技创新分析

湖南省科技系统深入贯彻落实省委十二届五次全会、省两会和省政府全会精神，以及省委省政府关于“八大行动”的工作部署，积极抢占产业、技术、人才、平台制高点，聚力打好科技创新攻坚仗，奋力推进具有核心竞争力的科技创新高地建设。在今年的报告中，湖南综合科技创新水平指数为71.69%，仍排在全国第13位，得分与上年相比，提高了4.07个百分点，增幅排在全国第3位。

一、科技创新环境进一步优化

科技人力资源不断增加。R&D人员数比上年增长了19.51%，万人研究与试验发展（R&D）人员数位次上升了1位；R&D研究人员数增长了12.14%，万人R&D研究人员数位次上升了1位；基础研究人员数增长了18.51%，基础研究人员投入强度指数位次上升了2位；企业R&D研究人员数增长了10.87%，企业R&D研究人员占比重位次上升了1位；高等学校在校生数增长了6.92%，万人高等学校在校学生数位次上升了1位。

科研物质条件改善明显。仪器和设备支出比上年增长了62.61%，每名R&D人员仪器和设备支出位次上升了7位；科学研究和技术服务业固定资产占比重上升至全国第3位、中部地区首位；科技企业孵化器累计毕业企业数增长了20.11%，十万人累计孵化企业数位次上升了1位。

科技意识不断增强。技术市场吸纳技术成交额比上年增长了81.82%，万人吸纳技术成交额位次上升了8位；有R&D活动的企业占比重位次保持在全国第1位。

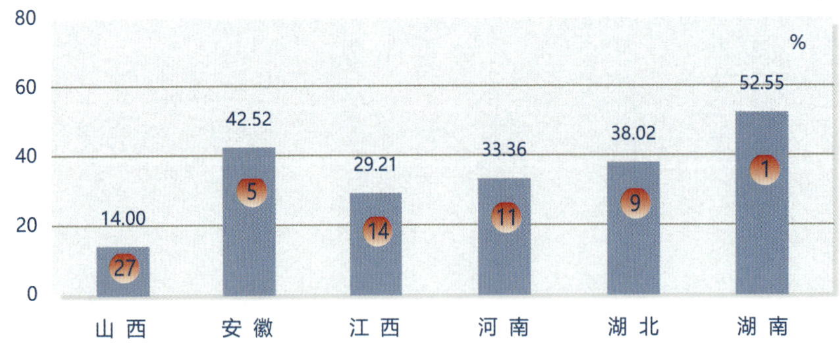

图3-56 中部地区有R&D活动的企业占比重及位次

二、技术国际竞争力进一步增强

技术国际收入比上年增长了92.50%，万元GDP技术国际收入增加了0.61美元，位次比上年上升了3位。

二、科技创新财力投入不断加大

研发经费投入规模和强度再次提升。R&D经费内部支出比上年增长了14.22%，与GDP比值提高了0.18个百分点，位次上升了3位。

基础研究经费投入大幅上涨，比上年增长了49.55%，基础研究经费投入强度指数位次上升了7位。

政府科技投入力度加大。地方财政科技支出比上年增长了28.70%，占地方财政支出比重位次上升了2位。

企业财力投入进一步提高。企业R&D经费内部支出比上年增长了12.11%，占中部地区的21.69%，占营业收入比重提高了0.40个百分点，位次上升至全国第1位；企业消化吸

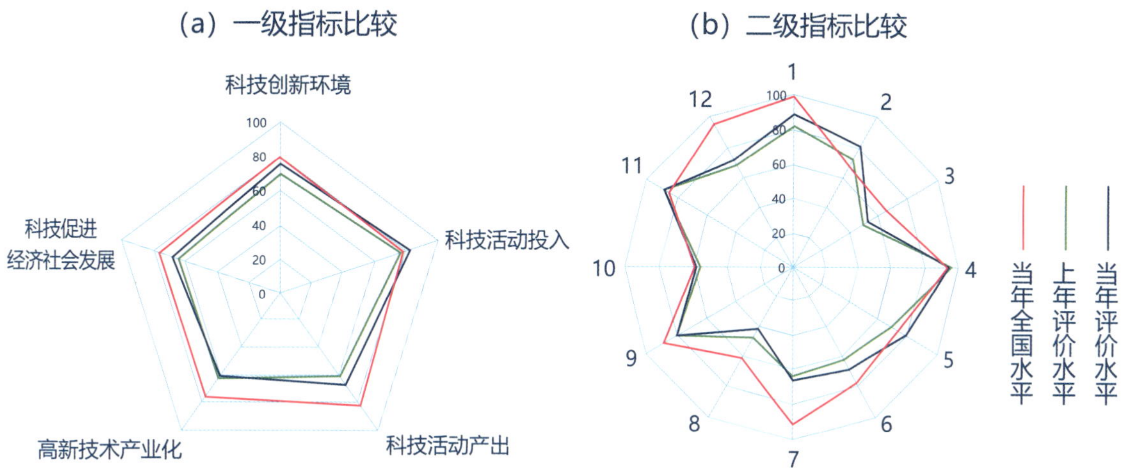

图3-57 湖南一、二级评价指标与上年水平和全国水平比较

图例：1．科技人力资源　2．科研物质条件　3．科技意识　4．科技活动人力投入
5．科技活动财力投入　6．科技活动产出水平　7．技术成果市场化　8．高新技术产业化水平
9．高新技术产业化效益　10．经济发展方式转变　11．环境改善　12．社会生活信息化

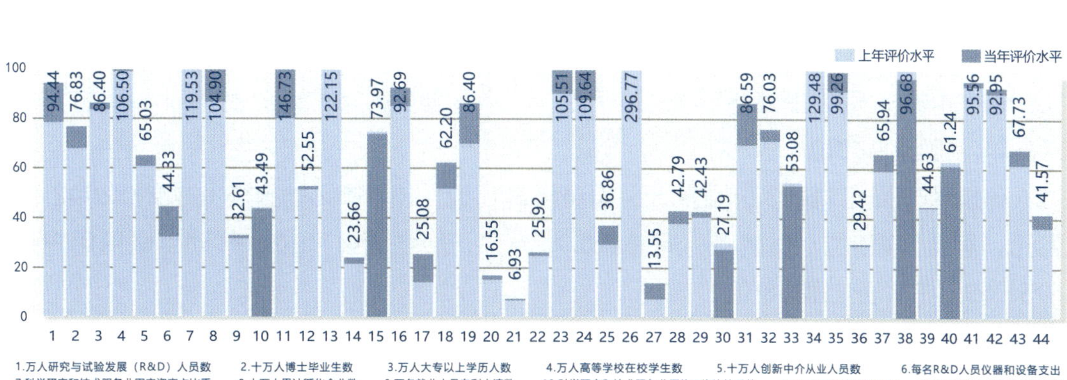

1.万人研究与试验发展（R&D）人员数　2.十万人博士毕业生数　3.万人大专以上学历人数　4.万人高等学校在校学生数　5.十万人创新中介从业人员数　6.每名R&D人员仪器和设备支出　7.科学研究和技术服务业固定资产占比重　8.十万人累计孵化企业数　9.万名就业人员专利申请数　10.科学研究和技术服务业平均工资比较系数　11.万人吸纳技术成交额　12.有R&D活动的企业占比重　13.万人R&D研究人员数　14.基础研究人员投入强度指数　15.企业R&D研究人员占比重　16.R&D经费支出与GDP比值　17.基础研究经费投入强度指数　18.地方财政科技支出占地方财政支出比重　19.企业R&D经费支出占营业收入比重　20.企业技术获取和技术改造经费支出占企业营业收入比重　21.上市公司R&D经费投入强度指数　22.万人科技论文数　23.万人有效注册商标数　24.万人发明专利拥有量　25.每万人口高价值发明专利拥有量　26.万人输出技术成交额　27.万元GDP技术国际收入　28.高技术产业营业收入占工业营业收入比重　29.知识密集型服务业增加值占GDP比重　30.高技术产品出口额占商品出口额比重　31.新产品销售收入占营业收入比重　32.高技术产业劳动生产率　33.高技术产业利润率　34.知识密集型服务业劳动生产率　35.劳动生产率　36.资本生产率　37.综合能耗产出率　38.全要素生产率　39.装备制造业区位熵　40.环境质量指数　41.环境污染治理指数　42.万人移动互联网用户数　43.信息传输、软件和信息技术服务业增加值占GDP比重　44.电子商务销售额与GDP比值

图3-58 湖南三级评价指标与上年水平比较

收经费支出增长了51.72%，企业技术获取和技术改造经费支出占企业营业收入比重位次上升了1位。

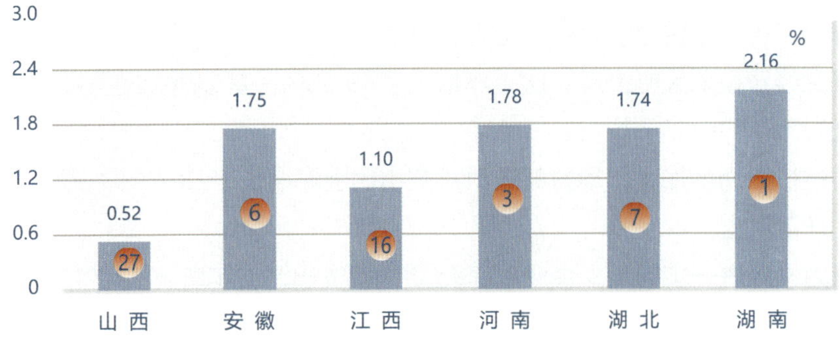

图3-59 中部地区企业R&D经费支出占营业收入比重及位次

高新技术产业发展缓慢。高技术产业营业收入占工业营业收入比重位次比上年下降了2位；高技术产品出口额占商品出口额比重位次下降了1位；高技术产业劳动生产率虽然有所提升，但位次仍然比较靠后，排在全国第29位。

环境质量指数比上年下降了1.65个百分点，位次下降了2位。

湖南创新发展主要指标及位次

总人口6604万人；地区生产总值48670.40亿元，居全国第9位；人均生产总值7.36万元，居全国第15位；知识密集型服务业增加值6195.98亿元，居全国第12位；规模以上工业企业营业收入39760.49亿元，居全国第13位；高新技术企业数13752个，居全国第10位；高新技术企业总收入23678.03亿元，居全国第10位。

R&D经费内部支出1175.25亿元，居全国第9位，与生产总值比值2.41%，居全国第9位；R&D经费中基础研究经费支出77.23亿元，居全国第8位；企业R&D经费内部支出858.87亿元，居全国第5位；地方财政科技支出279.65亿元，居全国第10位。

大专以上学历人数1079.86万人，居全国第8位；R&D人员数25.02万人年，居全国第10位；R&D人员中基础研究人员数1.74万人年，居全国第10位；企业R&D人员数17.41万人年，居全国第8位。

高技术产品出口额83.59亿美元，居全国第18位；技术市场输出技术成交额2542.89亿元，居全国第9位；发明专利拥有量8.71万件，居全国第10位；移动互联网用户数6155.69万户，居全国第8位。

科技企业孵化器数131个，居全国第17位；科技企业孵化器在孵企业数6869个，居全国第12位；科技企业孵化器累计毕业企业数6947个，居全国第10位。

表3-18 湖南各级评价指标和位次与上年比较

指标名称	评价值		位次	
	上年	当年	上年	当年
科技创新环境	69.69	75.85	11	9
科技人力资源	82.21	89.44	15	14
万人研究与试验发展（R&D）人员数	31.64	37.77	13	12
十万人博士毕业生数	3.43	3.84	12	14
万人大专以上学历人数	1685.33	1728.09	21	22
万人高等学校在校学生数	349.03	372.76	13	12
十万人创新中介从业人员数	1.84	1.95	29	27
科研物质条件	72.63	80.52	6	5
每名R&D人员仪器和设备支出	1.95	2.66	28	21
科学研究和技术服务业固定资产占比重	3.06	3.59	4	3
十万人累计孵化企业数	8.74	10.49	18	17
科技意识	50.07	53.04	14	13
万名就业人员专利申请数	31.97	32.61	19	20
科学研究和技术服务业平均工资比较系数	87.87	86.98	19	19
万人吸纳技术成交额	1291.83	2347.64	23	15
有R&D活动的企业占比重	51.81	52.55	1	1
科技活动投入	76.39	83.20	10	8
科技活动人力投入	94.43	94.29	6	6
万人R&D研究人员数	14.18	15.88	14	13
基础研究人员投入强度指数	0.22	0.24	17	15
企业R&D研究人员占比重	52.37	51.78	8	7
科技活动财力投入	68.66	78.45	10	8
R&D经费支出与GDP比值	2.23	2.41	12	9
基础研究经费投入强度指数	0.14	0.25	13	6
地方财政科技支出占地方财政支出比重	2.61	3.11	13	11
企业R&D经费支出占营业收入比重	1.76	2.16	2	1
企业技术获取和技术改造经费支出占企业营业收入比重	0.39	0.41	11	10
上市公司R&D经费投入强度指数	0.07	0.07	9	10
科技活动产出	61.69	66.82	13	14
科技活动产出水平	60.84	67.76	15	15
万人科技论文数	2.50	2.59	20	20
万人有效注册商标数	136.44	158.26	19	19
万人发明专利拥有量	10.60	13.16	14	14
每万人口高价值发明专利拥有量	3.56	4.42	15	15
技术成果市场化	62.98	65.42	13	13
万人输出技术成交额	1767.18	3561.20	13	7
万元GDP技术国际收入	0.74	1.36	18	15
高新技术产业化	63.22	60.96	18	22
高新技术产业化水平	46.84	40.90	16	19
高技术产业营业收入占工业营业收入比重	11.46	12.84	15	17
知识密集型服务业增加值占GDP比重	12.24	12.73	29	26
高技术产品出口额占商品出口额比重	11.92	10.88	22	23
新产品销售收入占营业收入比重	28.03	34.64	5	4
高新技术产业化效益	79.60	81.03	24	25
高技术产业劳动生产率	93.39	98.84	30	29
高技术产业利润率	8.15	7.96	16	16
知识密集型服务业劳动生产率	76.11	90.63	12	7
科技促进经济社会发展	64.97	68.00	16	16
经济发展方式转变	55.58	58.59	13	10
劳动生产率	11.96	12.90	16	14
资本生产率	0.29	0.29	12	12
综合能耗产出率	25.06	27.70	9	6
全要素生产率	2.89	2.42	11	8
装备制造业区位熵	88.29	89.27	13	13
环境改善	87.79	88.70	12	11
环境质量指数	62.89	61.24	16	18
环境污染治理指数	94.02	95.56	16	12
社会生活信息化	68.60	72.59	30	25
万人移动互联网用户数	9109.57	9294.78	25	26
信息传输、软件和信息技术服务业增加值占GDP比重	2.17	2.37	28	22
电子商务销售额与GDP比值	0.11	0.12	19	20

广东科技创新分析

近年来，广东以粤港澳大湾区国际科技创新中心建设为牵引，加快构建“基础研究+技术攻关+成果转化+科技金融+人才支撑”全过程创新链，扎实推进核心软件攻关、“广东强芯”、“璀璨行动”等重大科技工程，在新一代通信、终端操作系统、工业软件、储能与新能源等领域取得一批突破性成果，新质生产力蓬勃兴起。在今年的报告中，广东综合科技创新水平指数为86.05%，保持在全国第3位，得分与上年相比，提高了0.04个百分点。

一、科技活动投入全国最高

研发经费规模保持全国第一。研发经费占到全国的14.33%，保持全国第一，R&D经费支出与GDP比值提高了0.20个百分点。

研发人员规模保持全国第一。R&D人员数占到全国的15.31%，R&D研究人员数占到全国的12.44%，企业R&D研究人员数占到全国的17.65%，所占份额均保持全国第一。

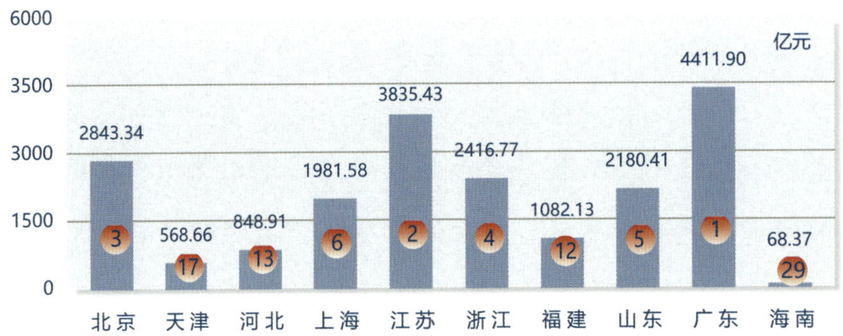

图3-60 东部地区R&D经费内部支出及位次

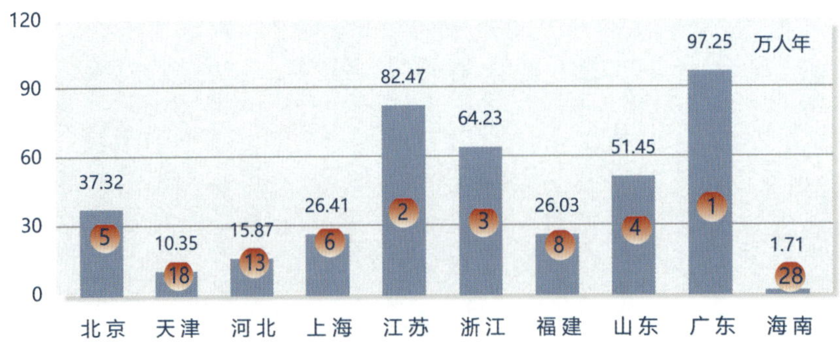

图3-61 东部地区R&D人员数及位次

二、科技促进经济社会发展能力保持全国最强

经济发展方式转变全国最好。资本生产率位次保持全国第1位；综合能耗产出率提高了1.32元/千克标准煤，位次保持全国第3位；装备制造业区位熵位次上升至全国第3位。

环境质量不断提高。环境质量指数位次比上年上升了2位。

社会生活信息化水平全国最高。万人移动互联网用户数位次保持在全国第3位；信息传输、软件和信息技术服务业增加值占GDP比重位次保持在全国第4位。

政府科技投入力度持续放缓。地方财政科技支出增长缓慢，占地方财政支出比重减少了0.08个百分点，位次在连续两年下降1位后再次下降1位。

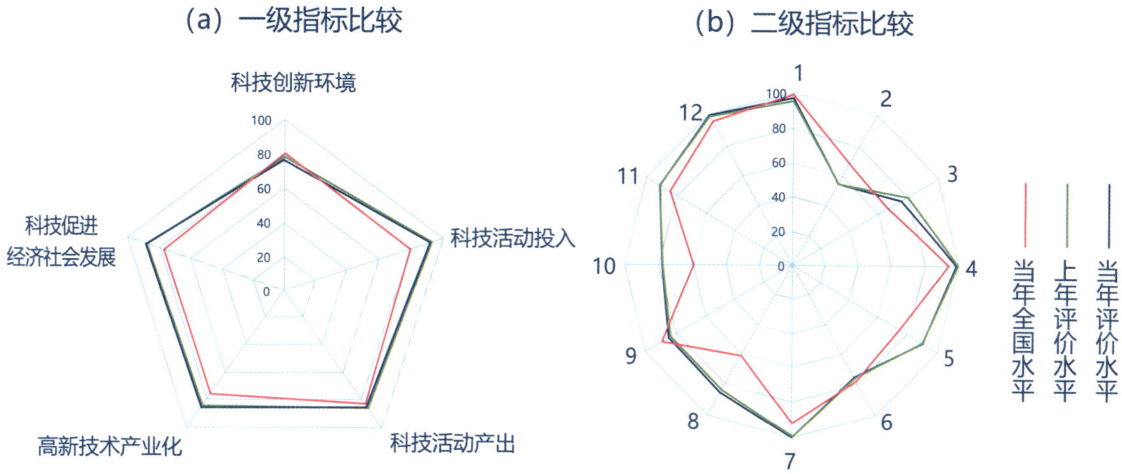

图3-62 广东一、二级评价指标与上年水平和全国水平比较

图例：1. 科技人力资源　2. 科研物质条件　3. 科技意识　4. 科技活动人力投入
5. 科技活动财力投入　6. 科技活动产出水平　7. 技术成果市场化　8. 高新技术产业化水平
9. 高新技术产业化效益　10. 经济发展方式转变　11. 环境改善　12. 社会生活信息化

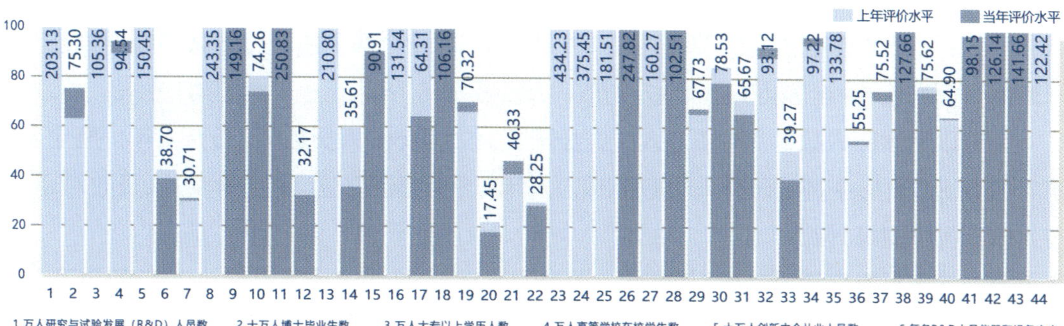

1.万人研究与试验发展（R&D）人员数　2.十万人博士毕业生数　3.万人大专以上学历人数　4.万人高等学校在校学生数　5.十万人创新中介从业人员数　6.每名R&D人员仪器和设备支出　7.科学研究和技术服务业固定资产占比重　8.十万人累计孵化企业数　9.万名就业人员专利申请数　10.科学研究和技术服务业平均工资比较系数　11.万人吸纳技术成交额　12.有R&D活动的企业占比重　13.万人R&D研究人员数　14.基础研究人员投入强度指数　15.企业R&D研究人员占比重　16.R&D经费支出与GDP比值　17.基础研究经费投入强度指数　18.地方财政科技支出占地方财政支出比重　19.企业R&D经费支出占营业收入比重　20.企业技术获取和技术改造经费支出占企业营业收入比重　21.上市公司R&D经费投入强度指数　22.万人科技论文数　23.万人有效注册商标数　24.万人发明专利拥有量　25.每万人口高价值发明专利拥有量　26.万人输出技术成交额　27.万元GDP技术国际收入　28.高技术产业营业收入占工业营业收入比重　29.知识密集型服务业增加值占GDP比重　30.高技术产品出口额占商品出口额比重　31.新产品销售收入占营业收入比重　32.高技术产业劳动生产率　33.高技术产业利润率　34.知识密集型服务业劳动生产率　35.劳动生产率　36.资本生产率　37.综合能耗产出率　38.全要素生产率　39.装备制造业区位熵　40.环境质量指数　41.环境污染治理指数　42.万人移动互联网用户数　43.信息传输、软件和信息技术服务业增加值占GDP比重　44.电子商务销售额与GDP比值

图3-63 广东三级评价指标与上年水平比较

企业创新经费投入下降。企业R&D经费支出占营业收入比重位次比上年下降了2位；企业引进技术经费支出比上年下降了39.65%，企业消化吸收经费支出下降了16.49%，企业技术获取和技术改造经费支出下降了14.65%，占企业营业收入比重位次继上年下降2位后再次下降了2位。

基础研究投入下降。基础研究人员比上年下降了16.25%，基础研究人员投入强度指数下降了0.25个百分点，位次下降了5位；基础研究经费下降了12.64%，基础研究经费投入强度指数下降了0.39个百分点，位次下降了1位。

技术成果转移转化减少。技术市场吸纳技术成交额比上年下降了2.48%，万人吸纳技术成交额减少了180.66万元，位次下降了2位；技术市场输出技术成交额下降了3.22%，万人输出技术成交额减少了157.63万元，位次下降了5位。

高新技术产业化效益较低。高技术产业劳动生产率位次下降至全国第23位；高技术产业利润率下降了1.76个百分点，位次下降至全国第24位；知识密集型服务业劳动生产率仍排在全国第19位。

科研物质条件有待改善。每名R&D人员仪器和设备支出减少了0.21万元，位次下降至全国第27位；科学研究和技术服务业固定资产占比重位次仍比较靠后，排在全国第17位。

科技意识有所减弱。科学研究和技术服务业平均工资比较系数比上年下降了12.72个百分点，位次下降了2位；有R&D活动的企业数下降了14.79%，有R&D活动的企业占比重下降了8.08个百分点，位次下降了5位。

广东创新发展主要指标及位次

总人口12657万人；地区生产总值129118.60亿元，居全国第1位；人均生产总值10.19万元，居全国第7位；知识密集型服务业增加值26237.45亿元，居全国第1位；规模以上工业企业营业收入183027.35亿元，居全国第1位；高新技术企业数68347个，居全国第1位；高新技术企业总收入119191.06亿元，居全国第1位。

R&D经费内部支出4411.90亿元，居全国第1位，与生产总值比值3.42%，居全国第4位；R&D经费中基础研究经费支出239.62亿元，居全国第2位；企业R&D经费内部支出3217.75亿元，居全国第1位；地方财政科技支出983.78亿元，居全国第1位。

大专以上学历人数2493.45万人，居全国第1位；R&D人员数97.25万人年，居全国第1位；R&D人员中基础研究人员数4.20万人年，居全国第2位；企业R&D人员数77.26万人年，居全国第1位。

高技术产品出口额2510.13亿美元，居全国第1位；技术市场输出技术成交额3967.48亿元，居全国第2位；发明专利拥有量53.92万件，居全国第1位；移动互联网用户数15097.28万户，居全国第1位。

科技企业孵化器数1066个，居全国第2位；科技企业孵化器在孵企业数32810个，居全国第2位；科技企业孵化器累计毕业企业数29126个，居全国第2位。

表3-19 广东各级评价指标和位次与上年比较

指标名称	评价值 上年	评价值 当年	位次 上年	位次 当年
科技创新环境	77.58	77.06	6	7
科技人力资源	93.76	96.05	8	9
万人研究与试验发展（R&D）人员数	75.34	81.25	6	5
十万人博士毕业生数	3.18	3.76	16	15
万人大专以上学历人数	1993.67	2107.25	13	10
万人高等学校在校学生数	315.45	330.91	16	20
十万人创新中介从业人员数	4.51	4.51	8	8
科研物质条件	55.38	54.29	20	22
每名R&D人员仪器和设备支出	2.53	2.32	25	27
科学研究和技术服务业固定资产占比重	0.91	0.92	17	17
十万人累计孵化企业数	21.61	24.33	5	5
科技意识	78.20	74.50	3	6
万名就业人员专利申请数	150.08	149.16	4	3
科学研究和技术服务业平均工资比较系数	161.24	148.52	3	5
万人吸纳技术成交额	4193.93	4013.27	5	7
有R&D活动的企业占比重	40.25	32.17	7	12
科技活动投入	92.09	92.10	1	1
科技活动人力投入	97.88	97.63	1	1
万人R&D研究人员数	25.79	27.40	6	6
基础研究人员投入强度指数	0.60	0.36	5	10
企业R&D研究人员占比重	63.64	63.63	1	1
科技活动财力投入	89.61	89.73	1	1
R&D经费支出与GDP比值	3.22	3.42	4	4
基础研究经费投入强度指数	1.03	0.64	2	3
地方财政科技支出占地方财政支出比重	5.39	5.31	3	4
企业R&D经费支出占营业收入比重	1.67	1.76	3	5
企业技术获取和技术改造经费支出占企业营业收入比重	0.54	0.44	7	9
上市公司R&D经费投入强度指数	0.42	0.46	2	2
科技活动产出	85.22	84.93	4	4
科技活动产出水平	75.36	74.89	7	8
万人科技论文数	2.96	2.82	15	16

指标名称	评价值 上年	评价值 当年	位次 上年	位次 当年
万人有效注册商标数	575.83	651.35	4	4
万人发明专利拥有量	37.41	45.05	5	5
每万人口高价值发明专利拥有量	17.95	21.78	3	3
技术成果市场化	100.00	100.00	1	1
万人输出技术成交额	3131.46	2973.83	6	11
万元GDP技术国际收入	15.03	16.03	3	3
高新技术产业化	83.42	84.67	4	3
高新技术产业化水平	83.19	85.35	3	3
高技术产业营业收入占工业营业收入比重	31.05	30.75	2	1
知识密集型服务业增加值占GDP比重	19.83	20.32	4	4
高技术产品出口额占商品出口额比重	33.96	31.41	10	9
新产品销售收入占营业收入比重	28.61	26.27	4	8
高新技术产业化效益	83.64	83.99	22	24
高技术产业劳动生产率	115.95	121.05	22	23
高技术产业利润率	7.65	5.89	22	24
知识密集型服务业劳动生产率	66.09	68.05	19	19
科技促进经济社会发展	87.20	87.13	1	1
经济发展方式转变	76.88	76.81	1	1
劳动生产率	17.08	17.39	7	8
资本生产率	0.54	0.55	1	1
综合能耗产出率	30.40	31.72	3	3
全要素生产率	3.21	2.55	2	1
装备制造业区位熵	155.41	151.24	4	3
环境改善	91.70	91.50	6	4
环境质量指数	64.84	64.90	9	7
环境污染治理指数	98.41	98.15	8	9
社会生活信息化	100.00	100.00	1	1
万人移动互联网用户数	12825.16	12613.84	3	3
信息传输、软件和信息技术服务业增加值占GDP比重	4.97	4.96	4	4
电子商务销售额与GDP比值	0.30	0.37	4	5

广西科技创新分析

习近平总书记在广西视察期间强调，要把科技创新摆到更加突出的位置，深化教育科技人才综合改革，加强科教创新和产业创新融合，加强关键核心技术攻关，加大技术改造和产品升级力度。在今年的报告中，广西综合科技创新水平指数为51.79%，仍排在全国第22位，得分与上年相比，提高了2.50个百分点。

一、科技人力资源增加

R&D人员数比上年增长了26.11%，万人研究与试验发展（R&D）人员数位次上升了2位；R&D研究人员数增长了18.14%，万人R&D研究人员数增加了1.06人年；高等学校博士毕业生数增长了44.51%，十万人博士毕业生数位次上升了1位；大专以上学历人数增长了8.12%，万人大专以上学历人数增加了94.06人；高等学校在校生数增长了6.59%，万人高等学校在校学生数增加了23.48人；创新中介从业人员数增长了7.04%，十万人创新中介从业人员数位次上升了1位。

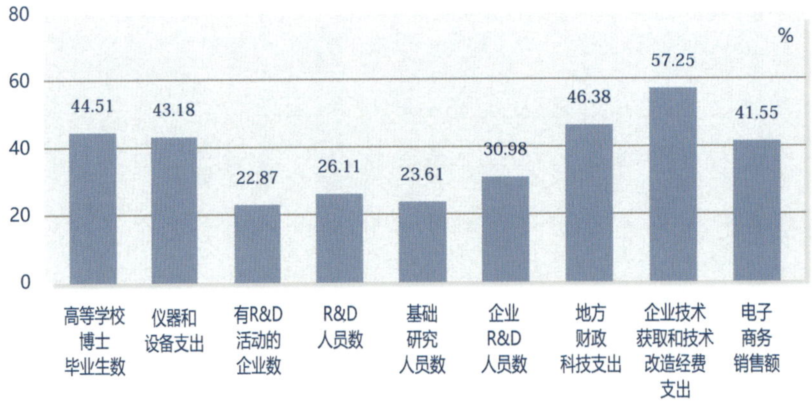

图3-64 部分指标增长速度

二、政府科技投入大幅上涨

地方财政科技支出增长了46.38%，占地方财政支出比重提高了0.54个百分点，位次上升了6位。

三、企业创新财力投入力度加大

企业R&D经费内部支出增长了9.89%，占营业收入比重提高了0.05个百分点，位次上升了1位；企业技术获取和技术改造经费支出增长了57.25%，占企业营业收入比重提高了0.22个百分点，位次上升了4位。

四、基础研究投入进一步提高

基础研究人员数比上年增长了23.61%，基础研究人员投入强度指数位次上升了4位；基础研究经费增长了9.71%，基础研究经费投入强度指数位次上升了1位。

五、环境改善成效明显

环境质量指数位次上升至全国第5位；环境污染治理指数提高了1.87个百分点，位次上升了1位。

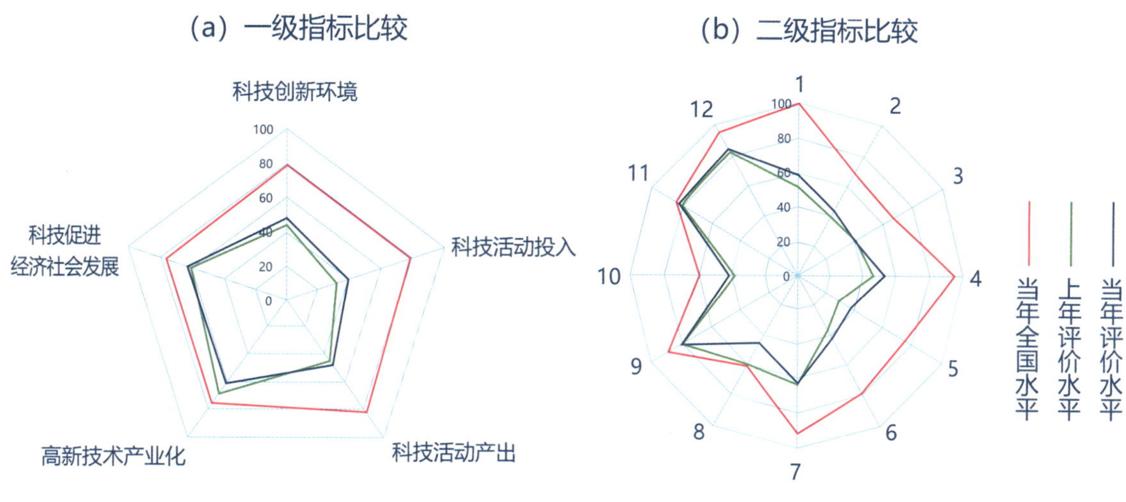

图3-65 广西一、二级评价指标与上年水平和全国水平比较

图例：1. 科技人力资源 2. 科研物质条件 3. 科技意识 4. 科技活动人力投入 5. 科技活动财力投入 6. 科技活动产出水平 7. 技术成果市场化 8. 高新技术产业化水平 9. 高新技术产业化效益 10. 经济发展方式转变 11. 环境改善 12. 社会生活信息化

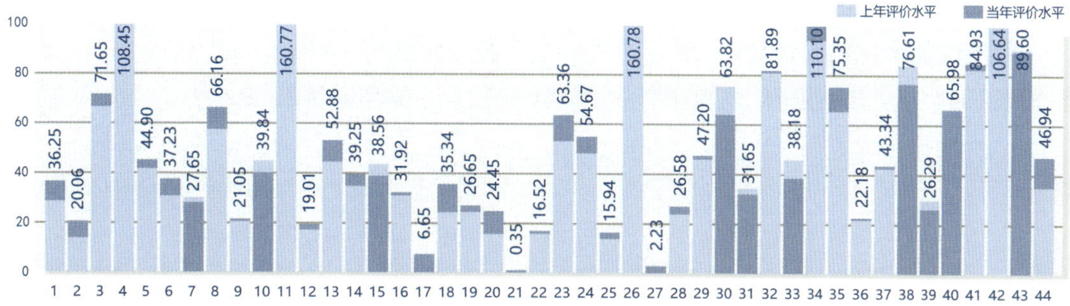

1.万人研究与试验发展（R&D）人员数 2.十万人博士毕业生数 3.万人大专以上学历人数 4.万人高等学校在校学生数 5.十万人创新中介从业人员数 6.每名R&D人员仪器和设备支出 7.科学研究和技术服务业固定资产占比重 8.十万人累计孵化企业数 9.万名就业人员专利申请数 10.科学研究和技术服务业平均工资比较系数 11.万人吸纳技术成交额 12.有R&D活动的企业占比重 13.万人R&D研究人员数 14.基础研究人员投入强度指数 15.企业R&D研究人员占比重 16.R&D经费支出与GDP比值 17.基础研究经费投入强度指数 18.地方财政科技支出占地方财政支出比重 19.企业R&D经费支出占营业收入比重 20.企业技术获取和技术改造经费支出占企业营业收入比重 21.上市公司R&D经费投入强度指数 22.万人科技论文数 23.万人有效注册商标数 24.万人发明专利拥有量 25.每万人口高价值发明专利拥有量 26.万人输出技术成交额 27.万元GDP技术国际收入 28.高技术产业营业收入占工业营业收入比重 29.知识密集型服务业增加值占GDP比重 30.高技术产品出口额占商品出口额比重 31.新产品销售收入占营业收入比重 32.高技术产业劳动生产率 33.高技术产业利润率 34.知识密集型服务业劳动生产率 35.劳动生产率 36.资本生产率 37.综合能耗产出率 38.全要素生产率 39.装备制造业区位熵 40.环境质量指数 41.环境污染治理指数 42.万人移动互联网用户数 43.信息传输、软件和信息技术服务业增加值占GDP比重 44.电子商务销售额与GDP比值

图3-66 广西三级评价指标与上年水平比较

高新技术产业化水平下降。高技术产业营业收入占工业营业收入比重、知识密集型服务业增加值占GDP比重位次均比上年下降1位；高技术产品出口额下降了1.47%，占商品出口额比重下降了4.66个百分点；新产品销售收入下降了5.70%，占营业收入比重下降了0.96个百分点，位次下降了3位。

技术成果市场化不理想。万人输出技术成交额位次下降了1位；万元GDP技术国际收入仅排在全国第25位。

科技意识不足。万名就业人员专利申请数位次比上年下降了1位；科学研究和技术服务业平均工资下降了0.31%，科学研究和技术服务业平均工资比较系数下降了9.89个百分点，位次下降了7位；万人吸纳技术成交额位次下降了2位；有R&D活动的企业占比重位次下降了1位。

广西创新发展主要指标及位次

总人口5047万人；地区生产总值26300.90亿元，居全国第19位；人均生产总值5.22万元，居全国第29位；知识密集型服务业增加值3724.13亿元，居全国第19位；规模以上工业企业营业收入22596.26亿元，居全国第21位；高新技术企业数3732个，居全国第20位；高新技术企业总收入10132.31亿元，居全国第20位。

R&D经费内部支出217.94亿元，居全国第21位，与生产总值比值0.83%，居全国第28位；R&D经费中基础研究经费支出17.13亿元，居全国第24位；企业R&D经费内部支出150.57亿元，居全国第22位；地方财政科技支出104.12亿元，居全国第16位。

大专以上学历人数672.63万人，居全国第18位；R&D人员数7.04万人年，居全国第19位；R&D人员中基础研究人员数1.19万人年，居全国第16位；企业R&D人员数3.73万人年，居全国第20位。

高技术产品出口额135.20亿美元，居全国第15位；技术市场输出技术成交额226.99亿元，居全国第22位；发明专利拥有量3.19万件，居全国第19位；移动互联网用户数5177.85万户，居全国第11位。

科技企业孵化器数115个，居全国第18位；科技企业孵化器在孵企业数4180个，居全国第20位；科技企业孵化器累计毕业企业数3212个，居全国第20位。

表3-20 广西各级评价指标和位次与上年比较

指标名称	评价值 上年	评价值 当年	位次 上年	位次 当年
科技创新环境	44.43	47.50	27	27
科技人力资源	51.91	56.84	28	27
万人研究与试验发展（R&D）人员数	11.50	14.50	27	25
十万人博士毕业生数	0.69	1.00	28	27
万人大专以上学历人数	1339.00	1433.06	30	30
万人高等学校在校学生数	356.09	379.57	11	11
十万人创新中介从业人员数	1.26	1.35	31	30
科研物质条件	38.57	42.55	27	26
每名R&D人员仪器和设备支出	1.85	2.23	29	29
科学研究和技术服务业固定资产占比重	0.89	0.83	18	19
十万人累计孵化企业数	5.78	6.62	26	26
科技意识	40.30	39.98	21	23
万名就业人员专利申请数	20.64	21.05	27	28
科学研究和技术服务业平均工资比较系数	89.56	79.68	18	25
万人吸纳技术成交额	2424.46	2572.31	12	14
有R&D活动的企业占比重	17.19	19.01	24	25
科技活动投入	32.47	39.70	27	25
科技活动人力投入	44.38	50.02	27	26
万人R&D研究人员数	5.82	6.87	26	26
基础研究人员投入强度指数	0.35	0.39	12	8
企业R&D研究人员占比重	30.32	26.99	20	22
科技活动财力投入	27.37	35.28	27	23
R&D经费支出与GDP比值	0.81	0.83	27	28
基础研究经费投入强度指数	0.07	0.07	21	20
地方财政科技支出占地方财政支出比重	1.22	1.77	23	17
企业R&D经费支出占营业收入比重	0.62	0.67	25	24
企业技术获取和技术改造经费支出占企业营业收入比重	0.39	0.61	10	6
上市公司R&D经费投入强度指数	0.01	0.00	26	28
科技活动产出	45.10	47.87	18	20
科技活动产出水平	34.57	39.18	25	24
万人科技论文数	1.59	1.65	28	28
万人有效注册商标数	80.13	95.04	30	30
万人发明专利拥有量	5.82	6.56	19	23
每万人口高价值发明专利拥有量	1.65	1.91	23	24
技术成果市场化	60.90	60.89	14	18
万人输出技术成交额	1818.50	1929.39	12	13
万元GDP技术国际收入	0.23	0.22	26	25
高新技术产业化	68.60	62.22	13	21
高新技术产业化水平	57.61	44.04	13	17
高技术产业营业收入占工业营业收入比重	7.19	7.97	21	22
知识密集型服务业增加值占GDP比重	13.87	14.16	15	16
高技术产品出口额占商品出口额比重	30.19	25.53	13	13
新产品销售收入占营业收入比重	13.62	12.66	17	20
高新技术产业化效益	79.59	80.39	25	26
高技术产业劳动生产率	105.95	106.45	24	26
高技术产业利润率	6.84	5.73	26	25
知识密集型服务业劳动生产率	66.27	77.07	18	13
科技促进经济社会发展	60.78	63.33	21	20
经济发展方式转变	39.41	42.06	23	20
劳动生产率	8.56	9.80	29	28
资本生产率	0.22	0.22	22	21
综合能耗产出率	17.94	18.20	17	18
全要素生产率	2.09	1.64	21	23
装备制造业区位熵	58.83	52.58	19	20
环境改善	79.68	83.14	23	21
环境质量指数	66.15	65.98	7	5
环境污染治理指数	83.06	84.93	24	23
社会生活信息化	83.21	85.23	12	14
万人移动互联网用户数	10321.67	10664.48	14	12
信息传输、软件和信息技术服务业增加值占GDP比重	3.16	3.14	12	12
电子商务销售额与GDP比值	0.11	0.14	20	19

海南科技创新分析

近年来，海南聚焦打赢科技创新翻身仗行动的目标，坚持把科技创新摆在自贸港建设的核心位置，聚焦南繁、医药等重点产业，深入实施创新驱动发展战略和科技强省战略，扎实推进创新型省份建设。在今年的报告中，海南综合科技创新水平指数为51.25%，仍排在全国第25位，得分与上年相比，提高了3.35个百分点，增幅排在全国第8位。

一、研发经费投入增长全国最快

R&D经费投入比上年增长了45.51%，全国增长最快，R&D经费支出与GDP比值提高了0.27个百分点，位次上升了4位。

二、政府科技投入全国增长最快

地方财政科技支出比上年增长了70.88%，全国增长最快，占地方财政支出比重提高了1.24个百分点，位次上升了6位。

三、科技人力资源不断增加

R&D人员数比上年增长了26.79%，万人研究与试验发展（R&D）人员数增加了2.77人年；R&D研究人员数增长了27.38%，增速全国最高，万人R&D研究人员数增加了1.47人年，位次上升了2位；企业R&D研究人员数增长了21.06%；大专以上学历人数增长了13.87%，万人大专以上学历人数增加了199.23人，位次上升了5位。

四、科研物质条件明显改善

仪器和设备支出比上年增长了111.64%，全国增长最快，每名R&D人员仪器和设备支出增加了1.57万元，位次上升至全国第3位；科学研究和技术服务业固定资产投资增长了23.01%，占全社会固定资产比重提高了0.47个百分点，位次上升了2位。

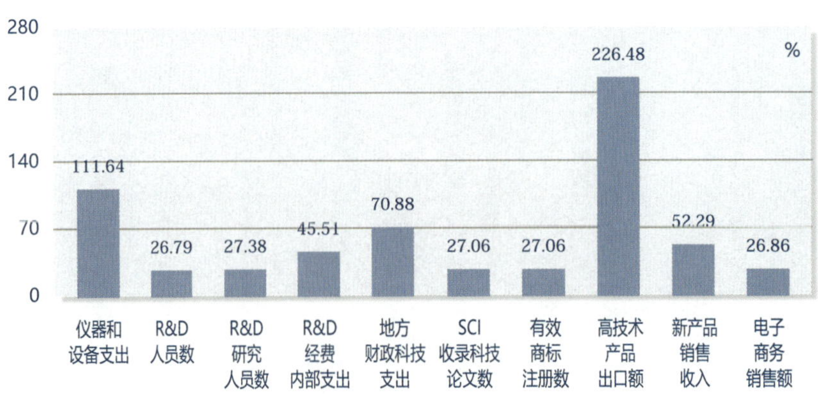

图3-67 部分增长较快的指标

技术成果转移转化不理想。技术市场吸纳技术成交额增长缓慢，万人吸纳技术成交额比上年减少了277.25万元，位次下降了4位；万人输出技术成交额减少了18.41万元，位次下降了1位。

创业孵化有待改善。十万人创新中介从业人员数下降至全国第31位；十万人累计孵化企业数排在全国第30位。

高新技术产业化水平有待提升。高技术产业营业收入占工业营业收入比重比上年下降了0.77个百分点，位次下降了3位；知识密集型服务业增加值占GDP比重下降了0.19个百分点，位次下降了3位。

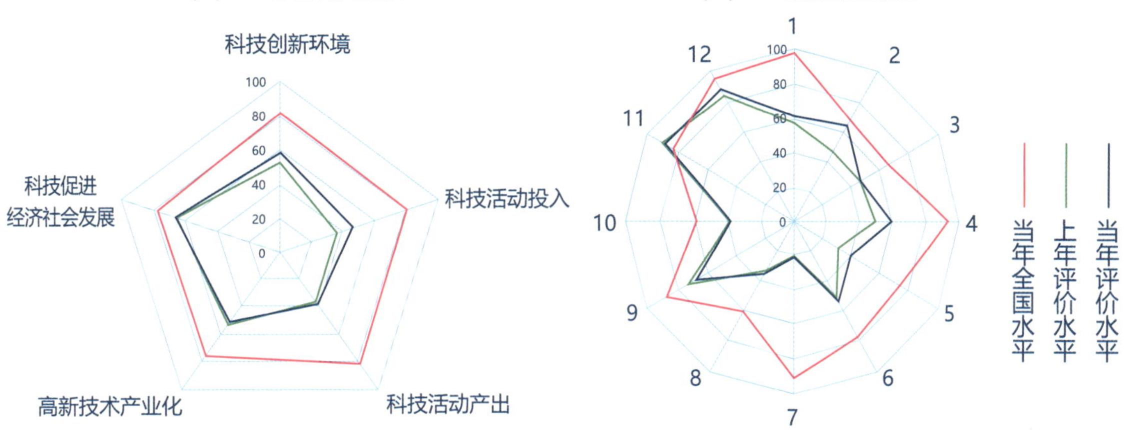

图3-68 海南一、二级评价指标与上年水平和全国水平比较

图例：1. 科技人力资源　2. 科研物质条件　3. 科技意识　4. 科技活动人力投入　5. 科技活动财力投入　6. 科技活动产出水平　7. 技术成果市场化　8. 高新技术产业化水平　9. 高新技术产业化效益　10. 经济发展方式转变　11. 环境改善　12. 社会生活信息化

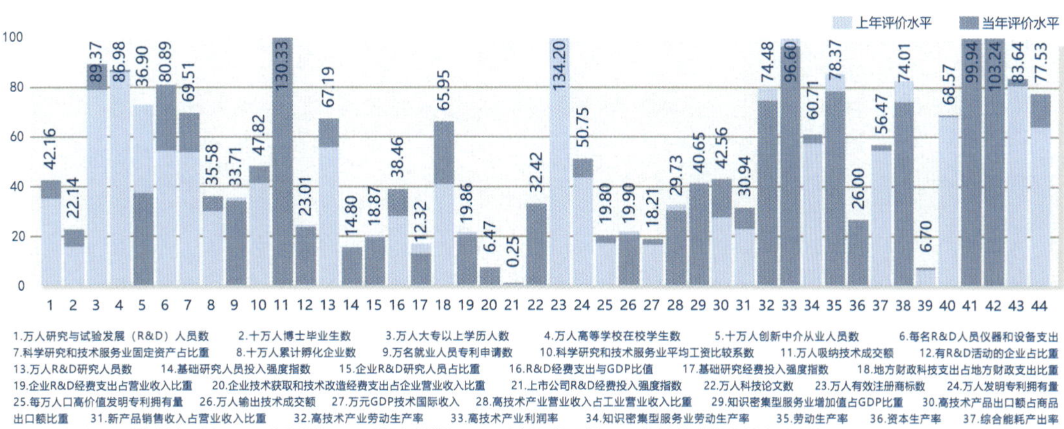

图3-69 海南三级评价指标与上年水平比较

高新技术产业化效益下降。高技术产业劳动生产率比上年减少了7.15万元/人，位次下降了5位；知识密集型服务业劳动生产率位次下降至全国第31位。

劳动生产率比上年减少了0.94万元/人，位次下降了4位；资本生产率位次下降了2位。

环境质量指数和环境污染治理指数位次分别比上年下降了1位和3位。

海南创新发展主要指标及位次

总人口1027万人；地区生产总值6818.20亿元，居全国第28位；人均生产总值6.66万元，居全国第21位；知识密集型服务业增加值831.47亿元，居全国第28位；规模以上工业企业营业收入3008.35亿元，居全国第30位；高新技术企业数1541个，居全国第27位；高新技术企业总收入1326.94亿元，居全国第29位。

R&D经费内部支出68.37亿元，居全国第29位，与生产总值比值1.00%，居全国第25位；R&D经费中基础研究经费支出13.06亿元，居全国第25位；企业R&D经费内部支出14.94亿元，居全国第29位；地方财政科技支出69.16亿元，居全国第20位。

大专以上学历人数171.55万人，居全国第28位；R&D人员数1.71万人年，居全国第28位；R&D人员中基础研究人员数0.36万人年，居全国第28位；企业R&D人员数0.40万人年，居全国第29位。

高技术产品出口额18.27亿美元，居全国第22位；技术市场输出技术成交额31.55亿元，居全国第28位；发明专利拥有量0.62万件，居全国第28位；移动互联网用户数1044.41万户，居全国第28位。

科技企业孵化器数6个，居全国第30位；科技企业孵化器在孵企业数382个，居全国第30位；科技企业孵化器累计毕业企业数360个，居全国第30位。

表3-21 海南各级评价指标和位次与上年比较

指标名称	评价值 上年	评价值 当年	位次 上年	位次 当年
科技创新环境	50.84	57.05	24	22
科技人力资源	57.30	61.18	24	25
万人研究与试验发展（R&D）人员数	14.10	16.87	23	23
十万人博士毕业生数	0.79	1.11	25	26
万人大专以上学历人数	1588.12	1787.35	24	19
万人高等学校在校学生数	303.38	304.42	20	25
十万人创新中介从业人员数	2.19	1.11	22	31
科研物质条件	47.05	63.31	25	14
每名R&D人员仪器和设备支出	3.28	4.85	11	3
科学研究和技术服务业固定资产占比重	1.62	2.09	10	8
十万人累计孵化企业数	3.01	3.56	31	30
科技意识	46.03	45.28	17	19
万名就业人员专利申请数	35.15	33.71	16	19
科学研究和技术服务业平均工资比较系数	82.91	95.64	22	13
万人吸纳技术成交额	2362.50	2085.25	13	17
有R&D活动的企业占比重	23.98	23.01	21	22
科技活动投入	35.24	44.69	26	22
科技活动人力投入	48.65	57.48	24	24
万人R&D研究人员数	7.27	8.73	24	22
基础研究人员投入强度指数	0.15	0.15	21	21
企业R&D研究人员占比重	13.90	13.21	29	29
科技活动财力投入	29.49	39.21	26	21
R&D经费支出与GDP比值	0.73	1.00	29	25
基础研究经费投入强度指数	0.17	0.12	9	16
地方财政科技支出占地方财政支出比重	2.05	3.30	15	9
企业R&D经费支出占营业收入比重	0.53	0.50	29	28
企业技术获取和技术改造经费支出占企业营业收入比重	0.17	0.16	27	26
上市公司R&D经费投入强度指数	0.00	0.00	29	29
科技活动产出	36.84	38.34	23	25
科技活动产出水平	48.43	51.09	18	19
万人科技论文数	3.27	3.24	13	13
万人有效注册商标数	167.93	201.30	10	10
万人发明专利拥有量	5.24	6.09	23	24
每万人口高价值发明专利拥有量	2.05	2.38	18	18
技术成果市场化	19.45	19.22	24	25
万人输出技术成交额	257.22	238.81	26	27
万元GDP技术国际收入	1.65	1.82	13	12
高新技术产业化	53.46	51.84	28	28
高新技术产业化水平	31.88	33.48	21	23
高技术产业营业收入占工业营业收入比重	9.69	8.92	16	19
知识密集型服务业增加值占GDP比重	12.38	12.19	25	28
高技术产品出口额占商品出口额比重	11.04	17.02	24	18
新产品销售收入占营业收入比重	9.14	12.38	23	21
高新技术产业化效益	75.04	70.20	28	30
高技术产业劳动生产率	103.97	96.82	25	30
高技术产业利润率	17.38	14.49	5	3
知识密集型服务业劳动生产率	40.34	42.50	29	31
科技促进经济社会发展	64.31	64.31	17	18
经济发展方式转变	40.76	38.97	21	26
劳动生产率	11.12	10.19	22	26
资本生产率	0.26	0.26	18	20
综合能耗产出率	22.97	23.72	12	12
全要素生产率	2.19	1.55	19	24
装备制造业区位熵	11.35	13.39	29	28
环境改善	93.69	91.27	1	6
环境质量指数	68.45	68.57	3	4
环境污染治理指数	100.00	99.94	1	4
社会生活信息化	85.36	88.96	8	8
万人移动互联网用户数	10366.83	10323.63	13	16
信息传输、软件和信息技术服务业增加值占GDP比重	2.84	2.93	16	15
电子商务销售额与GDP比值	0.19	0.23	9	8

重庆科技创新分析

重庆全面实施科技创新和人才强市首位战略，抓紧新科技革命和产业变革战略机遇，迭代升级未来产业技术，系统重塑市域科技创新体系，为加快推动科技创新中心建设提供有力支撑。在今年的报告中，重庆综合科技创新水平指数为77.77%，排在全国第7位，比上年上升1位，保持西部地区第1位，得分与上年相比，提高了3.69个百分点，增幅排在全国第4位。

一、创新财力投入进一步加大

研发经费投入规模和投入强度双提升。R&D经费内部支出比上年增长了13.71%，与GDP比值提高了0.20个百分点，位次上升了4位；基础研究经费支出增长了17.96%，基础研究经费投入强度指数位次上升了1位。

企业研发经费投入规模和强度双升。企业R&D经费内部支出比上年增长了12.91%，占营业收入比重提高了0.22个百分点，位次上升2位。

政府科技投入力度加大。地方财政科技支出比上年增长了6.74%，占地方财政支出比重提高了0.11个百分点，位次上升了2位。

二、高新技术产业化水平提升至全国第一

高技术产业营业收入占工业营业收入比重保持在全国第3位、西部地区第1位；高技术产品出口额占商品出口额比重排在全国第3位；知识密集型服务业增加值比上年增长了5.47%，占GDP比重保持在全国第6位。

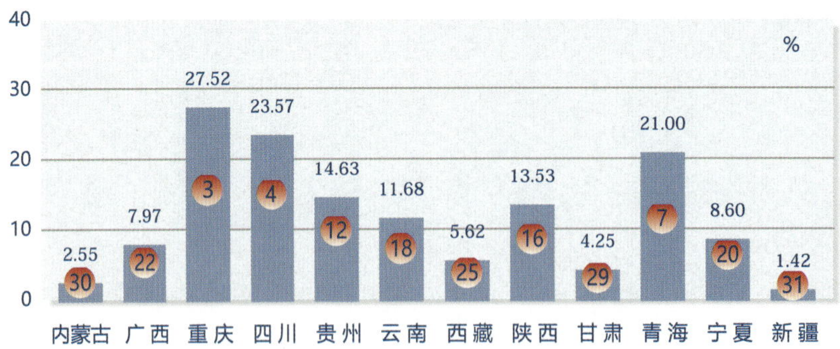

图3-70 西部地区高技术产业营业收入占工业营业收入比重及位次

三、科技成果转化大幅提升

技术市场输出技术成交额比上年增长了203.21%，万人输出技术成交额增加了1079.81万元，位次上升了6位。

四、社会生活信息化水平进一步提高

移动互联网用户数比上年增长了4.85%，万人移动互联网用户数增加了401.39户；信息传输、软件和信息技术服务业增加值增长了7.43%，占GDP比重位次上升了1位；电子商务销售额增长了111.30%，与GDP比值提高了0.25个百分点，位次上升了2位。

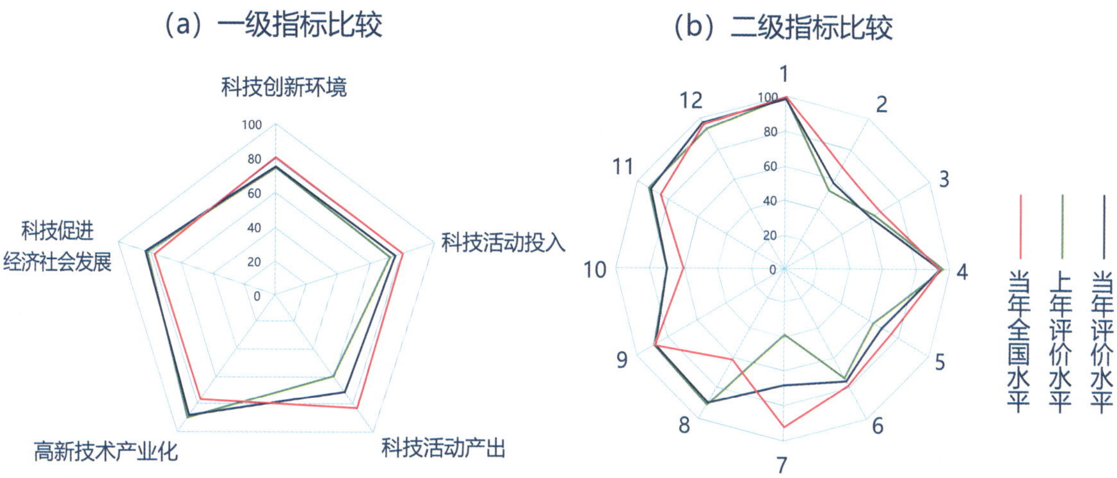

图3-71 重庆一、二级评价指标与上年水平和全国水平比较

图例：1．科技人力资源 2．科研物质条件 3．科技意识 4．科技活动人力投入 5．科技活动财力投入 6．科技活动产出水平 7．技术成果市场化 8．高新技术产业化水平 9．高新技术产业化效益 10．经济发展方式转变 11．环境改善 12．社会生活信息化

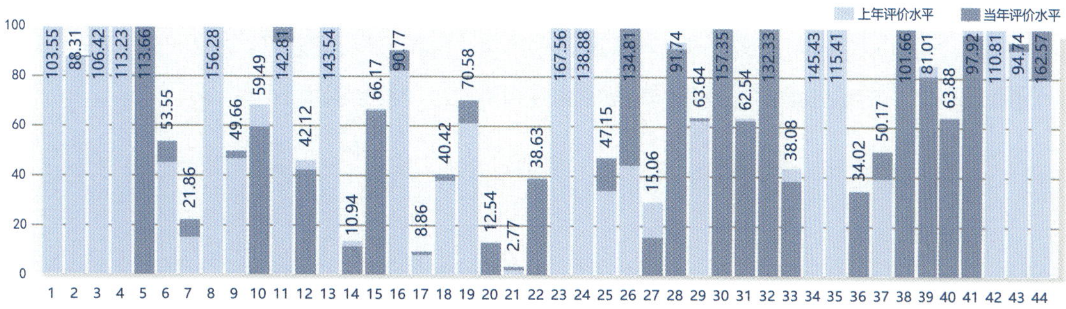

1.万人研究与试验发展（R&D）人员数 2.十万人博士毕业生数 3.万人大专以上学历人数 4.万人高等学校在校学生数 5.十万人创新中介从业人员数 6.每名R&D人员仪器和设备支出 7.科学研究和技术服务业固定资产占比重 8.十万人累计孵化企业数 9.万名就业人员专利申请数 10.科学研究和技术服务业平均工资比较系数 11.万人吸纳技术成交额 12.有R&D活动的企业占比重 13.万人R&D研究人员数 14.基础研究人员投入强度指数 15.企业R&D研究人员占比重 16.R&D经费支出与GDP比值 17.基础研究经费投入强度指数 18.地方财政科技支出占地方财政支出比重 19.企业R&D经费支出占营业收入比重 20.企业技术获取和技术改造经费支出占企业营业收入比重 21.上市公司R&D经费投入强度指数 22.万人科技论文数 23.万人有效注册商标数 24.万人发明专利拥有量 25.每万人口高价值发明专利拥有量 26.万人输出技术成交额 27.万元GDP技术国际收入 28.高技术产业营业收入占工业营业收入比重 29.知识密集型服务业增加值占GDP比重 30.高技术产品出口额占商品出口额比重 31.新产品销售收入占营业收入比重 32.高技术产业劳动生产率 33.高技术产业利润率 34.知识密集型服务业劳动生产率 35.劳动生产率 36.资本生产率 37.综合能耗产出率 38.全要素生产率 39.装备制造业区位熵 40.环境质量指数 41.环境污染治理指数 42.万人移动互联网用户数 43.信息传输、软件和信息技术服务业增加值占GDP比重 44.电子商务销售额与GDP比值

图3-72 重庆三级评价指标与上年水平比较

高新技术产业化效益下降。高技术产业劳动生产率比上年减少了2.27万元/人，位次下降了3位；高技术产业利润总额下降了15.62%，高技术产业利润率下降了0.78个百分点；知识密集型服务业劳动生产率位次下降了1位。

国际竞争力不足。技术国际收入比上年下降了46.34%，万元GDP技术国际收入减少了1.42美元，位次下降了5位。

科技意识有待提高。科学研究和技术服务业平均工资比上年下降了1.33%，科学研究和技术服务业平均工资比较系数下降了18.15个百分点，位次下降了3位；有R&D活动的企业占比重下降了3.83个百分点，位次下降了2位。

环境改善不理想。环境质量指数位次比上年下降了1位；环境污染治理指数下降了2.08个百分点，位次下降了9位。

重庆创新发展主要指标及位次

总人口3213万人；地区生产总值29129.00亿元，居全国第16位；人均生产总值9.07万元，居全国第10位；知识密集型服务业增加值5561.43亿元，居全国第13位；规模以上工业企业营业收入27165.52亿元，居全国第19位；高新技术企业数6327个，居全国第17位；高新技术企业总收入14293.54亿元，居全国第17位。

R&D经费内部支出686.65亿元，居全国第15位，与生产总值比值2.36%，居全国第10位；R&D经费中基础研究经费支出35.08亿元，居全国第15位；企业R&D经费内部支出479.33亿元，居全国第13位；地方财政科技支出98.89亿元，居全国第17位。

大专以上学历人数651.61万人，居全国第19位；R&D人员数12.89万人年，居全国第16位；R&D人员中基础研究人员数0.85万人年，居全国第22位；企业R&D人员数8.36万人年，居全国第14位。

高技术产品出口额493.21亿美元，居全国第6位；技术市场输出技术成交额559.47亿元，居全国第17位；发明专利拥有量5.19万件，居全国第16位；移动互联网用户数3448.03万户，居全国第20位。

科技企业孵化器数188个，居全国第11位；科技企业孵化器在孵企业数5757个，居全国第13位；科技企业孵化器累计毕业企业数4863个，居全国第14位。

表3-22 重庆各级评价指标和位次与上年比较

指标名称	评价值 上年	评价值 当年	位次 上年	位次 当年
科技创新环境	72.99	74.19	9	11
科技人力资源	98.59	98.60	5	5
万人研究与试验发展（R&D）人员数	40.09	41.42	10	11
十万人博士毕业生数	4.41	4.42	10	11
万人大专以上学历人数	2042.44	2128.35	9	9
万人高等学校在校学生数	376.02	396.30	8	7
十万人创新中介从业人员数	3.47	3.41	14	15
科研物质条件	51.30	56.40	22	21
每名R&D人员仪器和设备支出	2.74	3.21	21	13
科学研究和技术服务业固定资产占比重	0.46	0.66	30	24
十万人累计孵化企业数	13.13	15.63	10	9
科技意识	60.54	59.43	9	11
万名就业人员专利申请数	47.19	49.66	12	12
科学研究和技术服务业平均工资比较系数	137.13	118.98	7	10
万人吸纳技术成交额	1510.29	2284.92	16	16
有R&D活动的企业占比重	45.95	42.12	5	7
科技活动投入	70.50	74.53	12	10
科技活动人力投入	92.86	92.68	8	8
万人R&D研究人员数	17.47	18.66	10	10
基础研究人员投入强度指数	0.13	0.11	22	23
企业R&D研究人员占比重	46.89	46.32	10	11
科技活动财力投入	60.92	66.74	11	11
R&D经费支出与GDP比值	2.16	2.36	14	10
基础研究经费投入强度指数	0.08	0.09	19	18
地方财政科技支出占地方财政支出比重	1.92	2.02	17	15
企业R&D经费支出占营业收入比重	1.54	1.76	6	4
企业技术获取和技术改造经费支出占企业营业收入比重	0.32	0.31	14	14
上市公司R&D经费投入强度指数	0.02	0.03	17	17
科技活动产出	58.71	70.35	14	11
科技活动产出水平	72.11	73.24	9	10
万人科技论文数	3.90	3.86	9	9
万人有效注册商标数	225.40	251.34	8	8
万人发明专利拥有量	13.75	16.67	12	12
每万人口高价值发明专利拥有量	4.14	5.66	13	12
技术成果市场化	38.62	66.02	20	12
万人输出技术成交额	537.93	1617.74	21	15
万元GDP技术国际收入	2.93	1.51	9	14
高新技术产业化	89.53	88.46	2	2
高新技术产业化水平	90.40	89.31	2	1
高技术产业营业收入占工业营业收入比重	28.31	27.52	3	3
知识密集型服务业增加值占GDP比重	18.90	19.09	6	6
高技术产品出口额占商品出口额比重	72.73	62.94	2	3
新产品销售收入占营业收入比重	25.41	25.02	9	9
高新技术产业化效益	88.66	87.62	15	18
高技术产业劳动生产率	174.30	172.03	4	7
高技术产业利润率	6.49	5.71	28	26
知识密集型服务业劳动生产率	96.22	101.80	4	5
科技促进经济社会发展	81.34	82.70	4	4
经济发展方式转变	69.80	69.53	4	5
劳动生产率	14.14	15.00	10	10
资本生产率	0.34	0.34	7	8
综合能耗产出率	16.67	21.07	20	14
全要素生产率	2.90	2.20	10	11
装备制造业区位熵	170.46	162.03	1	2
环境改善	92.80	91.12	4	7
环境质量指数	63.98	63.88	11	12
环境污染治理指数	100.00	97.92	1	10
社会生活信息化	92.91	97.90	6	5
万人移动互联网用户数	10679.74	11081.13	8	8
信息传输、软件和信息技术服务业增加值占GDP比重	3.22	3.32	11	10
电子商务销售额与GDP比值	0.24	0.49	5	3

四川科技创新分析

四川省科技系统坚定以习近平新时代中国特色社会主义思想为指导，认真落实省委、省政府部署要求，坚持一手抓提升科技创新内核能级、一手抓打造一流创新生态，完善科技创新体系，优化创新资源布局，一体推进科技创新和科技成果转化，以科技创新引领现代化产业体系建设，以务实奋进姿态推动四川科技工作再上新台阶。在今年的报告中，四川综合科技创新水平指数为72.17%，排在全国第11位，比上年上升1位，得分与上年相比，提高了1.72个百分点。

一、创新人才投入规模居西部之首

R&D人员数、R&D研究人员数、企业R&D研究人员数均占到西部地区的28%左右，高等学校在校学生数、大专以上学历人数均占到西部地区的21%左右，保持在西部地区第1位。

二、基础研究经费投入力度加大

基础研究经费投入比上年增长了23.57%，规模位于西部地区首位，占到西部地区的26.92%，基础研究经费投入强度指数提高了0.06个百分点，位次上升了4位，西部地区最高。

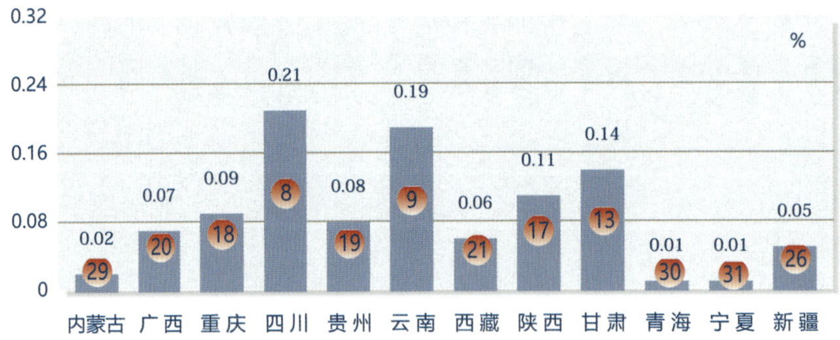

图3-73 西部地区基础研究经费投入强度指数及位次

三、高新技术产业化水平保持全国第五

高技术产业营业收入占工业营业收入比重和高技术产品出口额占商品出口额比重位次均保持在全国第4位；新产品销售收入占营业收入比重位次比上年上升了2位。

四、科研物质条件有所改善

仪器和设备支出比上年增长了19.92%，每名R&D人员仪器和设备支出增加了0.15万元，位次上升了3位；科学研究和技术服务业固定资产投资增长了22.96%，占全社会固定资产比重提高了0.11个百分点，位次上升了3位；全国科技企业孵化器累计毕业企业数增长了11.93%，十万人累计孵化企业数增加了1.07个。

研发经费投入强度下降。R&D经费支出与GDP比值比上年下降了0.12个百分点，位次下降了2位。

政府科技投入减少。地方财政科技支出比上年下降了16.11%，占地方财政支出比重下降了0.51个百分点，位次下降了2位。

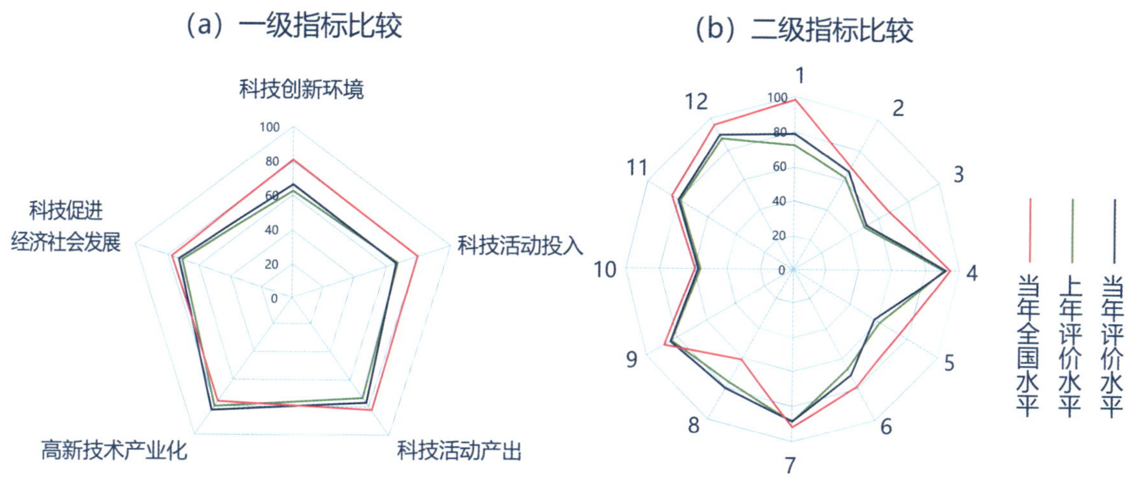

图3-74 四川一、二级评价指标与上年水平和全国水平比较

图例：1. 科技人力资源　2. 科研物质条件　3. 科技意识　4. 科技活动人力投入　5. 科技活动财力投入　6. 科技活动产出水平　7. 技术成果市场化　8. 高新技术产业化水平　9. 高新技术产业化效益　10. 经济发展方式转变　11. 环境改善　12. 社会生活信息化

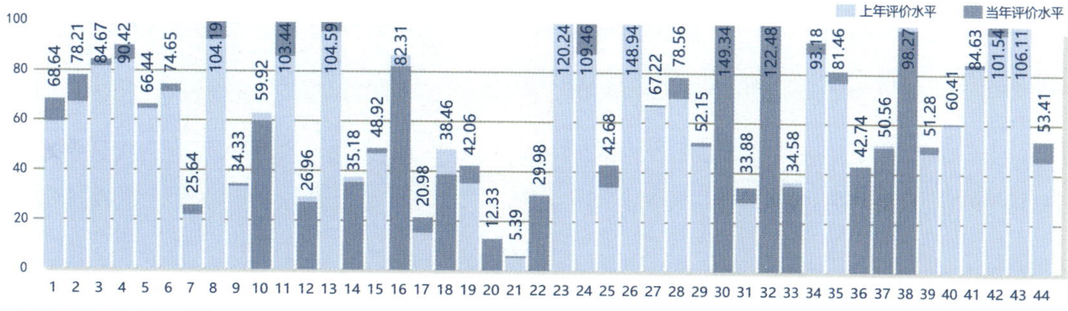

1.万人研究与试验发展（R&D）人员数　2.十万人博士毕业生数　3.万人大专以上学历人数　4.万人高等学校在校学生数　5.十万人创新中介从业人员数　6.每名R&D人员仪器和设备支出　7.科学研究和技术服务业固定资产占比重　8.十万人累计孵化企业数　9.万名就业人员专利申请数　10.科学研究和技术服务业平均工资比较系数　11.万人吸纳技术成交额　12.有R&D活动的企业占比重　13.万人R&D研究人员数　14.基础研究人员投入强度指数　15.企业R&D研究人员占比重　16.R&D经费支出与GDP比值　17.基础研究经费投入强度指数　18.地方财政科技支出占地方财政支出比重　19.企业R&D经费支出占营业收入比重　20.企业技术获取和技术改造经费支出占企业营业收入比重　21.上市公司R&D经费投入强度指数　22.万人科技论文数　23.万人有效注册商标数　24.万人发明专利拥有量　25.每万人口高价值发明专利拥有量　26.万人输出技术成交额　27.万元GDP技术国际收入　28.高技术产业营业收入占工业营业收入比重　29.知识密集型服务业增加值占GDP比重　30.高技术产品出口额占商品出口额比重　31.新产品销售收入占营业收入比重　32.高技术产业劳动生产率　33.高技术产业利润率　34.知识密集型服务业劳动生产率　35.劳动生产率　36.资本生产率　37.综合能耗产出率　38.全要素生产率　39.装备制造业区位熵　40.环境质量指数　41.环境污染治理指数　42.万人移动互联网用户数　43.信息传输、软件和信息技术服务业增加值占GDP比重　44.电子商务销售额与GDP比值

图3-75 四川三级评价指标与上年水平比较

企业引进技术经费支出比上年下降了64.06%，企业技术获取和技术改造经费支出下降了8.07%，占企业营业收入比重位次下降了1位。

科技意识有待提高。科学研究和技术服务业平均工资比较系数比上年下降了6.04个百分点；技术市场吸纳技术成交额增长缓慢，万人吸纳技术成交额位次下降了3位；有R&D活动的企业数下降了1.52%，占工业企业比重下降了2.20个百分点，位次下降了1位。

高新技术产业化效益较低。高技术产业劳动生产率减少了1.91万元/人，位次下降了1位；知识密集型服务业劳动生产率位次下降了1位；高技术产业利润率虽然有所提升，但位次仍然比较靠后，排在全国第27位。

环境污染治理指数位次下降至全国第24位。

四川创新发展主要指标及位次

总人口8374万人；地区生产总值56749.80亿元，居全国第6位；人均生产总值6.78万元，居全国第20位；知识密集型服务业增加值8879.30亿元，居全国第7位；规模以上工业企业营业收入50413.61亿元，居全国第7位；高新技术企业数14377个，居全国第9位；高新技术企业总收入20846.11亿元，居全国第11位。

R&D经费内部支出1215.01亿元，居全国第8位，与生产总值比值2.14%，居全国第13位；R&D经费中基础研究经费支出71.82亿元，居全国第9位；企业R&D经费内部支出530.08亿元，居全国第12位；地方财政科技支出229.12亿元，居全国第11位。

大专以上学历人数1348.78万人，居全国第5位；R&D人员数22.71万人年，居全国第12位；R&D人员中基础研究人员数2.02万人年，居全国第6位；企业R&D人员数11.79万人年，居全国第10位。

高技术产品出口额553.99亿美元，居全国第4位；技术市场输出技术成交额1643.53亿元，居全国第12位；发明专利拥有量10.87万件，居全国第9位；移动互联网用户数8400.37万户，居全国第5位。

科技企业孵化器数184个，居全国第12位；科技企业孵化器在孵企业数9085个，居全国第9位；科技企业孵化器累计毕业企业数8620个，居全国第8位。

表3-23 四川各级评价指标和位次与上年比较

指标名称	评价值 上年	评价值 当年	位次 上年	位次 当年
科技创新环境	61.88	66.01	18	16
科技人力资源	72.35	78.41	18	16
万人研究与试验发展（R&D）人员数	23.92	27.46	16	16
十万人博士毕业生数	3.40	3.91	13	12
万人大专以上学历人数	1648.59	1693.42	23	23
万人高等学校在校学生数	297.19	316.49	21	22
十万人创新中介从业人员数	1.95	1.99	24	26
科研物质条件	61.00	65.10	16	11
每名R&D人员仪器和设备支出	4.33	4.48	7	4
科学研究和技术服务业固定资产占比重	0.66	0.77	23	20
十万人累计孵化企业数	9.35	10.42	17	18
科技意识	48.80	50.37	15	15
万名就业人员专利申请数	33.77	34.33	18	17
科学研究和技术服务业平均工资比较系数	125.88	119.84	9	9
万人吸纳技术成交额	1386.81	1655.04	19	22
有R&D活动的企业占比重	29.16	26.96	15	16
科技活动投入	67.59	66.13	13	14
科技活动人力投入	86.85	89.65	13	11
万人R&D研究人员数	12.59	13.60	16	15
基础研究人员投入强度指数	0.37	0.35	10	11
企业R&D研究人员占比重	33.14	34.25	18	18
科技活动财力投入	59.33	56.05	14	15
R&D经费支出与GDP比值	2.26	2.14	11	13
基础研究经费投入强度指数	0.15	0.21	12	8
地方财政科技支出占地方财政支出比重	2.44	1.92	14	16
企业R&D经费支出占营业收入比重	0.89	1.05	19	17
企业技术获取和技术改造经费支出占企业营业收入比重	0.31	0.31	16	17
上市公司R&D经费投入强度指数	0.05	0.05	11	11
科技活动产出	73.69	76.61	9	8
科技活动产出水平	64.97	69.76	14	13
万人科技论文数	3.05	3.00	14	14
万人有效注册商标数	155.53	180.36	13	13
万人发明专利拥有量	10.58	13.14	15	15
每万人口高价值发明专利拥有量	4.10	5.12	14	14
技术成果市场化	86.78	86.89	5	5
万人输出技术成交额	1523.91	1787.24	14	14
万元GDP技术国际收入	6.69	6.72	5	5
高新技术产业化	79.53	82.11	6	6
高新技术产业化水平	76.16	80.03	5	5
高技术产业营业收入占工业营业收入比重	21.16	23.57	4	4
知识密集型服务业增加值占GDP比重	15.36	15.65	9	9
高技术产品出口额占商品出口额比重	69.40	59.74	4	4
新产品销售收入占营业收入比重	11.32	13.55	20	18
高新技术产业化效益	82.89	84.19	23	23
高技术产业劳动生产率	161.13	159.22	8	9
高技术产业利润率	5.43	5.19	30	27
知识密集型服务业劳动生产率	62.39	65.23	23	24
科技促进经济社会发展	70.43	72.39	10	8
经济发展方式转变	55.66	57.37	12	14
劳动生产率	10.05	10.59	26	25
资本生产率	0.43	0.43	3	3
综合能耗产出率	21.67	21.23	13	13
全要素生产率	3.00	2.39	9	9
装备制造业区位熵	96.42	102.55	11	10
环境改善	78.90	79.79	24	23
环境质量指数	60.28	60.41	19	19
环境污染治理指数	83.56	84.63	23	24
社会生活信息化	87.91	90.68	7	7
万人移动互联网用户数	9697.07	10154.00	18	18
信息传输、软件和信息技术服务业增加值占GDP比重	3.70	3.71	8	7
电子商务销售额与GDP比值	0.14	0.16	14	16

贵州科技创新分析

近年来，贵州持续深化科技创新供给侧结构性改革，始终坚持把创新作为引领发展的第一动力，始终坚持企业创新主体地位，不断完善全链条技术转移服务体系，将科技创新这个“关键变量”转化为高质量发展的“最大增量”，塑造自身发展新优势。在今年的报告中，贵州综合科技创新水平指数为51.34%，仍排在全国第24位，得分与上年相比，提高了3.39个百分点，增幅排在第7位。

一、高新技术产业稳步发展

高技术产业营业收入比上年增长了55.59%，占工业营业收入比重提高了5.37个百分点，位次上升了5位；知识密集型服务业增加值增长了4.67%，占GDP比重提高了0.21个百分点，位次上升了1位；新产品销售收入增长了33.22%，占营业收入比重提高了3.43个百分点，位次上升了3位；高技术产业劳动生产率比上年增加了37.43万元/人，位次上升了10位；知识密集型服务业劳动生产率增加了3.35万元/人。

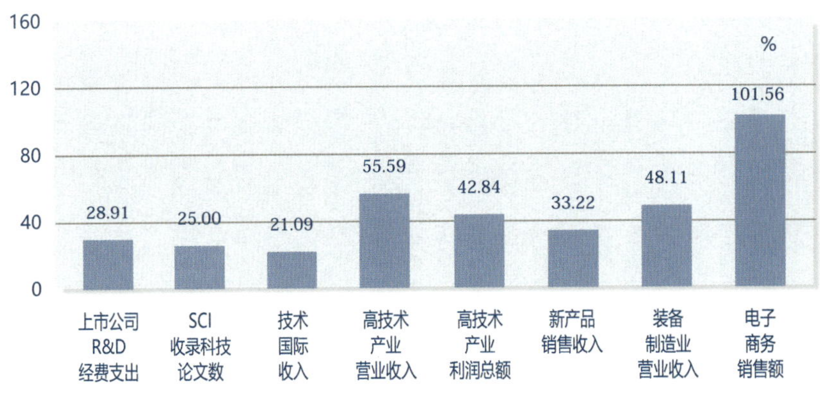

图3-76 部分增长较快的指标

二、社会生活信息化水平进一步提高

移动互联网用户数比上年增长了5.30%，万人移动互联网用户数增加了546.28户，位次上升了5位；信息传输、软件和信息技术服务业增加值比上年增长了4.97%，占GDP比重提高了0.06个百分点；电子商务销售额增长了101.56%，与GDP比值提高了0.09亿元/亿元，位次上升了9位。

科技人力资源不足。高等学校博士毕业生数比上年下降了33.33%，十万人博士毕业生数仍排在全国第31位；万人研究与试验发展（R&D）人员数位次下降至全国第28位；基础研究人员下降了0.59%，基础研究人员投入强度指数下降了0.03个百分点，位次下降了1位；企业R&D研究人员占比重下降了1.81个百分点，位次下降了1位；大专以上学历人数下降了2.05%，万人大专以上学历人数减少了39.35人，位次下降了3位；万人高等学校在校学生数位次下降了1位。

政府科技投入放缓。地方财政科技支出占地方财政支出比重比上年下降了0.06个百分点，位次下降了1位。

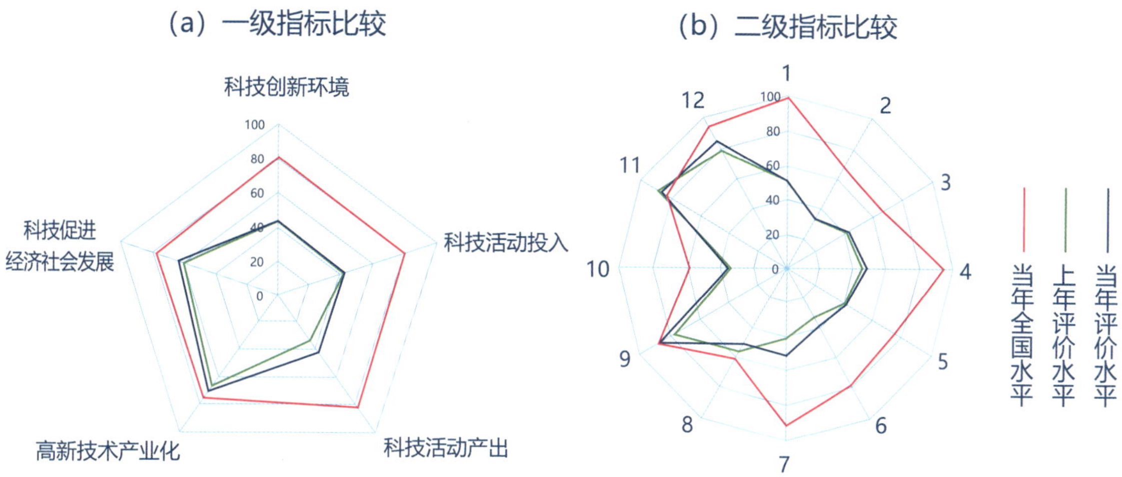

图3-77 贵州一、二级评价指标与上年水平和全国水平比较

图例：1．科技人力资源　2．科研物质条件　3．科技意识　4．科技活动人力投入
5．科技活动财力投入　6．科技活动产出水平　7．技术成果市场化　8．高新技术产业化水平
9．高新技术产业化效益　10．经济发展方式转变　11．环境改善　12．社会生活信息化

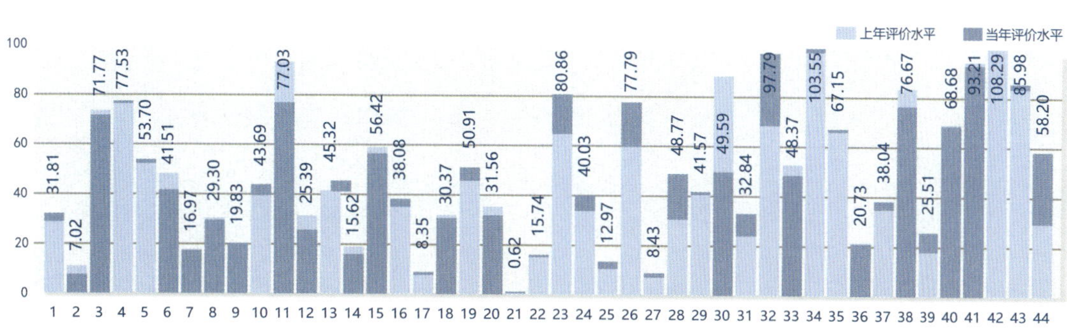

1.万人研究与试验发展（R&D）人员数　2.十万人博士毕业生数　3.万人大专以上学历人数　4.万人高等学校在校学生数　5.十万人创新中介从业人员数　6.每名R&D人员仪器和设备支出　7.科学研究和技术服务业固定资产占比重　8.十万人累计孵化企业数　9.万名就业人员专利申请数　10.科学研究和技术服务业平均工资比较系数　11.万人吸纳技术成交额　12.有R&D活动的企业占比重　13.万人R&D研究人员数　14.基础研究人员投入强度指数　15.企业R&D研究人员占比重　16.R&D经费支出与GDP比值　17.基础研究经费投入强度指数　18.地方财政科技支出占地方财政支出比重　19.企业R&D经费支出占营业收入比重　20.企业技术获取和技术改造经费支出占企业营业收入比重　21.上市公司R&D经费投入强度指数　22.万人科技论文数　23.万人有效注册商标数　24.万人发明专利拥有量　25.每万人口高价值发明专利拥有量　26.万人输出技术成交额　27.万元GDP技术国际收入　28.高技术产业营业收入占工业营业收入比重　29.知识密集型服务业增加值占GDP比重　30.高技术产品出口额占商品出口额比重　31.新产品销售收入占营业收入比重　32.高技术产业劳动生产率　33.高技术产业利润率　34.知识密集型服务业劳动生产率　35.劳动生产率　36.资本生产率　37.综合能耗产出率　38.全要素生产率　39.装备制造业区位熵　40.环境质量指数　41.环境污染治理指数　42.万人移动互联网用户数　43.信息传输、软件和信息技术服务业增加值占GDP比重　44.电子商务销售额与GDP比值

图3-78 贵州三级评价指标与上年水平比较

技术成果转移转化下降。技术市场吸纳技术成交额比上年下降了14.00%，万人吸纳技术成交额减少了264.36万元，位次下降了10位；万人输出技术成交额位次下降了2位。

科研物质条件较差。仪器和设备支出比上年下降了1.38%，每名R&D人员仪器和设备支出减少了0.40万元，位次下降了7位；科学研究和技术服务业固定资产占比重下降了0.01个百分点，位次下降至全国第28位；十万人累计孵化企业数减少了0.09个，下降至全国第31位。

劳动生产率较低，下降至全国第30位。

贵州创新发展主要指标及位次

总人口3856万人；地区生产总值20164.60亿元，居全国第22位；人均生产总值5.23万元，居全国第28位；知识密集型服务业增加值2514.44亿元，居全国第22位；规模以上工业企业营业收入10352.63亿元，居全国第27位；高新技术企业数1963个，居全国第24位；高新技术企业总收入3825.66亿元，居全国第26位。

R&D经费内部支出199.34亿元，居全国第24位，与生产总值比值0.99%，居全国第26位；R&D经费中基础研究经费支出18.35亿元，居全国第23位；企业R&D经费内部支出131.75亿元，居全国第23位；地方财政科技支出88.86亿元，居全国第18位。

大专以上学历人数507.72万人，居全国第22位；R&D人员数4.72万人年，居全国第24位；R&D人员中基础研究人员数0.61万人年，居全国第25位；企业R&D人员数2.91万人年，居全国第21位。

高技术产品出口额13.53亿美元，居全国第24位；技术市场输出技术成交额390.72亿元，居全国第19位；发明专利拥有量1.78万件，居全国第24位；移动互联网用户数4013.17万户，居全国第16位。

科技企业孵化器数47个，居全国第25位；科技企业孵化器在孵企业数1494个，居全国第27位；科技企业孵化器累计毕业企业数1086个，居全国第26位。

表3-24 贵州各级评价指标和位次与上年比较

指标名称	评价值 上年	评价值 当年	位次 上年	位次 当年
科技创新环境	42.22	42.32	28	30
科技人力资源	50.05	50.15	29	30
万人研究与试验发展（R&D）人员数	11.62	12.72	26	28
十万人博士毕业生数	0.53	0.35	31	31
万人大专以上学历人数	1474.79	1435.44	26	29
万人高等学校在校学生数	269.47	271.37	27	28
十万人创新中介从业人员数	1.58	1.61	30	29
科研物质条件	32.01	31.71	28	31
每名R&D人员仪器和设备支出	2.89	2.49	19	26
科学研究和技术服务业固定资产占比重	0.52	0.51	27	28
十万人累计孵化企业数	3.02	2.93	30	31
科技意识	42.01	42.51	20	21
万名就业人员专利申请数	19.91	19.83	28	29
科学研究和技术服务业平均工资比较系数	79.53	87.38	24	18
万人吸纳技术成交额	1496.81	1232.46	17	27
有R&D活动的企业占比重	31.26	25.39	13	19
科技活动投入	40.16	42.00	24	24
科技活动人力投入	44.55	47.13	26	28
万人R&D研究人员数	5.39	5.89	28	28
基础研究人员投入强度指数	0.19	0.16	19	20
企业R&D研究人员占比重	41.30	39.50	14	15
科技活动财力投入	38.28	39.80	20	20
R&D经费支出与GDP比值	0.92	0.99	26	26
基础研究经费投入强度指数	0.08	0.08	20	19
地方财政科技支出占地方财政支出比重	1.58	1.52	19	20
企业R&D经费支出占营业收入比重	1.15	1.27	12	12
企业技术获取和技术改造经费支出占企业营业收入比重	0.88	0.79	1	2
上市公司R&D经费投入强度指数	0.01	0.01	28	27
科技活动产出	34.41	42.53	25	23
科技活动产出水平	31.38	36.99	30	29
万人科技论文数	1.53	1.57	30	30
万人有效注册商标数	97.85	121.29	28	27
万人发明专利拥有量	4.09	4.80	25	25
每万人口高价值发明专利拥有量	1.27	1.56	27	27
技术成果市场化	38.95	50.84	19	20
万人输出技术成交额	721.79	933.42	19	21
万元GDP技术国际收入	0.72	0.84	19	18
高新技术产业化	66.57	69.45	16	13
高新技术产业化水平	55.49	50.12	14	14
高技术产业营业收入占工业营业收入比重	9.26	14.63	17	12
知识密集型服务业增加值占GDP比重	12.26	12.47	28	27
高技术产品出口额占商品出口额比重	35.42	19.84	8	16
新产品销售收入占营业收入比重	9.71	13.14	22	19
高新技术产业化效益	77.64	88.79	27	17
高技术产业劳动生产率	89.70	127.13	31	21
高技术产业利润率	7.90	7.26	19	20
知识密集型服务业劳动生产率	69.14	72.49	16	17
科技促进经济社会发展	58.86	62.27	23	22
经济发展方式转变	35.08	37.83	27	28
劳动生产率	8.64	8.73	28	30
资本生产率	0.21	0.21	25	25
综合能耗产出率	14.75	15.98	21	21
全要素生产率	2.69	1.90	12	16
装备制造业区位熵	35.12	51.01	22	21
环境改善	89.56	88.30	11	12
环境质量指数	69.20	68.68	2	3
环境污染治理指数	94.65	93.21	13	16
社会生活信息化	79.67	86.03	15	12
万人移动互联网用户数	10282.57	10828.84	15	10
信息传输、软件和信息技术服务业增加值占GDP比重	2.95	3.01	13	14
电子商务销售额与GDP比值	0.09	0.17	24	15

云南科技创新分析

云南省科技系统持续打牢科技创新基础，推进科技与产业深度融合，推动科技惠民，科技创新各项工作取得新成绩。在今年的报告中，云南综合科技创新水平指数为45.50%，排在全国第27位，比上年上升1位，得分与上年相比，提高了2.11个百分点。

一、高新技术产业化效益全国第二

高技术产业劳动生产率比上年增加了59.02万元/人，位次上升了2位；高技术产业利润率位次上升了1位；知识密集型服务业劳动生产率增加了7.25万元/人。

二、技术成果市场化大幅提升

技术市场输出技术成交额比上年增长了106.37%，万人输出技术成交额增加了208.95万元，位次上升了5位。

三、科研物质条件有所改善

仪器和设备支出比上年增长了41.56%，每名R&D人员仪器和设备支出增加了0.77万元，位次上升了12位。

四、环境质量指数居全国第二

环境质量指数比上年提高了1.05个百分点，位次上升至全国第2位。

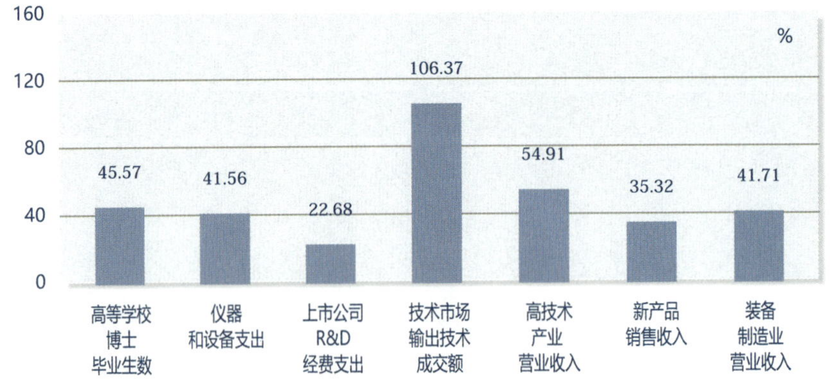

图3-79 部分增长较快的指标

科技人力资源有所减少。万人研究与试验发展（R&D）人员数位次比上年下降了1位；企业R&D研究人员数下降了16.83%，占全社会R&D研究人员比重减少了5.47个百分点，位次下降了3位；大专以上学历人数下降了0.16%，万人大专以上学历人数减少了11.42人，位次下降至全国第31位；创新中介从业人员数下降了0.67%，十万人创新中介从业人员数减少了0.02人，位次下降了1位。

创新财力投入有待提高。地方财政科技支出比上年下降了4.65%，占地方财政支出比重下降了0.05个百分点；基础研究经费投入强度指数和企业R&D经费支出占营业收入比重位次均比上年下降了1位；企业技术获取和技术改造经费支出下降了21.52%，占企业营业收入比重下降了0.14个百分点，位次下降了4位。

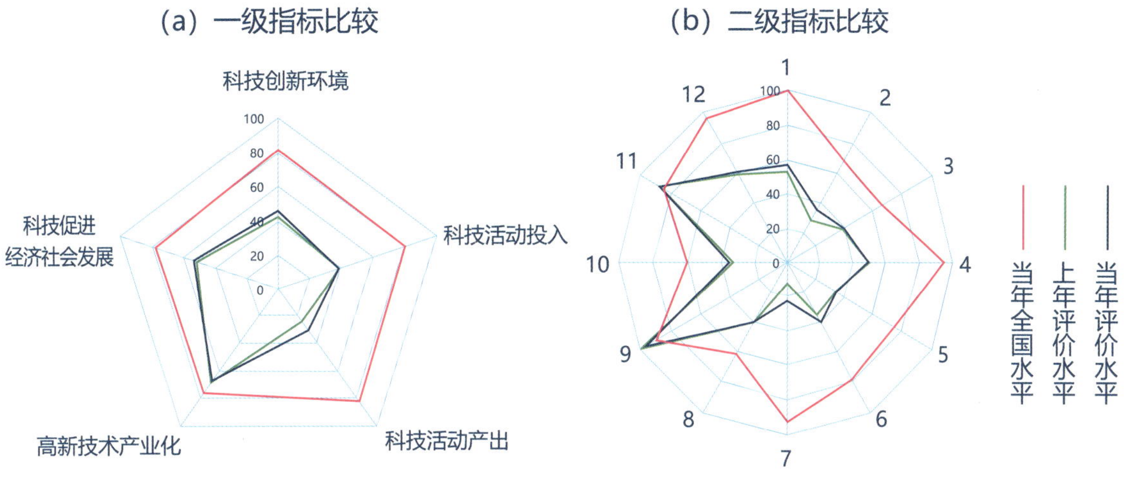

图3-80 云南一、二级评价指标与上年水平和全国水平比较

图例：1．科技人力资源　2．科研物质条件　3．科技意识　4．科技活动人力投入
5．科技活动财力投入　6．科技活动产出水平　7．技术成果市场化　8．高新技术产业化水平
9．高新技术产业化效益　10．经济发展方式转变　11．环境改善　12．社会生活信息化

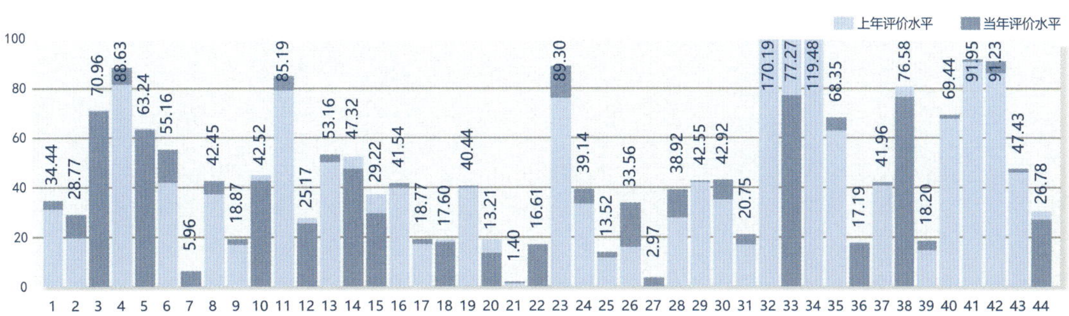

1.万人研究与试验发展（R&D）人员数　2.十万人博士毕业生数　3.万人大专以上学历人数　4.万人高等学校在校学生数　5.十万人创新中介从业人员数　6.每名R&D人员仪器和设备支出　7.科学研究和技术服务业固定资产占比重　8.十万人累计孵化企业数　9.万名就业人员专利申请数　10.科学研究和技术服务业平均工资比较系数　11.万人吸纳技术成交额　12.有R&D活动的企业占比重　13.万人R&D研究人员数　14.基础研究人员投入强度指数　15.企业R&D研究人员占比重　16.R&D经费支出与GDP比值　17.基础研究经费投入强度指数　18.地方财政科技支出占地方财政支出比重　19.企业R&D经费支出占营业收入比重　20.企业技术获取和技术改造经费支出占企业营业收入比重　21.上市公司R&D经费投入强度指数　22.万人科技论文数　23.万人有效注册商标数　24.万人发明专利拥有量　25.每万人口高价值发明专利拥有量　26.万人输出技术成交额　27.万元GDP技术国际收入　28.高技术产业营业收入占工业营业收入比重　29.知识密集型服务业增加值占GDP比重　30.高技术产品出口额占商品出口额比重　31.新产品销售收入占营业收入比重　32.高技术产业劳动生产率　33.高技术产业利润率　34.知识密集型服务业劳动生产率　35.劳动生产率　36.资本生产率　37.综合能耗产出率　38.全要素生产率　39.装备制造业区位熵　40.环境质量指数　41.环境污染治理指数　42.万人移动互联网用户数　43.信息传输、软件和信息技术服务业增加值占GDP比重　44.电子商务销售额与GDP比值

图3-81 云南三级评价指标与上年水平比较

科技意识不足。万名就业人员专利申请数排在全国第30位；科学研究和技术服务业平均工资比较系数比上年下降了4.72个百分点，位次下降了4位；万人吸纳技术成交额位次下降了1位；有R&D活动的企业占比重减少了2.28个百分点，位次下降了2位。

高新技术产业化水平下降。知识密集型服务业增加值占GDP比重位次比上年下降了3位；新产品销售收入占营业收入比重位次下降了1位。

社会生活信息化水平全国最低。信息传输、软件和信息技术服务业增加值占GDP比重位次位于全国第31位；电子商务销售额下降了5.50%，与GDP比值下降了0.01个亿元/亿元，位次下降了6位。

云南创新发展主要指标及位次

总人口4693万人；地区生产总值28954.20亿元，居全国第18位；人均生产总值6.17万元，居全国第23位；知识密集型服务业增加值3696.13亿元，居全国第20位；规模以上工业企业营业收入19650.22亿元，居全国第22位；高新技术企业数2582个，居全国第23位；高新技术企业总收入7306.31亿元，居全国第23位。

R&D经费内部支出313.53亿元，居全国第19位，与生产总值比值1.08%，居全国第23位；R&D经费中基础研究经费支出34.51亿元，居全国第16位；企业R&D经费内部支出198.67亿元，居全国第20位；地方财政科技支出58.97亿元，居全国第23位。

大专以上学历人数621.60万人，居全国第20位；R&D人员数6.46万人年，居全国第20位；R&D人员中基础研究人员数1.25万人年，居全国第15位；企业R&D人员数2.80万人年，居全国第22位。

高技术产品出口额39.42亿美元，居全国第20位；技术市场输出技术成交额218.95亿元，居全国第23位；发明专利拥有量2.20万件，居全国第23位；移动互联网用户数4275.14万户，居全国第14位。

科技企业孵化器数43个，居全国第26位；科技企业孵化器在孵企业数2293个，居全国第24位；科技企业孵化器累计毕业企业数1989个，居全国第24位。

表3-25 云南各级评价指标和位次与上年比较

指标名称	评价值 上年	评价值 当年	位次 上年	位次 当年
科技创新环境	41.10	44.23	29	29
科技人力资源	52.87	55.91	27	28
万人研究与试验发展（R&D）人员数	12.60	13.78	25	26
十万人博士毕业生数	0.99	1.44	22	21
万人大专以上学历人数	1430.68	1419.26	27	31
万人高等学校在校学生数	288.09	310.21	25	23
十万人创新中介从业人员数	1.91	1.90	27	28
科研物质条件	28.18	34.13	30	29
每名R&D人员仪器和设备支出	2.54	3.31	24	12
科学研究和技术服务业固定资产占比重	0.18	0.18	31	31
十万人累计孵化企业数	3.76	4.24	27	28
科技意识	38.32	38.75	23	26
万名就业人员专利申请数	17.09	18.87	30	30
科学研究和技术服务业平均工资比较系数	89.75	85.03	17	21
万人吸纳技术成交额	1278.74	1363.09	24	25
有R&D活动的企业占比重	27.45	25.17	18	20
科技活动投入	37.70	37.75	25	27
科技活动人力投入	48.01	48.56	25	27
万人R&D研究人员数	6.57	6.91	25	25
基础研究人员投入强度指数	0.52	0.47	7	6
企业R&D研究人员占比重	25.93	20.46	24	27
科技活动财力投入	33.28	33.12	25	26
R&D经费支出与GDP比值	1.04	1.08	24	23
基础研究经费投入强度指数	0.17	0.19	8	9
地方财政科技支出占地方财政支出比重	0.93	0.88	25	25
企业R&D经费支出占营业收入比重	1.00	1.01	17	18
企业技术获取和技术改造经费支出占企业营业收入比重	0.47	0.33	8	12
上市公司R&D经费投入强度指数	0.01	0.01	22	21
科技活动产出	24.89	31.76	28	27
科技活动产出水平	34.17	38.72	26	26
万人科技论文数	1.68	1.66	26	27
万人有效注册商标数	115.23	133.95	24	25
万人发明专利拥有量	4.04	4.70	26	27
每万人口高价值发明专利拥有量	1.39	1.62	25	25
技术成果市场化	10.98	21.32	29	23
万人输出技术成交额	193.72	402.67	29	24
万元GDP技术国际收入	0.32	0.30	23	23
高新技术产业化	68.55	67.26	14	16
高新技术产业化水平	37.11	39.07	19	21
高技术产业营业收入占工业营业收入比重	8.41	11.68	18	18
知识密集型服务业增加值占GDP比重	12.76	12.77	22	25
高技术产品出口额占商品出口额比重	14.15	17.17	20	17
新产品销售收入占营业收入比重	6.84	8.30	27	28
高新技术产业化效益	100.00	95.45	1	2
高技术产业劳动生产率	162.23	221.25	7	5
高技术产业利润率	15.47	11.59	7	6
知识密集型服务业劳动生产率	76.38	83.63	11	11
科技促进经济社会发展	50.17	51.96	30	30
经济发展方式转变	32.70	35.12	29	29
劳动生产率	8.25	8.89	30	29
资本生产率	0.18	0.17	27	27
综合能耗产出率	17.26	17.62	18	19
全要素生产率	2.44	1.99	17	15
装备制造业区位熵	28.54	36.40	23	24
环境改善	86.89	87.45	13	13
环境质量指数	68.40	69.44	4	2
环境污染治理指数	91.51	91.95	18	18
社会生活信息化	59.40	60.82	31	31
万人移动互联网用户数	8693.33	9123.14	30	27
信息传输、软件和信息技术服务业增加值占GDP比重	1.63	1.66	31	31
电子商务销售额与GDP比值	0.09	0.08	23	29

西藏科技创新分析

西藏各级部门努力提高创新思维能力，顺应时代发展要求，着眼于解决本地的实际特点，积极识变应变求变，大力推进改革创新，不断塑造发展新动能新优势，持续营造良好的科技创新土壤，逐步形成具有西藏特色的新质生产力，为西藏社会经济发展蓄力。在今年的报告中，西藏的综合科技创新水平指数为33.90%，仍排在全国第31位，得分与上年相比，提高了2.10个百分点。

一、高新技术产业发展成效明显

高技术产品出口额比上年增长了371.38%，占商品出口额比重提高了6.78个百分点，位次上升了7位；知识密集型服务业增加值增长了11.03%，占GDP比重提高了1.05个百分点，位次上升了4位；高技术产业利润总额增长了39.82%，高技术产业利润率提高了8.93个百分点，位次保持在全国首位；高技术产业劳动生产率增加了10.42万元/人，位次上升了1位；知识密集型服务业劳动生产率增加了7.25万元/人，位次上升了2位。

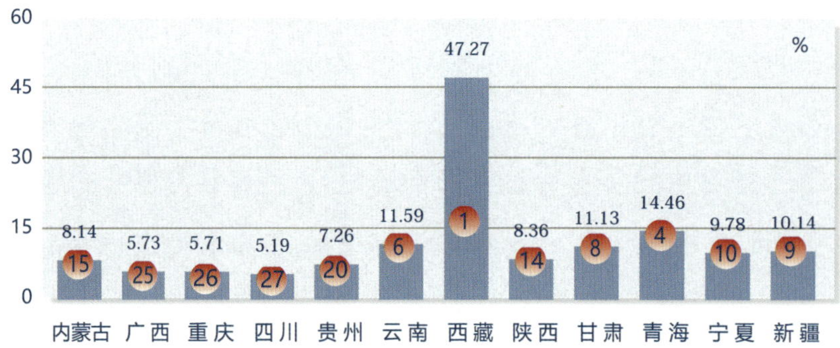

图3-82 西部地区高技术产业利润率及位次

二、科研物质条件有所改善

仪器和设备支出比上年增长了34.29%，每名R&D人员仪器和设备支出增加了0.33万元，位次上升了4位；科学研究和技术服务业固定资产投资增长了16.29%，占全社会固定资产比重提高了0.11个百分点，位次上升了3位；科技企业孵化器累计毕业企业数增长了31.75%，十万人累计孵化企业数增加了1.09个，位次上升了2位。

三、环境质量全国最好

环境质量指数仍位于全国首位。

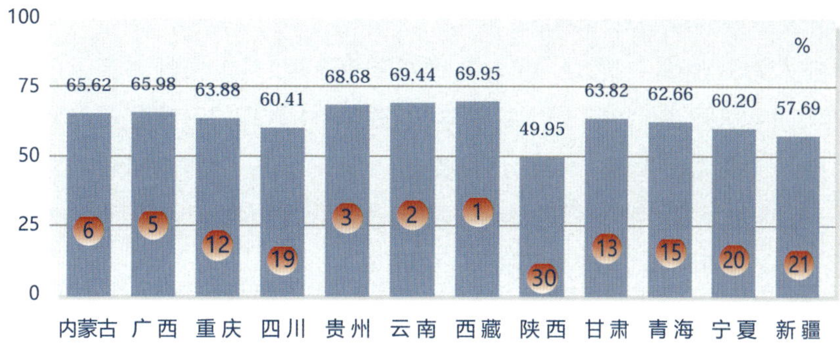

图3-83 西部地区环境质量指数及位次

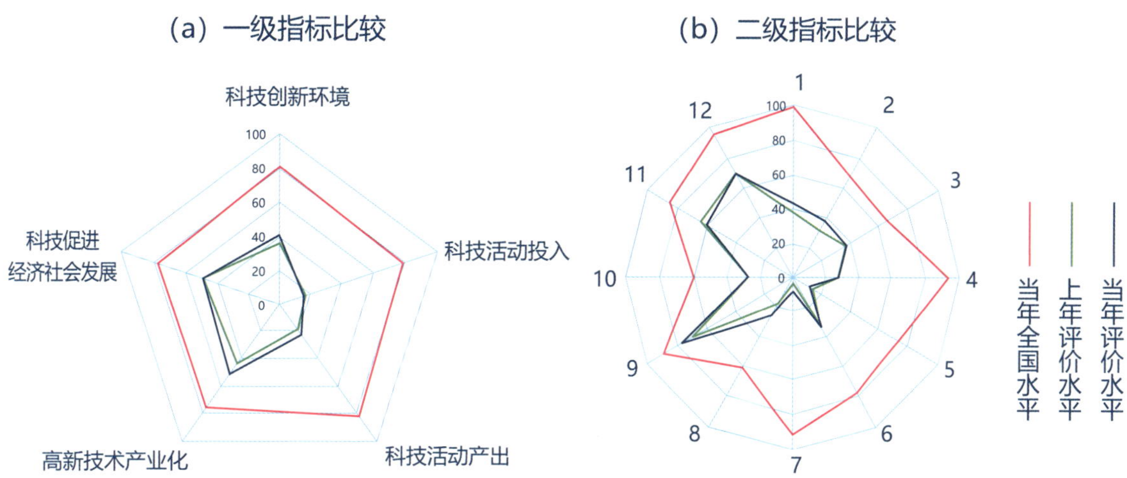

图3-84 西藏一、二级评价指标与上年水平和全国水平比较

图例：1. 科技人力资源　2. 科研物质条件　3. 科技意识　4. 科技活动人力投入
5. 科技活动财力投入　6. 科技活动产出水平　7. 技术成果市场化　8. 高新技术产业化水平
9. 高新技术产业化效益　10. 经济发展方式转变　11. 环境改善　12. 社会生活信息化

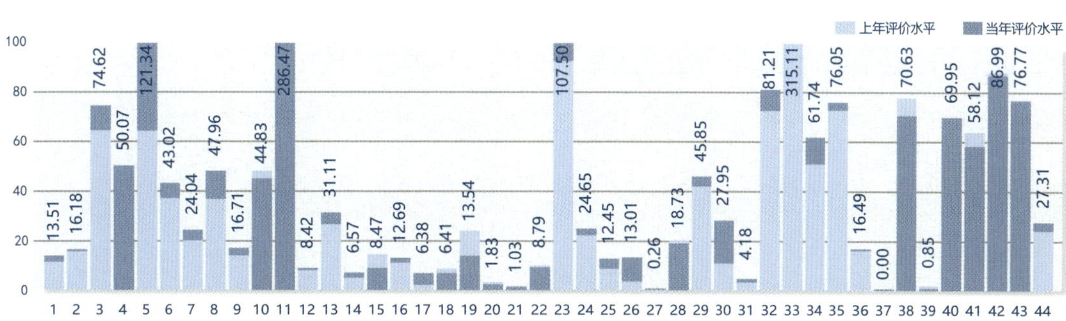

1.万人研究与试验发展（R&D）人员数　2.十万人博士毕业生数　3.万人大专以上学历人数　4.万人高等学校在校学生数　5.十万人创新中介从业人员数　6.每名R&D人员仪器和设备支出　7.科学研究和技术服务业固定资产占比重　8.十万人累计孵化企业数　9.万名就业人员专利申请数　10.科学研究和技术服务业平均工资比较系数　11.万人吸纳技术成交额　12.有R&D活动的企业占比重　13.万人R&D研究人员数　14.基础研究人员投入强度指数　15.企业R&D研究人员占比重　16.R&D经费支出与GDP比值　17.基础研究经费投入强度指数　18.地方财政科技支出占地方财政支出比重　19.企业R&D经费支出占营业收入比重　20.企业技术获取和技术改造经费支出占企业营业收入比重　21.上市公司R&D经费投入强度指数　22.万人科技论文数　23.万人有效注册商标数　24.万人发明专利拥有量　25.每万人口高价值发明专利拥有量　26.万人输出技术成交额　27.万元GDP技术国际收入　28.高技术产业营业收入占工业营业收入比重　29.知识密集型服务业增加值占GDP比重　30.高技术产品出口额占商品出口额比重　31.新产品销售收入占营业收入比重　32.高技术产业劳动生产率　33.高技术产业利润率　34.知识密集型服务业劳动生产率　35.劳动生产率　36.资本生产率　37.综合能耗产出率　38.全要素生产率　39.装备制造业区位熵　40.环境质量指数　41.环境污染治理指数　42.万人移动互联网用户数　43.信息传输、软件和信息技术服务业增加值占GDP比重　44.电子商务销售额与GDP比值

图3-85 西藏三级评价指标与上年水平比较

存在的问题主要有以下几个方面。

一是科技人力资源少。万人研究与试验发展（R&D）人员数、万人R&D研究人员数、企业R&D研究人员占比重、万人高等学校在校学生数均排在全国第31位。

二是科技活动财力投入低。R&D经费支出与GDP比值、地方财政科技支出占地方财政支出比重、企业技术获取和技术改造经费支出占企业营业收入比重仍排在全国第31位；企业R&D经费支出占营业收入比重下降至全国第30位。

三是科技活动产出少。万人科技论文数、万人发明专利拥有量、万元GDP技术国际收入均排在全国第31位；万人输出技术成交额排在全国第30位。

四是经济发展方式转变滞后。综合能耗产出率和装备制造业区位熵均排在全国第31位。

西藏创新发展主要指标及位次

总人口364万人；地区生产总值2132.60亿元，居全国第31位；人均生产总值5.84万元，居全国第25位；知识密集型服务业增加值293.37亿元，居全国第31位；规模以上工业企业营业收入503.59亿元，居全国第31位；高新技术企业数112个，居全国第31位；高新技术企业总收入227.01亿元，居全国第31位。

R&D经费内部支出6.96亿元，居全国第31位，与生产总值比值0.33%，居全国第31位；R&D经费中基础研究经费支出3.00亿元，居全国第30位；企业R&D经费内部支出1.70亿元，居全国第31位；地方财政科技支出8.31亿元，居全国第31位。

大专以上学历人数49.36万人，居全国第31位；R&D人员数0.19万人年，居全国第31位；R&D人员中基础研究人员数0.08万人年，居全国第31位；企业R&D人员数0.02万人年，居全国第31位。

高技术产品出口额0.73亿美元，居全国第30位；技术市场输出技术成交额6.21亿元，居全国第31位；发明专利拥有量0.10万件，居全国第31位；移动互联网用户数301.08万户，居全国第31位。

科技企业孵化器数4个，居全国第31位；科技企业孵化器在孵企业数142个，居全国第31位；科技企业孵化器累计毕业企业数166个，居全国第31位。

表3-26 西藏各级评价指标和位次与上年比较

指标名称	评价值 上年	评价值 当年	位次 上年	位次 当年
科技创新环境	35.38	39.54	31	31
科技人力资源	37.72	43.07	31	31
万人研究与试验发展（R&D）人员数	4.62	5.40	31	31
十万人博士毕业生数	0.79	0.81	24	29
万人大专以上学历人数	1298.63	1492.32	31	28
万人高等学校在校学生数	176.04	175.25	30	31
十万人创新中介从业人员数	1.94	3.64	26	14
科研物质条件	31.34	37.86	29	28
每名R&D人员仪器和设备支出	2.25	2.58	27	23
科学研究和技术服务业固定资产占比重	0.61	0.72	25	22
十万人累计孵化企业数	3.71	4.80	29	27
科技意识	36.30	36.51	26	28
万名就业人员专利申请数	14.23	16.71	31	31
科学研究和技术服务业平均工资比较系数	96.08	89.66	13	16
万人吸纳技术成交额	4993.44	4583.49	4	5
有R&D活动的企业占比重	8.06	8.42	30	30
科技活动投入	16.35	15.32	31	31
科技活动人力投入	24.25	26.56	31	31
万人R&D研究人员数	3.49	4.04	31	31
基础研究人员投入强度指数	0.05	0.07	28	28
企业R&D研究人员占比重	9.95	5.93	30	31
科技活动财力投入	12.96	10.51	31	31
R&D经费支出与GDP比值	0.29	0.33	31	31
基础研究经费投入强度指数	0.02	0.06	28	21
地方财政科技支出占地方财政支出比重	0.41	0.32	31	31
企业R&D经费支出占营业收入比重	0.60	0.34	26	30
企业技术获取和技术改造经费支出占企业营业收入比重	0.07	0.05	31	31
上市公司R&D经费投入强度指数	0.01	0.01	21	22
科技活动产出	19.31	22.94	31	31
科技活动产出水平	30.71	32.95	31	31
万人科技论文数	0.95	0.88	31	31
万人有效注册商标数	139.77	161.24	18	18
万人发明专利拥有量	2.70	2.96	30	31
每万人口高价值发明专利拥有量	1.05	1.49	29	28
技术成果市场化	2.21	7.91	31	30
万人输出技术成交额	43.36	156.16	31	30
万元GDP技术国际收入	0.01	0.03	31	31
高新技术产业化	43.13	50.43	31	30
高新技术产业化水平	16.42	23.67	30	29
高技术产业营业收入占工业营业收入比重	6.00	5.62	24	25
知识密集型服务业增加值占GDP比重	12.70	13.76	23	19
高技术产品出口额占商品出口额比重	4.40	11.18	29	22
新产品销售收入占营业收入比重	1.31	1.67	31	31
高新技术产业化效益	69.83	77.18	30	28
高技术产业劳动生产率	95.15	105.57	28	27
高技术产业利润率	38.33	47.27	1	1
知识密集型服务业劳动生产率	35.97	43.22	31	29
科技促进经济社会发展	48.31	47.97	31	31
经济发展方式转变	27.36	28.12	31	31
劳动生产率	9.55	9.89	27	27
资本生产率	0.16	0.16	29	28
综合能耗产出率	0.00	0.00	31	31
全要素生产率	2.60	1.84	15	17
装备制造业区位熵	2.94	1.70	31	31
环境改善	65.10	60.48	31	31
环境质量指数	70.03	69.95	1	1
环境污染治理指数	63.87	58.12	31	31
社会生活信息化	71.04	70.96	25	27
万人移动互联网用户数	8827.10	8698.58	27	31
信息传输、软件和信息技术服务业增加值占GDP比重	2.70	2.69	17	17
电子商务销售额与GDP比值	0.07	0.08	27	28

陕西科技创新分析

陕西省深入实施创新驱动发展战略，供给侧和需求侧两端同步发力，以科技创新推动产业发展，加快培育发展新质生产力，为服务国家科技自立自强、奋力谱写中国式现代化建设的陕西新篇章提供强劲动力和支撑。在今年的报告中，陕西综合科技创新水平指数为72.20%，仍排在全国第10位，得分与上年相比，提高了0.48个百分点。

一、科技人力资源不断增加

R&D人员数比上年增长了13.75%，万人研究与试验发展（R&D）人员数增加了4.25人年；R&D研究人员数增长了11.94%，万人R&D研究人员数增加了2.29人年，排在全国第7位；基础研究人员数增长了4.63%，基础研究人员投入强度指数位次上升至全国第5位；企业R&D研究人员占比重位次上升了2位；万人大专以上学历人数增加了59.85人，位次上升了1位；创新中介从业人员数增长了7.17%，十万人创新中介从业人员数增加了0.41人，位次保持在全国第5位。

二、政府科技投入进一步提升

地方财政科技支出比上年增长了18.04%，占地方财政支出比重提高了0.09个百分点，位次上升了2位。

三、科技成果产出规模有所扩大

SCI收录科技论文数比上年增长了3.20%，万人科技论文数位次保持在全国第4位；有效商标注册数增长了15.16%，万人有效注册商标数增加了23.29件；发明专利拥有量增长了21.80%，万人发明专利拥有量增加了3.68件；高价值发明专利拥有量增长了16.99%，每万人口高价值发明专利拥有量增加了1.09件；技术市场输出技术成交额增长了30.10%，万人输出技术成交额增加了1594.59万元，位次保持在全国第4位；技术国际收入增长了40.57%，万元GDP技术国际收入增加了0.57美元，位次上升了2位。

四、高技术产品出口所占份额保持全国最高

高技术产品出口额比上年增长了3.50%，占商品出口额比重保持全国第1位。

五、高新技术产业化效益进一步提高

高技术产业劳动生产率比上年增加了22.86万元/人，位次上升了3位；知识密集型服务业劳动生产率增加了6.24万元/人，位次上升了2位。

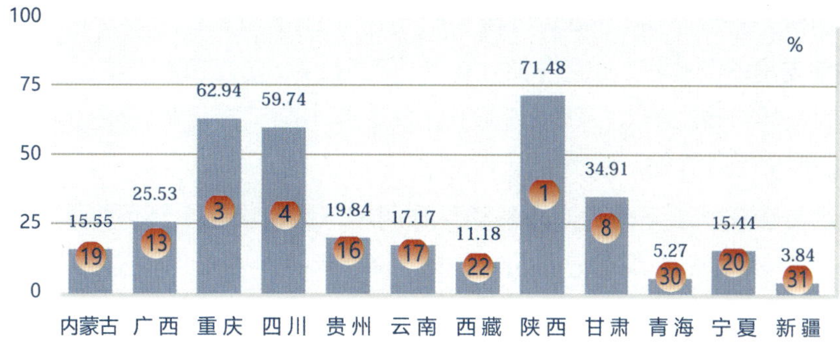

图3-86 西部地区高技术产品出口额占商品出口额比重及位次

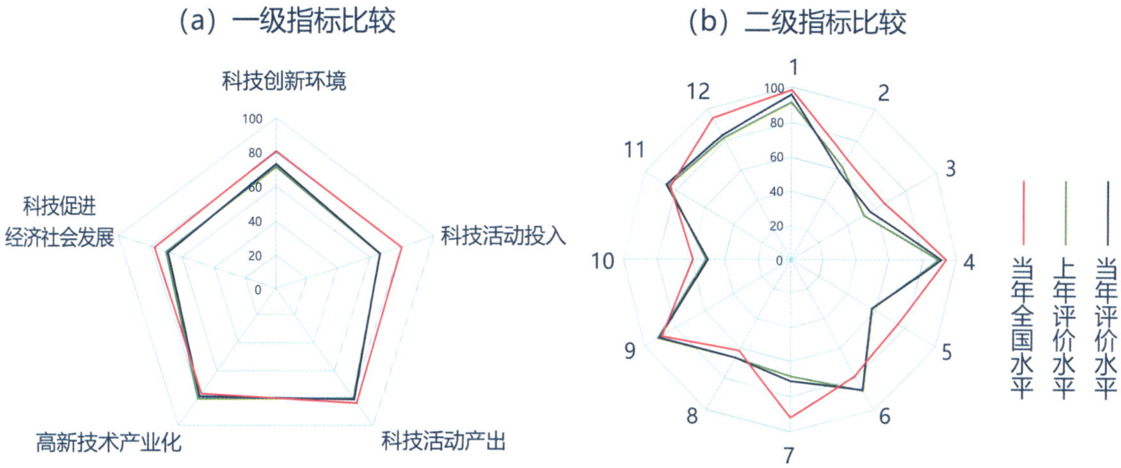

图3-87 陕西一、二级评价指标与上年水平和全国水平比较

图例：1. 科技人力资源　2. 科研物质条件　3. 科技意识　4. 科技活动人力投入
5. 科技活动财力投入　6. 科技活动产出水平　7. 技术成果市场化　8. 高新技术产业化水平
9. 高新技术产业化效益　10. 经济发展方式转变　11. 环境改善　12. 社会生活信息化

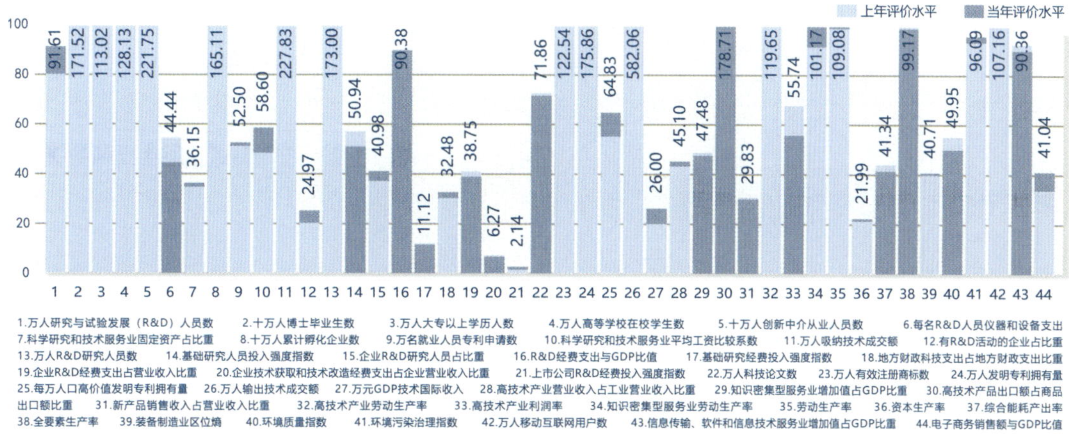

图3-88 陕西三级评价指标与上年水平比较

研发经费投入强度下降。R&D经费支出与GDP比值位次比上年下降了4位；企业R&D经费内部支出占营业收入比重下降了0.06个百分点，位次下降了4位。

科研物质条件有待改善。仪器和设备支出比上年下降了7.45%，每名R&D人员仪器和设备支出减少了0.61万元，位次下降了8位。

社会生活信息化水平下降。万人移动互联网用户数位次比上年下降了2位；信息传输、软件和信息技术服务业增加值占GDP比重下降了0.09个百分点，位次下降了1位；电子商务销售额与GDP比值排在全国第21位。

环境质量指数比上年下降了5.20个百分点，位次下降至全国第30位。

陕西创新发展主要指标及位次

总人口3956万人；地区生产总值32772.70亿元，居全国第14位；人均生产总值8.29万元，居全国第12位；知识密集型服务业增加值4667.88亿元，居全国第15位；规模以上工业企业营业收入36580.14亿元，居全国第16位；高新技术企业数12150个，居全国第12位；高新技术企业总收入16217.83亿元，居全国第14位。

R&D经费内部支出769.55亿元，居全国第14位，与生产总值比值2.35%，居全国第11位；R&D经费中基础研究经费支出41.62亿元，居全国第11位；企业R&D经费内部支出354.41亿元，居全国第16位；地方财政科技支出109.78亿元，居全国第15位。

大专以上学历人数843.21万人，居全国第14位；R&D人员数14.25万人年，居全国第14位；R&D人员中基础研究人员数1.92万人年，居全国第9位；企业R&D人员数6.07万人年，居全国第16位。

高技术产品出口额319.67亿美元，居全国第8位；技术市场输出技术成交额3048.73亿元，居全国第5位；发明专利拥有量8.21万件，居全国第11位；移动互联网用户数4167.23万户，居全国第15位。

科技企业孵化器数148个，居全国第14位；科技企业孵化器在孵企业数5757个，居全国第13位；科技企业孵化器累计毕业企业数6421个，居全国第11位。

表3-27 陕西各级评价指标和位次与上年比较

指标名称	评价值 上年	评价值 当年	位次 上年	位次 当年
科技创新环境	71.19	72.78	10	12
科技人力资源	93.35	97.06	9	6
万人研究与试验发展（R&D）人员数	32.40	36.64	12	13
十万人博士毕业生数	8.34	8.58	4	6
万人大专以上学历人数	2200.57	2260.42	6	5
万人高等学校在校学生数	437.51	448.46	3	4
十万人创新中介从业人员数	6.24	6.65	5	5
科研物质条件	61.37	58.20	15	19
每名R&D人员仪器和设备支出	3.27	2.67	12	20
科学研究和技术服务业固定资产占比重	1.05	1.08	13	13
十万人累计孵化企业数	14.88	16.51	8	8
科技意识	51.47	54.96	12	12
万名就业人员专利申请数	51.69	52.50	11	11
科学研究和技术服务业平均工资比较系数	97.90	117.21	12	11
万人吸纳技术成交额	3121.91	3645.26	7	9
有R&D活动的企业占比重	20.57	24.97	23	21
科技活动投入	65.50	65.66	14	15
科技活动人力投入	87.71	88.30	12	14
万人R&D研究人员数	20.20	22.49	7	7
基础研究人员投入强度指数	0.57	0.51	6	5
企业R&D研究人员占比重	26.29	28.69	22	20
科技活动财力投入	55.99	55.96	15	16
R&D经费支出与GDP比值	2.35	2.35	7	11
基础研究经费投入强度指数	0.12	0.11	17	17
地方财政科技支出占地方财政支出比重	1.53	1.62	20	18
企业R&D经费支出占营业收入比重	1.02	0.97	16	20
企业技术获取和技术改造经费支出占企业营业收入比重	0.17	0.16	28	27
上市公司R&D经费投入强度指数	0.02	0.02	19	19
科技活动产出	78.92	80.14	7	7
科技活动产出水平	86.10	86.63	4	4
万人科技论文数	7.29	7.19	4	4
万人有效注册商标数	160.52	183.81	12	12
万人发明专利拥有量	17.42	21.10	8	8
每万人口高价值发明专利拥有量	6.69	7.78	7	8
技术成果市场化	68.14	70.40	9	9
万人输出技术成交额	5390.16	6984.75	4	4
万元GDP技术国际收入	2.03	2.60	11	9
高新技术产业化	77.95	78.46	7	8
高新技术产业化水平	65.41	65.77	8	8
高技术产业营业收入占工业营业收入比重	13.12	13.53	12	16
知识密集型服务业增加值占GDP比重	14.60	14.24	14	15
高技术产品出口额占商品出口额比重	77.82	71.48	1	1
新产品销售收入占营业收入比重	12.21	11.93	18	22
高新技术产业化效益	90.48	91.15	10	8
高技术产业劳动生产率	132.69	155.55	13	10
高技术产业利润率	10.18	8.36	12	14
知识密集型服务业劳动生产率	64.58	70.82	20	18
科技促进经济社会发展	68.76	68.31	12	15
经济发展方式转变	52.87	51.50	16	16
劳动生产率	12.97	14.18	13	12
资本生产率	0.22	0.22	24	24
综合能耗产出率	18.46	17.36	16	20
全要素生产率	2.61	2.15	14	14
装备制造业区位熵	80.46	81.42	15	15
环境改善	86.33	86.87	16	14
环境质量指数	55.15	49.95	26	30
环境污染治理指数	94.13	96.09	15	11
社会生活信息化	83.95	84.35	10	15
万人移动互联网用户数	10642.00	10715.83	9	11
信息传输、软件和信息技术服务业增加值占GDP比重	3.25	3.16	10	11
电子商务销售额与GDP比值	0.10	0.12	21	21

甘肃科技创新分析

全省科技系统扎实开展学习贯彻习近平新时代中国特色社会主义思想主题教育，落实“三抓三促”行动部署，推动创新平台建设提档扩容、关键技术攻关取得重要成果、科技型企业量质齐升、人才队伍不断壮大、体制机制改革纵深推进，科技创新能力进一步提升。在今年的报告中，甘肃综合科技创新水平指数为51.70%，仍排在全国第23位，得分与上年相比，提高了2.87个百分点，增幅排在全国第10位。

一、创新财力投入力度加大

政府科技投入提高。地方财政科技支出比上年增长了36.43%，占地方财政支出比重提高了0.25个百分点，位次上升了3位。

基础研究经费上涨。基础研究经费比上年增长了18.43%，基础研究经费投入强度指数提高了0.02个百分点，位次上升了3位。

企业创新财力投入提升。企业消化吸收经费支出比上年增长了233.75%，企业技术改造经费支出增长了22.55%，企业技术获取和技术改造经费支出占企业营业收入比重提高了0.08个百分点，位次上升至全国第3位；上市公司R&D经费支出增长了27.72%，上市公司R&D经费投入强度指数位次上升了2位。

二、科研物质条件有所改善

仪器和设备支出比上年增长了41.34%，每名R&D人员仪器和设备支出增加了1.31万元，位次上升至全国第2位；科技企业孵化器累计毕业企业数增长了12.02%，十万人累计孵化企业数增加了0.81个。

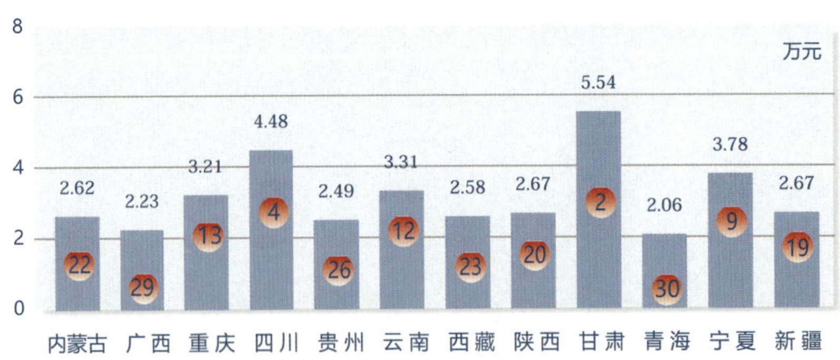

图3-89 西部地区每名R&D人员仪器和设备支出及位次

三、高新技术产业化水平有所提高

高技术产品出口额比上年增长了28.44%，占商品出口额比重提高了2.29个百分点，位次上升了3位；新产品销售收入增长了46.42%，占营业收入比重提高了2.67个百分点。

四、环境改善较为明显

环境质量指数比上年增长了0.62个百分点，位次上升了2位；环境污染治理指数提高了0.70个百分点，位次上升了1位。

科技活动产出水平较低。万人有效注册商标数仍排在全国最后一位；万人发明专利拥有量和每万人口高价值发明专利拥有量均排在全国第26位。

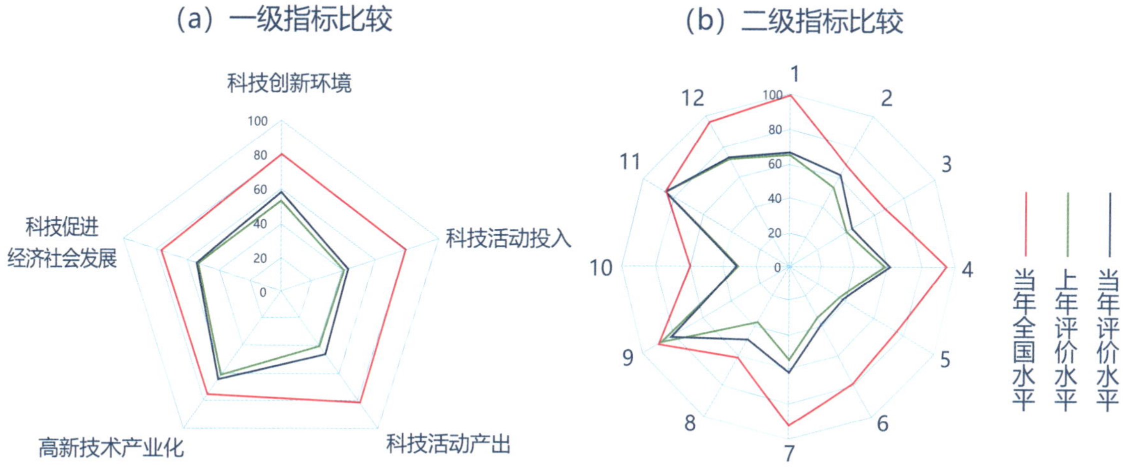

图3-90 甘肃一、二级评价指标与上年水平和全国水平比较

图例：1．科技人力资源　2．科研物质条件　3．科技意识　4．科技活动人力投入　5．科技活动财力投入　6．科技活动产出水平　7．技术成果市场化　8．高新技术产业化水平　9．高新技术产业化效益　10．经济发展方式转变　11．环境改善　12．社会生活信息化

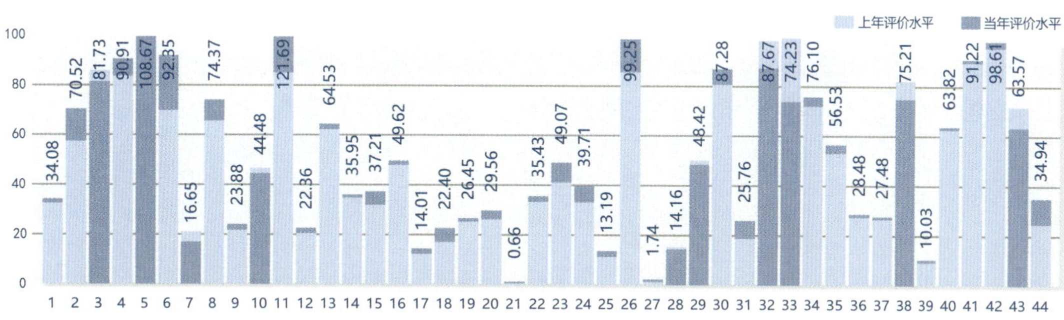

1.万人研究与试验发展（R&D）人员数　2.十万人博士毕业生数　3.万人大专以上学历人数　4.万人高等学校在校学生数　5.十万人创新中介从业人员数　6.每名R&D人员仪器和设备支出　7.科学研究和技术服务业固定资产占比重　8.十万人累计孵化企业数　9.万名就业人员专利申请数　10.科学研究和技术服务业平均工资比较系数　11.万人吸纳技术成交额　12.有R&D活动的企业占比重　13.万人R&D研究人员数　14.基础研究人员投入强度指数　15.企业R&D研究人员占比重　16.R&D经费支出与GDP比值　17.基础研究经费投入强度指数　18.地方财政科技支出占地方财政支出比重　19.企业R&D经费支出占营业收入比重　20.企业技术获取和技术改造经费支出占企业营业收入比重　21.上市公司R&D经费投入强度指数　22.万人科技论文数　23.万人有效注册商标数　24.万人发明专利拥有量　25.每万人口高价值发明专利拥有量　26.万人输出技术成交额　27.万元GDP技术国际收入　28.高技术产业营业收入占工业营业收入比重　29.知识密集型服务业增加值占GDP比重　30.高技术产品出口额占商品出口额比重　31.新产品销售收入占营业收入比重　32.高技术产业劳动生产率　33.高技术产业利润率　34.知识密集型服务业劳动生产率　35.劳动生产率　36.资本生产率　37.综合能耗产出率　38.全要素生产率　39.装备制造业区位熵　40.环境质量指数　41.环境污染治理指数　42.万人移动互联网用户数　43.信息传输、软件和信息技术服务业增加值占GDP比重　44.电子商务销售额与GDP比值

图3-91 甘肃三级评价指标与上年水平比较

科技人力资源减少。万人研究与试验发展（R&D）人员数位次比上年下降了3位；万人R&D研究人员数位次下降了2位；大专以上学历人数下降了4.61%，万人大专以上学历人数减少了91.67人，位次下降了5位；创新中介从业人员数下降了5.09%，十万人创新中介从业人员数减少了0.17人，位次下降了1位。

高新技术产业化效益大幅下降。高技术产业劳动生产率比上年减少了14.58万元/人，位次下降了11位；高技术产业利润总额下降了43.58%，高技术产业利润率下降了 9.05个百分点，位次下降了4位。

经济发展方式转变滞后。劳动生产率全国最低；装备制造业区位熵排在全国第27位。

社会生活信息化水平下降。信息传输、软件和信息技术服务业增加值比上年下降了3.56%，占GDP比重下降了0.30个百分点，位次下降了7位。

甘肃创新发展主要指标及位次

总人口2492万人；地区生产总值11201.60亿元，居全国第27位；人均生产总值4.50万元，居全国第31位；知识密集型服务业增加值1627.20亿元，居全国第27位；规模以上工业企业营业收入10888.41亿元，居全国第26位；高新技术企业数1696个，居全国第25位；高新技术企业总收入3064.33亿元，居全国第27位。

R&D经费内部支出144.15亿元，居全国第26位，与生产总值比值1.29%，居全国第22位；R&D经费中基础研究经费支出20.22亿元，居全国第22位；企业R&D经费内部支出72.00亿元，居全国第26位；地方财政科技支出47.69亿元，居全国第25位。

大专以上学历人数380.65万人，居全国第27位；R&D人员数3.43万人年，居全国第26位；R&D人员中基础研究人员数0.79万人年，居全国第24位；企业R&D人员数1.45万人年，居全国第26位。

高技术产品出口额6.28亿美元，居全国第27位；技术市场输出技术成交额335.84亿元，居全国第20位；发明专利拥有量1.20万件，居全国第25位；移动互联网用户数2483.32万户，居全国第24位。

科技企业孵化器数77个，居全国第22位；科技企业孵化器在孵企业数2580个，居全国第23位；科技企业孵化器累计毕业企业数1873个，居全国第25位。

表3-28 甘肃各级评价指标和位次与上年比较

指标名称	评价值 上年	评价值 当年	位次 上年	位次 当年
科技创新环境	53.19	57.48	23	21
科技人力资源	64.59	66.27	21	22
万人研究与试验发展（R&D）人员数	13.17	13.63	24	27
十万人博士毕业生数	2.90	3.53	17	17
万人大专以上学历人数	1726.22	1634.55	19	24
万人高等学校在校学生数	295.83	318.17	23	21
十万人创新中介从业人员数	3.43	3.26	15	16
科研物质条件	51.84	60.46	21	16
每名R&D人员仪器和设备支出	4.23	5.54	8	2
科学研究和技术服务业固定资产占比重	0.62	0.50	24	29
十万人累计孵化企业数	6.62	7.44	25	25
科技意识	39.35	42.77	22	20
万名就业人员专利申请数	22.00	23.88	26	25
科学研究和技术服务业平均工资比较系数	93.31	88.96	15	17
万人吸纳技术成交额	1375.16	1947.06	21	19
有R&D活动的企业占比重	20.78	22.36	22	23
科技活动投入	40.48	42.93	23	23
科技活动人力投入	56.75	59.06	23	23
万人R&D研究人员数	8.17	8.39	21	23
基础研究人员投入强度指数	0.35	0.36	11	9
企业R&D研究人员占比重	22.62	26.05	26	23
科技活动财力投入	33.51	36.02	24	22
R&D经费支出与GDP比值	1.26	1.29	22	22
基础研究经费投入强度指数	0.12	0.14	16	13
地方财政科技支出占地方财政支出比重	0.87	1.12	26	23
企业R&D经费支出占营业收入比重	0.64	0.66	23	25
企业技术获取和技术改造经费支出占企业营业收入比重	0.66	0.74	4	3
上市公司R&D经费投入强度指数	0.01	0.01	27	25
科技活动产出	40.74	46.56	21	21
科技活动产出水平	32.98	37.43	27	28
万人科技论文数	3.37	3.54	11	11
万人有效注册商标数	62.38	73.61	31	31
万人发明专利拥有量	4.03	4.77	27	26
每万人口高价值发明专利拥有量	1.36	1.58	26	26
技术成果市场化	52.38	60.25	17	19
万人输出技术成交额	1037.14	1190.98	17	19
万元GDP技术国际收入	0.13	0.17	27	26
高新技术产业化	62.13	64.17	19	18
高新技术产业化水平	35.58	47.99	20	15
高技术产业营业收入占工业营业收入比重	4.50	4.25	28	29
知识密集型服务业增加值占GDP比重	15.04	14.53	10	12
高技术产品出口额占商品出口额比重	32.62	34.91	11	8
新产品销售收入占营业收入比重	7.63	10.30	26	26
高新技术产业化效益	88.69	80.35	13	27
高技术产业劳动生产率	128.55	113.97	14	25
高技术产业利润率	20.18	11.13	4	8
知识密集型服务业劳动生产率	50.99	53.27	27	27
科技促进经济社会发展	53.06	53.64	29	29
经济发展方式转变	29.91	31.26	30	30
劳动生产率	6.97	7.35	31	31
资本生产率	0.28	0.28	15	14
综合能耗产出率	11.32	11.54	25	24
全要素生产率	1.78	1.68	26	22
装备制造业区位熵	18.63	20.07	27	27
环境改善	85.05	85.74	18	17
环境质量指数	63.21	63.82	15	13
环境污染治理指数	90.52	91.22	21	20
社会生活信息化	72.42	71.86	23	26
万人移动互联网用户数	9643.24	9860.89	20	20
信息传输、软件和信息技术服务业增加值占GDP比重	2.52	2.22	19	26
电子商务销售额与GDP比值	0.08	0.10	26	23

青海科技创新分析

青海省科技系统加快实施创新驱动发展战略，着力打造生态文明高地和建设产业“四地”，统筹发展和安全，持续推动科技体制改革，培育建设十大国家级创新平台，加强关键核心技术攻关，加速科技成果转移转化，深化拓展科技合作交流，推进创新型省份建设。在今年的报告中，青海综合科技创新水平指数为44.27%，仍排在全国第29位，得分与上年相比，提高了3.57个百分点，增幅排在第5位。

一、科技人力资源不断增加

高等学校博士毕业生数比上年增长了80.56%，十万人博士毕业生数增加了0.49人，位次上升了4位；大专以上学历人数增长了13.42%，万人大专以上学历人数增加了211.66人，位次上升了7位；高等学校在校生数增长了7.92%，万人高等学校在校学生数增加12.17人，位次上升了1位。

二、高新技术产业化水平大幅提升

高技术产业营业收入比上年增长了273.59%，占工业营业收入比重提高了12.99个百分点，位次上升了12位；高技术产品出口额增长了528.61%，占商品出口额比重提高了4.11个百分点，位次上升了1位。

三、高新技术产业化效益全国第一

高技术产业劳动生产率提高了143.83万元/人，位次上升至全国第1位；高技术产业利润总额增长了500.82%，高技术产业利润率提高了5.47个百分点，位次上升至全国第4位。

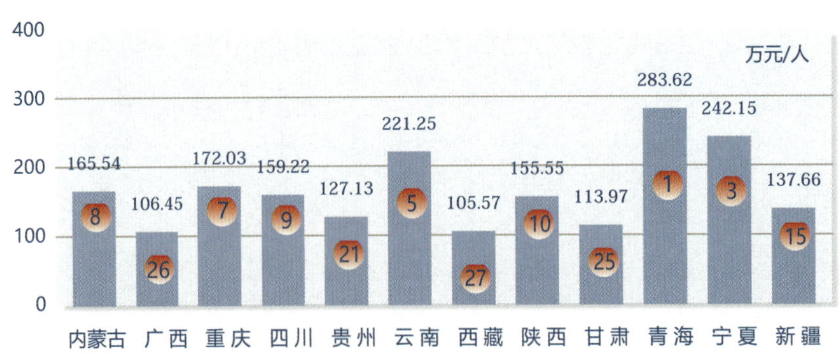

图3-92 西部地区高技术产业劳动生产率及位次

四、技术成果转移转化不断提升

技术市场吸纳技术成交额比上年增长了56.95%，万人吸纳技术成交额增加了618.88万元，位次上升了4位；技术市场输出技术成交额增长了13.68%，万人输出技术成交额增加了12.33万元，位次上升了1位。

五、经济发展方式转变成效明显

劳动生产率提高了0.11万元/人，位次上升了1位；装备制造业区位熵提高了37.21个百分点，位次上升了8位。

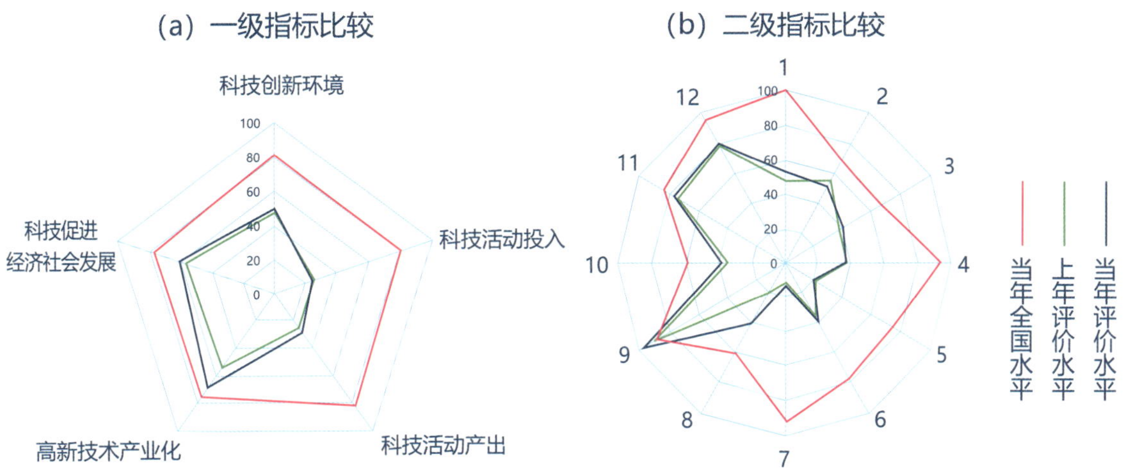

图3-93 青海一、二级评价指标与上年水平和全国水平比较

图例：1. 科技人力资源　2. 科研物质条件　3. 科技意识　4. 科技活动人力投入　5. 科技活动财力投入　6. 科技活动产出水平　7. 技术成果市场化　8. 高新技术产业化水平　9. 高新技术产业化效益　10. 经济发展方式转变　11. 环境改善　12. 社会生活信息化

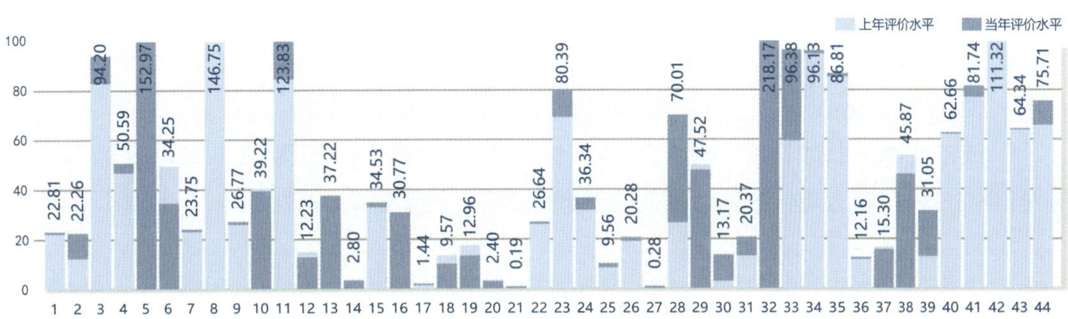

1.万人研究与试验发展（R&D）人员数　2.十万人博士毕业生数　3.万人大专以上学历人数　4.万人高等学校在校学生数　5.十万人创新中介从业人员数　6.每名R&D人员仪器和设备支出　7.科学研究和技术服务业固定资产占比重　8.十万人累计孵化企业数　9.万名就业人员专利申请数　10.科学研究和技术服务业平均工资比较系数　11.万人吸纳技术成交额　12.有R&D活动的企业占比重　13.万人R&D研究人员数　14.基础研究人员投入强度指数　15.企业R&D研究人员占比重　16.R&D经费支出与GDP比值　17.基础研究经费投入强度指数　18.地方财政科技支出占地方财政支出比重　19.企业R&D经费支出占营业收入比重　20.企业技术获取和技术改造经费支出占企业营业收入比重　21.上市公司R&D经费投入强度指数　22.万人科技论文数　23.万人有效注册商标数　24.万人发明专利拥有量　25.每万人口高价值发明专利拥有量　26.万人输出技术成交额　27.万元GDP技术国际收入　28.高技术产业营业收入占工业营业收入比重　29.知识密集型服务业增加值占GDP比重　30.高技术产品出口额占商品出口额比重　31.新产品销售收入占营业收入比重　32.高技术产业劳动生产率　33.高技术产业利润率　34.知识密集型服务业劳动生产率　35.劳动生产率　36.资本生产率　37.综合能耗产出率　38.全要素生产率　39.装备制造业区位熵　40.环境质量指数　41.环境污染治理指数　42.万人移动互联网用户数　43.信息传输、软件和信息技术服务业增加值占GDP比重　44.电子商务销售额与GDP比值

图3-94 青海三级评价指标与上年水平比较

创新人力投入有待提高。R&D研究人员数比上年下降了0.49%，万人R&D研究人员数减少了0.05人年，位次下降至全国第30位；基础研究人员投入强度指数位次下降至全国第31位。

创新经费投入不足。R&D经费支出与GDP比值、基础研究经费投入强度指数位次均比上年下降1位；企业R&D经费支出占营业收入比重位次下降至全国第31位；企业技术获取和技术改造经费支出占企业营业收入比重、地方财政科技支出占地方财政支出比重、上市公司R&D经费投入强度指数位次均排在全国第30位。

科技活动产出水平下降。万名就业人员专利申请数、万人有效注册商标数位次均比上年下降了1位；每万人口高价值发明专利拥有量仍排在全国第30位。

科研物质条件有待改善。仪器和设备支出比上年下降了23.76%，每名R&D人员仪器和设备支出减少了0.91万元，位次下降了13位；科学研究和技术服务业固定资产投资下降了5.21%，占全社会固定资产投资比重位次下降了2位。

青海创新发展主要指标及位次

总人口595万人；地区生产总值3610.10亿元，居全国第30位；人均生产总值6.07万元，居全国第24位；知识密集型服务业增加值514.63亿元，居全国第30位；规模以上工业企业营业收入4604.37亿元，居全国第29位；高新技术企业数262个，居全国第30位；高新技术企业总收入1128.95亿元，居全国第30位。

R&D经费内部支出28.84亿元，居全国第30位，与生产总值比值0.80%，居全国第29位；R&D经费中基础研究经费支出2.90亿元，居全国第31位；企业R&D经费内部支出14.92亿元，居全国第30位；地方财政科技支出9.45亿元，居全国第30位。

大专以上学历人数104.20万人，居全国第30位；R&D人员数0.53万人年，居全国第30位；R&D人员中基础研究人员数0.09万人年，居全国第30位；企业R&D人员数0.19万人年，居全国第30位。

高技术产品出口额0.19亿美元，居全国第31位；技术市场输出技术成交额16.03亿元，居全国第30位；发明专利拥有量0.25万件，居全国第30位；移动互联网用户数650.09万户，居全国第30位。

科技企业孵化器数16个，居全国第29位；科技企业孵化器在孵企业数708个，居全国第29位；科技企业孵化器累计毕业企业数857个，居全国第29位。

表3-29 青海各级评价指标和位次与上年比较

指标名称	评价值 上年	评价值 当年	位次 上年	位次 当年
科技创新环境	46.97	48.16	26	26
科技人力资源	47.89	53.02	30	29
万人研究与试验发展（R&D）人员数	8.96	9.12	29	29
十万人博士毕业生数	0.62	1.11	29	25
万人大专以上学历人数	1672.40	1884.06	22	15
万人高等学校在校学生数	164.89	177.06	31	30
十万人创新中介从业人员数	5.23	4.59	6	7
科研物质条件	55.42	50.30	19	23
每名R&D人员仪器和设备支出	2.96	2.06	17	30
科学研究和技术服务业固定资产占比重	0.70	0.71	21	23
十万人累计孵化企业数	12.79	14.67	11	11
科技意识	37.28	39.54	25	24
万名就业人员专利申请数	26.13	26.77	23	24
科学研究和技术服务业平均工资比较系数	80.47	78.43	23	26
万人吸纳技术成交额	1362.37	1981.25	22	18
有R&D活动的企业占比重	14.53	12.23	27	29
科技活动投入	25.40	23.89	29	29
科技活动人力投入	36.39	36.36	29	30
万人R&D研究人员数	4.89	4.84	29	30
基础研究人员投入强度指数	0.03	0.03	30	31
企业R&D研究人员占比重	23.17	24.17	25	25
科技活动财力投入	20.68	18.55	29	29
R&D经费支出与GDP比值	0.80	0.80	28	29
基础研究经费投入强度指数	0.01	0.01	29	30
地方财政科技支出占地方财政支出比重	0.66	0.48	30	30
企业R&D经费支出占营业收入比重	0.43	0.32	30	31
企业技术获取和技术改造经费支出占企业营业收入比重	0.08	0.06	30	30
上市公司R&D经费投入强度指数	0.00	0.00	30	30
科技活动产出	25.77	28.36	27	28
科技活动产出水平	35.12	39.08	24	25
万人科技论文数	2.62	2.66	19	17
万人有效注册商标数	104.56	120.59	27	28
万人发明专利拥有量	3.83	4.36	28	28
每万人口高价值发明专利拥有量	1.01	1.15	30	30
技术成果市场化	11.76	12.28	27	27
万人输出技术成交额	231.02	243.35	27	26
万元GDP技术国际收入	0.05	0.03	30	30
高新技术产业化	54.03	68.89	26	14
高新技术产业化水平	17.96	40.06	29	20
高技术产业营业收入占工业营业收入比重	8.02	21.00	19	7
知识密集型服务业增加值占GDP比重	14.92	14.26	11	14
高技术产品出口额占商品出口额比重	1.16	5.27	31	30
新产品销售收入占营业收入比重	5.31	8.15	29	29
高新技术产业化效益	90.09	97.73	12	1
高技术产业劳动生产率	139.78	283.62	10	1
高技术产业利润率	8.99	14.46	15	4
知识密集型服务业劳动生产率	66.69	67.29	17	21
科技促进经济社会发展	56.18	60.26	27	24
经济发展方式转变	34.70	40.54	28	22
劳动生产率	11.17	11.29	21	20
资本生产率	0.12	0.12	31	31
综合能耗产出率	6.86	6.42	29	29
全要素生产率	1.21	0.85	31	31
装备制造业区位熵	24.88	62.09	26	18
环境改善	74.63	77.93	29	28
环境质量指数	62.60	62.66	17	15
环境污染治理指数	77.64	81.74	29	27
社会生活信息化	78.97	80.88	17	18
万人移动互联网用户数	10482.05	11131.82	11	7
信息传输、软件和信息技术服务业增加值占GDP比重	2.25	2.25	24	25
电子商务销售额与GDP比值	0.20	0.23	8	10

宁夏科技创新分析

宁夏全力打造区域科技创新高地、高水平建设全国东西部科技合作引领区，科技创新水平进一步提升。在今年的报告中，宁夏综合科技创新水平指数为55.93%，排在全国第21位，比上年下降2位，得分与上年相比，提高了1.40个百分点。

一、科技活动产出水平不断提升

SCI收录科技论文数比上年增长了27.65%，万人科技论文数增加了0.28篇，位次上升了1位；有效商标注册数增长了17.78%，万人有效注册商标数增加了20.03件；发明专利拥有量增长了20.53%，万人发明专利拥有量增加了1.19件；高价值发明专利拥有量增长了20.49%，每万人口高价值发明专利拥有量增加了0.31件。

二、企业技术获取和技术改造经费支出大幅上涨

企业购买境内技术经费支出比上年增长了117.84%，企业技术获取和技术改造经费支出占企业营业收入比重提高了0.09个百分点，位次上升至全国第4位。

三、高新技术产业进一步发展

高技术产业营业收入比上年增长了77.15%，占工业营业收入比重提高了2.55个百分点，位次上升了3位；高技术产品出口额增长了39.06%，占商品出口额比重提高了5.52个百分点，位次上升了5位；新产品销售收入增长了71.19%，占营业收入比重提高了3.05个百分点，位次上升了2位；高技术产业劳动生产率提高了76.34万元/人，位次上升至全国第3位。

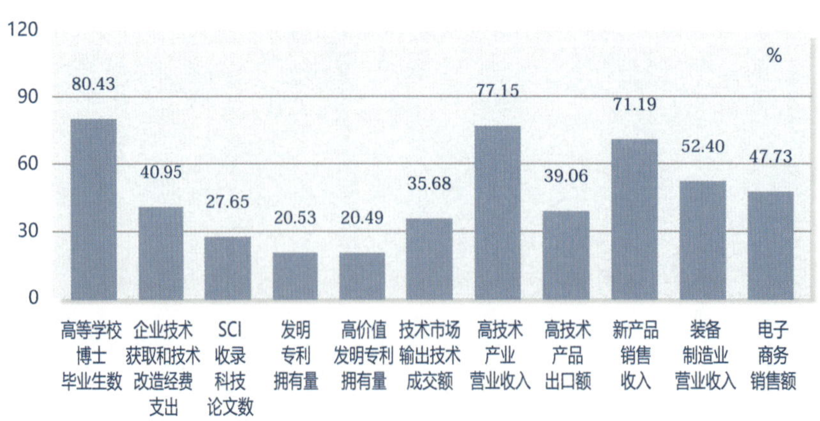

图3-95 部分增长较快的指标

科技人力投入下降。R&D研究人员数比上年下降了0.37%，万人R&D研究人员数减少了0.16人年，位次下降了1位；企业R&D研究人员数下降了8.89%，占全社会R&D研究人员比重下降了3.82个百分点，位次下降了1位。

基础研究投入较低，基础研究人员投入强度指数位次排在全国第30位，基础研究经费投入强度指数下降至全国第31位。

政府科技投入减少。地方财政科技支出比上年下降了11.84%，占地方财政支出比重下降了0.42个百分点，位次下降了3位。

企业研发经费投入强度下降。企业R&D经费支出占营业收入比重下降了0.06个百分点，位次下降了1位；上市公司R&D经费投入强度指数仍排在全国第31位。

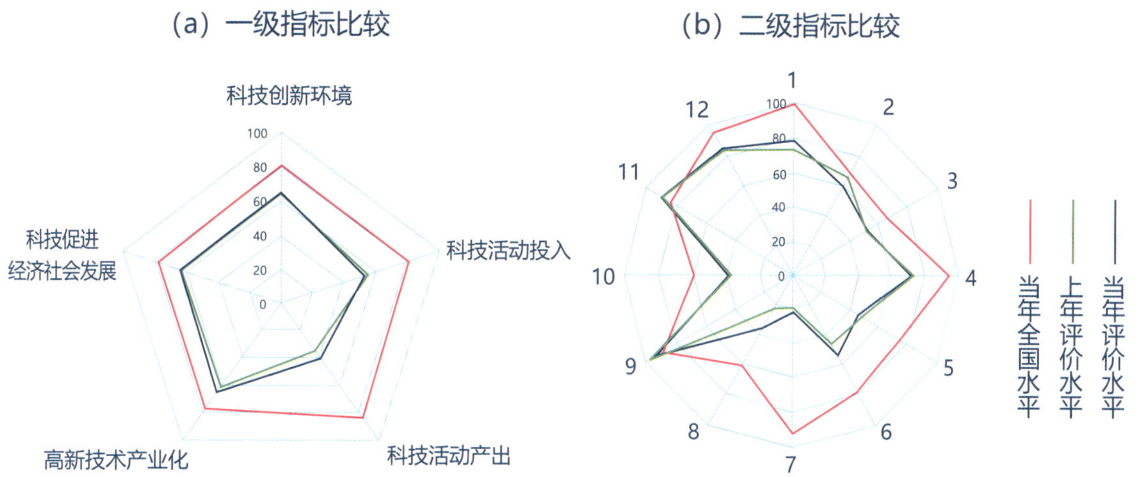

图3-96 宁夏一、二级评价指标与上年水平和全国水平比较

图例：1. 科技人力资源　2. 科研物质条件　3. 科技意识　4. 科技活动人力投入　5. 科技活动财力投入　6. 科技活动产出水平　7. 技术成果市场化　8. 高新技术产业化水平　9. 高新技术产业化效益　10. 经济发展方式转变　11. 环境改善　12. 社会生活信息化

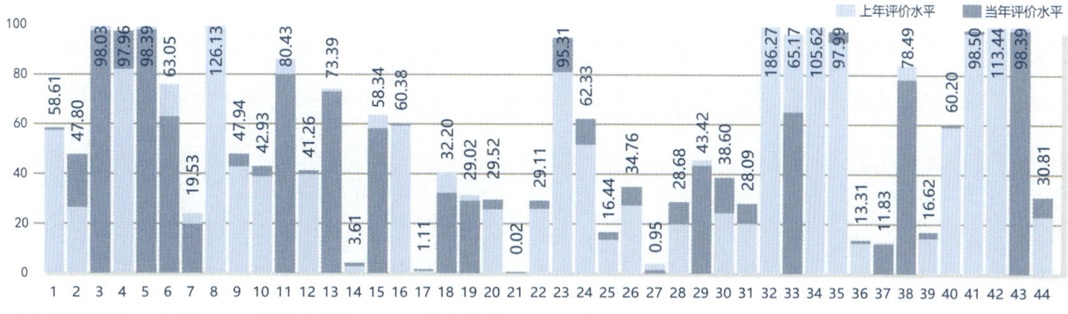

1.万人研究与试验发展（R&D）人员数　2.十万人博士毕业生数　3.万人大专以上学历人数　4.万人高等学校在校学生数　5.十万人创新中介从业人员数　6.每名R&D人员仪器和设备支出　7.科学研究和技术服务业固定资产占比重　8.十万人累计孵化企业数　9.万名就业人员专利申请数　10.科学研究和技术服务业平均工资比较系数　11.万人吸纳技术成交额　12.有R&D活动的企业占比重　13.万人R&D研究人员数　14.基础研究人员投入强度指数　15.企业R&D研究人员占比重　16.R&D经费支出与GDP比值　17.基础研究经费投入强度指数　18.地方财政科技支出占地方财政支出比重　19.企业R&D经费支出占营业收入比重　20.企业技术获取和技术改造经费支出占企业营业收入比重　21.上市公司R&D经费投入强度指数　22.万人科技论文数　23.万人有效注册商标数　24.万人发明专利拥有量　25.每万人口高价值发明专利拥有量　26.万人输出技术成交额　27.万元GDP技术国际收入　28.高技术产业营业收入占工业营业收入比重　29.知识密集型服务业增加值占GDP比重　30.高技术产品出口额占商品出口额比重　31.新产品销售收入占营业收入比重　32.高技术产业劳动生产率　33.高技术产业利润率　34.知识密集型服务业劳动生产率　35.劳动生产率　36.资本生产率　37.综合能耗产出率　38.全要素生产率　39.装备制造业区位熵　40.环境质量指数　41.环境污染治理指数　42.万人移动互联网用户数　43.信息传输、软件和信息技术服务业增加值占GDP比重　44.电子商务销售额与GDP比值

图3-97 宁夏三级评价指标与上年水平比较

技术成果转移转化不理想。万人吸纳技术成交额比上年减少了98.14万元，位次下降了6位；技术国际收入下降了69.13%，万元GDP技术国际收入减少了0.25美元，位次下降了6位。

科研物质条件有待进一步提高。仪器和设备支出比上年下降了9.54%，每名R&D人员仪器和设备支出减少了0.80万元，位次下降了5位；科学研究和技术服务业固定资产投资下降了26.03%，占全社会固定资产投资比重下降了0.13个百分点，位次下降了5位。

宁夏创新发展主要指标及位次

总人口728万人；地区生产总值5069.60亿元，居全国第29位；人均生产总值6.98万元，居全国第17位；知识密集型服务业增加值660.33亿元，居全国第29位；规模以上工业企业营业收入8228.54亿元，居全国第28位；高新技术企业数488个，居全国第29位；高新技术企业总收入2090.27亿元，居全国第28位。

R&D经费内部支出79.38亿元，居全国第28位，与生产总值比值1.57%，居全国第19位；R&D经费中基础研究经费支出4.22亿元，居全国第29位；企业R&D经费内部支出59.71亿元，居全国第28位；地方财政科技支出25.56亿元，居全国第28位。

大专以上学历人数132.65万人，居全国第29位；R&D人员数1.63万人年，居全国第29位；R&D人员中基础研究人员数0.17万人年，居全国第29位；企业R&D人员数1.08万人年，居全国第27位。

高技术产品出口额3.74亿美元，居全国第29位；技术市场输出技术成交额34.05亿元，居全国第27位；发明专利拥有量0.52万件，居全国第29位；移动互联网用户数787.92万户，居全国第29位。

科技企业孵化器数25个，居全国第28位；科技企业孵化器在孵企业数984个，居全国第28位；科技企业孵化器累计毕业企业数876个，居全国第28位。

表3-30 宁夏各级评价指标和位次与上年比较

指标名称	评价值		位次	
	上年	当年	上年	当年
科技创新环境	63.97	64.39	16	17
科技人力资源	73.48	78.21	16	17
万人研究与试验发展（R&D）人员数	23.23	23.44	17	18
十万人博士毕业生数	1.34	2.39	20	18
万人大专以上学历人数	2016.95	1960.70	11	12
万人高等学校在校学生数	290.65	342.86	24	16
十万人创新中介从业人员数	2.99	2.95	17	18
科研物质条件	65.05	58.90	10	17
每名R&D人员仪器和设备支出	4.58	3.78	4	9
科学研究和技术服务业固定资产占比重	0.71	0.59	20	25
十万人累计孵化企业数	10.91	12.61	15	12
科技意识	50.23	51.43	13	14
万名就业人员专利申请数	43.29	47.94	14	13
科学研究和技术服务业平均工资比较系数	78.68	85.86	25	20
万人吸纳技术成交额	1384.98	1286.83	20	26
有R&D活动的企业占比重	40.20	41.26	8	8
科技活动投入	53.98	51.57	18	19
科技活动人力投入	71.83	69.83	18	20
万人R&D研究人员数	9.70	9.54	18	19
基础研究人员投入强度指数	0.03	0.04	31	30
企业R&D研究人员占比重	44.66	40.84	12	13
科技活动财力投入	46.33	43.74	19	19
R&D经费支出与GDP比值	1.56	1.57	19	19
基础研究经费投入强度指数	0.01	0.01	30	31
地方财政科技支出占地方财政支出比重	2.03	1.61	16	19
企业R&D经费支出占营业收入比重	0.78	0.73	21	22
企业技术获取和技术改造经费支出占企业营业收入比重	0.65	0.74	5	4
上市公司R&D经费投入强度指数	0.00	0.00	31	31
科技活动产出	34.42	40.12	24	24
科技活动产出水平	45.32	52.71	19	18
万人科技论文数	2.63	2.91	16	15
万人有效注册商标数	122.93	142.96	21	21
万人发明专利拥有量	6.29	7.48	18	18
每万人口高价值发明专利拥有量	1.66	1.97	21	23
技术成果市场化	18.07	21.24	25	24
万人输出技术成交额	333.66	417.10	24	23
万元GDP技术国际收入	0.35	0.10	22	28
高新技术产业化	60.54	63.55	21	19
高新技术产业化水平	21.68	34.06	26	22
高技术产业营业收入占工业营业收入比重	6.06	8.60	23	20
知识密集型服务业增加值占GDP比重	13.68	13.03	18	23
高技术产品出口额占商品出口额比重	9.91	15.44	25	20
新产品销售收入占营业收入比重	8.18	11.24	25	23
高新技术产业化效益	99.41	93.03	2	5
高技术产业劳动生产率	165.81	242.15	6	3
高技术产业利润率	14.56	9.78	8	10
知识密集型服务业劳动生产率	71.51	73.93	15	16
科技促进经济社会发展	61.90	63.31	19	21
经济发展方式转变	37.48	39.51	26	24
劳动生产率	12.24	12.74	15	16
资本生产率	0.13	0.13	30	30
综合能耗产出率	5.20	4.97	30	30
全要素生产率	2.14	1.76	20	19
装备制造业区位熵	28.12	33.25	24	25
环境改善	90.15	90.84	10	8
环境质量指数	59.64	60.20	20	20
环境污染治理指数	97.78	98.50	10	8
社会生活信息化	84.68	85.52	9	13
万人移动互联网用户数	10949.00	11344.45	7	6
信息传输、软件和信息技术服务业增加值占GDP比重	3.51	3.44	9	9
电子商务销售额与GDP比值	0.07	0.09	28	26

新疆科技创新分析

自治区全区上下坚决贯彻落实习近平总书记重要讲话精神，与完整准确全面贯彻新时代党的治疆方略结合起来，因地制宜发展新质生产力，立足资源禀赋、区位条件和产业基础精准发力，聚焦科技创新这个核心要素，加快打造区域科技创新中心，走出一条符合自身实际的发展路径。在今年的报告中，新疆综合科技创新水平指数为39.03%，仍排在全国第30位，得分与上年相比，提高了2.50个百分点。

一、政府科技投入力度加大

地方财政科技支出比上年增长了24.90%，占地方财政支出比重位次上升了1位。

二、企业创新财力投入增加

企业R&D经费内部支出比上年增长了18.34%，占营业收入比重位次上升了2位；企业引进技术经费支出增长了104.64%，企业消化吸收经费支出增长了965.45%，企业技术获取和技术改造经费支出增长了71.14%，占企业营业收入比重提高了0.09个百分点，位次上升了6位。

三、高新技术产业化效益大幅提高

高技术产业劳动生产率提高了36.80万元/人，位次上升了12位；高技术产业利润总额增长了105.60%，高技术产业利润率提高了2.10个百分点，位次上升了8位。

四、科技意识有所增强

国内3种专利申请数比上年增长了16.08%，万名就业人员专利申请数增加了2.16件，位次上升了2位；技术市场吸纳技术成交额增长了168.63%，万人吸纳技术成交额增加了1561.38万元，位次上升了15位。

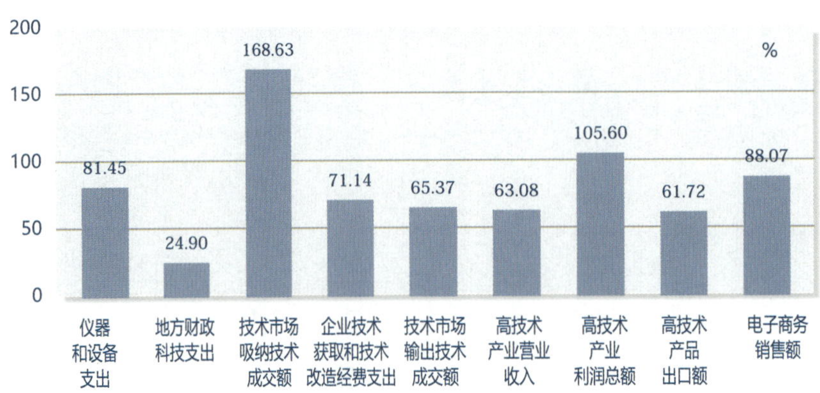

图3-98 部分增长较快的指标

新疆存在的问题主要有以下几个方面。

研发经费投入强度较低。R&D经费支出与GDP比值位次仍排在全国第30位。

基础研究投入水平有所下降。基础研究人员投入强度指数比上年下降了0.01个百分点，位次下降了2位；基础研究经费投入强度指数下降了0.01个百分点，位次下降了4位。

科技活动产出水平较低。SCI科技论文数下降了12.41%，万人科技论文数和万人有效注册商标数均下降了1位；万人发明专利拥有量位次排在全国第30位；每万人口高价值发明专利拥有量位次仍排在全国最后一位。

技术市场成果转化不理想。技术国际收入比上年下降了48.01%，万元GDP技术国际收入减少了0.51美元，位次下降了3位；万人输出技术成交额位次下降至全国第31位。

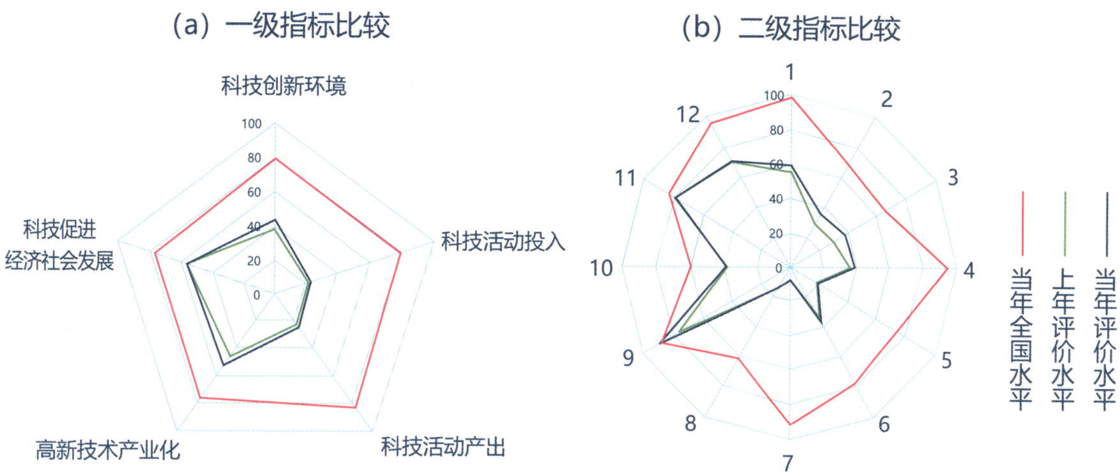

图3-99 新疆一、二级评价指标与上年水平和全国水平比较

图例：1．科技人力资源　2．科研物质条件　3．科技意识　4．科技活动人力投入　5．科技活动财力投入　6．科技活动产出水平　7．技术成果市场化　8．高新技术产业化水平　9．高新技术产业化效益　10．经济发展方式转变　11．环境改善　12．社会生活信息化

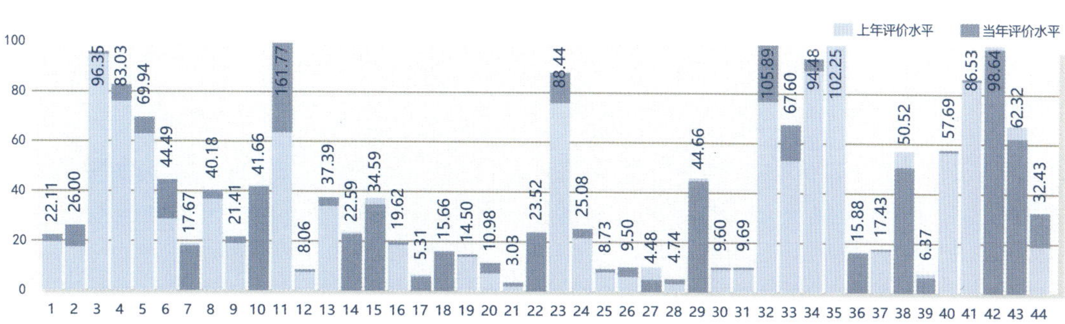

1.万人研究与试验发展（R&D）人员数　2.十万人博士毕业生数　3.万人大专以上学历人数　4.万人高等学校在校学生数　5.十万人创新中介从业人员数　6.每名R&D人员仪器和设备支出　7.科学研究和技术服务业固定资产占比重　8.十万人累计孵化企业数　9.万名就业人员专利申请数　10.科学研究和技术服务业平均工资比较系数　11.万人吸纳技术成交额　12.有R&D活动的企业占比重　13.万人R&D研究人员数　14.基础研究人员投入强度指数　15.企业R&D研究人员占比重　16.R&D经费支出与GDP比值　17.基础研究经费投入强度指数　18.地方财政科技支出占地方财政支出比重　19.企业R&D经费支出占营业收入比重　20.企业技术获取和技术改造经费支出占企业营业收入比重　21.上市公司R&D经费投入强度指数　22.万人科技论文数　23.万人有效注册商标数　24.万人发明专利拥有量　25.每万人口高价值发明专利拥有量　26.万人输出技术成交额　27.万元GDP技术国际收入　28.高技术产业营业收入占工业营业收入比重　29.知识密集型服务业增加值占GDP比重　30.高技术产品出口额占商品出口额比重　31.新产品销售收入占营业收入比重　32.高技术产业劳动生产率　33.高技术产业利润率　34.知识密集型服务业劳动生产率　35.劳动生产率　36.资本生产率　37.综合能耗产出率　38.全要素生产率　39.装备制造业区位熵　40.环境质量指数　41.环境污染治理指数　42.万人移动互联网用户数　43.信息传输、软件和信息技术服务业增加值占GDP比重　44.电子商务销售额与GDP比值

图3-100 新疆三级评价指标与上年水平比较

高新技术产业化水平全国最低。有R&D活动的企业占比重、高技术产业营业收入占工业营业收入比重和高技术产品出口额占商品出口额比重均排在全国第31位；知识密集型服务业增加值占GDP比重比上年下降了0.34个百分点，位次下降了4位；新产品销售收入占营业收入比重仍排在全国第30位。

社会生活信息化水平有待提升。信息传输、软件和信息技术服务业增加值占GDP比重比上年下降了0.18个百分点，位次下降了4位；移动互联网用户数下降了1.17%，万人移动互联网用户数减少了283.79户，位次下降了2位。

新疆创新发展主要指标及位次

总人口2587万人；地区生产总值17741.30亿元，居全国第23位；人均生产总值6.86万元，居全国第19位；知识密集型服务业增加值2377.14亿元，居全国第24位；规模以上工业企业营业收入17690.23亿元，居全国第23位；高新技术企业数1373个，居全国第28位；高新技术企业总收入6745.83亿元，居全国第24位。

R&D经费内部支出90.98亿元，居全国第27位，与生产总值比值0.51%，居全国第30位；R&D经费中基础研究经费支出9.89亿元，居全国第27位；企业R&D经费内部支出64.12亿元，居全国第27位；地方财政科技支出53.53亿元，居全国第24位。

大专以上学历人数475.46万人，居全国第24位；R&D人员数2.18万人年，居全国第27位；R&D人员中基础研究人员数0.50万人年，居全国第26位；企业R&D人员数1.02万人年，居全国第28位。

高技术产品出口额11.92亿美元，居全国第25位；技术市场输出技术成交额31.18亿元，居全国第29位；发明专利拥有量0.74万件，居全国第27位；移动互联网用户数2435.38万户，居全国第25位。

科技企业孵化器数26个，居全国第27位；科技企业孵化器在孵企业数2024个，居全国第25位；科技企业孵化器累计毕业企业数992个，居全国第27位。

表3-31 新疆各级评价指标和位次与上年比较

指标名称	评价值		位次	
	上年	当年	上年	当年
科技创新环境	39.06	44.58	30	28
科技人力资源	54.84	58.21	26	26
万人研究与试验发展（R&D）人员数	7.92	8.85	30	30
十万人博士毕业生数	0.89	1.30	23	23
万人大专以上学历人数	1915.94	1927.10	14	13
万人高等学校在校学生数	269.31	290.60	28	27
十万人创新中介从业人员数	1.91	2.10	28	25
科研物质条件	27.85	33.81	31	30
每名R&D人员仪器和设备支出	1.75	2.67	30	19
科学研究和技术服务业固定资产占比重	0.56	0.53	26	26
十万人累计孵化企业数	3.72	4.02	28	29
科技意识	29.24	37.17	31	27
万名就业人员专利申请数	19.25	21.41	29	27
科学研究和技术服务业平均工资比较系数	83.69	83.33	21	23
万人吸纳技术成交额	1026.88	2588.26	28	13
有R&D活动的企业占比重	7.55	8.06	31	31
科技活动投入	21.99	23.06	30	30
科技活动人力投入	34.84	36.71	30	29
万人R&D研究人员数	4.47	4.86	30	29
基础研究人员投入强度指数	0.23	0.23	15	17
企业R&D研究人员占比重	26.08	24.21	23	24
科技活动财力投入	16.49	17.21	30	30
R&D经费支出与GDP比值	0.49	0.51	30	30
基础研究经费投入强度指数	0.06	0.05	22	26
地方财政科技支出占地方财政支出比重	0.80	0.78	28	27
企业R&D经费支出占营业收入比重	0.35	0.36	31	29
企业技术获取和技术改造经费支出占企业营业收入比重	0.18	0.27	26	20
上市公司R&D经费投入强度指数	0.02	0.03	16	16
科技活动产出	22.26	24.34	30	30
科技活动产出水平	32.10	35.57	29	30
万人科技论文数	2.37	2.35	21	22
万人有效注册商标数	115.03	132.66	25	26
万人发明专利拥有量	2.63	3.01	31	30
每万人口高价值发明专利拥有量	0.95	1.05	31	31
技术成果市场化	7.50	7.49	30	31
万人输出技术成交额	73.48	114.02	30	31
万元GDP技术国际收入	0.96	0.45	16	19
高新技术产业化	44.40	51.24	30	29
高新技术产业化水平	10.96	11.17	31	31
高技术产业营业收入占工业营业收入比重	0.99	1.42	31	31
知识密集型服务业增加值占GDP比重	13.74	13.40	16	20
高技术产品出口额占商品出口额比重	3.74	3.84	30	31
新产品销售收入占营业收入比重	3.75	3.87	30	30
高新技术产业化效益	77.85	91.31	26	7
高技术产业劳动生产率	100.86	137.66	27	15
高技术产业利润率	8.04	10.14	17	9
知识密集型服务业劳动生产率	63.16	66.14	22	23
科技促进经济社会发展	56.25	56.11	26	27
经济发展方式转变	38.83	38.38	25	27
劳动生产率	13.10	13.29	12	13
资本生产率	0.16	0.16	28	29
综合能耗产出率	7.27	7.32	28	28
全要素生产率	1.38	1.04	29	29
装备制造业区位熵	14.75	12.75	28	29
环境改善	80.34	80.76	22	22
环境质量指数	57.23	57.69	25	21
环境污染治理指数	86.12	86.53	22	21
社会生活信息化	70.80	70.87	26	28
万人移动互联网用户数	10148.10	9864.31	17	19
信息传输、软件和信息技术服务业增加值占GDP比重	2.36	2.18	23	27
电子商务销售额与GDP比值	0.06	0.10	29	24

二、区域科技与经济社会协调发展相关性分析

（一）科技活动投入与科技活动产出

图3-101中纵横两条红线分别为“科技活动投入”和“科技活动产出”全国水平线，它们将散点图划分为4个象限：位于第Ⅰ象限的地区为科技活动投入和科技活动产出均高于全国水平的地区；位于第Ⅱ象限的地区为科技活动投入低于全国水平，但科技活动产出高于全国水平的地区；位于第Ⅲ象限的地区为科技活动投入和科技活动产出均低于全国水平的地区；位于第Ⅳ象限的地区为科技活动投入高于全国水平，但科技活动产出低于全国水平的地区。

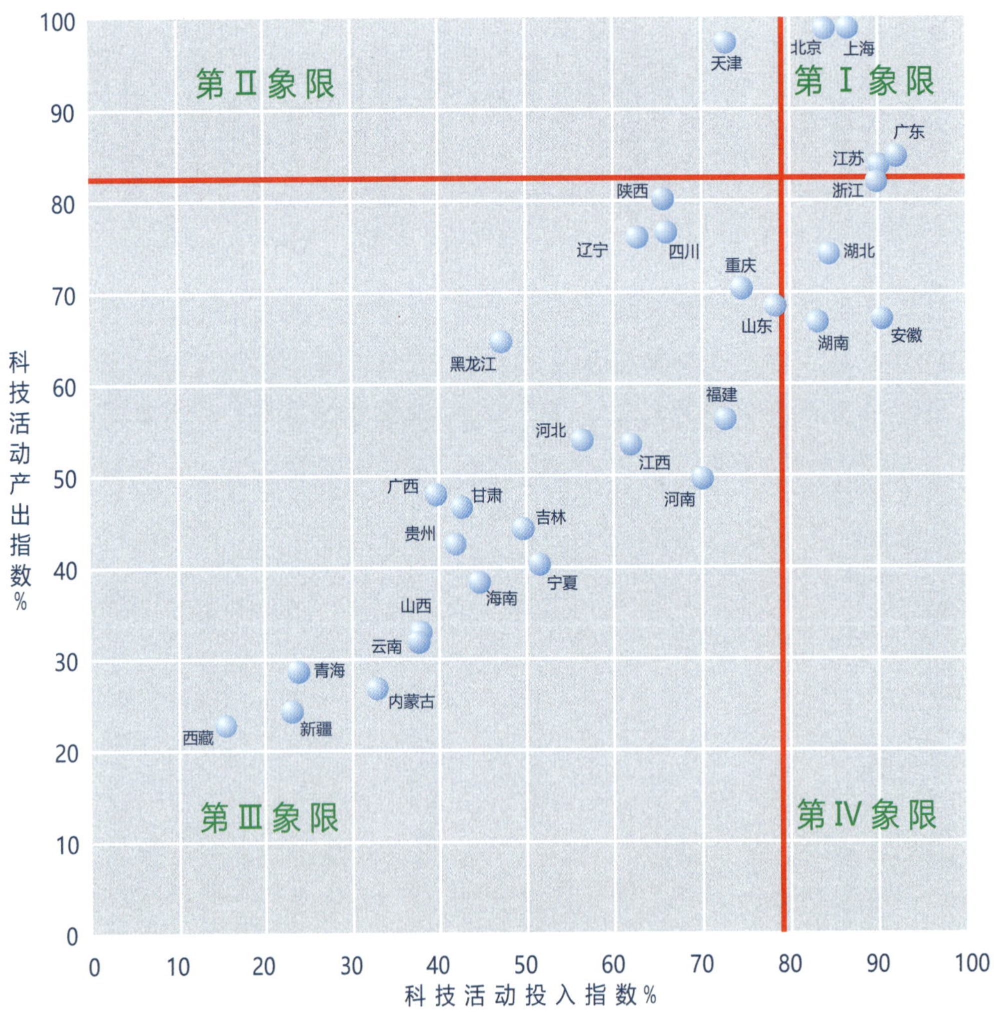

图3-101 科技活动投入与科技活动产出示意

（二）科技活动投入与科技促进经济社会发展

图3-102中纵横两条红线分别为“科技活动投入”和“科技促进经济社会发展”全国水平线，它们将散点图划分为4个象限：位于第Ⅰ象限的地区为科技活动投入和科技促进经济社会发展均高于全国水平的地区；位于第Ⅱ象限的地区为科技活动投入低于全国水平，但科技促进经济社会发展高于全国水平的地区；位于第Ⅲ象限的地区为科技活动投入和科技促进经济社会发展均低于全国水平的地区；位于第Ⅳ象限的地区为科技活动投入高于全国水平，但科技促进经济社会发展低于全国水平的地区。

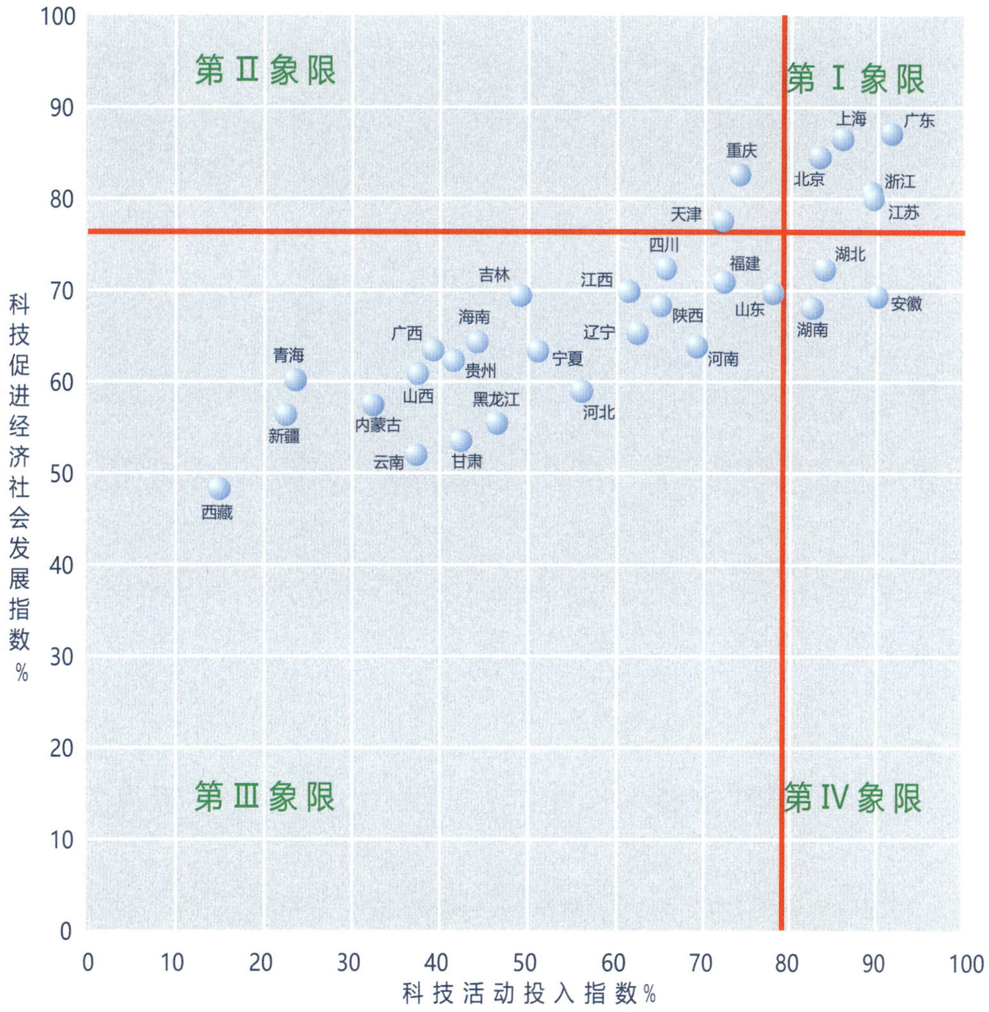

图3-102 科技活动投入与科技促进经济社会发展示意

（三）科技活动产出与科技促进经济社会发展

图3-103中纵横两条红线分别为“科技活动产出”和“科技促进经济社会发展”全国水平线，它们将散点图划分为4个象限：位于第Ⅰ象限的地区为科技活动产出和科技促进经济社会发展均高于全国水平的地区；位于第Ⅱ象限的地区为科技活动产出低于全国水平，但科技促进经济社会发展高于全国水平的地区；位于第Ⅲ象限的地区为科技活动产出和科技促进经济社会发展均低于全国水平的地区；位于第Ⅳ象限的地区为科技活动产出高于全国水平，但科技促进经济社会发展低于全国水平的地区。

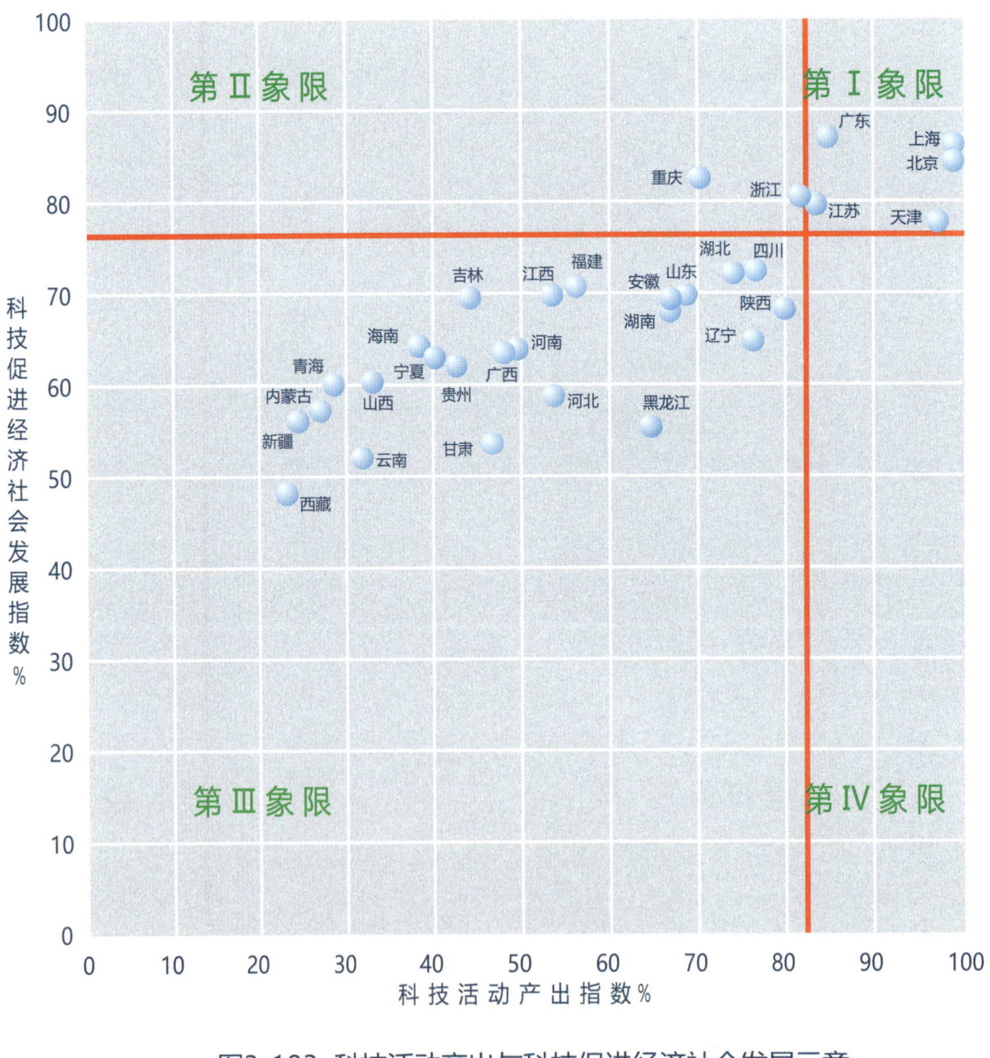

图3-103 科技活动产出与科技促进经济社会发展示意

（四）高新技术产业化水平与高新技术产业化效益

图3-104中纵横两条红线分别为“高新技术产业化水平”和“高新技术产业化效益”全国水平线，它们将散点图划分为4个象限：位于第Ⅰ象限的地区为高新技术产业化水平和高新技术产业化效益均高于全国水平的地区；位于第Ⅱ象限的地区为高新技术产业化水平低于全国水平，但高新技术产业化效益高于全国水平的地区；位于第Ⅲ象限的地区为高新技术产业化水平和高新技术产业化效益均低于全国水平的地区；位于第Ⅳ象限的地区为高新技术产业化水平高于全国水平，但高新技术产业化效益低于全国水平的地区。

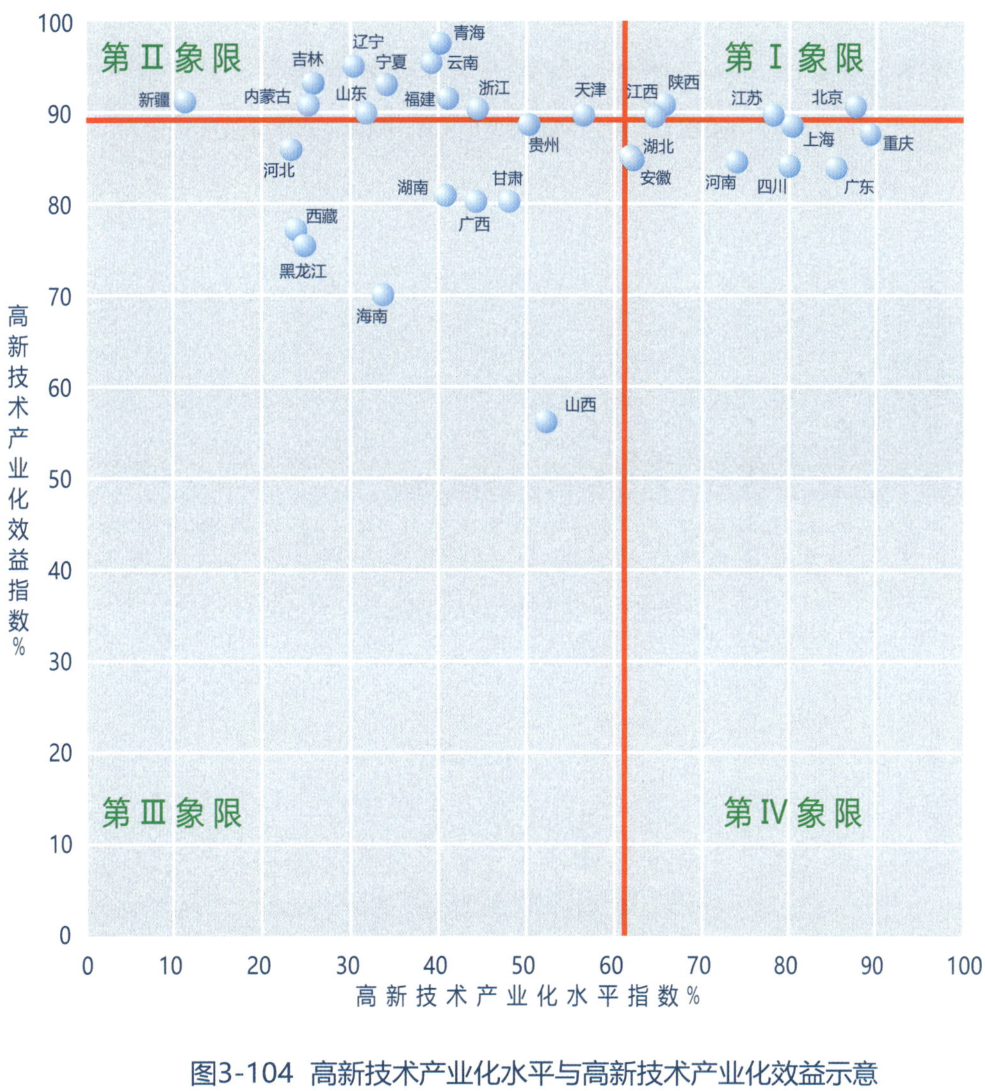

图3-104 高新技术产业化水平与高新技术产业化效益示意

附录1　区域部分规模指标排序

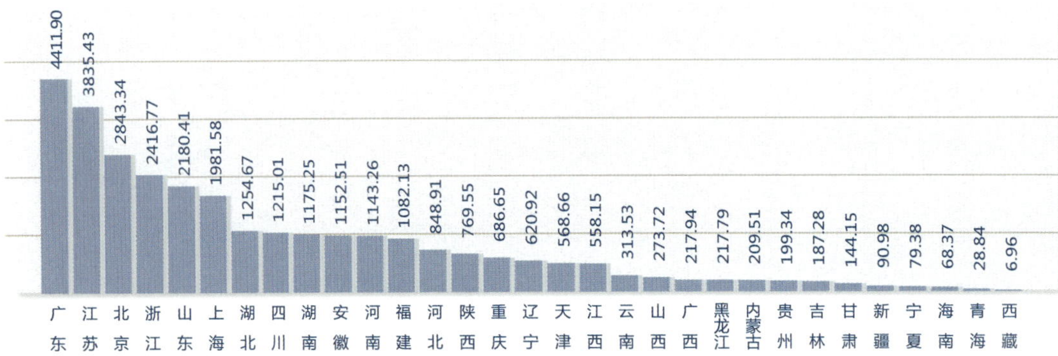

附图1-1　区域R&D经费内部支出排序（当年价亿元）

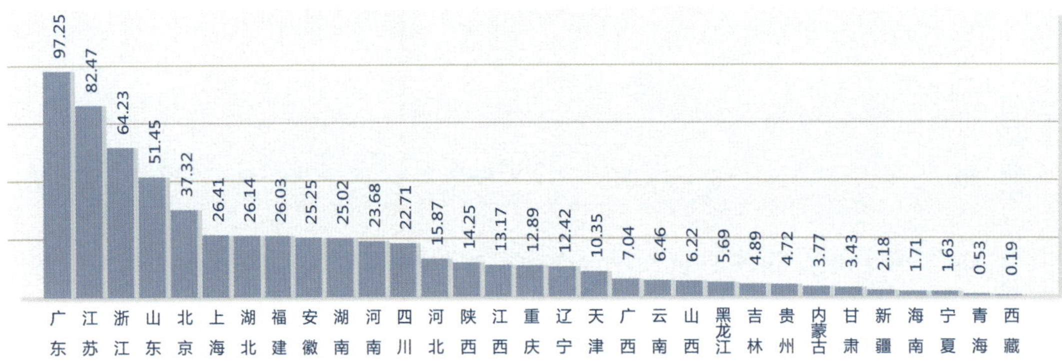

附图1-2　区域R&D人员数排序（万人年）

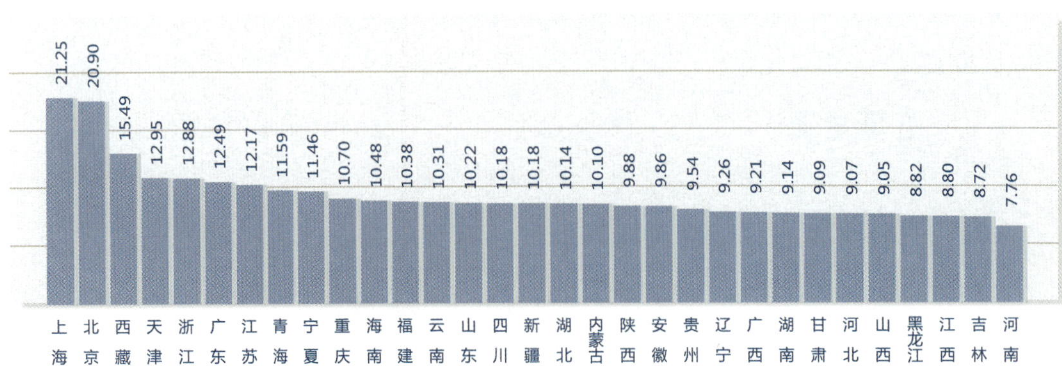

附图1-3　区域科学研究和技术服务业就业人员人均工资排序（万元）

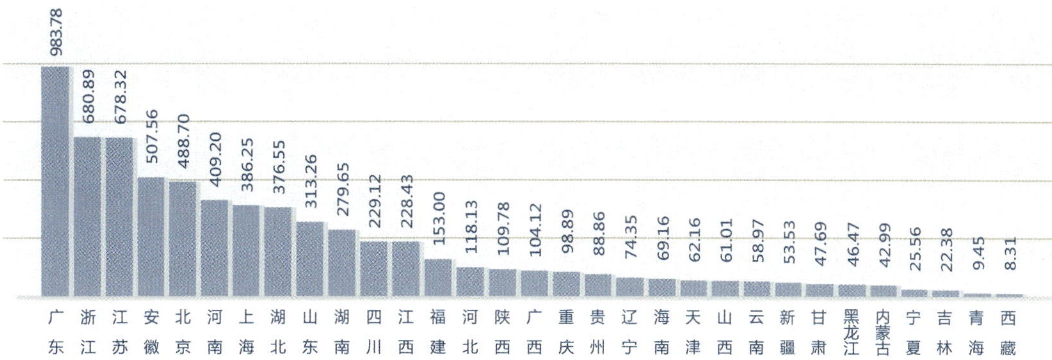

附图1-4　区域地方财政科技支出排序（亿元）

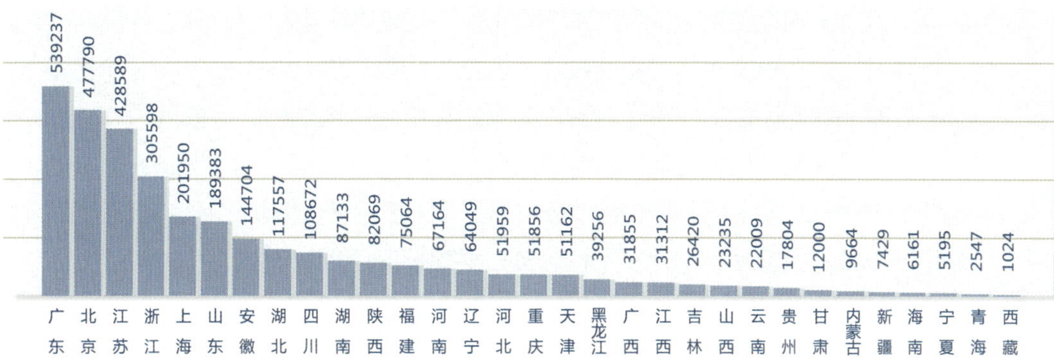

附图1-5　区域发明专利拥有量排序（件）

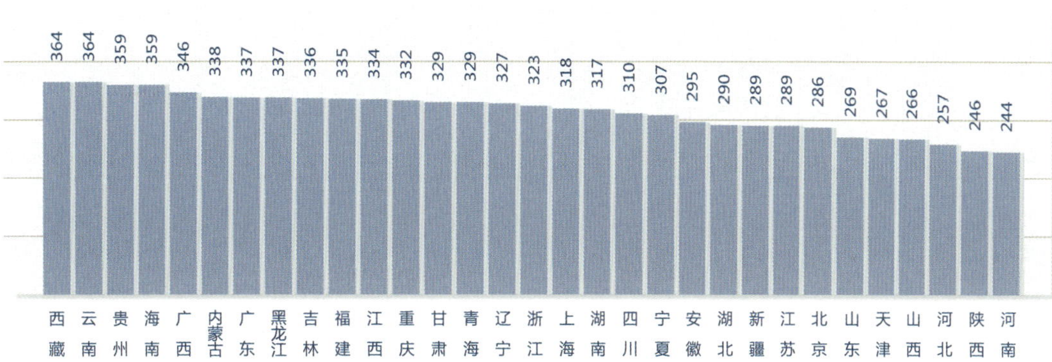

附图1-6　区域城市空气达到二级以上天数排序（天）

附录2　区域“十四五”时期科技发展规划主要指标实现程度

定期监测科技发展目标对科技管理科学化具有十分重要的意义。本附录根据部分地区“十四五”时期科技发展主要指标，对2022年（“十四五”规划第二年）这些指标的实现程度进行了测算，仅供各地区科技管理部门参考。

规划目标的测算需要考虑到期初值和期末目标值，因此测算方法为：

$$R.D=\frac{X_t-X_0}{X_d-X_0}\times 100\%$$

其中：$R.D$为实现程度；X_d为目标值；X_0为上一规划时期期末实际值，在此为2020年实际值；X_t为本规划时期实际值，在此为2022年实际值。

当$X_t=X_0$时，实现程度为0，说明在“十四五”的第二年，该指标未取得任何进展；

当$X_t<X_0$时，实现程度为负，说明在“十四五”的第二年，该指标有所退步；

当$X_t\geqslant X_d$时，说明该指标在“十四五”的第二年已经达到或超过目标值；

当$X_0\geqslant X_d$时，说明该指标目标值设定不合理，此时$R.D=X_t/X_d\times 100\%$。

通过下列各地区“十四五”时期科技发展主要指标目标值的确定和实现程度的测算，可显示各地区科技管理科学化水平和这些主要指标的运行状况。

需要指出的是，本附录只对在各地区公布的“十四五”时期科技发展主要指标中指标含义较为明确者进行了测算。

北京

序号	指 标 名 称	目标值	2020年	2022年	实现程度(%)
1	R&D经费投入年均增长率（%）	10.95	10.95	10.55	96.34
2	R&D经费支出与GDP比值（%）	6.00	6.44	6.83	113.83
3	R&D经费中基础研究经费支出占比重（%）	7.00	16.04	16.55	236.48
4	每万人口高价值发明专利拥有量（件）	82.00	78.00	112.00	850.00
5	高技术产业增加值（万亿元）	1.20	0.95	1.18	92.79
6	中关村国家自主创新示范区企业总收入年均增速（%）	8.00	12.11	21.01	262.65
7	技术市场合同成交额（亿元）	>8000.00	6316.16	7947.51	96.88
8	每万家企业中高新技术企业数（家）	>190.00	204.20	188.74	99.34
9	独角兽企业数（家）	>100.00	82.00	105.00	127.78
10	每万名就业人员中R&D人员数（人年）	260.00	288.90	329.71	126.81

天津

序号	指 标 名 称	目标值	2020年	2022年	实现程度(%)
1	R&D经费支出与GDP比值（%）	3.30	3.44	3.49	105.76
2	R&D经费中基础研究经费支出占比重（%）	8.00	7.09	4.36	-297.57
3	每万名就业人员中R&D人员数（人年）	110.00	140.09	166.66	151.51
4	每万人口高价值发明专利拥有量（件）	16.00	9.80	14.40	74.19
5	高新技术企业数（家）	11600.00	7350.00	10715.00	79.18
6	技术市场合同成交额（亿元）	1600.00	1089.56	1650.87	109.97
7	企业R&D经费支出占营业收入比重（%）	1.35	1.20	1.18	-19.09

河北

序号	指 标 名 称	目标值	2020年	2022年	实现程度(%)
1	R&D经费投入年均增长率（%）	10.00	12.57	15.68	156.80
2	R&D经费中基础研究经费支出占比重（%）	4.00	2.45	3.22	49.40
3	每万人口高价值发明专利拥有量（件）	3.50	1.50	2.32	40.90
4	企业R&D经费支出占营业收入比重（%）	1.40	1.12	1.25	45.70
5	高新技术企业数（家）	15000.00	9230.00	12409.00	55.10
6	高新技术产业增加值占规模以上工业增加值比重（%）	25.00	19.40	20.60	21.43

山西

序号	指标名称	目标值	2020年	2022年	实现程度(%)
1	R&D经费投入年均增长率（%）	20.00	9.75	13.88	69.41
2	国家级重点实验室数（家）	10.00	5.00	6.00	25.00
3	高新技术企业数（家）	5000.00	3162.00	3883.00	51.76
4	每万人口高价值发明专利拥有量（件）	2.60	1.29	2.00	76.92

内蒙古

序号	指标名称	目标值	2020年	2022年	实现程度(%)
1	R&D经费投入年均增长率（%）	>12.00	3.43	14.05	117.09
2	每万名就业人员中R&D人员数（人年）	30.00	22.47	31.70	122.60
3	技术市场合同成交额（亿元）	100.00	35.95	51.30	23.96
4	每万人口高价值发明专利拥有量（件）	1.80	0.93	1.42	56.21
5	每万家企业中高新技术企业数（家）	50.00	23.87	36.84	49.65
6	企业R&D经费支出占营业收入比重（%）	1.00	0.74	0.59	-57.09

辽宁

序号	指标名称	目标值	2020年	2022年	实现程度(%)
1	R&D经费投入年均增长率（%）	>9.00	8.60	8.33	92.54
2	R&D经费中基础研究经费支出占比重（%）	8.00	6.42	6.66	15.29
3	每万名就业人员中R&D人员数（人年）	70.00	50.17	58.51	42.07
4	有研发机构的企业占比重（%）	25.00	6.64	6.38	-1.44
5	高新技术企业数（家）	>15000.00	6906.00	11003.00	50.62
6	高新技术企业营业收入年均增长率（%）	>10.00	20.59	6.84	68.44
7	每万人口高价值发明专利拥有量（件）	4.95	3.71	5.59	151.61
8	技术市场合同成交额（亿元）	>1000.00	632.81	971.35	92.20

吉林

序号	指标名称	目标值	2020年	2022年	实现程度(%)
1	R&D经费支出与GDP比值（%）	>2.00	1.30	1.43	19.08
2	每万名就业人员中R&D人员数（人）	33.00	35.27	41.31	125.17
3	技术市场合同成交额占GDP比重（%）	>3.80	3.77	0.28	-11962.01
4	高新技术企业数（家）	5000.00	2491.00	3088.00	23.79
5	每万人口高价值发明专利拥有量（件）	3.64	2.26	3.57	94.92

黑龙江

序号	指　标　名　称	目标值	2020年	2022年	实现程度(%)
1	R&D经费投入年均增长率（%）	>20.00	1.89	12.15	60.75
2	R&D经费支出与GDP比值（%）	2.50	1.26	1.37	8.57
3	企业R&D经费支出占营业收入比重（%）	1.00	0.78	0.75	-13.70
4	有R&D活动的企业占比重（%）	>30.00	12.68	14.25	9.07
5	每万名就业人员中R&D人员数（人）	50.00	30.01	42.15	60.71
6	每万人口高价值发明专利拥有量（件）	4.53	2.57	4.01	73.47
7	高新技术企业数（家）	5000.00	1898.00	3599.00	54.84
8	技术市场合同成交额（亿元）	500.00	265.20	460.18	83.04
9	知识密集型服务业增加值占GDP比重（%）	19.00	12.56	12.06	-7.75

上海

序号	指　标　名　称	目标值	2020年	2022年	实现程度(%)
1	R&D经费支出与GDP比值（%）	4.50	4.17	4.44	81.55
2	R&D经费中基础研究经费支出占比重（%）	12.00	7.94	9.11	28.91
3	高新技术企业数（万家）	2.60	1.66	2.33	71.48
4	PCT国际专利申请受理量（件）	5000.00	3558.00	5591.00	140.98
5	每万人口高价值发明专利拥有量（件）	30.00	20.00	40.90	209.00
6	战略性新兴产业增加值占GDP比重（%）	20.00	18.81	23.83	420.95
7	技术市场合同成交额占GDP比重（%）	6.00	4.06	8.67	237.79
8	外资研发中心数（家）	560.00	506.00	536.00	55.56

江苏

序号	指　标　名　称	目标值	2020年	2022年	实现程度(%)
1	R&D经费投入年均增长率（%）	6.50	10.79	12.96	199.36
2	R&D经费支出与GDP比值（%）	3.20	2.93	3.12	70.76
3	R&D经费中基础研究经费支出占比重（%）	5.59	2.79	4.14	48.13
4	高新技术产业产值占规模以上工业总产值比重（%）	50.00	46.50	48.50	57.14
5	技术市场合同成交额（亿元）	3500.00	2087.85	2986.78	63.66
6	每万名就业人员中R&D人员数（人）	200.00	136.74	171.63	55.15
7	每万人口高价值发明专利拥有量（件）	>17.00	12.00	15.60	72.02

浙江

序号	指　标　名　称	目标值	2020年	2022年	实现程度(%)
1	R&D经费支出与GDP比值（%）	3.30	2.88	3.11	54.92
2	R&D经费中基础研究经费支出占比重（%）	8.00	3.24	4.56	27.74
3	企业R&D经费支出占营业收入比重（%）	2.50	1.78	1.62	-21.54
4	高新技术产业增加值占规模以上工业增加值比重（%）	60.00	59.60	65.26	108.76
5	高新技术企业数（万家）	3.50	2.19	3.52	101.55
6	科技型中小企业数（万家）	10.50	6.90	8.90	55.56
7	每万名就业人员中R&D人员数（人年）	185.00	151.15	165.32	41.87
8	PCT国际专利申请受理量（件）	6000.00	4307.00	4316.00	0.53
9	技术市场合同成交额（亿元）	2200.00	1403.32	2435.07	129.51
10	每万人口高价值发明专利拥有量（件）	17.00	11.10	15.50	74.58

安徽

序号	指　标　名　称	目标值	2020年	2022年	实现程度(%)
1	R&D经费支出与GDP比值（%）	2.80	2.28	2.56	53.55
2	R&D经费中基础研究经费支出占比重（%）	8.00	6.89	9.00	190.08
3	每万名就业人员中R&D人员数（人年）	80.00	60.03	79.50	97.47
4	高新技术企业数（家）	⩾17000.00	8444.00	15131.00	78.16
5	企业R&D经费支出占营业收入比重（%）	1.60	1.66	1.75	109.39
6	每万人口高价值发明专利拥有量（件）		4.00	6.58	70.00

福建

序号	指　标　名　称	目标值	2020年	2022年	实现程度(%)
1	综合科技创新水平位次（位）	12.00	15.00	14.00	—
2	R&D经费投入年均增长率（%）	18.00	12.96	22.44	124.67
3	R&D经费中基础研究经费支出占比重（%）	6.00	2.82	3.29	14.85
4	每万名就业人员中R&D人员数（人年）	71.00	84.14	119.73	168.64
5	每万人口高价值发明专利拥有量（件）	5.30	4.19	6.19	180.18
6	有R&D活动的企业占比重（%）	40.00	31.73	34.87	37.99
7	高新技术企业数（家）	8000.00	6433.00	12019.00	356.48
8	技术市场合同五年累计成交额（亿元）	1000.00	506.33	456.32	45.63

江西

序号	指标名称	目标值	2020年	2022年	实现程度(%)
1	R&D经费支出与GDP比值（%）	2.60	1.68	1.74	6.88
2	R&D经费投入年均增长率（%）	>14.00	19.99	13.84	98.83
3	R&D经费中基础研究经费支出占比重（%）	5.00	3.85	4.71	74.39
4	企业R&D经费支出占营业收入比重（%）	1.50	0.95	1.10	27.40
5	R&D人员数（万人年）	15.00	12.43	13.17	28.62
6	每万人口高价值发明专利拥有量（件）	3.19	1.28	2.10	42.83
7	万人发明专利拥有量（件）	10.00	3.76	6.92	50.57
8	技术市场合同成交额（亿元）	300.00	233.41	733.88	751.57
9	高新技术企业数（家）	10000.00	7043.00	6163.00	-29.76

山东

序号	指标名称	目标值	2020年	2022年	实现程度(%)
1	R&D经费投入年均增长率（%）	9.30	3.34	13.86	149.03
2	R&D经费支出与GDP比值（%）	2.60	2.30	2.49	63.35
3	R&D经费中基础研究经费支出占比重（%）	8.00	2.99	4.11	22.22
4	企业R&D经费支出占营业收入比重（%）	2.20	1.57	1.59	2.93
5	每万名就业人员中R&D人员数（人年）	70.00	61.92	96.38	426.38
6	每万人口高价值发明专利拥有量（件）	10.00	4.16	6.50	40.07
7	技术市场合同成交额（亿元）	6000.00	1903.89	3231.83	32.42
8	高新技术产业产值占规模以上工业总产值比重（%）	50.00	45.11	48.30	65.24
9	每万家企业中高新技术企业数（家）	90.00	51.22	83.42	83.02

河南

序号	指标名称	目标值	2020年	2022年	实现程度(%)
1	R&D经费投入年均增长率（%）	17.00	15.68	33.34	196.10
2	R&D人员数（万人年）	26.00	20.31	23.68	59.24
3	企业R&D经费支出占营业收入比重（%）	1.60	1.41	1.78	196.60
4	每万人口高价值发明专利拥有量（件）	3.00	1.43	2.10	42.58
5	技术市场合同成交额（亿元）	1000.00	379.78	1020.75	103.35
6	高新技术企业数（家）	16000.00	6270.00	10812.00	46.68
7	科技型中小企业数（家）	20000.00	11826.00	22334.00	128.55

湖北

序号	指 标 名 称	目标值	2020年	2022年	实现程度(%)
1	R&D经费投入年均增长率（%）	14.00	12.34	11.72	83.70
2	R&D经费支出与GDP比值（%）	3.20	2.31	2.33	1.81
3	R&D经费中基础研究经费支出占比重（%）	8.00	4.53	4.47	-1.58
4	每万名就业人员中R&D人员数（人年）	>70.00	58.93	80.60	195.74
5	有研发机构的企业占比重（%）	50.00	17.14	28.75	35.31
6	高新技术企业数（家）	>20000.00	10266.00	19798.00	97.92
7	每万家企业中高新技术企业数（家）	140.00	86.76	148.49	115.95
8	科技型中小企业数（家）	20000.00	7439.00	24456.00	135.47
9	每万人口高价值发明专利拥有量（件）	12.00	4.75	7.67	40.27
10	技术市场合同成交额（亿元）	>3000.00	1665.81	3010.00	100.75

湖南

序号	指 标 名 称	目标值	2020年	2022年	实现程度(%)
1	R&D经费投入年均增长率（%）	>12.00	16.84	14.36	119.63
2	每万人口高价值发明专利拥有量（件）	4.00	2.55	4.44	130.08

广东

序号	指 标 名 称	目标值	2020年	2022年	实现程度(%)
1	R&D经费投入年均增长率（%）	10.00	14.12	12.60	125.98
2	R&D经费支出与GDP比值（%）	3.50	3.14	3.42	77.67
3	R&D经费中基础研究经费支出占比重（%）	10.00	5.87	5.43	-10.49
4	企业R&D经费支出占营业收入比重（%）	1.80	1.67	1.76	68.38
5	每万名就业人员中R&D人员数（人年）	90.00	69.10	76.83	37.02
6	每万人口高价值发明专利拥有量（件）	20.00	13.50	20.60	109.19
7	高技术制造业增加值占规模以上工业增加值比重（%）	33.00	31.10	29.90	-63.16
8	技术市场合同成交额（亿元）	5000.00	3267.21	3967.48	40.41

广西

序号	指标名称	目标值	2020年	2022年	实现程度(%)
1	R&D经费投入年均增长率（%）	22.00	10.34	12.16	55.29
2	R&D经费支出与GDP比值（%）	1.60	0.78	0.83	5.89
3	每万家企业法人中高新技术企业数（家）	54.00	36.29	49.07	72.16
4	每万名就业人员中R&D人员数（人年）	25.00	17.91	28.07	143.31
5	每万人口高价值发明专利拥有量（件）	2.50	1.42	1.84	38.88
6	技术市场合同成交额（亿元）	1200.00	91.67	226.99	12.21
7	高新技术企业工业总产值（亿元）	12500.00	6124.05	7654.88	24.01
8	高新区工业总产值（亿元）	12000.00	7994.38	5145.04	-71.13
9	新产品销售收入占营业收入比重（%）	15.40	14.57	12.66	-230.77

海南

序号	指标名称	目标值	2020年	2022年	实现程度(%)
1	R&D经费支出与GDP比值（%）	1.60	0.66	1.00	36.03
2	每万名就业人员中R&D人员数（人年）	50.00	16.56	32.13	46.56
3	高新技术企业数（家）	3000.00	1003.00	1541.00	26.94
4	高新技术企业营业收入（亿元）	2500.00	866.70	1326.94	28.18
5	企业R&D经费支出占营业收入比重（%）	1.00	0.54	0.50	-9.56
6	每万人口高价值发明专利拥有量（件）	6.20	4.22	6.00	89.83
7	PCT国际专利申请受理量（件）	150.00	137.00	474.00	316.00
8	技术市场合同成交额（亿元）	60.00	20.19	31.55	28.54

重庆

序号	指标名称	目标值	2020年	2022年	实现程度(%)
1	R&D经费投入年均增长率（%）	>10.00	16.36	14.17	141.69
2	R&D经费支出与GDP比值（%）	2.60	2.11	2.36	51.32
3	R&D经费中基础研究经费支出占比重（%）	8.00	4.41	5.11	19.38
4	每万名就业人员中R&D人员数（人年）	75.00	63.07	78.39	128.45
5	每万家企业中高新技术企业数（家）	140.00	65.08	89.74	32.91
6	每万人口高价值发明专利拥有量（件）	12.00	3.65	5.48	21.92
7	企业R&D经费支出占营业收入比重（%）	2.00	1.62	1.76	38.64

四川

序号	指标名称	目标值	2020年	2022年	实现程度(%)
1	R&D经费投入年均增长率（%）	>10.00	15.98	7.30	73.01
2	R&D经费支出与GDP比值（%）	2.40	2.17	2.14	-5.00
3	每万人口高价值发明专利拥有量（件）	5.67	2.94	5.06	18.04

贵州

序号	指标名称	目标值	2020年	2022年	实现程度(%)
1	综合科技创新水平位次（位）	20.00	25.00	24.00	—
2	R&D经费投入年均增长率（%）	>12.00	21.01	11.03	91.89
3	R&D经费中基础研究经费支出占比重（%）	11.00	9.10	9.20	5.41
4	每万人口高价值发明专利拥有量年均增长率（%）	15.00	11.00	16.60	110.66
5	技术市场合同成交额占GDP比重（%）	2.50	1.39	1.94	49.12
6	企业R&D经费支出占营业收入比重（%）	1.80	1.13	1.27	21.55
7	有R&D活动的企业占比重（%）	38.00	28.27	25.39	-29.54

云南

序号	指标名称	目标值	2020年	2022年	实现程度(%)
1	R&D经费支出（亿元）	525.00	245.99	313.53	24.21
2	企业R&D经费支出占营业收入比重（%）	1.10	0.97	1.01	30.87
3	每万名就业人员中R&D人员数（人年）	26.00	21.51	23.60	46.57
4	高新技术企业数（家）	3500.00	1671.00	2582.00	49.81
5	有研发机构的企业占比重（%）	20.00	9.93	9.95	0.19
6	每万人口高价值发明专利拥有量（件）	1.59	1.09	1.62	106.01
7	高技术产业营业收入占工业营业收入的比重（%）	10.00	7.98	11.68	183.09

西藏

序号	指　标　名　称	目标值	2020年	2022年	实现程度(%)
1	R&D经费支出（亿元）	7.10	4.37	6.96	94.84
2	R&D经费投入年均增长率（%）	≥10.00	6.94	26.20	262.04
3	高新技术企业数（家）	160.00	87.00	112.00	34.25
4	科技型中小企业数（家）	500.00	211.00	316.00	36.33
5	R&D人员数（人年）	4200.00	1578.90	1870.70	11.13
6	技术市场合同成交额（亿元）	1.30	0.78	6.21	1041.94
7	万人发明专利拥有量（件）	2.14	2.10	2.81	1606.28

陕西

序号	指　标　名　称	目标值	2020年	2022年	实现程度(%)
1	R&D经费投入年均增长率（%）	8.00	9.97	10.32	128.98
2	有R&D活动的企业占比重（%）	25.00	20.54	24.97	99.42
3	技术市场合同成交额（亿元）	2300.00	1758.72	3048.73	238.33
4	每万人口高价值发明专利拥有量（件）	8.00	4.94	7.65	88.48
5	高新技术企业数（家）	12000.00	6126.00	12150.00	102.55

甘肃

序号	指　标　名　称	目标值	2020年	2022年	实现程度(%)
1	R&D经费支出与GDP比值（%）	1.50	1.22	1.29	26.05
2	企业R&D经费支出占营业收入比重（%）	1.00	0.69	0.66	-8.23
3	每万名就业人员中R&D人员数（人年）	20.00	20.15	26.26	131.31
4	每万人口高价值发明专利拥有量（件）	1.32	0.99	1.60	183.81
5	技术市场合同成交额（亿元）	388.00	233.16	335.84	66.32
6	高新技术企业数（家）	1500.00	1215.00	1696.00	168.77
7	新产品销售收入占营业收入比重（%）	15.00	7.62	10.30	36.39
8	高技术产业营业收入占工业营业收入比重（%）	5.00	3.79	4.25	37.97

青海

序号	指 标 名 称	目标值	2020年	2022年	实现程度(%)
1	R&D经费支出与GDP比值（%）	1.00	0.71	0.80	31.24
2	有R&D活动的企业占比重（%）	20.00	12.76	12.23	-7.31
3	企业R&D经费支出占R&D经费支出比重（%）	70.00	48.65	51.73	14.45
4	每万名就业人员中R&D人员数（人/万人）	30.00	15.85	20.82	35.07
5	技术市场合同成交额（亿元）	20.00	10.56	16.03	57.98
6	每万人口发明专利拥有量（件）	4.40	3.12	4.28	90.70
7	高新技术企业数（家）	260.00	211.00	262.00	104.08
8	每万家企业中高新技术企业数（家）	17.55	18.82	19.20	109.43

宁夏

序号	指 标 名 称	目标值	2020年	2022年	实现程度(%)
1	R&D经费投入年均增长率（%）	17.00	18.54	15.37	90.40
2	有R&D活动的企业占比重（%）	45.00	34.00	41.26	65.99
3	技术市场合同成交额占GDP比重（%）	0.79	0.42	0.67	67.58
4	高新技术企业数（家）	500.00	288.00	488.00	94.34
5	企业R&D经费支出占营业收入比重（%）	1.20	0.94	0.73	-85.54
6	每万名就业人员中R&D人员数（人年）	36.00	35.37	48.46	2091.62
7	每万人口高价值发明专利拥有量（件）	2.00	1.30	1.13	-24.85
8	国家高新区数（家）	3.00	2.00	2.00	0.00

新疆

序号	指 标 名 称	目标值	2020年	2022年	实现程度(%)
1	R&D经费投入年均增长率（%）	>7.00	3.43	8.71	124.43
2	R&D经费支出与GDP比值（%）	0.45	0.45	0.51	114.30
3	R&D经费中基础研究经费支出占比重（%）	>10.00	13.59	10.86	108.65
4	每万名就业人员中R&D人员数（人年）	11.73	10.40	17.15	509.33
5	有R&D活动的企业占比重（%）	10.00	5.09	8.06	60.42
6	每万家企业中高新技术企业数（家）	39.00	23.34	39.18	101.15
7	每万人口高价值发明专利拥有量（件）	1.50	0.71	1.88	148.34
8	技术市场合同成交额（亿元）	12.00	15.11	31.18	259.83

附录3　区域科技创新评价简介

早在20世纪90年代开始，为了对国内区域科技活动及经济社会领域科技创新状况实施定期评价，科学技术部持续开展了有关区域科技进步和科技创新的监测和评价研究。特别是2014年国家创新调查制度的建立与实施，形成了规范的创新监测和创新评价制度，将《中国区域科技创新评价报告》纳入国家创新调查制度系列报告中，为区域科技创新评价提供了制度保证。为了适应新时代科技领域改革与管理的需要，并与国家创新发展战略总体目标相结合，每年都会根据国家和区域创新发展重心的变化，以及相应的科技管理重心的变化对评价指标进行一定的修订和完善。

一、区域科技创新评价体系

科技创新指的是全社会研发活动的发展及由此对高质量发展促进作用的提升。由“创新是驱动发展的第一动力”的性质所决定，对区域科技创新水平进行评价需要与高质量发展的大系统相关联。前者以后者为基础、为支撑，后者以前者为动力、为要素。

科技创新应具备良好的外部环境和必要的物质技术条件，包括：①一定规模的能够从事科技创新活动的人力资源；②科技创新物质条件，包括科研仪器设备的规模和水平及与科学研究或技术服务活动物质装备有关的建设与更新；③科技意识，即政府、企业和社会公众参与科技创新活动的积极性、认可程度和支持程度。

科技创新的原动力是科技活动投入，包括：①全社会特别是企业科技活动人力投入强度；②企业、地方政府对科技活动财力支持的力度。

科技创新水平最为直接的体现之一为科技活动产出，包括：①科技活动产出水平，如论文、课题研究和实用技术的产出水平；②技术成果的市场化程度，即技术成果在区域间和国家间的流动状况。

科技创新通过技术成果的转化而形成生产力，最为突出的表现即为高新技术产业化，它包括：①高技术产业和新产品的产出水平；②高新技术产业的劳动效率、附加价值水平及对经济规模和增长的贡献。

科技创新的最终目标是促进高质量发展，包括：①要素投入效率的提升；②促进环境改善的力度；③以社会生活信息化为标志的新经济发展。

据此建立的区域科技创新评价指标体系由科技创新环境、科技活动投入、科技活动产出、高新技术产业化和科技促进经济社会发展5个一级指标（要素指数）、12个二级指标和44个三级指标组成。由一级指标和二级指标形成的科技创新评价框架如附图3-1所示，科技创新评价指标体系和评价标准参见附表4。

附图3-1 区域科技创新评价体系

评价体系中评价指标的确定遵从以下原则。

①公开性。均为政府统计部门发布的统计指标，便于社会各界进行核查和索引。

②标准化。均为以国家标准和部门标准计算的统计指标，不采用地方统计标准计算的统计指标，以保证指标口径的一致性。

③简洁化。使用规范的指标名称和规范的合成方法，不采用修匀方法平滑，以真实反映指标值的变化和波动。

④全面性。在每年度的评价中最大限度地吸收政府统计指标体系改革增设的与科技创新有关的新指标，并删除一些较为陈旧的、已不能很好地反映现实状况的指标。

二、评价方法

采用指数法对各级指标进行综合。各级评价值均可称为“指数”，综合方法如下。

①将各三级指标除以相应的评价标准，得到三级指标的评价值，即三级指标相应的指数，计算方法为：

$$d_{ijk}=\frac{x_{ijk}}{x_{..k}}\times 100\%\text{。}$$

其中：x_{ijk} 为第 i 个一级指标下、第j个二级指标下的第k个三级指标；$x_{..k}$ 为第 k 个三级指标相应的标准值；当 $d_{ijk}\geqslant 100$时，取100为其上限值。

②二级指标评价值（二级指数）$d_{ij.}$ 由三级指标评价值加权综合而成，即：

$$d_{ij.}=\sum_{k=1}^{n_j} w_{ijk}d_{ijk}\text{。}$$

其中：w_{ijk} 为各三级指标评价值相应的权数；n_j 为第 j 个二级指标下设的三级指标的个数。

③一级指标评价值（一级指数）由二级指标评价值加权综合而成，即：

$$d_{i.}=\sum_{j=1}^{n_i} w_{ij.}d_{ij.}\text{。}$$

其中：$w_{ij.}$ 为各二级指标评价值相应的权数；n_i 为第 i 个一级指标下设的二级指标的个数。

④总评价值（总指数）由一级指标加权综合而成，即：

$$d=\sum_{i=1}^{n} w_{i.}d_{i.}\text{。}$$

其中：$w_{i.}$ 为各一级指标评价值相应的权数；n 为一级指标个数。

在各级指标评价中，如果多个地区评价值均为100%，应视为并列第1位。

三、评价标准

与国家和区域创新发展战略目标相联系，依据国内科技创新的总体水平和发达地区的发展水平，参考现阶段发达国家科技与经济社会发展状况，以及国家和区域经济社会发展规划目标及科技创新规划目标，经专家研讨最终确定了一套较为系统的“科技创新评价标准”。全国及区域科技创新水平与“评价标准”的比较，可反映出全国和各地区达到标准的程度。

附表4 区域科技创新评价指标体系和评价标准

一级指标	二级指标	三级指标	标准
科技创新环境	科技人力资源	万人研究与试验发展（R&D）人员数（人年）	40.0
		十万人博士毕业生数（人）	5.0
		万人大专以上学历人数（人）	2000.0
		万人高等学校在校学生数（人）	350.0
		十万人创新中介从业人员数（人）	3.0
	科研物质条件	每名R&D人员仪器和设备支出（万元）	6.0
		科学研究和技术服务业固定资产占比重（%）	3.0
		十万人累计孵化企业数（个）	10.0
	科技意识	万名就业人员专利申请数（件）	100.0
		科学研究和技术服务业平均工资比较系数（%）	200.0
		万人吸纳技术成交额（万元）	1600.0
		有R&D活动的企业占比重（%）	100.0
科技活动投入	科技活动人力投入	万人R&D研究人员数（人年）	13.0
		基础研究人员投入强度指数（%）	1.0
		企业R&D研究人员占比重（%）	70.0
	科技活动财力投入	R&D经费支出与GDP比值（%）	2.6
		基础研究经费投入强度指数（%）	1.0
		地方财政科技支出占地方财政支出比重（%）	5.0
		企业R&D经费支出占营业收入比重（%）	2.5
		企业技术获取和技术改造经费支出占企业营业收入比重（%）	2.5
		上市公司R&D经费投入强度指数（%）	1.0
科技活动产出	科技活动产出水平	万人科技论文数（篇）	10.0
		万人有效注册商标数（件）	150.0
		万人发明专利拥有量（件）	12.0
		每万人口高价值发明专利拥有量（件）	12.0
	技术成果市场化	万人输出技术成交额（万元）	1200.0
		万元GDP技术国际收入（美元）	10.0
高新技术产业化	高新技术产业化水平	高技术产业营业收入占工业营业收入比重（%）	30.0
		知识密集型服务业增加值占GDP比重（%）	30.0
		高技术产品出口额占商品出口额比重（%）	40.0
		新产品销售收入占营业收入比重（%）	40.0
	高新技术产业化效益	高技术产业劳动生产率（万元/人）	130.0
		高技术产业利润率（%）	15.0
		知识密集型服务业劳动生产率（万元/人）	70.0
科技促进经济社会发展	经济发展方式转变	劳动生产率（万元/人）	13.0
		资本生产率（万元/万元）	1.0
		综合能耗产出率（元/千克标准煤）	42.0
		全要素生产率（%）	0.5
		装备制造业区位熵（%）	200.0
	环境改善	环境质量指数（%）	100.0
		环境污染治理指数（%）	100.0
	社会生活信息化	万人移动互联网用户数（户）	10000.0
		信息传输、软件和信息技术服务业增加值占GDP比重（%）	3.5
		电子商务销售额与GDP比值（亿元/亿元）	0.3

四、区域综合科技创新水平差异系数

区域综合科技创新水平差异系数反映了一区域内（不同地区间）或不同区域间科技创新水平的差异程度。采用标准差系数计算，数值越大表明差异越大，反之亦然。计算方法为：

$$V=\frac{\sigma}{\overline{d}}\times 100\%\text{。}$$

其中：σ 为标准差。计算方法为：

$$\sigma=\sqrt{\frac{1}{m}\sum_{r=1}^{m}(d^{r}-\overline{d})^{2}}\text{。}$$

其中：d^r为一区域内第 r 个地区或第 r 个区域的综合科技创新水平指数，$\overline{d}$ 为平均数，m 为地区或区域个数。计算方法为：

①当计算各地区间综合科技创新水平差异系数时，d^r 为第 r 个地区综合科技创新水平指数，$\overline{d}$ 为全国综合科技创新水平指数，$m=31$；

②当计算东部、中部、西部、东北综合科技创新水平差异系数时，d^r为第r个地区综合科技创新水平指数，$\overline{d}$分别为东部各地区、中部各地区、西部各地区、东北各地区综合科技创新水平指数的简单算术平均数，m分别为10、6、12、3；

③当计算区域综合科技创新水平差异系数时，d^r 为东部地区、中部地区、西部地区和东北地区的综合科技创新水平指数，计算方法与地区综合科技创新水平指数一致，由区域各级指数综合得到，$\overline{d}$ 为以上4个区域综合科技创新水平指数的简单算术平均数，$m=4$。

附录4　区域科技创新评价指标解释

万人研究与试验发展（R&D）人员数

R&D人员是科技创新最为重要的人力资源之一。万人R&D人员数是反映科技创新人力资源水平的主要指标。R&D人员是指参与R&D项目（课题）研究、管理和辅助工作的人员，包括项目（课题）组人员、科技行政管理人员和直接为项目（课题）活动提供服务的辅助人员。进入21世纪以来，我国万人R&D人员数大致保持在20人年，东部地区和中西部地区差距较大，综合各地区水平，将万人R&D人员数的评价标准确定为40人年。

十万人博士毕业生数

“博士”是体现一个人具备较高学术研究能力的学位，是目前最高级别的学位。拥有博士学位意味着一个人有能力由学习阶段进入学术研究阶段，具备产出原创成果的能力或学力是博士学位的核心内涵，也是拥有博士学位的人员的本质特征。拥有博士毕业生的规模和水平是科技创新人力资源充裕与否的重要体现，也是反映一国、一地区或一城市是否具有较好的科技创新人力资源吸引力的重要指标。参考万人R&D研究人员数标准，将每十万人中有5名博士毕业生作为评价标准。

万人大专以上学历人数

科技创新人力资源与国民的受教育水平密切相关，万人大专以上学历人数是反映科技创新人力资源水平的重要指标。大专以上学历人数来源于政府统计部门的人口调查。参考国内发达地区水平，将万人大专以上学历人数的评价标准确定为2000人。

万人高等学校在校学生数

科技创新与教育是密不可分的。教育是知识和专业技能的直接来源，一定规模的在校生对当地科技创新活动的支持和影响不容忽视。在校生虽然不属于专业技术人员，但从近年来科技论文作者的构成看，在校生，特别是在校博士生和硕士生已逐渐成为科学研究的主力，成为重要的科技活动人力资源。参考万人大专以上学历人数标准，将万人高等学校在校学生数的评价标准确定为350人。

十万人创新中介从业人员数

创新中介又称为科技中介、创新中介服务。依据联合国教科文组织《关于科技统计国际标准化建议案》，创新中介应是指与R&D活动相关并有助于科学技术知识的产生、传播和应用的活动，是现代服务业的重要组成部分。结合国内现实情况，本评价报告中创新中介从业人员数采用国家级科技企业孵化器管理机构从业人员数、国家大学科技园管理机构从业人员数和国家备案众创空间服务人员数3项合计数。参考全国总体水平和发达地区水平，将每十万人中有3名创新中介从业人员作为评价标准。

每名R&D人员仪器和设备支出

用于R&D活动的仪器和设备是科技创新活动重要的物质技术基础。仪器和设备支出包括为开展R&D活动而进行的仪器和设备的购置、安装、改造和大修理等实际支出的费用，属于资产性支出。参考全国总体水平和发达地区水平，将平均每名R&D人员有6万元的仪器和设备支出作为评价标准。

科学研究和技术服务业固定资产占比重

固定资产投资是提高科技创新水平的重要手段。科学研究和技术服务业固定资产占比重指从事科学研究和技术服务业的单位所进行的固定资产投资占全社会单位固定资产投资的比重。参考全国总体水平和发达地区水平，将科学研究和技术服务业固定资产占全社会单位固定资产投资的比重为3%作为评价标准。

十万人累计孵化企业数

科技企业孵化器是以促进科技成果转化、培养高新技术企业和企业家为宗旨的科技创业服务载体，其累计孵化企业数是科技创新环境的重要体现。该指标来源于《中国火炬统计年鉴》中科技企业孵化器孵化企业累计毕业数。参考全国总体水平和发达地区水平，将每十万人累计孵化10个企业作为评价标准。

万名就业人员专利申请数

注重发明创造、具有较强的专利保护意识是反映国民科技意识的重要方面。参考每万人口高价值发明专利拥有量为12件的评价标准，经测算，我国三种专利申请数是高价值发明专利拥有量的近4倍，而就业人员数约为人口数的1/2，据此将每万名就业人员有100件专利申请数作为评价标准。

科学研究和技术服务业平均工资比较系数

科学研究和技术服务业工资水平反映了政府及社会对从事科学研究和技术服务劳动者工作的认可程度。但由于各地区消费水平差异较大，因此，这一指标还需要用地区科学研究和技术服务业工资水平与全国该行业工资水平的比例进行修正。计算方法为：

$$\text{科学研究和技术服务业平均工资比较系数}=\frac{\text{地区科学研究和技术服务业平均工资}}{\text{地区全社会平均工资}}\times\frac{\text{地区科学研究和技术服务业平均工资}}{\text{全国科学研究和技术服务业平均工资}}\times 100\%。$$

参考我国京津沪粤等发达地区水平，将这一比例系数的评价标准确定为200%。

万人吸纳技术成交额

吸纳技术成交额是指各地区在技术市场上购买技术成果所支出的费用。这一指标可以反映企业或机构对技术成果的需求意识。参考全国总体水平和发达地区水平，将这一指标的评价标准确定为1600万元。

有R&D活动的企业占比重

企业是科技创新的主要部门，是新技术应用的主要场所。有R&D活动的企业占比重是反映一个国家、地区科技创新活跃程度的重要指标。企业都应开展科技创新活动，因此将该指标的评价标准确定为100%。

万人R&D研究人员数

研究人员是指R&D人员中具备中级以上职称或博士学历（学位）的人员。万人R&D研究人员数是反映科技创新活动人力投入水平的主要指标。参考全国总体水平和发达地区水平，将该指标的评价标准确定为13人年。

基础研究人员投入强度指数

基础研究是R&D活动的基石，是提升原始创新能力的前提，是攻取智力资本的源泉。基础研究人员投入强度是基础研究人员投入与R&D活动人员投入之比，既可以体现原始创新水平，也可以体现对原始创新的重视程度。考虑到国内各地区的客观差异，采用加权指数方法，即以一地区基础研究人员投入与全国基础研究人员投入之比为权重。计算方法为：

$$\text{基础研究人员投入强度指数}=\frac{\text{地区基础研究人员投入}}{\text{地区R\&D活动人员投入}}\times\frac{\text{地区基础研究人员投入}}{\text{全国基础研究人员投入}}\times 100\%。$$

参考全国总体水平和发达地区水平，将基础研究人员投入强度指数的评价标准确定为1%。

企业R&D研究人员占比重

企业R&D研究人员占全社会R&D研究人员的比重是反映R&D活动人力投入结构关系的重要指标。国内外学者公认这一比重至少应达到60%以上，我国许多地区的这一比重已十分接近，因此将评价标准确定为70%。

R&D经费支出与GDP比值

R&D经费支出与GDP比值是反映国家或地区科技投入强度最为重要、最为综合的指标。参考我国现阶段R&D经费投入快速增长的趋势以及主要发达国家的研发投入强度，将评价标准确定为2.6%。

基础研究经费投入强度指数

基础研究经费投入强度是基础研究经费投入与R&D活动经费投入之比。考虑到国内各地区的客观差异，采用加权指数方法，即以一地区基础研究经费投入与全国基础研究经费投入之比为权重。计算方法为：

$$\text{基础研究经费投入强度指数}=\frac{\text{地区基础研究经费投入}}{\text{地区R\&D活动经费投入}}\times\frac{\text{地区基础研究经费投入}}{\text{全国基础研究经费投入}}\times 100\%。$$

参考全国总体水平和发达地区水平，将基础研究经费投入强度指数的评价标准确定为1%。

地方财政科技支出占地方财政支出比重

地方财政科技支出占地方财政支出比重是反映地方政府科技投入强度的重要指标。参考我国现阶段科技经费增长趋势以及中央、地方、企业之间投入的比例关系，将评价标准确定为5%。

企业R&D经费支出占营业收入比重

企业R&D经费支出占营业收入比重是反映企业科技经费投入的重要指标。发达国家经验表明，若这一比例低于2%，企业创新将难以维持，一些发达国家的高技术产业这一比例高达6%。结合我国现阶段企业投入状况，将评价标准确定为2.5%。

企业技术获取和技术改造经费支出占企业营业收入比重

企业技术获取和技术改造经费支出包括引进技术经费支出、消化吸收经费支出、技术改造经费支出和购买境内技术经费支出。企业技术获取和技术改造经费支出占企业营业收入比重也是反映企业创新能力和创新投入水平的重要指标。参考企业R&D经费支出占营业收入比重，也将评价标准确定为2.5%。

上市公司R&D经费投入强度指数

市场化程度对于创新发展具有十分重要的意义。上市公司R&D经费投入强度即上市公司R&D经费内部支出占上市公司营业收入比重，可以体现市场化对创新投入的作用。考虑到国内各地区的客观差异，采用加权指数方法，即以一地区上市公司R&D经费内部支出与全国上市公司R&D经费内部支出之比为权重。计算方法为：

$$\text{上市公司R\&D经费投入强度指数} = \frac{\text{地区上市公司R\&D经费内部支出}}{\text{地区上市公司营业收入}} \times \frac{\text{地区上市公司R\&D经费内部支出}}{\text{全国上市公司R\&D经费内部支出}} \times 100\%。$$

上市公司数据来源于上市公司年报，包括上交所和深交所4000多家公司。参考全国总体水平和发达地区水平，将上市公司R&D经费投入强度指数的评价标准确定为1%。

万人科技论文数

科技论文数是对国外主要检索工具SCI收录的我国科技论文数和中国科学技术信息研究所从国家期刊管理部门批准正式出版、公开发行的刊物中选作统计源的期刊刊载的学术论文进行统计而得出的加权平均数。参考近年来我国科技论文规模有较大幅度增长的趋势，将评价标准确定为10篇。

万人有效注册商标数

商标总是与某一商品或服务特有的专利、非专利发明、技术标准或技术诀窍相联系，商标的拥有和使用反映了技术创新的水平和程度。参考全国总体水平和发达地区水平，将该指标的评价标准确定为150件。

万人发明专利拥有量

专利的数量是反映一国或一地区科技创新质量的重要指标，发明专利的数量又是其中最为重要的指标。测度发明专利水平的指标可分为发明专利授权数和发明专利拥有量。前者反映的是一定时期（通常为一年）发明专利产生的数量；后者反映的是在某一时间点上发明专利的存量。参考全国总体水平和发达地区水平，将该指标的评价标准确定为12件。

每万人口高价值发明专利拥有量

高价值发明专利是指符合国家重点产业发展方向、专利质量较高、价值较高的有效发明专利，主要包括5种情况：一是战略性新兴产业的发明专利，二是在海外有同族专利权的发明专利，三是维持年限超过10年的发明专利，四是实现较高质押融资金额的发明专利，五是获得国家科学技术奖或中国专利奖的发明专利。国家“十四五”规划和2035年远景目标纲要提出，为更好保护和激励高价值专利，将“每万人口高价值发明专利拥有量”纳入经济社会发展主要指标，明确到2025年达到12件的预期目标。

万人输出技术成交额

技术市场的发展的发展和技术成果交易的繁荣，对技术成果迅速转化为生产力具有十分重要的作用。参考全国总体水平和发达地区水平，将该指标评价标准确定为1200万元。

万元GDP技术国际收入

技术国际收入指的是通过向他国转让专利、非专利发明、商标等知识产权，提供R&D服务和其他技术服务而获得的收入。参考全国总体水平和发达地区水平，将该指标的评价标准确定为10美元。

高技术产业营业收入占工业营业收入比重

高技术产业营业收入占工业营业收入比重反映了科技创新对产业结构的优化程度。高技术产业营业收入按照国家统计局《高技术产业（制造业）分类（2017）》（国统字〔2017〕200号）中规定的方法进行统计。这一指标的评价标准参考了发达国家及我国发达地区水平，确定为30%。

知识密集型服务业增加值占GDP比重

知识密集型服务业来源于《OECD科学技术和工业记分牌》。通过对OECD测算标准和相关文献进行研究，将知识密集型服务业定义为我国国民经济行业分类（GB/T 4754—2017）中的信息传输、软件和信息技术服务业，金融业，租赁和商务服务业，科学研究和技术服务业。参考全国总体水平和发达地区水平，将该指标的评价标准确定为30%。

高技术产品出口额占商品出口额比重

高技术产品出口额是根据海关总署《高技术产品海关统计商品目录》中统计的产品出口额。高技术产品出口额占商品出口额比重可以反映一国或一地区高技术产品的创新能力和国际竞争力。评价标准参考了发达国家及我国发达地区水平，确定为40%。

新产品销售收入占营业收入比重

新产品销售收入是规模以上工业企业科技活动统计制度中按新产品定义统计的销售收入，即采用新技术原理、新设计构思研制、生产的全新产品，或在结构、材质、工艺等某一方面比原有产品有明显改进，从而显著提高了产品性能或扩大了使用功能的产品销售收入，与营业收入比较可以反映我国工业企业产品创新水平。参考我国总体水平和发达地区水平，将评价标准确定为40%。

高技术产业劳动生产率

高技术产业劳动生产率为高技术产业营业收入与高技术产业就业人员之比，反映了高技术产业劳动投入与产出之间的关系。参考我国近年来高技术产业经济效益状况，以及国民经济总体的劳动投入与产出水平，将评价标准确定为130万元（按不变价计算）。

高技术产业利润率

利润率是企业追求的重要目标之一。高技术产业利润率是指高技术产业利润总额与高技术产业营业收入的比率，是反映高技术产业经济效益的重要指标。参考国内发达地区高技术产业利润率水平和区域间差异，将评价标准确定为15%。

知识密集型服务业劳动生产率

知识密集型服务业劳动生产率为知识密集型服务业增加值与知识密集型服务业就业人员数之比，可以反映知识密集型服务业劳动投入效率。参考国民经济总体的劳动投入与产出水平之间的数量关系，将评价标准确定为70万元（按不变价计算）。

劳动生产率

区别于劳动和资本对经济社会发展的作用，科技创新的作用体现为对高质量经济发展的促进，具体体现为人、财、物的节约和使用效率的提高。因此，科技创新评价体系设计了3个反映经济高质量发展的指标，其中，劳动生产率反映的是就业人员劳动效率的提高，为GDP与就业人员数之比，评价标准为13万元（按不变价计算）。

资本生产率

资本生产率反映的是资本投入与经济产出之间的关系，即GDP与资本投入之比，也是反映经济高质量发展的指标之一。资本投入采用固定资本形成存量净额，由各地区基年（1952年）的固定资本形成存量净额、每年的固定资本形成和折旧额，用永续盘存法计算。

通过对主要发达国家资本生产率的测算，虽然普遍存在资本深化的趋势，但依据经验值，资本净存量与经济产出大致保持在3：1的比例，资本生产率基本保持在0.7～1.0

（即每1货币单位的固定资本存量可创造0.7～1.0货币单位的GDP），因此，取1作为评价标准。

综合能耗产出率

我国是一个能源相对短缺的国家，提高能源使用效率具有十分重要的意义，也是经济高质量发展的重要体现。通过对主要发达国家综合能耗产出率的测算，普遍达到6美元/千克标准煤的水平，换算为人民币，约合42元（按不变价计算）/千克标准煤。因此，以此作为评价标准。

全要素生产率

生产率是宏观经济学的重要概念，是分析经济增长源泉的重要工具。生产率体现了生产过程中投入与产出的关系，提高生产率则是促进经济快速发展的最优途径，是衡量经济发展质量的重要标志，也是衡量科技创新效果的重要标志。全要素生产率（TFP）又可称为多要素生产率（MFP），是指多种要素投入组合测算的生产率，是反映多种要素综合产出效率的重要指标。本指标参照经济合作与发展组织（OECD）的《生产率测算手册》（Measuring Productivity - OECD Manual）建议的方法测算，数据来源于各类统计年鉴和历史资料汇编，并经系统整理。计算方法为：

$$\text{全要素生产率}=\text{经济产出增长率}-\text{资本弹性系数}\times\text{资本投入增长率}-\text{劳动弹性系数}\times\text{劳动投入增长率}。$$

装备制造业区位熵

装备制造业是一国、一地区或一城市生产技术装备的支柱产业，是最能体现制造业技术水平的产业。装备制造业营业收入占工业营业收入比重反映的是装备制造业占本地区工业经济规模的份额，而装备制造业区位熵则是反映一地区装备制造业相对竞争优势的指标。计算方法为：

$$\text{装备制造业区位熵}=\frac{\text{地区装备制造业营业收入}}{\text{地区工业营业收入}}\div\frac{\text{全国装备制造业营业收入}}{\text{全国工业营业收入}}\times 100\%。$$

区位熵以1（或100%）为临界值，小于1表示装备制造业相对优势有所下降；大于1表示相对优势提升；等于1表示相对优势不变。参考国内先进地区水平，将该指标的评价标准确定为200%。

环境质量指数

科技创新的终极目标是不断实现人民对美好生活的向往，这也是高质量发展的目标之一。空气质量、水环境质量等是其中重要的方面。根据国家“十三五”和“十四五”规划纲要中有关废水中化学需氧量排放量、废气中二氧化碳实际排放量、空气达到二级以上天数等规划目标，设计了反映环境状况的指标——环境质量指数。计算方法为：

$$\text{环境质量指数}=\text{空气达到二级以上天数占比重（100\%）}\times 0.6+\text{万元GDP二氧化碳排放达标率（100\%）}\times 0.1+\text{化学需氧量实际排放率（100\%）}\times 0.3。$$

环境质量指数的评价标准为100%。

环境污染治理指数

环境的改善体现为废水、废气和固体废物的综合治理。根据国家“十三五”规划纲要中有关环境治理的指标，加权综合形成环境污染治理指数，以反映各级政府的环境治理努力程度。计算方法为：

环境污染治理指数=万元GDP用水达标率（100%）× 0.4+废水中氨氮排放达标率（100%）× 0.2+固体废物综合治理率（100%）× 0.4 。

环境污染治理指数的评价标准为100%，即对废水、废气和固体废物均应实现完全治理。

万人移动互联网用户数

移动互联网络是科技创新发展直接的成果和体现。移动互联网用户数采用的是工业和信息化部统计并公开的数据。本评价报告将万人移动互联网用户数的评价标准确定为10000人，即达到人人都可以“上网”的水平。

信息传输、软件和信息技术服务业增加值占GDP比重

信息传输、软件和信息技术服务业作为信息产业的重要载体，是知识密集型服务业的重要组成部分。根据我国国民经济行业分类（GB/T 4754—2017）标准的界定，该行业包括三部分：①电信、广播电视和卫星传输服务；②互联网和相关服务；③软件和信息技术服务业。参考全国总体水平和发达地区水平，将信息传输、软件和信息技术服务业增加值占GDP比重的评价标准确定为3.5%。

电子商务销售额与GDP比值

随着互联网的普及，电子商务得到快速发展。网上购物和网上支付节省了消费者和企业的时间和空间，大大提高了交易效率，体现了社会生活信息化水平的提升。参考全国总体水平和发达地区水平，将该指标的评价标准确定为0.3亿元。